500만 독자 여러분께
감사드립니다!

세상이 아무리 바쁘게 돌아가더라도
책까지 아무렇게나 빨리 만들 수는 없습니다.
길벗은 독자 여러분이
가장 쉽게, 가장 빨리 배울 수 있는 책을
한 권 한 권 정성을 다해 만들겠습니다.
독자의 1초를 아껴주는
정성을 만나보세요.

미리 책을 읽고 따라해 본 2만 베타테스터 여러분과
무따기 체험단, 길벗스쿨 엄마 2% 기획단,
시나공 평가단, 토익 배틀, 대학생 기자단까지!
믿을 수 있는 책을 함께 만들어주신 독자 여러분께 감사드립니다.

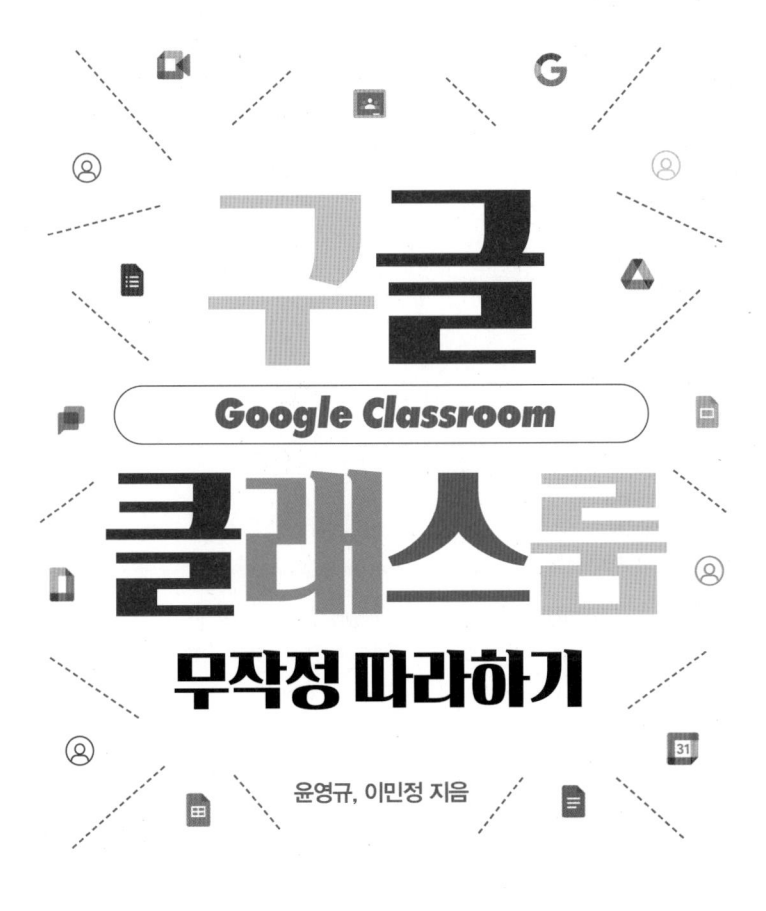

구글 클래스룸

Google Classroom

무작정 따라하기

윤영규, 이민정 지음

길벗

구글 클래스룸 무작정 따라하기

The Cakewalk Series – Google Classroom

초판 발행 · 2021년 4월 19일
지은이 · 윤영규, 이민정
발행인 · 이종원
발행처 · (주)도서출판 길벗
출판사 등록일 · 1990년 12월 24일
주소 · 서울시 마포구 월드컵로 10길 56(서교동)
대표 전화 · 02)332-0931 | 팩스 · 02)323-0586
홈페이지 · www.gilbut.co.kr | 이메일 · gilbut@gilbut.co.kr

기획 및 책임편집 · 최동원(cdw8282@gilbut.co.kr) | **표지 및 본문 디자인** · 강은경 | **제작** · 이준호, 손일순, 이진혁
영업마케팅 · 임태호, 전선하, 차명환 | **웹마케팅** · 조승모, 지하영 | **영업관리** · 김명자 | **독자지원** · 송혜란, 윤정아

편집진행 · 김휘중 | **전산편집** · Vision IT | **CTP 출력 및 인쇄** · 교보피앤비 | **제본** · 경문제책

ISBN 979-11-6521-533-0 03000
(길벗 도서번호 007096)

정가 24,000원

> 이 책은 Chrome 버전 89.0.4389.114(공식 빌드) (64비트)에 최적화되어 있습니다. 다른 버전을 사용 중이라면 일부 메뉴와 화면 구성이 조금 다를 수 있지만, 책의 내용을 따라하는데 큰 문제는 없습니다.

독자의 1초를 아껴주는 정성 길벗출판사

(주)도서출판 길벗 | IT실용서, IT/일반 수험서, IT전문서, 경제실용서, 취미실용서, 자녀교육서
더퀘스트 | 인문교양서, 비즈니스서
길벗이지톡 | 어학단행본, 어학수험서
길벗스쿨 | 국어학습서, 수학학습서, 유아학습서, 어학학습서, 어린이교양서, 교과서

페이스북 · www.facebook.com/gilbutzigy
네이버 포스트 · post.naver.com/gilbutzigy

기획 의도

≪구글 클래스룸 무작정 따라하기≫는 한 권씩 책상 위에 두고 요긴하게 꺼내 읽을 수 있는 Google Classroom 사용자 매뉴얼입니다. 포스트 팬데믹 시대, 학교는 오프라인의 경계를 넘어 학생들과 양질의 협업과 소통이 가능한 배움의 공간으로 빠르게 탈바꿈하고 있습니다. Google Classroom은 이러한 학교의 변화를 완벽하게 담아내는 온라인 플랫폼으로서 많은 사람에게 인정받고 있습니다. 하지만 흠잡을 데 없이 훌륭한 원격수업 도구인 Google Classroom을 학교 현장에 도입하는 과정에서 다음과 같은 질문에 대해 명확한 답이 필요했습니다.

- 교육용 Google Workspace를 학교에 도입하려면 무엇을 논의해야 할까?
- 교육용 Google Workspace는 어떻게 신청하고, 관리해야 할까?
- 어떻게 하면 Google의 다양한 앱을 수업에 유기적으로 활용할 수 있을까?
- Google Classroom으로 다양한 수업을 만들고 싶은데, 어떻게 해야 할까?
- 학생들에게 좀 더 효과적으로 피드백을 줄 방법은 없을까?

위 질문에 대한 해답으로, 이 책의 1장에서는 교육용 Google Workspace의 전반적인 개요와 교육용 Google Workspace를 학교에 처음 도입하는 과정을 담았습니다. 2장에서는 학교 Google Workspace 구축 과정과 관리자가 해야 하는 일을 자세히 안내합니다. 3장에서는 Classroom, Meet를 포함한 다양한 교육용 Google Workspace 앱을 활용하는 방법을 쉽고 친절하게 안내합니다. 4장에서는 실질적으로 Classroom을 활용하여 수업을 진행하고, 피드백을 제공하는 방법을 다룹니다. 마지막으로 5장에서는 Google Classroom을 활용한 실제 수업 사례와 자주 발생하는 문제 해결 방법, 수업 운영의 꿀팁을 담았습니다.

이 책을 다음과 같은 선생님께 추천합니다.

- 교육용 Google Workspace 도입과 연수를 준비하는 관리자 선생님
- Google Classroom을 처음 사용해 친절한 안내가 필요한 선생님
- Google Classroom을 통해 보다 나은 원격수업을 운영하고 싶은 선생님
- 교사–학생 간 온라인 소통을 위한 Google 앱 활용에 관심 있는 선생님

≪구글 클래스룸 무작정 따라하기≫가 Google Classroom을 연구하고 활용하시는 모든 선생님께 언제든 의지할 수 있는 든든한 비법서가 되길 바랍니다.

마지막으로, 이 책이 나오기까지 다방면으로 도움을 주신 여러 선생님께 감사한 마음을 전합니다.

저자 윤영규, 이민정

도입

Google Classroom 도입

아직 Google Workspace와 Classroom을 도입하기 전이라면 무엇을 논의해야 하고 어떻게 신청해야 하는지 처음부터 친절하게 설명합니다.

관리자편

관리자편

Google Workspace를 관리하는 담당자는 무엇을 어떻게 설정해야 할까요? Classroom을 원활하게 운영할 수 있는 관리자 설정과 권한에 대해 설명합니다.

교사편

Classroom 기초다지기

Classroom으로 수업을 진행하기 앞서 알아두어야 할 Google 앱과 Classroom을 활용한 수업 방법, 효율적으로 학생과 소통하는 방법에 대해 알아봅니다.

특별부록

Classroom 활용하기

다른 선생님은 Classroom을 어떻게 활용할까요? Classroom 사용 중 발생한 문제는 어떻게 해결해야 할까요? 이 모든 것을 특별부록으로 정리했습니다.

 **이해하기** Google의 다양한 앱과 기능을 사용하기 전, 전반적인 사용방법과 흐름, 구성에 대해 설명합니다.

 **살펴보기** 아직은 낯선 Google 작업화면의 구성과 메뉴, 각각의 기능을 알아봅니다.

 **따라하기** Workspace와 Classroom의 운영방법과 수업을 위해 꼭 알아야 하는 주요 기능을 직접 따라하며 배워봅니다.

 **특별부록** 다른 선생님은 Classroom을 어떻게 활용할까요? Classroom의 사용 중 발생한 문제는 어떻게 해결해야 할까요? 어떻게 하면 Classroom을 좀더 효율적으로 사용할 수 있을까요? 이 모든 것을 특별부록으로 정리했습니다.

 **수업사례** 다른 선생님은 Classroom을 어떻게 활용할까요? 실제 수업사례를 통해 다양한 활용법을 만나보세요.

 **문제해결** Workspace와 Classroom에서 자주 발생하는 문제와 해결방법에 대해 알아봅니다.

 **실전꿀팁** Workspace와 Classroom을 이렇게도 사용할 수 있습니다. 꼭꼭 숨겨뒀던 실전꿀팁을 대방출합니다.

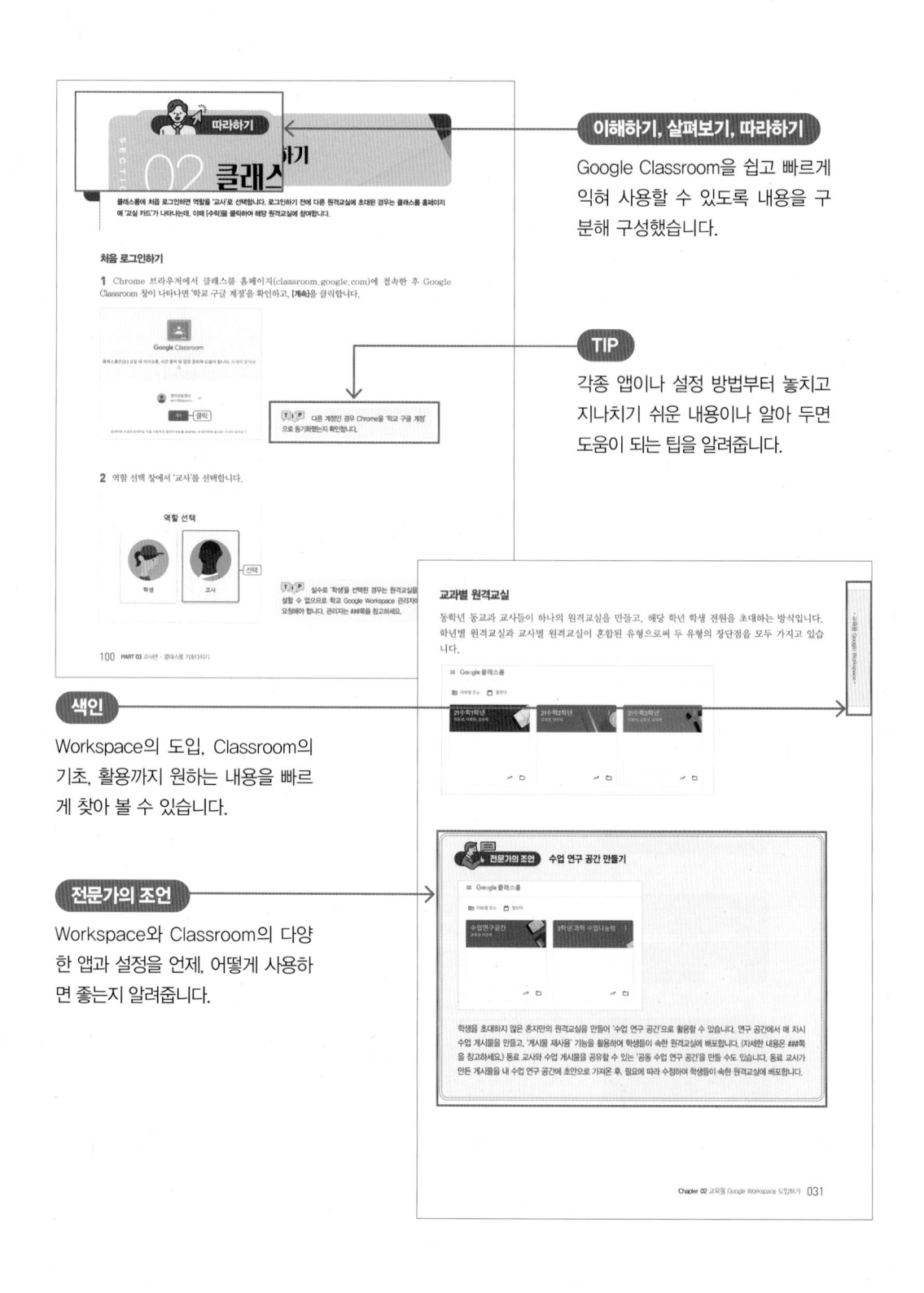

이해하기, 살펴보기, 따라하기

Google Classroom을 쉽고 빠르게 익혀 사용할 수 있도록 내용을 구분해 구성했습니다.

TIP

각종 앱이나 설정 방법부터 놓치고 지나치기 쉬운 내용이나 알아 두면 도움이 되는 팁을 알려줍니다.

색인

Workspace의 도입, Classroom의 기초, 활용까지 원하는 내용을 빠르게 찾아 볼 수 있습니다.

전문가의 조언

Workspace와 Classroom의 다양한 앱과 설정을 언제, 어떻게 사용하면 좋은지 알려줍니다.

체크리스트

이제 막 Google Workspace와 Classroom을 도입했거나 도입을 고민하고 있다면 체크리스트를 활용해 구체적인 사항을 하나씩 확인해보세요.

확인사항	참고 항목
☐ Google Workspace 관리자를 지정하고 최종 사용 승인을 얻었나요?	41쪽
☐ 효율적인 계정 관리를 위해 관리 콘솔에서 조직단위를 구성했나요?	53쪽
☐ 전체 교사와 학생의 계정을 생성한 후 목록(관리대장)을 전체 교사와 공유했나요?	62쪽. 64쪽, 172쪽
☐ Classroom과 Meet 등 교육용 앱의 기능을 학교 실정에 맞도록 설정했나요?	81쪽
☐ 우리 학교의 Classroom 원격교실 구성 방안을 마련했나요?	29쪽
☐ 모두가 Chrome을 동기화하여 Classroom에 로그인할 수 있나요?	95쪽, 100쪽
☐ 수업 목적에 맞도록 원격 교실을 설정하고 동료 교사와 학생을 초대했나요?	116쪽
☐ Google 드라이브에 수업 자료를 생성 또는 업로드 하여 사용할 수 있나요?	127쪽, 137쪽
☐ 원격 교무실 및 공유 드라이브를 통한 교사 간 온라인 협업이 가능한가요?	165쪽, 169쪽
☐ 원격 교실 스트림의 공지사항으로 학생과 소통할 수 있나요?	189쪽
☐ 과제 게시물을 이용하여 사진, 동영상, 문서 등의 과제를 제출 받을 수 있나요?	204쪽
☐ 퀴즈 과제 게시물을 이용하여 형성평가를 진행할 수 있나요?	226쪽
☐ 질문 게시물을 이용하여 객관식 또는 주관식 답변을 받을 수 있나요?	234쪽
☐ 자료 게시물을 이용하여 수업 자료나 링크를 학생과 공유할 수 있나요?	239쪽
☐ 수업 페이지에서 게시물을 예약 게시하거나 재사용할 수 있나요?	198쪽, 241쪽
☐ Google Meet의 다양한 기능을 활용하여 실시간 수업을 진행할 수 있나요?	159쪽, 244쪽
☐ 수업 과제의 기한을 설정하고 학생의 과제 제출 현황을 확인할 수 있나요?	197쪽, 295쪽, 301쪽
☐ 과제의 피드백 제공을 위해 채점 도구와 비공개 댓글을 사용할 수 있나요?	266쪽, 270쪽
☐ 퀴즈 응답을 자동 채점하거나 개별 피드백을 제공할 수 있나요?	281쪽, 284쪽
☐ 학생에게 Classroom 사용 방법을 안내했나요?	304쪽

목차

PART 01

교육용 Google Workspace

PART 02

관리자편

PART
03

교사편 : 클래스룸 기초다지기

PART
04

교사편 : 클래스룸 활용하기

PART 05

특별부록

PART 01

교육용
Google
Workspace

교육용 Google Workspace는 미국 아이비리드 대학을 비롯하여 전 세계 1억 4천만 명 이상이 사용하고 있는데, 이는 뉴노멀 시대의 원격수업을 위한 최적의 플랫폼이기 때문입니다. 특히, 언제 어디서나 학생들과 원활하게 소통하고 협업할 수 있습니다. 이번 PART에서는 Google Classroom을 포함한 교육용 Google Workspace의 서비스를 개괄적으로 알아보고, 원격 학교를 세우는 과정에 대해 자세히 살펴보겠습니다.

Chapter 01 --------------------

왜 교육용 Google Workspace인가?

왜 교육용 Google Workspace를 선택해야 할까요? Section 01에서는 Google Classroom을 포함해 교육용 Google Workspace를 구성하는 핵심 앱을 하나씩 살펴보겠습니다. Section 02에서는 교육용 Google Workspace가 학교 교육을 지원하는 서비스로서 어떠한 장점을 가지고 있는지 알아보겠습니다. Section 03에서는 원격수업에 활용할 수 있는 Classroom의 핵심 기능에 대해 알아보겠습니다.

01 교육용 Workspace 알아보기

교육용 Google Workspace는 Google이 비영리 공교육 기관에 제공하는 무료 앱 패키지 서비스입니다. 패키지에 포함된 가장 대표적인 앱이 'Classroom'입니다. 첨단 인터넷 기술이 집약된 Google의 앱 패키지가 사용자의 원격수업을 빈틈없이 지원합니다. 교육용 Google Workspace를 구성하는 앱에 대해 하나씩 알아보겠습니다.

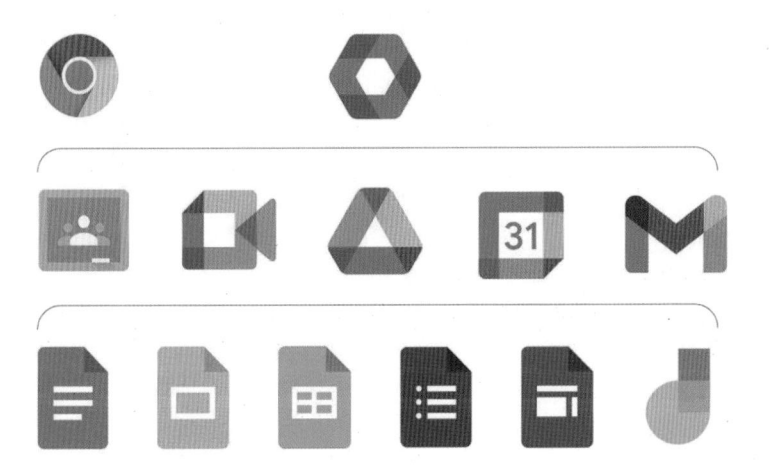

▲ 교육용 Workspace 구성 앱

Chrome 브라우저(google.com/chrome)

교육용 Google Workspace의 모든 기능을 원활하게 사용하기 위해서는 Chrome 브라우저를 사용해야 합니다. Chrome은 빠른 처리 속도를 가지고 있으며 사용자에게 편리한 기능들을 제공하는 것이 큰 장점입니다. 특히, Chrome을 설치한 후 학교 구글 계정으로 동기화하면 새 탭으로 다른 앱을 실행할 때마다 동일한 계정으로 로그인할 수 있습니다. 또한 사용자가 설정한 작업 환경이 다른 기기에 실시간으로 동기화되며, 확장 프로그램을 추가하여 작업 생산성을 높일 수 있습니다.

관리 콘솔(admin.google.com)

관리 콘솔은 학교 Google Workspace 서비스의 '중앙 제어 시스템'으로 관리자 권한이 있는 사용자만 접속할 수 있습니다. 관리 콘솔에서 전체 교사와 학생의 학교 구글 계정을 생성하고 관리할 수 있습니다. 또한 개별 사용자가 접근할 수 있는 학교 Google Workspace 서비스 환경을 구성하고 통제할 수 있으며, 쉽게 사용할 수 있도록 설계되어 있습니다.

클래스룸(classroom.google.com)

수업 과제를 매개로 교사와 학생 간 원격 소통을 지원하는 교육용 앱입니다. 교사와 학생 사용자는 관리자가 발급해준 학교 구글 계정으로 로그인하여 클래스룸을 사용하고, 교사로 등록된 사용자는 클래스룸으로 수업(class, 이하 '원격교실')을 개설할 수 있습니다. 원격교실 안에서 교사와 학생 사이에 공지사항 전달, 과제 및 형성 평가 관리, 성적 통지 등 다양한 교수 학습 활동이 이루어집니다. Google의 광범위한 IT 생태계가 클래스룸으로 이루어지는 모든 원격수업을 효과적으로 뒷받침합니다.

Meet(meet.google.com)

실시간 화상 채팅을 위한 도구로 클래스룸 원격교실마다 Meet 회의실 링크를 활성화하면 해당 원격교실의 사용자들이 언제든 접속하여 소통할 수 있는 화상 회의실이 만들어집니다. 동시에 최대 100명의 사용자가 화상 회의실에 참석할 수 있으며, 회의 참석자 누구나 '화면 발표' 기능을 활용하여 자신의 모니터 화면을 다른 사람들과 공유할 수 있습니다.

드라이브(drive.google.com)

Google의 클라우드 저장 공간으로 클래스룸에서 교사와 학생이 주고받는 모든 학습 자료와 과제는 모두 학교당 100TB 용량의 드라이브에 자동 저장됩니다. 드라이브의 가장 두드러진 특징은 강력한 협업 기능입니다. 드라이브에 저장된 파일이나 폴더를 여러 사람과 공유하여 실시간으로 공동 작업이 가능합니다. 또한 드라이브에서 문서, 프레젠테이션, 스프레드시트, 설문 등 Google의 다양한 생산성 도구를 직접 실행하여 작업 내용을 실시간으로 저장할 수 있습니다.

캘린더(calendar.google.com)

Google의 강력한 일정 관리 도구로서 클래스룸과 연동되어 있습니다. 마감 기한이 설정된 학습 과제가 원격교실에 게시될 때마다 캘린더에 자동으로 표시됩니다. 학생이 캘린더를 효과적으로 사용하면 학습 과제를 자기 주도적으로 관리할 수 있습니다. 자신이 속한 원격교실의 과제 알림을 모두 받아볼 수도 있고, 일부는 알림을 끌 수도 있습니다. 또한 교사가 달력이나 일정을 학생들과 공유하여 교육 활동에 필요한 다양한 일정을 조율할 수 있습니다.

Gmail(gmail.com)

Google의 이메일 앱으로 동료 교사, 학생, 학부모들과 이메일을 통한 효과적인 소통이 가능합니다. 특히, 클래스룸의 내가 속한 원격교실에서 일어나는 모든 일들을 Gmail 알림으로 받아볼 수 있습니다. '학생이 과제를 제출하였습니다.', '학생이 과제를 기한 늦게 제출하였습니다.' 등 새로운 활동 내역이 종류별로 Gmail에 발송됩니다. 메시지 내용을 기준으로 알림을 켜고 끌 수도 있고, 내가 속한 원격교실마다 알림을 켜고 끌 수 있습니다. 또한 학부모의 Gmail 주소를 클래스룸에 등록하면 학생의 과제 제출 현황을 매일 또는 일주일에 한 번씩 자동으로 발송할 수 있습니다.

문서(docs.google.com)

한글(HWP)이나 MS 워드와 같은 문서 편집 도구로 문서는 클래스룸에서 수업 게시물에 많이 사용되는 앱입니다. 미리 제작한 문서를 첨부 파일로 불러오거나 새 문서 작성을 시작할 수 있습니다. 학생들도 클래스룸에서 독후감, 보고서 등 다양한 문서를 작성하고 제출할 수 있으며, 모든 작업 내용은 드라이브에 자동 저장됩니다. 한 파일에 100명까지 공동 작업이 가능하며, '댓글'과 '제안 모드'를 활용하여 학생들의 문서에 효과적인 피드백을 제공합니다.

프레젠테이션(slides.google.com)

MS 파워포인트와 같은 발표 화면 편집 도구로 수업 중 사용할 발표 화면을 간단히 제작할 수 있습니다. 한글(HWP)로 제작된 학습지를 프레젠테이션 슬라이드의 배경으로 불러와서 '종이 없는' 온라인 학습지를 만들 수 있으며, 학생들도 발표 화면을 제작하여 과제로 제출할 수 있습니다. 또한 무료 템플릿 사이트(slidesgo.com 등)에서 보기 좋은 양식을 불러와 곧바로 활용할 수 있으며 드라이브 '자동 저장', 10명까지 실시간 공동 작업, '댓글'과 '채팅'을 통한 피드백 교류가 가능합니다.

스프레드시트(sheets.google.com)

MS 엑셀과 같은 스프레드시트 편집 도구로 엑셀에서 사용하는 모든 함수 기능을 그대로 지원합니다. Chrome 브라우저만 설치하면 온라인으로 사용자 계정 목록을 만들거나, 온라인 출석부를 운영하거나, 설문 또는 퀴즈로 수합한 학생들의 응답을 효과적으로 정리할 수 있습니다. 전체 교사로부터 자료를 수합하여 '학년별 원격수업 주간 계획' 등 각종 양식이나 기록 대장을 작성하고 유지할 때 특히 유용합니다. 여기에 모든 작업 이력의 드라이브 자동 저장, 50명까지 실시간 공동 작업, '댓글'과 '채팅'을 통한 피드백 교류도 모두 가능합니다.

설문(forms.google.com)

많은 사람들에게 응답을 받을 수 있는 설문지 편집 도구입니다. 다양한 문항 유형으로 구성된 설문지를 제작한 후 참여 URL 링크를 응답자에게 보냅니다. URL 링크를 받은 응답자가 자신의 응답을 설문에 제출하면 설문지 소유자와 편집 권한을 가진 사용자는 수합된 모든 응답 내용을 실시간으로 확인할 수 있습니다. 클래스룸에서 설문은 형성 평가를 제작하기 위해 많이 사용되는데 설문지 설정을 '퀴즈로 만들기'로 변경한 후 객관식과 단답형 등 다양한 형성 평가 '문항'을 제작합니다. 여기에 문항 마다 배점, 정답, 해설로 구성된 '답안'을 입력합니다. 설문으로 형성 평가를 진행하면 학생들의 응답이 자동으로 채점되고, 응답 직후 학생들에게 문항별 피드백을 쉽고 빠르게 제공할 수 있습니다.

사이트 도구(site.google.com)

홈페이지를 만드는 도구로 배너를 만들고 여러 페이지를 구성하여 빠르고 쉽게 홈페이지를 제작할 수 있습니다. 학급용, 학교 행사용, 교육 과정 안내용, 원격 교무실용 등 다양한 목적으로 홈페이지를 제작할 수 있습니다. 학생들도 자신의 학습 과정을 홈페이지로 제작하여 자신만의 포트폴리오를 구성할 수 있습니다. 사이트 도구로 완성한 홈페이지는 게시하여 접속 URL 주소를 할당받을 수 있으며, 모든 기기에서 원활히 작동합니다.

잼보드(jamboard.google.com)

온라인 칠판으로 펜 마우스를 이용하여 화면에 글을 쓰거나, 그림 자료를 추가하거나, 메모지를 붙이면서 강의 내용을 전달할 수 있습니다. 한 번에 최대 50명이 하나의 칠판에 작업할 수 있으며, 한 기계에 16명이 한꺼번에 터치하여 입력할 수 있도록 설계되어 있습니다. 화상 수업을 하면서 잼보드 화면을 공유하면 실감나는 수업을 구현할 수 있습니다. 잼보드로 글을 쓰며 강의하는 화면을 통째로 녹화하여 훌륭한 강의 영상을 만들 수도 있습니다.

 **전문가의 조언** 우리 학교에 적합한 교육용 Google Workspace 에디션 선택하기

교육용 Google Workspace의 무료 에디션인 Fundamentals로도 학교 원격수업을 위한 안정적이고 효과적인 플랫폼을 구축할 수 있습니다. 학교 실정과 구성원의 수요에 따라 다음의 3가지 유료 에디션 중 하나로 업그레이드 할 수 있습니다.

명칭	가격	내용
Fundamentals	무료	앞서 언급한 모든 교육용 Google 앱의 기본 기능을 사용할 수 있으며, 등록된 도메인 당 100TB의 공동 클라우드 저장 공간을 제공
Standard	학생 당 연 $3	Fundamentals 에디션에서 관리자의 보안과 감시 기능이 한 층 강화됨
Teaching and Learning Upgrade	라이선스 당 월 $4	Fundamentals 에디션에서 교육용 Google 앱의 프리미엄 기능(예 : Meet의 녹화, 스트림 방송, 출석부, 소그룹 회의실)을 사용할 수 있으며, 라이선스 1개 당 100GB씩 공동 클라우드 저장 공간을 추가
Plus	학생 당 연 $5	Standard와 Teaching and Learning Upgrade 에디션의 모든 기능과 클래스룸의 프리미엄 출석부 기능을 포함하며, 라이선스 1개 당 20GB씩 공동 클라우드 저장 공간을 추가

02 교육용 Workspace의 장점

클래스룸의 모든 기능을 완벽하게 활용하기 위해서는 교육용 Google Workspace를 학교에 먼저 도입해야 합니다. 교육용 Google Workspace를 학교에 도입하면 어떤 점이 좋은지 알아보겠습니다.

100TB 스토리지

교육용 Google Workspace 무료 에디션은 학교 도메인마다 100TB의 Google 드라이브 저장 공간을 제공합니다. 1,000명 이상 규모의 초중등 학교에서 한 학년도 192일 동안 매 교시 수업을 위해 1GB씩 사용해도 3분의 2 이상 남는 넉넉한 스토리지 입니다. 클래스룸을 통해 공유되는 수업 자료나 과제 파일은 일단 Google 드라이브에 저장된 다음 공유됩니다.

강력한 협업 기능

교육용 Google Workspace로 사용자 간 원격 협업이 매끄럽게 이루어집니다. 교육용 Google Workspace의 모든 앱은 다른 사람과 파일을 공유하고, 공동으로 작업하고, 피드백을 제공할 수 있도록 설계되어 있습니다. 덕분에 교사의 업무 효율을 크게 향상시킬 수 있으며, 학생들이 제출한 과제에도 간편하게 피드백을 제공할 수 있습니다. 학생들도 원격 협업 과제를 충분히 처리할 수 있습니다.

뛰어난 소통 기능

교육용 Google Workspace는 사용자 간 원격 소통을 여러 채널로 지원합니다. Google Meet으로 언제든 화상 회의실을 개설해 다른 사용자와 얼굴을 마주보며 대화할 수 있습니다. Gmail로 원하는 메시지를 전달할 수 있고, 많은 메일을 효과적으로 관리할 수도 있습니다. 또한 캘린더로 상대방과 일정도 공유할 수 있습니다. 클래스룸을 통해 교사와 학생은 매우 효과적으로 각종 공지사항과 수업 과제를 주고받을 수 있습니다.

기기 접근성

사용하는 기기의 성능이나 기종에 상관없이 교육용 Google Workspace를 이용할 수 있습니다. 학교 구글 계정으로 Chrome 브라우저나 모바일 기기를 동기화하면 언제 어디서나 연속적인 작업이 가능합니다. 클래스룸을 비롯한 Google의 모든 앱은 클라우드 기반으로 작동하기 때문에 한 단말기에서 작업한 내용을 다른 단말기에서도 실시간으로 확인할 수 있습니다.

최고의 보안 수준

교육용 Google Workspace는 여러 수준에서 암호화되어 있으며, 데이터 보호에 있어 세계 최고 수준의 보안 시스템을 자랑합니다. 클래스룸에서 운영하는 원격교실은 초대된 사용자 이외에 그 누구에게도 공개되지 않습니다. 클래스룸을 통해 유통되는 모든 정보의 공유 범위와 사용 권한을 매우 세밀하게 설정할 수 있습니다. 또한 학교 구글 계정의 Google 서비스 사용 이력이나 내용은 계정 소유자의 사전 허락 없이는 접근할 수 없도록 원천적으로 차단되어 있습니다.

완벽한 서버 안정성

Google의 서버 인프라는 당연 세계 최고 수준입니다. 아무리 많은 사람들이 동시에 접속하여 무제한 용량의 파일을 주고받더라도 트래픽 과부하로 인해 서버가 다운될 일이 없습니다. 서버 문제로 접속이 안 되거나 수업이 중단되는 일은 걱정하지 않아도 됩니다.

효율적인 관리 시스템

관리자 콘솔이 매우 효율적으로 작동하기 때문에 관리자는 학교의 수많은 계정을 쉽고 빠르게 관리할 수 있습니다. 게다가 사용자의 서비스 환경 및 보안에 관한 모든 설정을 매우 안정적으로 총괄할 수 있습니다. 쉽고 안정적인 중앙 제어 시스템 덕분에 사용자 데이터를 보호하고, 접근 가능한 Google 앱 기능과 사용 가능한 기기들을 섬세하게 설정할 수 있습니다.

무료

교육용 Google Workspace는 무료이지만 광고 게시나 마케팅 프로파일링 등 Google의 어떠한 상업적 행위로부터 철저하게 차단되어 있습니다. 사용자로부터 수집한 모든 정보는 상업적으로 활용되지 않으며, Google의 서비스 제공, 유지, 개선을 위해서만 활용할 수 있도록 미국의 법령으로 제한되어 있습니다. Google은 2006년부터 교육용 Google Workspace를 비영리 공교육 기관에 무료로 제공함으로써 기업의 사회적 책무를 다하고 미래의 잠재적 사용자를 확보하는 데 주력하고 있습니다.

03 클래스룸의 핵심 기능

클래스룸 앱으로 교사가 무엇을 할 수 있을까요? 지금부터 클래스룸의 핵심 기능을 알아보겠습니다.

원격교실 개설

원격교실을 개수 제한 없이 개설할 수 있으며, 원격교실 개설 후 세부 기능과 테마를 설정할 수 있습니다. 원격교실은 교사가 초대한 사용자 이외에는 아무도 입장할 수 없습니다. 원격교실의 자물쇠 격인 '수업 코드'나 '초대 링크'를 통해 학생들이 입장할 수 있도록 안내하거나 학생들의 이메일 주소를 명단에 일괄 복사 및 붙여넣기하여 한 번에 사용자로 등록시킬 수 있습니다. 개설한 원격교실을 교사의 단독 수업 연구 공간이나 동료 교사와의 수업 나눔 공간으로 활용할 수 있습니다.

게시판 소통

원격교실 첫 페이지가 **[스트림]**, 즉 게시판입니다. 중요한 공지사항을 학생들에게 적시에 전달할 수 있는 유용한 소통 채널입니다. 모든 사용자가 게시판에 게시물을 올릴 수 있지만, 교사만 글을 쓰고 학생들은 댓글만 달 수 있도록 설정을 바꿀 수 있습니다. 게시물에 파일을 첨부하거나, 게시 대상을 지정하거나, 게시물 업로드 시간을 예약할 수도 있습니다. 여기에 이전에 썼던 공지사항이나 다른 원격교실에 있는 공지사항을 손쉽게 불러올 수도 있습니다.

수업 과제 게시

원격교실 **[수업]** 페이지에서 수업 과제를 학생들에게 게시합니다. 수업 게시물 유형은 과제, 퀴즈, 질문 등이 있는데 용량 제한 없이 다양한 학습 자료를 첨부할 수 있습니다. 수업 게시물이 특정 학생에게만 할당되도록 대상을 지정할 수도 있습니다. 수업 과제에 대한 평가 계획과 제출 기한을 입력할 수 있고, 예약을 통해 게시 시간을 미리 설정할 수도 있습니다. 이미 만들어진 수업 게시물은 클래스룸 내에서 언제든 재사용할 수 있기 때문에 교사 간 수업 나눔이 매우 수월해집니다.

과제 자동 수합

학생들은 교사가 할당한 수업 과제를 실시간으로 확인하고, 과제 수행 결과물을 간편하게 제출할 수 있습니다. 매 차시마다 학생들이 제출한 수많은 과제는 교사가 확인하기 쉽도록 자동으로 일목요연하게 정리됩니다. 누가 제출했고, 누가 누락되었는지, 누가 기한을 넘겨 제출했는지를 자동으로 인식해 실시간으로 보여줍니다. 즉, 학생별로 과제 제출 현황을 한 눈에 확인할 수 있습니다.

피드백 제공

학생이 제출한 과제에 매우 다양한 방법으로 피드백을 제공할 수 있습니다. 수업 게시물에 첨부할 수 있는 '수업 댓글'과 '비공개 댓글'을 통해 학생들과 소통할 수 있으며, 제출 과제에 대한 점수도 부여할 수 있습니다. 클래스룸의 '채점도구'와 '기준표'를 통해 학생들의 과제에 효율적으로 피드백을 제공할 수 있습니다. 형성 평가 퀴즈는 '자동 채점'이 가능하며, 틀린 문제에 대해 학생에게 사전에 입력된 해설을 보여주거나 사후에 개별 피드백을 보내줄 수 있습니다.

Meet 회의실 링크

언제든 쓸 수 있는 화상 회의실이 원격교실마다 마련되어 있습니다. 원격교실에 연동된 [행아웃 미팅 링크]를 클릭하면 최대 100명의 사용자가 실시간으로 쌍방향 소통이 가능합니다. 교사가 먼저 화상 회의실에 입장하지 않으면 학생들은 들어올 수 없도록 안전하게 설계되어 있습니다. 가장 먼저 입장한 교사는 화상 회의실의 소유자가 되어 다른 참석자를 음소거하거나 퇴장시킬 수 있습니다. 화상 회의 중 모니터 화면을 다른 참석자에게 실시간으로 공유하여 생동감 있는 강의를 진행할 수도 있습니다.

모바일 앱

클래스룸의 거의 모든 기능들을 모바일 기기에서도 그대로 사용할 수 있습니다. 덕분에 모든 사용자가 언제 어디서든 원활하게 원격수업 활동에 참여하고 서로 소통할 수 있습니다. 모바일 단말기에 내장된 카메라와 마이크를 사용하면 별도의 장비 구입 없이도 화상 수업에 참여할 수 있습니다. 특히, 모바일 앱에서 학생들의 과제 제출 현황을 그대로 화면 캡처하여 학생이나 학부모에게 출석 독려 문자를 발송할 때 매우 유용합니다.

전문가의 조언 **클래스룸에서의 실시간 쌍방향 원격수업**

실시간 쌍방향 원격수업을 진행할 때 학생들과의 일관된 시간 약속이 중요합니다. 위와 같이 클래스룸 앱으로 학생들에게 일관된 실시간 수업에 관한 공지를 제공할 수 있습니다. 교사는 학급별 또는 교사별 원격교실의 [수업] 페이지에서 각 수업 시간에 사용할 온라인 화상 회의실 링크를 안내합니다. 학생들은 교사의 게시물을 통해 해당 시간의 수업에서 무엇을 학습하고 무엇을 준비해야 하는지 안내받을 수 있습니다. 또한, 교사가 실시간 수업을 위해 사용하는 Meet나 Zoom 회의실로 한 번의 클릭으로 입장할 수 있습니다.

일관된 수업 공지뿐만 아니라, 콘텐츠 학습 및 과제 수행 등과 연계된 다양한 혼합형 원격수업 또한 클래스룸 앱에서 모두 운영할 수 있습니다. 드라이브의 넉넉한 클라우드 저장 공간과 클래스룸 앱의 효율적인 과제 관리 기능을 활용하여 실시간 쌍방향 원격수업 중에도 쉽고 간편하게 수업 자료를 공유하고, 학생들의 배움의 과정을 점검하며 피드백을 제공할 수 있습니다. 특히, Meet의 경우 학생들이 학교 구글 계정으로 온라인 회의실에 원활하게 입장하고 수업에 참여할 수 있어 클래스룸과 함께 사용했을 때 큰 시너지 효과를 얻을 수 있습니다.

Chapter 02

교육용 Google Workspace 도입하기

교육용 Google Workspace를 학교에 도입하는 일은 새로운 원격 학교를 세우는 일에 비유할 수 있습니다. 먼저 단위 학교에서 교육용 Google Workspace의 도입 과정을 4단계로 나누어 살펴보겠습니다. 다음으로는 클래스룸을 도입하기 위해 원격수업 운영위원회가 고려해야 할 점검 사항을 하나씩 짚어봅니다.

SECTION 01 교육용 Workspace 도입 4단계

교육용 Google Workspace를 학교 원격수업에서 안정적으로 도입하는 4단계에 대해 살펴보겠습니다.

1단계 : 원격수업 운영지침 수립

클래스룸으로 학교 원격수업을 운영하는 데 필요한 지침을 마련하는 단계입니다.

- 교육청 지침을 검토하여 학교 실정에 맞는 원격수업 운영지침을 수립합니다.

- 전체 교사와 학생들의 학교 구글 계정을 만들고 서비스 관리를 총괄할 '학교 Google Workspace 관리자' 한 명을 지정합니다.

- 관리자는 Google에 우리 학교의 교육용 Google Workspace 서비스를 신청합니다. 자세한 내용은 41쪽을 참고하세요.

- 관리자가 Google의 최종 승인을 받아 '최고 관리자(Super Admin)' 권한으로 학교 Google Workspace 사용을 시작합니다.

- 전체 학생과 학생 보호자에게 원격수업 운영지침을 안내하고, 개인정보활용에 대한 서면 동의서를 받습니다.

> **TIP** 별도의 신청 절차 없이 교육청에서 일괄 부여한 '계정 관리자(User Admin)' 권한으로도 학교 Google Workspace를 시작할 수 있습니다.

2단계 : 클래스룸 세팅하기

관리 콘솔을 통해 전체 교사와 학생들이 구글 클래스룸을 사용할 수 있도록 준비하고, 원격교실을 개설하는 단계입니다.

- 관리자가 전체 교사와 학생들의 '학교 구글 계정'을 생성합니다. 자세한 내용은 64쪽을 참고하세요.

- 원격교실을 구성하는 데 필요한 전체 사용자의 학교 구글 계정 목록을 모든 교사에게 공유합니다.

- 원격수업 운영지침에 따라 우리 학교 원격수업에 필요한 원격교실을 만듭니다.

- 원격교실에 필요한 학생들을 일괄 초대합니다. 필요에 따라 동료 교사도 초대합니다.

- 초대가 끝난 후 모든 학생들에게 '학교 구글 계정'을 알려주고, 클래스룸에 로그인하는 방법을 안내합니다.

- 모든 학생들이 클래스룸에 로그인하여 교사의 원격교실 초대를 수락하면 원격교실 사용자로 자동 등록됩니다.

> **TIP** 학교 구글 계정은 '개별 학교' 또는 '교육청 공용' 도메인으로 구성된 이메일 주소(예 : abc123@goocl.ms.kr)를 말합니다.

3단계 : 시범 기간 운영하기

클래스룸을 통한 원격수업을 시범적으로 운영하여 교사와 학생 모두가 기본적인 사용법을 익히는 단계입니다.

- 학생들에게 과제 확인 방법, 과제 제출 방법, 교사 피드백 확인 방법 등 간단한 클래스룸 앱 사용법을 안내합니다.

- 모든 교사는 자신의 원격교실에서 학생들에게 필요한 수업 과제를 업로드하고, 실시간 쌍방향 수업을 진행합니다.

- 학생들이 모든 수업 과제를 제시간에 확인하여 제출하고, 이후 교사의 피드백을 확인할 수 있는지 점검합니다.

- 시범 기간을 통해 우리 학교 원격수업 운영지침에 수정이나 보완해야 할 사항들을 수집합니다.

> **TIP** 시범 기간 중 동영상 과제, 퀴즈 응답 등 다양한 유형의 수업 게시물을 활용하여 학생들의 적응을 유도합니다.

4단계 : 전체 교직원 회의

원격수업 운영지침에 대한 의견을 모으고, 클래스룸 활용 노하우를 주기적으로 공유하는 단계입니다.

- 학교 원격수업 운영위원회에서 수립한 원격수업 운영지침을 모든 교사에게 자세히 안내합니다.

- 우리 학교 클래스룸 세팅을 위해 필요한 작업들을 모든 교사에게 자세히 안내합니다.

- 시범 운영 기간 전 수업 게시물 제작 및 피드백 제공, 실시간 쌍방향 수업 진행 방법 등 기본적인 클래스룸 사용법을 안내합니다.

- 시범 운영 기간 중 불거진 문제 사례들을 다 같이 점검하고, 우리 학교 원격수업 운영지침을 수정 보완합니다.

02 점검사항 ❶: 원격교실 구성

먼저 클래스룸의 공간적 개념을 이해해야 합니다. 몇 개의 원격교실을 만들어 어떻게 활용할까요? 이런 원격교실을 구성하는 4 가지 유형과 각각의 장단점을 살펴보겠습니다.

학급별 원격교실

담임교사가 담임 학급을 위한 원격교실을 만들고, 학급 학생 전원과 교과 교사를 초대하는 유형입니다.

- **장점** : 학생들이 가장 직관적으로 사용할 수 있습니다. 학생들은 한 공간에서 자신에게 할당된 교과 수업 과제를 확인할 수 있고, 담임교사는 학생들의 교과 수업 출석 현황을 확인할 수 있습니다. 별도의 공간 마련 없이 담임교사가 학급 경영을 병행할 수 있습니다.

- **단점** : 교과 교사가 여러 개의 원격교실에서 수업 게시물을 관리해야 합니다. 또한 선택 교과나 창의적 체험 활동을 위한 원격교실이 별도로 필요합니다.

> **TIP** 원격교실의 이름은 간결한 양식으로 통일합니다.

학년별 원격교실

하나의 원격교실에서 교사 20명을 포함한 사용자 1,000명을 등록할 수 있기 때문에 학년별 원격교실 운영도 가능합니다. 학년부 담당 교사가 원격교실을 만들고, 해당 학년 학생 전원과 교과별 교사를 초대하는 유형입니다.

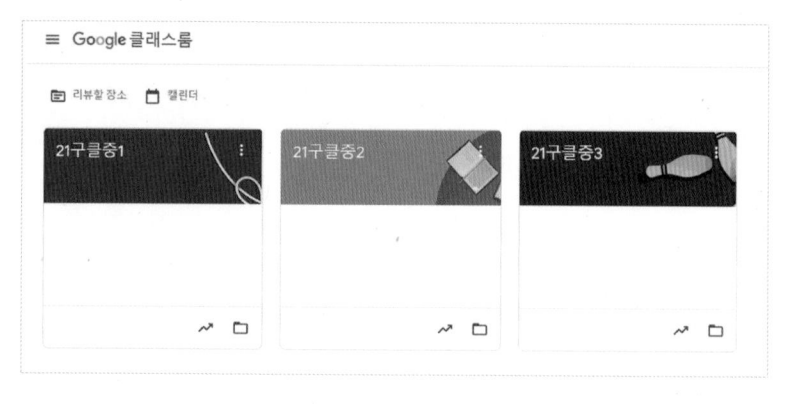

- **장점** : 학년별 전체 학생에게 일관된 원격수업 운영이 가능합니다. 하나의 원격교실에서 학년별 전체 학생들과 소통할 수 있기 때문에 원격수업 운영이 효율적일 수 있습니다.

- **단점** : 학년별로 통일된 시간표를 운영한다는 전제 조건이 갖춰져야 합니다. 해당 학년을 담당하는 교과별 교사가 20명이 넘을 경우 원격교실을 분리해야 합니다. 학급 자율 활동을 위한 원격교실이 별도로 필요합니다.

교사별 원격교실

교과 교사가 담당하는 수업마다 원격교실을 운영합니다.

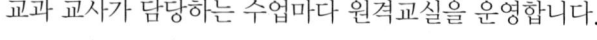

- **장점** : 교과 특성뿐만 아니라 교사의 수업 스타일에 맞는 원격교실 운영이 가능합니다. 자신이 가르치는 여러 학급의 학생들과 한 곳에서 소통할 수 있습니다.

- **단점** : 학생들의 출결 현황을 담임교사에게 별도로 전달해야 합니다. 학생들이 여러 개의 교과별 원격교실을 방문해야 하는 부담이 있습니다. 학급별 교과 시간표가 다른 경우 원격교실을 학급마다 별도로 운영해야 합니다.

> **TIP** 온라인 출석부를 활용하여 교과 교사가 담임교사에게 학생들의 출결 상황을 즉각적으로 공유할 수 있습니다.

교과별 원격교실

동학년 동교과 교사들이 하나의 원격교실을 만들고, 해당 학년 학생 전원을 초대하는 방식입니다. 학년별 원격교실과 교사별 원격교실이 혼합된 유형으로써 두 유형의 장단점을 모두 가지고 있습니다.

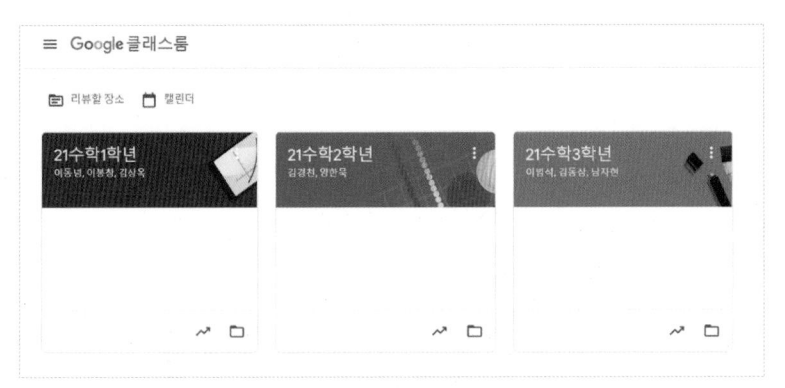

전문가의 조언 **수업 연구 공간 만들기**

학생을 초대하지 않은 혼자만의 원격교실을 만들어 '수업 연구 공간'으로 활용할 수 있습니다. 연구 공간에서 매 차시 수업 게시물을 만들고, '게시물 재사용' 기능을 활용하여 학생들이 속한 원격교실에 배포합니다. (자세한 내용은 241쪽을 참고하세요.) 동료 교사와 수업 게시물을 공유할 수 있는 '공동 수업 연구 공간'을 만들 수도 있습니다. 동료 교사가 만든 게시물을 내 수업 연구 공간에 초안으로 가져온 후, 필요에 따라 수정하여 학생들이 속한 원격교실에 배포합니다.

03 점검사항 ❷: 출결 관리

클래스룸에서 원격수업을 안정적으로 운영하기 위해 실시간 쌍방향 원격수업 및 콘텐츠 과제수행형 원격수업에 대한 해당 학교의 통일된 출결 기준과 일관된 기록 방법이 필요합니다.

Meet 실시간 원격수업

Meet 화상 도구를 활용한 실시간 쌍방향 원격수업의 경우 원칙적인 출결 기준은 수업 시간 동안 Meet 회의실의 접속 여부입니다. 매 차시 실시간 수업 전후로 교사가 학생들의 회의실 참여 여부를 일일이 확인할 수 있습니다. 하지만 학생의 참여 여부를 미처 확인하지 못하는 경우를 대비하여 Meet 자동 출석부 확장 프로그램인 Meet Attendance를 사용할 수 있습니다. (자세한 내용은 405쪽을 참고하세요.) Meet Attendance 확장 프로그램은 Meet 회의실의 타일식 화면 레이아웃에 학생 얼굴이 보이는 것을 1초 단위로 포착하여 회의실 종료와 동시에 내 PC 다운로드 폴더에 출석부를 자동으로 저장합니다. 저장된 출석부는 수업 종료 후 학생 출결 처리의 증빙 자료로 활용할 수 있습니다.

수업에 결석한 학생들을 담임교사, 학생, 또는 학부모에게 제때 공지하는 방법도 고민해야 합니다. 학급별 원격교실을 운영하는 경우 수업 종료 후 담임교사와 학생이 결석한 학생 명단을 받아볼 수 있도록 Meet 실시간 원격수업 안내 게시물에 [수업 댓글]로 결석한 학생들의 이름을 올릴 수 있습니다. Google 스프레드시트로 온라인 출석부를 만들어 모든 교사가 함께 사용하는 것도 수업 결석생을 기록하고 공지하는 방법입니다. (자세한 내용은 144쪽을 참고하세요.) 어떠한 방식이 되었든 간에 실시간 수업에도 학교 내의 통일된 출결 기준과 일관된 기록 방법이 마련되어야 합니다.

클래스룸 콘텐츠 및 과제수행형 원격수업

클래스룸의 과제 관리 기능을 활용하여 콘텐츠 및 과제수행형 원격수업에 대한 학생 출결을 자동으로 확인할 수 있습니다. 교사가 제시한 콘텐츠를 학습한 후 파일 업로드, 사본 문서 완성, 퀴즈 설문지 응답 제출 등 모종의 학습 과제를 제출하는 방식은 전형적인 비동시적 원격수업의 형태입니다. 콘텐츠를 포함한 원격수업 과제를 교사가 클래스룸 원격교실에서 [수업] 페이지에 게시하면 학생이 이를 곧바로 확인하고 과제를 제출할 수 있습니다. 과제를 제출함과 동시에 과제 제출 시간이 기록되고, 과제의 기한 안에 제출한 경우 '제출함'으로 자동 표시됩니다. 교사가 게시물에 설정한 기한을 지나 제출한 경우 '완료(기한지남)'으로 표시되고, 기한 이후에도 제출하지 않았을 경우는 명단에 '누락됨'으로 학생이 자동 분류됩니다. 이러한 자동 과제 제출 확인 기능은 비동시적 원격수업에 대한 학교의 출석 인정 기준에 학생의 과제 제출이 부합하였는지 식별하는 데 큰 도움이 됩니다.

04 점검사항 ❸: 교사간 온라인 협업

원격수업은 등교 수업보다 더 많은 교사간 협업이 필요합니다. 수업 게시물을 공유하는 공동 수업 연구 공간을 운영할 수 있습니다. 뿐만 아니라 교사간 중요 정보를 실시간으로 공유하고, 빈번한 재택근무 환경에서도 공동 작업이 원활하게 이루어질 수 있도록 교육용 Google Workspace 서비스를 활용할 수 있습니다. 새로운 원격 소통 방법을 모든 교사가 이해할 수 있도록 충분한 연수가 필요합니다.

공동 수업 연구 공간

교사들만 사용자로 초대된 원격교실을 공동 수업 연구 공간으로 활용할 수 있습니다. 교사가 원격수업 초안을 만들어 올리면 다른 교사들이 언제든 다른 원격교실에서 재사용할 수 있습니다. 이런 방식으로 원격수업 준비에 대한 부담을 크게 경감할 수 있습니다. 창의적 체험 활동에 대한 수업 게시물을 모든 학급별 원격교실에 배포할 때 특히 유용합니다.

원격교무실 운영

별도의 원격교실 공간을 만들어 원격교무실로 사용하는 것이 교사간 원격 소통에 도움이 됩니다. 원격 수업 운영위원회 교원을 '교사'로, 나머지 전체 교사를 '학생'으로 초대합니다. 새로운 공지사항이나 교사들의 다양한 의견을 게시할 때에는 원격교실 [스트림] 페이지의 '공지사항'을 활용합니다. 클래스룸을 사용하는 모든 교사가 꼭 알아야 하는 중요한 정보들은 [수업] 페이지에 '자료'로 게시합니다.

실시간 화상 회의

원격교무실에 연동된 '행아웃 미팅 링크' 주소를 이용하여 모든 선생님들과 실시간 화상 회의를 진행할수 있습니다. 모든 교사가 각자의 자리에서 원격 회의에 참여합니다. 특히, 모든 교사가 알아야 하는 원격수업 운영지침 등 중요한 사항을 공유하거나, 학교의 현안에 대한 의견을 모을 때, 클래스룸 사용법에 대한 자율 연수를 진행할 때 매우 유용합니다.

화상 자율 연수는 클래스룸을 처음 정착시키는데 큰 기여를 합니다. 클래스룸에 익숙한 교사가 '화면발표' 기능을 통해 자신의 노하우를 화면으로 공유하면 연수 효과가 매우 뛰어납니다. 클래스룸 도입초반에는 일정 시간을 원격 자율 연수로 할애하여 서로의 노하우를 공유하시길 바랍니다.

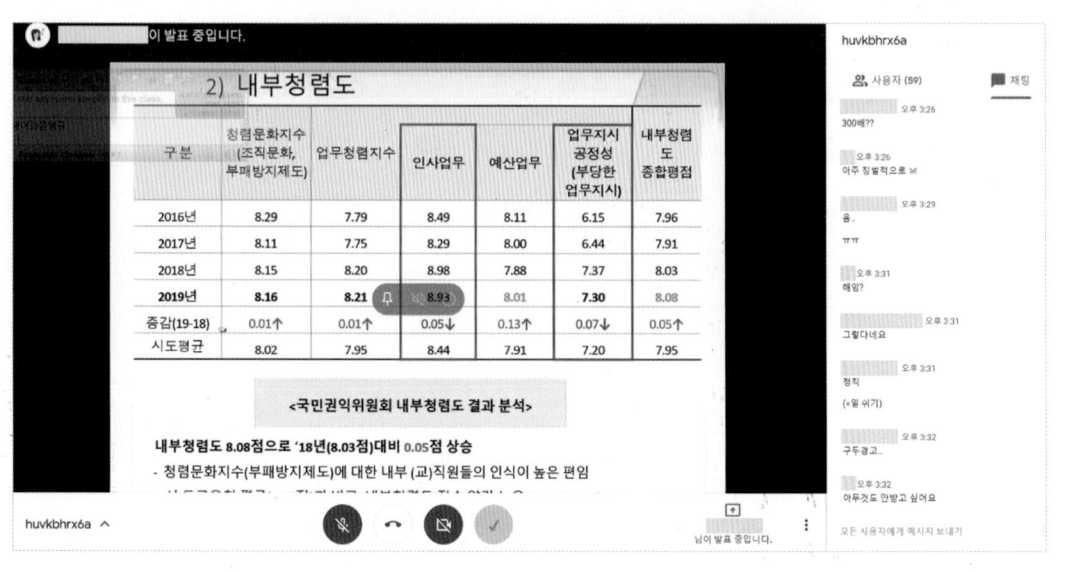

공유 드라이브

공유 드라이브의 협업 기능을 활용하여 교무 행정을 보다 효과적으로 처리할 수 있습니다. 예를 들어, 학년별 원격수업 주간 계획표를 작성하기 위해 업무 담당 교사가 모든 교사들이 초대된 공유 드라이브에 계획표 양식 파일을 올려둡니다. 그러면 각 교사들이 공유 드라이브에 올라온 계획표 양식 파일을 열어 내용을 채워 넣습니다. 담당 교사는 모두 채워진 계획표 양식을 출력하기만 하면 됩니다. 온라인 출석부, 감염병 관리 대장, 동료 장학 계획 등 공유 드라이브를 적절히 활용하면 수많은 교무 행정 업무의 효율성을 크게 향상시킬 수 있습니다.

PART 02

관리자편

교육용 Google Workspace를 도입하고 운영하기 위해서는 관리자의 역할이 매우 중요합니다. 이번 PART에서는 교육용 Google Workspace를 처음 Google에 신청하는 것부터 Classroom을 원활하게 사용할 수 있도록 서비스 환경을 설정하는 것까지 관리자의 주요 역할에 대해서 설명합니다.

Chapter 01

교육용 Google Workspace 시작하기

관리자가 교육용 Google Workspace를 시작하는 과정을 안
내합니다. 먼저 Section 1에서는 관리자의 역할에 대해 살펴
보고, Section 2에서는 관리자가 Google에 교육용 Google
Workspace 서비스를 신청하고 최종 승인을 받기까지의 전 과
정과 지역교육청에서 발급한 관리자 계정을 사용하는 방법에 대
해 짚어보겠습니다.

관리자가 해야할 일

학교 대표로 Google의 서비스 약관에 따라 전체 교사와 학생에게 교육용 Google Workspace를 사용할 수 있도록 작업하는 관리자의 역할에 대해 자세히 알아봅시다.

교육용 Google Workspace 신청

① 신청서 작성 : Google에 교육용 Google Workspace 서비스를 신청합니다. 학교에 대한 기본 정보를 입력하고, 학교 Google Workspace에 사용할 도메인을 등록합니다. 마지막으로 관리자의 이메일 주소를 만들어 학교 Google Workspace 관리자 계정을 등록합니다.

② 도메인 설정 : 도메인을 확인하고 Gmail을 활성화하기 위해 'TXT 레코드'와 'MX 레코드'를 DNS 설정에 추가하며, 개인 소유의 도메인을 등록했을 경우는 직접 도메인 호스트에 접속하여 DNS 설정에 추가합니다. 학교 홈페이지 도메인을 등록했을 경우 교육연구정보원 등 외부 도메인 관리기관에 협조 공문을 보냅니다.

③ 심사 이메일 답장 : 도메인 설정 후 '학교 Google Workspace'가 시작되면 관리자의 개인 구글 계정 Gmail로 Google 심사 팀에서 영문 메일을 보내줍니다. 영문 답장으로 '비영리 공교육 기관임을 입증할 서류'와 관리자의 연락처를 첨부하여 보냅니다.

④ 최종 승인 : Google 심사팀에 답장을 보내면 14일 안에 최종 승인을 알리는 이메일이 관리자의 Gmail로 발송됩니다. 이때부터 '최고 관리자' 권한으로 학교 Google Workspace 관리 콘솔의 모든 기능을 다룰 수 있습니다.

> **TIP** 교육용 Google Workspace를 신청하지 않아도 교육청에서 모든 학교에 일괄 할당한 관리자 계정을 사용할 수 있습니다. 이런 경우 학교 조직 단위에 대한 '사용자 계정 관리'만 가능하고, 필요한 '학교 Google Workspace 설정'은 교육청을 통해서만 가능합니다.

사용자 계정 관리

① 조직 단위 구성 : 모든 교사와 학생들의 학교 구글 계정을 분류하고 체계적으로 관리하기 위하여 '조직 단위'를 구성합니다. 조직 단위별로 계정 설정을 일괄 변경하고, 여러 Google 앱의 사용 범위와 기능을 제어할 수 있습니다.

② 계정 발급 : 교내 모든 교사와 학생들에게 학교 구글 계정을 발급합니다. 500명까지 계정 정보가 입력된 Google 스프레드시트 파일을 관리 콘솔에 일괄 업로드하는 방식입니다. 전입생 등 한 명의 새로운 사용자에게 계정을 발급하기도 합니다.

❸ **계정 관리** : 모든 사용자가 원활하게 학교 Google Workspace에 접속할 수 있도록 사용자 계정을 관리합니다. 비밀번호를 재설정하거나, 이름을 변경하거나, 계정을 삭제하기도 합니다. 학교 구글 계정 목록을 전체 교사가 열람할 수 있도록 공유합니다.

학교 Google Workspace 설정

❶ **그룹 구성** : 학교 Google Workspace를 효율적으로 사용하기 위해 '전체 교사', '학년별 학생', '학급별 학생' 등 여러 그룹을 구성할 수 있습니다. 많은 사용자들을 하나의 그룹으로 묶고, 대표 이메일 주소를 만듭니다. 대표 이메일 주소로 그룹 내 모든 사용자에게 한 번에 이메일을 보내거나 파일을 공유할 수 있습니다.

❷ **관리자 역할 지정** : 관리자 역할을 세분화하여 다른 동료 교직원을 하위 관리자로 지정할 수 있습니다. 예를 들어, 반학생들의 학교 구글 계정 비밀번호를 재설정할 수 있도록 모든 담임 교사를 하위 관리자로 지정합니다.

❸ **앱 권한 설정** : 조직 단위별로 사용할 수 있는 Google 앱과 확장 프로그램을 설정합니다. 클래스룸에서 원격교실을 개설할 수 있는 사용자를 지정하거나, 학생들이 새로운 Meet 회의실을 개설할 수 없도록 제한하거나, 학교 구글 계정으로도 YouTube을 사용할 수 있도록 허용할 수 있습니다.

❹ **사용자 기기 설정** : 모든 사용자가 학교 구글 계정으로 동기화한 Chrome 브라우저나 모바일 기기의 설정을 일괄 변경할 수 있습니다. 원격수업에 필요한 교육용 Chrome 확장 프로그램을 모든 Chrome 브라우저에 강제 설치할 수도 있고, 학교 구글 계정의 모바일 기기 사용 범위를 통제할 수 있습니다.

전문가의 조언 **관리자 역할**

학교 대표로 교육용 Google Workspace 관리자가 되는 일이 처음에는 부담스러울 수 있지만 갈수록 업무 부담은 줄어듭니다. 처음 플랫폼을 도입하는 과정에서는 서비스 신청, 계정 관리, 교육용 앱 설정 등 신경을 써야 할 일이 많습니다. 하지만 서비스 신청은 한 번만 하면 되고, 교육용 앱 설정 또한 처음에 제대로 설정해 놓으면 그 이후에는 그대로 유지하면 됩니다. 계정 관리는 학년 초에 교원의 인사이동이나 신입생 및 진급생 발생에 따라 새로운 계정을 발급하고, 계정 정보를 변경하는 일입니다. 학기 중에는 특별한 업무 소요가 없으므로 크게 걱정하지 않아도 됩니다.

02 교육용 Workspace 신청하기

관리자가 Google에 교육용 Google Workspace 사용을 신청하고, 최종 승인을 받기까지의 과정을 살펴보겠습니다.

관리자 계정 신청하기

1 Google의 교육 사업 홈페이지(http://edu.google.com)에 접속한 후 상단 메뉴 바에서 **[Products]**-**[Google Workspace for Education]** – **[Education Fundamentals]**를 선택하고, 다음 화면의 하단에 있는 **[Get started for free]**를 클릭합니다.

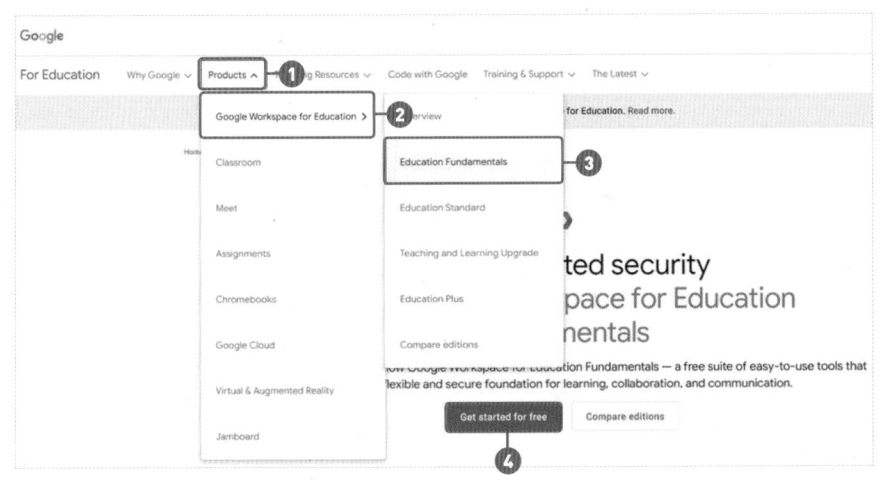

2 시작하기 화면에서 **[다음]**을 클릭합니다.

3 기관 정보 입력에서 '기관 이름(학교명)'을 입력하고, '초등/중등교육'을 선택한 후 **[다음]**을 클릭합니다. 상세 기관 정보에서 '기관 웹사이트'와 '학생 및 직원 수'를 입력하고, **[다음]**을 클릭합니다.

4 '기관 전화번호'와 '기관 주소'를 각각 입력하고, **[다음]**을 클릭합니다.

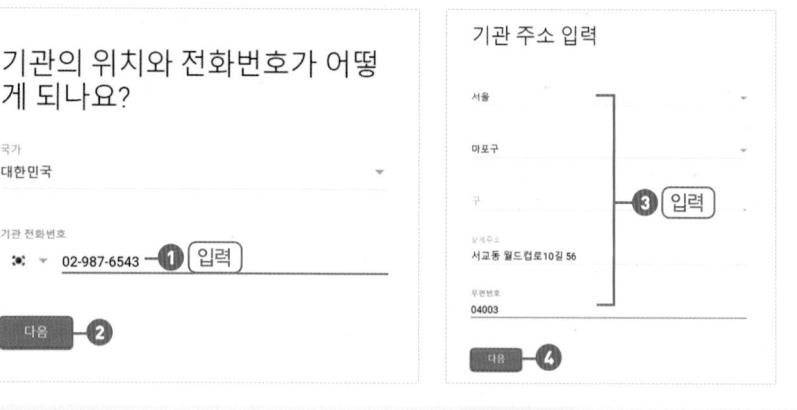

 자동으로 입력되는 6자리 우편번호를 개정된 5자리 우편번호로 바꿉니다.

5 '연락처 정보를 입력하세요'에서 성에는 '학교명', 이름에는 '관리자', 현재 이메일 주소에는 '개인 Gmail 주소'를 각각 입력하고, **[다음]**을 클릭합니다.

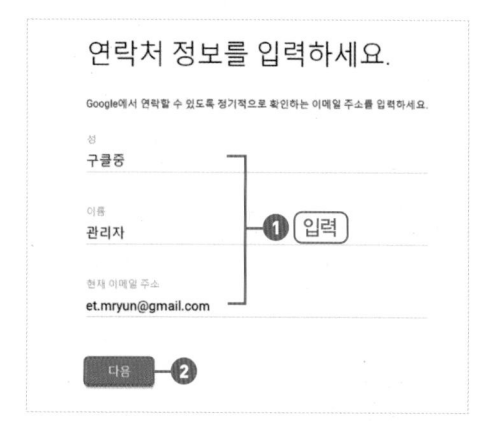

6 도메인 소유 여부를 묻는 단계에서 [예, 사용할 도메인이 있습니다.]를 선택한 후 '도메인 이름'을 입력하고, [다음]을 클릭합니다.

T I P 교육청에서 관리하는 학교 홈페이지 도메인이나 관리자가 개인적으로 소유한 도메인을 등록할 수 있습니다.

7 등록한 도메인을 확인하는 단계에서 [다음]을 클릭합니다. 관리자 계정을 등록한 후 사용자 이름 (ID)에 'admin'과 '비밀번호'를 입력하고, [다음]을 클릭합니다.

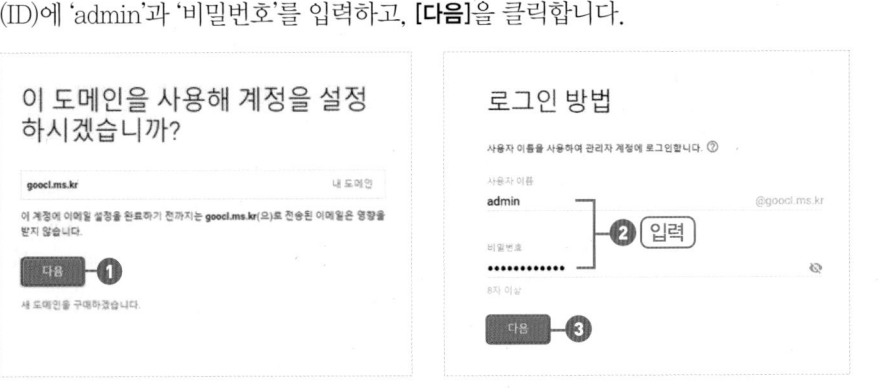

8 교육용 G Suite 학교 동의서에서 [동의 및 계속하기]를 클릭한 후 로봇이 아님을 확인하는 절차를 거쳐 [동의 및 계속하기]를 다시 클릭합니다.

9 교육용 Google Workspace의 최종 승인 전 30일 평가판 시작을 알리는 단계에서 **[관리 콘솔로 이동]** 을 클릭합니다.

TIP 30일 평가판 기간 동안 관리 콘솔에서 9명 이하의 새 사용자를 등록할 수 있으며, 학교 Google Workspace의 사용 환경을 미리 설정할 수 있습니다.

도메인 확인 및 Gmail 활성화

1 관리 콘솔(admin.google.com)로 접속한 후 '관리 콘솔 설정 완료'에서 **[설정]**을 클릭합니다.

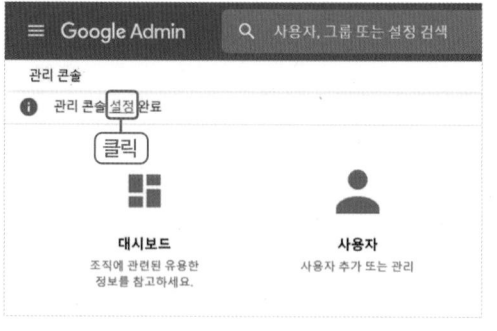

2 '환영합니다. G Suite for Education 설정을 시작하겠습니다.'에서 '도메인 확인하기'의 **[확인]**을 클릭합니다.

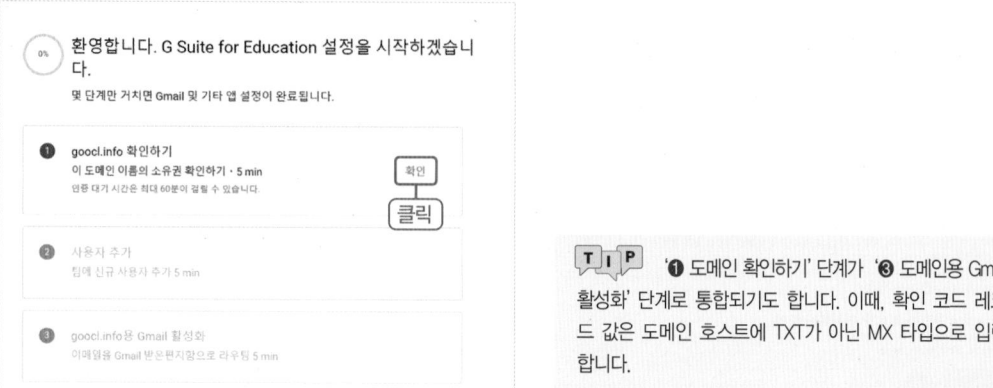

TIP '❶ 도메인 확인하기' 단계가 '❸ 도메인용 Gmail 활성화' 단계로 통합되기도 합니다. 이때, 확인 코드 레코드 값은 도메인 호스트에 TXT가 아닌 MX 타입으로 입력합니다.

3 도메인 확인에서 '개요'의 TXT 인증 절차에 대한 설명을 확인하고, **[계속]**을 클릭합니다.

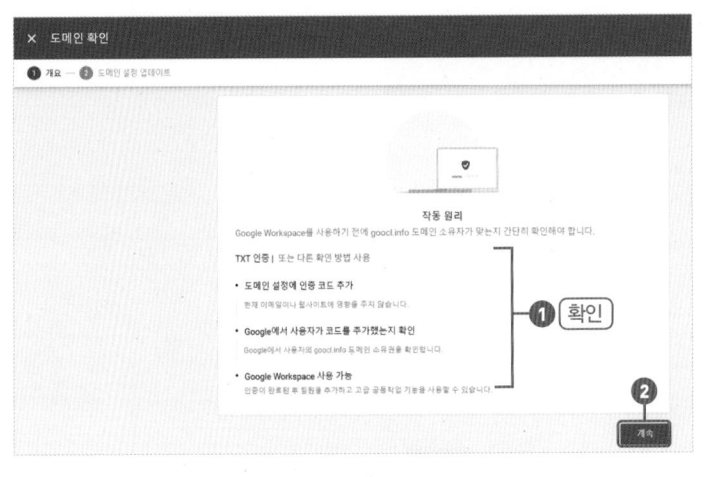

4 '도메인 설정 업데이트'에서 **[복사]**를 클릭하여 TXT 레코드 값을 복사합니다.

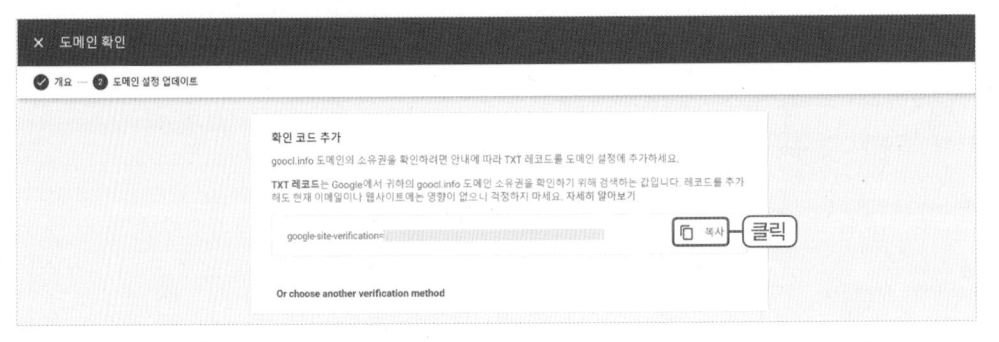

5 복사한 TXT 레코드를 붙여 넣은 'DNS 도메일 등록 신청서'를 도메인을 관리하고 있는 교육정보연구원 등 외부 기관에 협조 공문으로 발송합니다.

00교육청 DNS 도메인 등록 신청서

신청자	성 명	홍길동		직 위	교사
	소속(부서)	구글중학교 (연구행정)		학교 연락처	000-000-0000
				개인 휴대폰	010-000-0000
사유	교육용 G Suite 도메인 확인과 Gmail 활성화				
요청일	2020년 00월 00일				
학교 URL	http://goocl.info				

	타입	호스트	TTL	우선순위	값 또는 위치
등록요청 도메인	TXT	@	86400	–	google-site-verification=
	MX	@	3600	1	ASPMX.L.GOOGLE.COM.
	MX	@	3600	5	ALT1.ASPMX.L.GOOGLE.COM.
	MX	@	3600	5	ALT2.ASPMX.L.GOOGLE.COM.
	MX	@	3600	10	ALT3.ASPMX.L.GOOGLE.COM.
	MX	@	3600	10	ALT4.ASPMX.L.GOOGLE.COM.

TIP Gmail 활성화에 필요한 'MX 레코드' 5개도 신청서에 추가합니다. 관리자가 개인적으로 소유한 도메인을 등록한 경우, 직접 도메인 호스트에 접속하여 DNS 설정에 TXT 레코드와 MX 레코드를 추가합니다.

6 TXT 레코드가 등록된 것을 확인한 후 '도메인 설정 업데이트' 화면으로 돌아와서 **[내 도메인 확인]**을 클릭합니다.

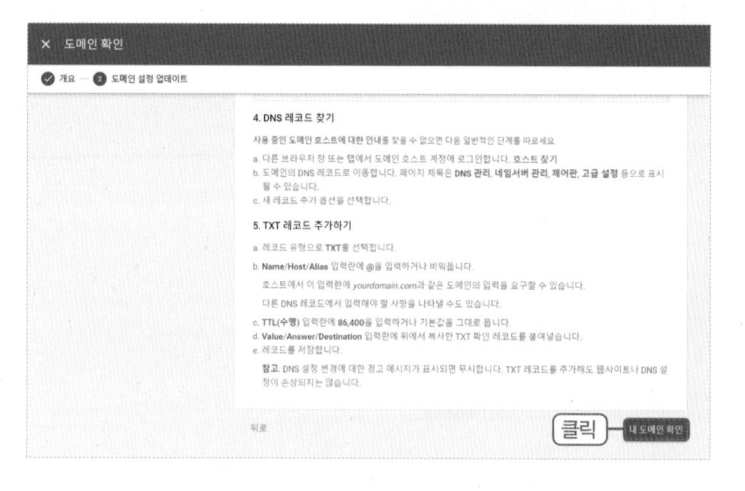

7 약 5분 후 도메인 확인이 완료됩니다. 도메인 확인 직후 Gmail 활성화를 위해 **[활성화]**를 클릭합니다.

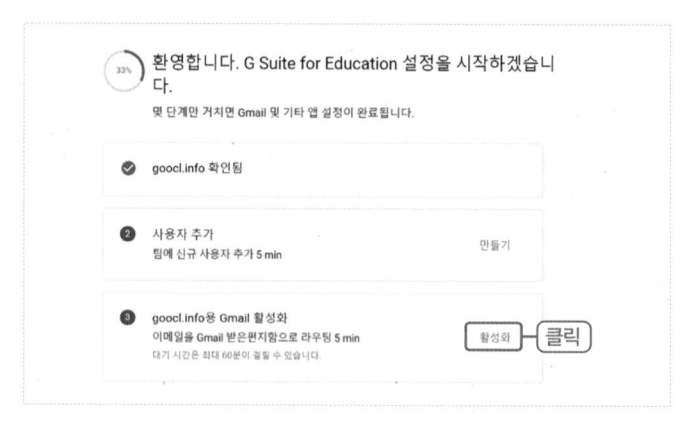

8 Gmail 활성화하기의 '개요'에서 두 개의 체크 박스를 모두 선택하고, **[계속]**을 클릭합니다.

9 Gmail 활성화하기의 '이메일을 Gmail로 라우팅'에서 **[GMAIL 활성화하기]**를 클릭합니다.

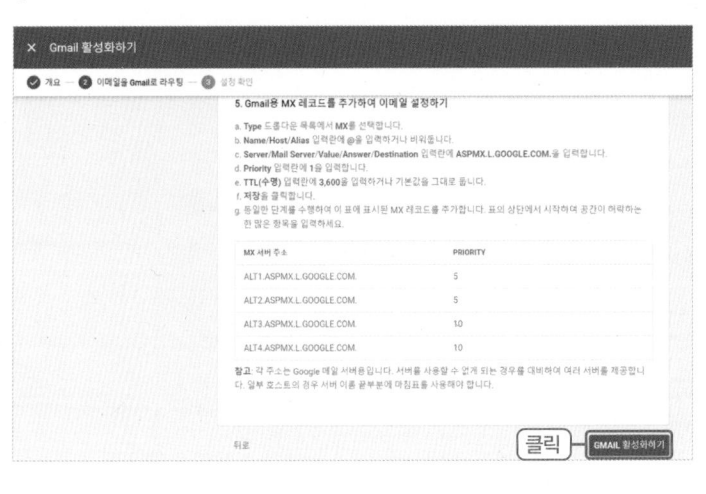

10 Gmail 활성화를 위한 MX 레코드 확인에서 5개의 도메인이 DNS 설정에 추가된 것을 확인합니다.

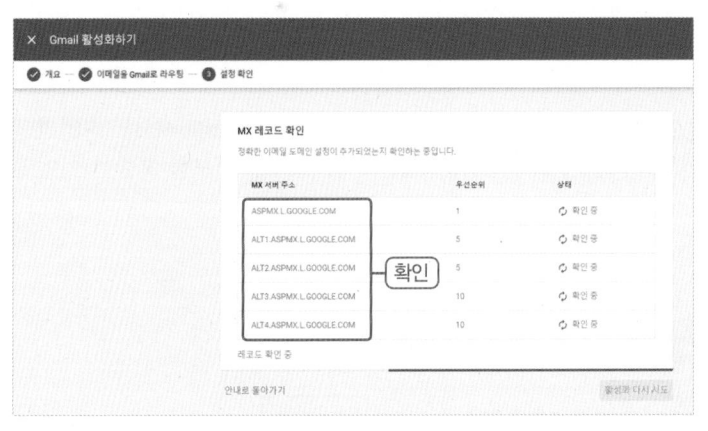

11 다음 화면에서 '도메인에 Gmail이 활성화되었습니다'를 확인합니다. 이때, 도메인 확인 및 Gmail 활성화를 모두 마친 '교육용 Google Workspace'를 '학교 Google Workspace'라고 부릅니다.

영문 이메일 답장하기

1 교육용 Google Workspace 신청 시 입력했던 관리자의 개인 구글 계정으로 Gmail에 로그인한 후 Google 심사팀에서 발송한 영문 이메일을 확인합니다.

2 영문으로 '학교 공식 홈페이지', '(사립학교의 경우) 법인 및 학교설립 인가증 스캔 사본', '비영리단체 및 국가기관 발급용 국세청 고유번호증', '관리자의 성함, 직급, 소속, 연락처' 정보를 포함한 이메일을 보냅니다.

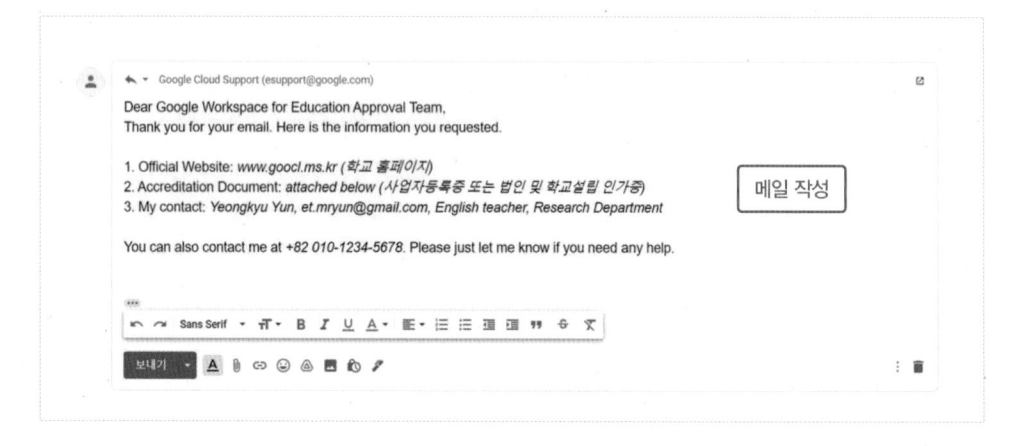

3 Google 심사 팀의 최종 승인 이메일을 관리자 계정의 Gmail로 확인합니다.

Google for Education

Hello ??,

Welcome to G Suite for Education! We reviewed your application and are excited to upgrade your domain. I'm including a selection of resources to help guide your implementation.

Best Practices for Deployment - Use the resources below to deploy G Suite to the technical best practice, or find a partner here to aid with the technical setup.

- Google for Education Privacy & Security Information, access FAQs about student data protection and privacy
- G Suite Domain Best Practices, overview the possible ways to set up G Suite for EDU
- G Suite for Education Deployment Guide, effectively move your organization to G Suite
- Google Cloud Directory Sync, synchronize data with your LDAP directory server
- Google Cloud Password Sync, keep your users' G Suite passwords in sync with Active Directory passwords
- G Suite Release Calendar, keep track of upcoming features rolling out to your domain

In the Classroom - Now that you have access to G Suite for Education, utilize the Google for Education Training Center and the following resources to make the most of G Suite tools, source best practices, and train your teachers to become Google experts.

전문가의 조언 　**학교 전용 새로운 도메인 구입하기**

도메인은 쉽게 말해 인터넷에 연결된 컴퓨터 주소입니다. 학교 단위에서 교육용 Google Workspace를 사용하려면 먼저 도메인 소유권을 확인받아야 합니다. 교육용 Google Workspace를 신청할 때 교육청 교육연구정보원 등에서 관리하는 학교 홈페이지 도메인을 등록할 수 있습니다. 하지만 추가적인 협조 공문을 보내야 하고 너무 복잡한 학교 홈페이지 주소를 그대로 사용해야 하는 불편함이 있을 수 있습니다. 외부 기관의 협조 없이 간단한 주소를 사용하려면 학교 전용 도메인을 별도로 구입하여 등록할 수 있습니다. 가비아(gabia.com) 등 도메인 관리 및 구매 대행업체 홈페이지에서 원하는 도메인 주소를 검색한 후 연간 5,000원부터 다양한 가격대의 쉽고 간단한 도메인 주소를 구입할 수 있습니다. 구입한 도메인의 호스트에 접속하여 TXT 레코드와 MX 레코드를 직접 입력할 수 있어 도메인 확인 절차를 순식간에 마무리할 수 있습니다.

관리 콘솔 사용하기

관리 콘솔(admin.google.com)은 학교 Google Workspace
의 중앙 제어 시스템입니다. 사용자 계정 생성부터 Google 앱에
대한 사용 권한 통제까지 관리자의 모든 작업이 이루어집니다.
학교 Google Workspace 관리자가 반드시 알아야 할 관리 콘
솔 기능에 대해 살펴보겠습니다

SECTION 01 관리 콘솔

관리 콘솔(admin.google.com)에 접속하여 관리자가 수행할 수 있는 다양한 기능들을 살펴볼 수 있습니다.

관리 콘솔 아이콘

관리 콘솔을 구성하는 관리 기능별 페이지가 아이콘으로 정리되어 있습니다.

① 사용자 : 학교 Google Workspace 사용자를 등록하고, 모든 계정을 관리합니다.

② 그룹 : 여러 계정을 그룹으로 묶어 대표 이메일을 만들고 관리합니다.

③ 계정 설정 : 학교 정보를 등록하거나 학교 Google Workspace의 이용 약관을 확인합니다.

④ 보고서 : 사용자들이 학교 Google Workspace 서비스를 사용하는 실태에 대한 다양한 감사 보고서를 열람합니다.

⑤ 관리자 역할 : 학교 Google Workspace의 최고 관리자는 다른 사용자에게 하위 관리자 역할을 부여할 수 있습니다.

⑥ 결제 : 학교 Google Workspace를 유료 버전으로 업그레이드 하거나, '구독 취소'를 선택하여 더 이상의 사용을 중지합니다.

⑦ 앱 : 특정 조직 단위가 사용할 수 있는 앱의 종류와 기능을 설정합니다.

⑧ 조직 단위 : 학교 구글 계정을 관리하는 데 필요한 분류 체계를 구성합니다.

⑨ 건물 및 리소스 : 학교의 교실, 특별실, 기기 등을 등록하고 관리하는 페이지입니다.

⑩ 데이터 이전 : 다른 플랫폼의 메일, 일정, 연락처 등의 정보를 학교 Google Workspace로 불러옵니다.

⑪ 도메인 : 등록한 도메인을 인증하거나 보조 도메인을 추가합니다.

⑫ **기기** : Chrome 브라우저나 모바일 기기 등 학교 Google Workspace 사용자의 기기에 대한 설정을 변경합니다.

⑬ **보안** : 사용자들의 계정 비밀번호에 대한 '2단계 인증' 등 여러 보안 설정을 변경합니다.

⑭ **규칙** : 학교 Google Workspace 사용에 관한 여러 규칙을 세우고 관리합니다.

⑮ **지원** : 도움이 필요한 경우 Google의 이메일 등을 통해 지원을 요청합니다.

전문가의 조언 **교육청 도메인 관리 콘솔**

교육청 공용 도메인으로 등록된 교육청 Google Workspace를 사용하는 경우 관리자 권한이 사용자 관리 관리자로 설정되어 있어 사용자, 조직 단위, 기기, 보안, 지원 페이지만 접근할 수 있습니다. 그림의 5가지 기능만으로도 학교의 모든 사용자에게 학교 구글 계정을 발급하고 안정적으로 관리하여 원활한 원격수업 플랫폼을 구축할 수 있습니다. 다만, 학교 개별 도메인으로 등록된 학교 Google Workspace와는 달리 몇 가지 서비스 환경 설정에 제약이 있습니다. 첫째, 그룹 관리를 하지 못해 클래스룸에서 실수로 교사나 학생으로 역할을 잘못 선택한 사용자를 재설정할 수 없는데 이런 경우 해당 사용자의 계정을 삭제하고 다시 발급해야 합니다. 둘째, 학생 비밀번호 관리자 등 기타 하위 관리자 역할을 동료 교사에게 할당할 수 없어 한 명의 관리자에게 역할 부담이 집중될 수 있습니다. 셋째, 학교 실정에 맞는 자유로운 교육용 Google 앱 설정이 어렵습니다. 예를 들어, 미연의 사고를 방지하기 위해 학생들이 새로운 Meet 회의실을 개설할 수 없게 앱을 제한한다든지, 교육용 Google 앱에 필요한 부가 기능을 추가한다든지, 교내 사용자들의 다양한 요구가 있을 때마다 교육청의 최고 관리자에게 별도로 협조를 얻어야 합니다.

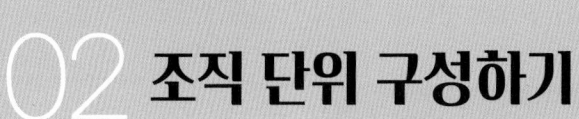

SECTION 02 조직 단위 구성하기

사용자 계정을 효과적으로 관리하기 위해 가장 먼저 조직 단위를 구성해야 합니다. 조직 단위는 수많은 학교 구글 계정을 분류하는 폴더와도 같습니다. 최상위 조직 단위를 '교원'과 '학생'으로 나누고, '학생' 조직 단위에는 입학년도를 기준으로 하위 조직 단위를 추가합니다.

조직 단위 구성

1 관리 콘솔에서 **[조직 단위]**를 선택한 후 학교명으로 되어 있는 최상위 조직 단위의 **[새 조직 단위 만들기(+)]** 아이콘을 클릭합니다.

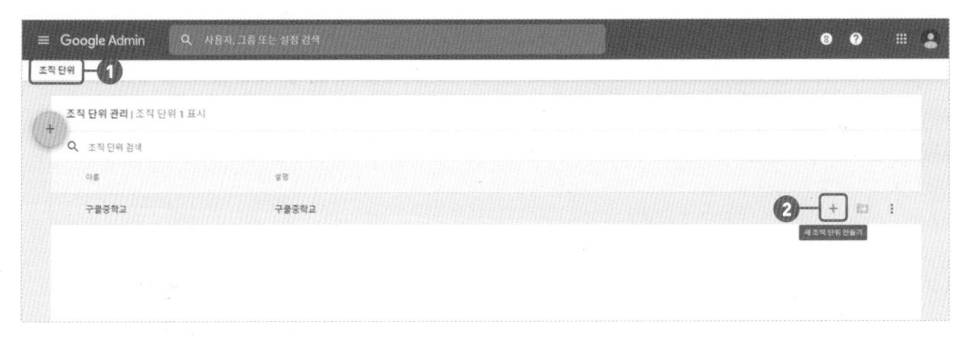

> **TIP** 지역교육청 공통 도메인을 사용하는 경우 [조직 단위 검색]에서 우리 학교에 해당하는 조직 단위를 검색합니다.

2 '새 조직 단위 만들기' 창에서 조직 단위의 이름을 '교원'으로 입력하고, 설명에는 '전체 교원 계정'을 입력한 후 **[만들기]**를 클릭합니다. 같은 방식으로 조직 단위의 이름을 '학생'으로 입력하고, 설명에는 '전체 학생 계정'을 입력한 후 **[만들기]**를 클릭합니다.

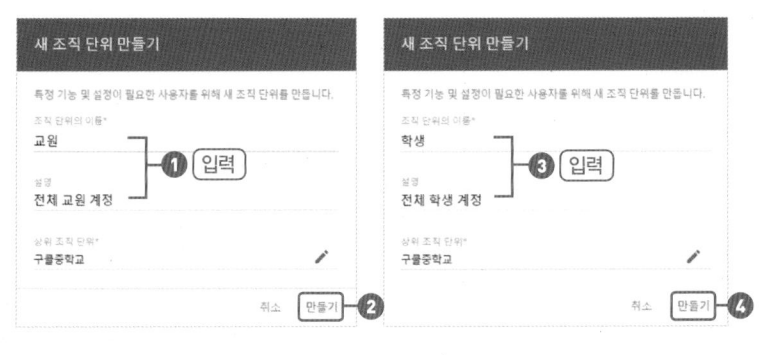

3 조직 단위 페이지에서 '교원'의 **[새 조직 단위 만들기(+)]** 아이콘을 클릭한 후, 팝업 창에서 조직 단위의 이름을 '2021'로 입력하고, 설명을 입력한 후 **[만들기]**를 클릭합니다. 같은 방식으로 '외부' 조직 단위도 추가합니다.

> **TIP** 2022학년도에는 하위 조직 단위인 '2021'은 조직 단위 이름을 '2022'로 바꾸고 전출 교사 계정을 '외부'로 옮깁니다.

4 조직 단위 페이지에서 '학생'의 **[새 조직 단위 만들기(+)]** 아이콘을 클릭한 후, 팝업 창에서 조직 단위의 이름을 '2019', '2020', '2021' 등 입학년도로 각각 입력하고, **[만들기]**를 클릭합니다.

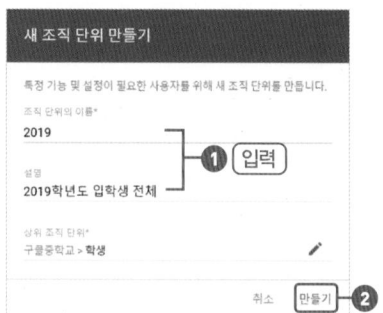

5 학교 이름으로 된 최상위 조직을 포함하여 하위 조직 단위까지 총 8개의 조직 단위가 만들어진 것을 확인합니다.

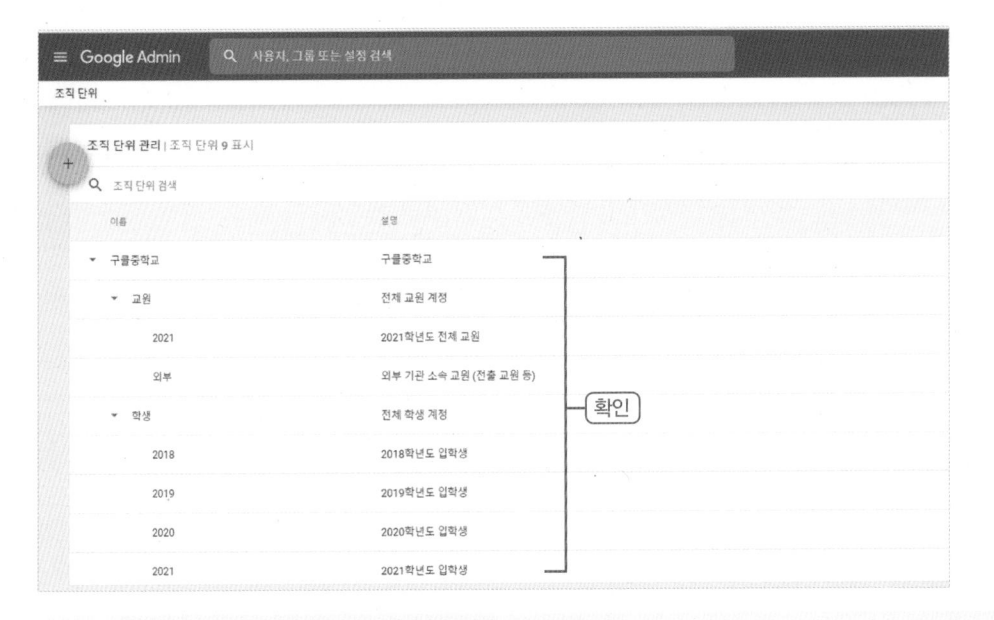

TIP 위 조직 단위 구성을 참고하여 학교 실정에 적합한 조직 단위를 구성합니다.

전문가의 조언 **조직 단위별로 프로필 사진 변경 허용하기**

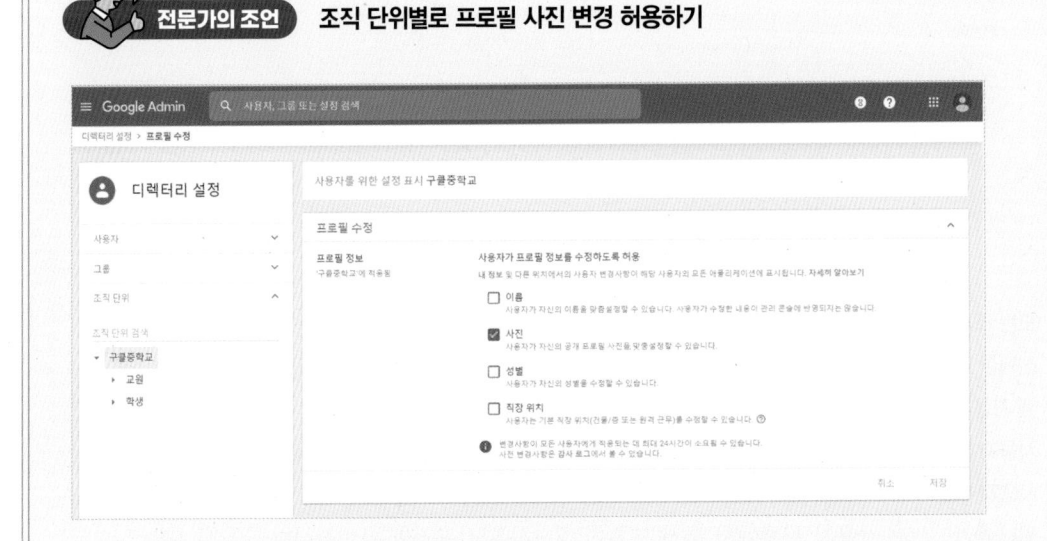

프로필 사진을 등록하면 교육용 Google 앱에서 서로를 쉽게 알아볼 수 있습니다. 사용자의 프로필 사진 변경을 허용하려면 관리 콘솔 화면의 왼쪽 상단에서 **[기본 메뉴(≡)]-[디렉터리]-[디렉터리 설정]-[프로필 수정]**을 선택합니다. 왼쪽에서 프로필 사진 변경을 허용할 조직 단위를 선택한 후 프로필 수정에서 프로필 정보의 '사진'을 체크하고, **[저장]**을 클릭합니다.

사용자 페이지는 모든 사용자의 학교 구글 계정을 관리하는 데 필요한 대부분의 기능이 갖추어져 있습니다. 사용자 페이지의 기능에 대해 살펴보겠습니다.

사용자 목록

사용자 페이지(admin.google.com/ac/users)에서 조직 단위마다 분류된 모든 사용자의 목록을 확인할 수 있습니다.

① **모든 조직 단위의 사용자** : 조직 단위에 상관없이 전체 사용자의 목록을 확인합니다.

② **선택한 조직 단위의 사용자** : 아래 조직도에서 선택한 조직에 해당되는 사용자의 목록을 확인합니다.

③ **새 사용자 추가** : 선택한 조직 단위에 사용자 한 명을 추가합니다.

④ **사용자 일괄 업데이트** : CSV 파일 템플릿에 입력된 여러 사용자를 일괄 추가하거나 변경합니다.

⑤ **사용자 다운로드** : 현재 사용자 목록을 스프레드시트로 다운로드합니다.

⑥ **필터 추가** : 현재 사용자 목록에서 특정 분류에 해당하는 사용자만 확인합니다.

⑦ **열 관리** : 사용자 목록에서 확인할 수 있는 내용을 변경합니다.

개별 계정 정보

사용자 페이지 계정 목록에서 사용자 한 명만 선택하거나 검색 창에 개별 사용자의 이름을 검색하면 다음의 작업을 수행할 수 있습니다.

① **비밀번호 재설정** : 해당 사용자의 계정 비밀번호를 변경합니다.

② **사용자 이름 바꾸기** : 해당 사용자의 이름을 변경합니다.

③ **그룹에 추가** : 해당 사용자의 계정을 그룹에 추가합니다.

④ **이메일** : 해당 사용자의 학교 구글 계정 Gmail로 이메일을 보냅니다.

⑤ **사용자 일시중지** : 해당 사용자가 더 이상 로그인할 수 없도록 학교 Google Workspace 사용을 제한하거나 다시 허용합니다.

⑥ **데이터 복원** : 해당 사용자가 특정 기간 동안 Google 드라이브나 Gmail에서 삭제한 데이터를 복원합니다.

⑦ **사용자 삭제** : 해당 사용자의 계정을 삭제합니다.

⑧ **조직 단위 변경** : 해당 사용자의 계정이 속한 조직 단위를 변경합니다.

⑨ **각종 계정 정보** : 해당 사용자의 학교 Google Workspace 사용에 관한 모든 정보를 오른쪽 섹션에서 열람할 수 있습니다.

여러 계정 관리 메뉴

사용자 페이지 계정 목록에서 체크 박스를 여러 개 선택하고, 더보기의 **[목록(▼)]** 단추를 클릭하면 다음의 4가지 작업을 수행할 수 있습니다.

❶ 선택된 사용자에게 이메일 발송 : 선택된 여러 사용자의 Gmail에 이메일을 보냅니다.

❷ 선택한 사용자를 그룹에 추가 : 해당 사용자를 특정 그룹에 추가합니다.

❸ 조직 단위 변경 : 해당 사용자를 다른 조직 단위로 변경합니다.

❹ 선택된 사용자 삭제 : 해당 사용자 계정을 삭제합니다.

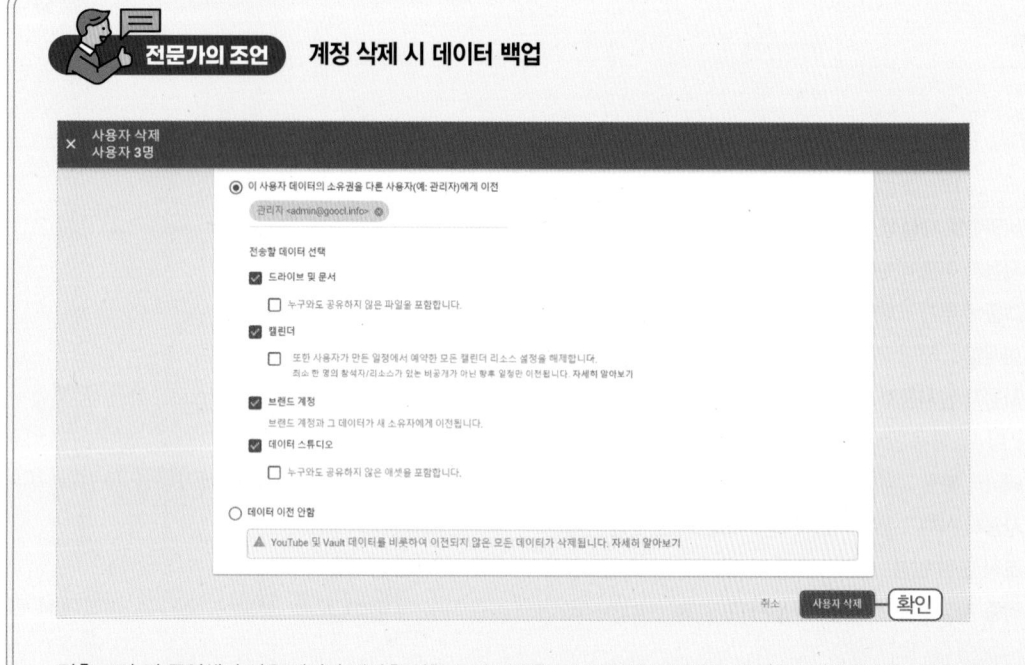

전출 교사 및 졸업생의 경우 데이터 백업을 위한 유예 기간을 두고 계정을 삭제할 수 있습니다. **[사용자 삭제]**를 클릭하여 계정을 삭제하면 사용자의 모든 데이터와 기록이 완전히 삭제됩니다. '이 사용자 데이터의 소유권을 다른 사용자에게 이전'에 다른 사용자의 학교 구글 계정 이메일 주소를 입력하면 삭제되는 사용자의 모든 데이터를 다른 사용자의 드라이브에 백업할 수 있습니다. 관리자가 계정을 삭제하기 전에 사용자는 자신의 모든 데이터를 다른 구글 계정에 이전할 수 있습니다. (데이터 Takeout에 대한 자세한 내용은 412쪽을 참고하세요.) 교육용 Google Workspace 무료 에디션은 도메인 스토리지를 100TB까지 제공합니다.

따라하기

04 새 사용자 추가하기

관리 콘솔의 사용자 페이지에서 가장 중요한 기능은 새 사용자를 추가하여 학교 구글 계정을 생성하는 작업입니다. 한 번에 여러 명을 동시에 추가할 수도 있지만, 먼저 [새 사용자 추가] 기능을 사용하는 단계를 살펴봄으로써 학교 구글 계정을 생성하는 원리에 대해 알아보겠습니다.

사용자 한 명 추가하기

1 사용자 페이지에서 **[새 사용자 추가]**를 클릭합니다.

2 새 사용자 추가 창에서 성에는 '학번 5자리 숫자', 이름에는 성을 포함한 '이름 전체'를 입력합니다.

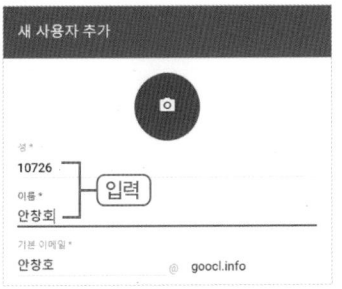

TIP 클래스룸 등 모든 Google 앱에서 '10726 안창호'와 같이 학번과 이름이 동시에 표시됩니다.

3 기본 이메일에서 자동으로 입력되는 이름은 지우고, 일정한 규칙으로 부여한 ID를 입력합니다 (예 : 21st238). 학생 ID 부여 규칙에 관한 자세한 내용은 62쪽을 참고합니다.

4 조직 단위의 학교명 오른쪽에서 ✏을 클릭한 후, 선택 조직 단위 창에서 해당 사용자 계정을 분류 할 **[조직 단위]**를 선택합니다(예 : 구글중학교/학생/2021).

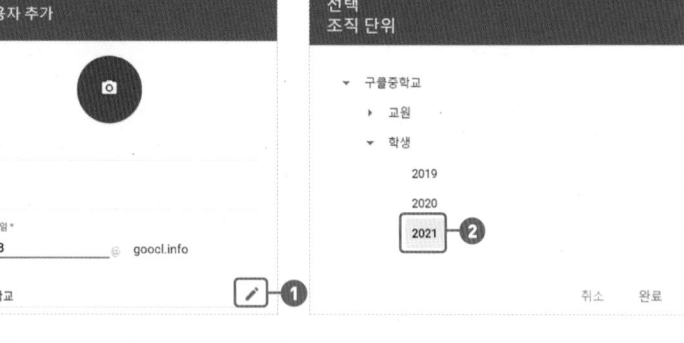

> **TIP** 조직 단위를 선택하지 않으면 최상위 조직(학교명)으로 분류됩니다.

5 ID에 느낌표(!)를 추가하여 비밀번호를 직접 입력합니다. 계정 보안을 위해 '다음 로그인 시 비밀번 호 변경 요청'을 활성화한 후 **[새 사용자 추가]**를 클릭합니다.

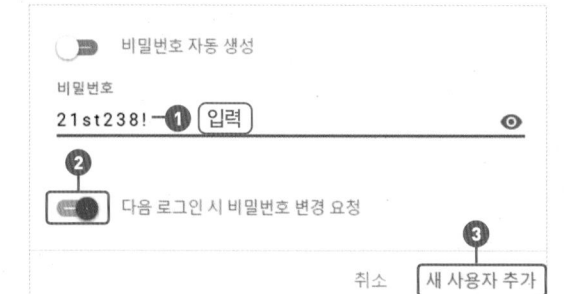

> **TIP** 비밀번호 자동 생성을 활성화할 경우 새로운 사용자 추가 창에서 [비밀번호 복사]를 클릭 하여 사용자에게 전달합니다.

6 새로운 사용자 추가 창에서 생성한 계정 정보를 확인하고, **[완료]**를 클릭합니다.

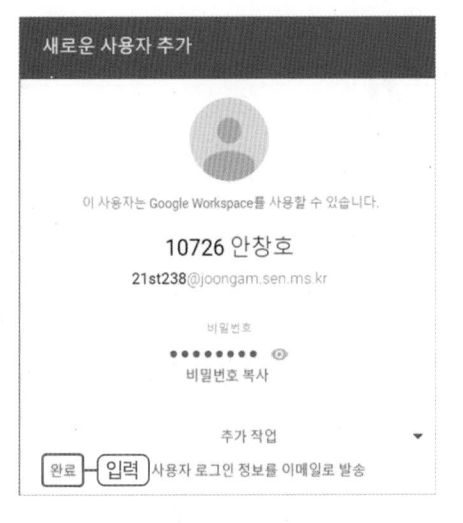

· 관리자편 ·

전문가의 조언　　**2단계 인증으로 계정 보호하기**

Google 계정	Q Google 계정 검색			
● 홈	**Google에 로그인**			
📇 개인 정보				
⬤ 데이터 및 맞춤설정				
🔒 보안	비밀번호		최종 변경일: 2020. 8. 13.	>
👥 사용자 및 공유	2단계 인증		✔ 사용	>
🗖 결제 및 구독	앱 비밀번호		없음	>
ⓘ 정보	Google 계정 PIN		최종 변경일: 1월 19일	>

2단계 인증을 설정하면 새로운 기기에서 처음 학교 구글 계정으로 로그인할 때 비밀번호 외에 추가적인 인증 절차를 거치게 됩니다. 이 과정에서 비밀번호가 혹시 유출되어도 안전하게 계정을 보호할 수 있습니다. 잠금이 설정된 스마트폰 등 모바일 기기에서 로그인 시도에 대한 알림을 받는 것이 가장 일반적인 2단계 인증 방법입니다. 모바일 기기에서 본인이 현재 로그인 중이라는 점을 확인해 주어야 Google 앱에 로그인할 수 있습니다. 2단계 인증으로 계정을 보호하기 위해서는 개인 사용자가 Google 계정 홈페이지(myaccount.google.com)의 [보안] 메뉴에서 Google에 로그인 상자의 2단계 인증을 활성화합니다.

05 사용자 계정 목록 만들기

모든 교사와 학생들에게 학교 구글 계정을 발급하기 위해 '사용자 계정 목록'을 스프레드시트로 정리합니다. 교사와 학생의 경우로 나누어 사용자 계정 목록을 어떻게 작성하는지에 대해 알아보겠습니다.

교사 계정 목록

Google 스프레드시트에 모든 교사의 계정 목록을 '성명', '교과명', '이메일 주소'의 순서로 정리합니다. 교과명은 추후 학교 구글 계정을 생성할 때 성(Family Name)에 입력하되, '국어과 김좌진'과 같이 교과명과 이름이 함께 표시되도록 합니다.

	A	B	C	D
1	성명	교과명	이메일 주소	
2	김좌진	국어과	21tc01@goocl.ms.kr	
3	서재필	과학과	21tc02@goocl.ms.kr	
4	안중근	영어과	21tc03@goocl.ms.kr	
5	윤봉길	수학과	21tc04@goocl.ms.kr	
6				

이메일 주소는 중복되지 않는 ID에 등록한 학교 Google Workspace 도메인을 덧붙여 생성합니다. Google 설문지로 전체 교사에게 각자가 희망하는 ID를 수합할 수 있습니다. 또는, '21tc01', '21tc02' 등 일정한 규칙으로 ID를 부여할 수 있습니다.

학생 계정 목록

Google 스프레드시트에 학년별 모든 학생의 계정 목록을 '성명', '학번', '이메일 주소'의 순서로 정리합니다. 학번은 추후 학교 구글 계정을 생성할 때 성(Family Name)에 입력하여 '10105 김창숙'과 같이 학번과 이름이 함께 표시되도록 합니다.

	A	B	C	D
1	성명	학번	이메일 주소	
2	강우규	10101	21st002@goocl.ms.kr	
3	김경천	10102	21st006@goocl.ms.kr	
4	김상옥	10103	21st012@goocl.ms.kr	
5	김지섭	10104	21st016@goocl.ms.kr	
6	김창숙	10105	21st017@goocl.ms.kr	
7	나인협	10106	21st021@goocl.ms.kr	

이메일 주소는 일정한 규칙으로 부여한 ID에 등록한 학교 Google Workspace 도메인을 덧붙여 생성합니다. 학생의 이메일 주소는 한 번 발급하면 졸업하기 전까지 지속적으로 사용할 수 있어야 합니다. 계정 보안상 학생들 서로가 상대방의 이메일 주소를 쉽게 알지 못하도록 방지하는 것도 중요합니다. 또한, 전입생이 왔을 때 규칙에 맞는 새로운 이메일 주소를 곧바로 부여해줄 수 있어야 합니다.

학생마다 부여할 수 있는 '고유번호'를 ID에 활용하면 이와 같은 조건을 충족할 수 있습니다. 예를 들어, 2021학년도 입학생의 경우 '21st'로 시작하여 학생별 '고유번호'를 덧붙여 ID를 만듭니다. '고유번호'를 부여하는 방식은 다양할 수 있지만, 학년별 전체 학생을 가나다순으로 정렬한 후, 001부터 재적수까지 3자리 숫자를 순차적으로 지정하는 방식을 추천합니다.

 교육청 공용 도메인을 사용하는 경우 다른 학교 사용자와 ID가 겹치지 않도록 주의합니다.

 **설문지로 교사의 희망 ID 모으기**

그림과 같은 Google 설문지 문항을 제작하여 교사 계정 목록을 작성할 수 있습니다. '교과명' 문항은 드롭다운 유형으로 추가하고, '희망 이메일 주소' 단답형 문항은 응답 확인에 텍스트 포함을 선택하여 학교 Google Workspace 도메인 주소를 입력합니다. 설문지 제작에 관한 자세한 내용은 147쪽을 참고하세요.

06 사용자 일괄 등록하기

Section 5에서 작성한 '사용자 계정 목록'을 복사하여 Google 스프레드시트 CSV 파일 양식에 붙여 넣습니다. 완성한 CSV 파일 양식을 [사용자 일괄 업데이트]에 업로드합니다.

템플릿 CSV 파일 다운받기

1 관리 콘솔의 [사용자]를 선택하여 사용자 페이지에 접속하고, [사용자 일괄 업데이트]를 클릭합니다.

2 사용자 일괄 업데이트 창에서 [빈 CSV 템플릿 다운로드]를 클릭하면 내 PC 다운로드 폴더에 user.csv 파일이 저장됩니다.

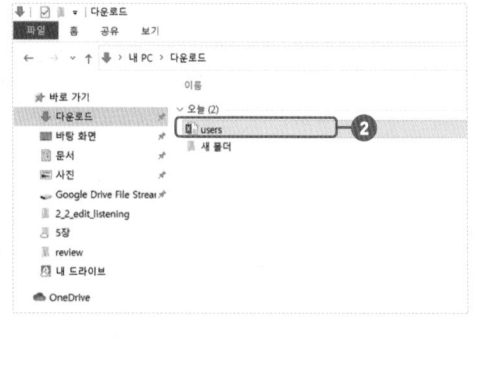

템플릿 작성하기

1 Google 드라이브 홈페이지(drive.google.com)에서 **[+ 새로 만들기]**를 클릭하여 **[파일 업로드]**를 선택한 후, **[열기]** 대화 상자에서 다운로드한 '빈 CSV 파일 템플릿(user.csv)'을 업로드합니다.

TIP CSV 파일은 Google 스프레드시트로 작업합니다. 만일, MS 엑셀로 작업한 경우는 업로드 과정에서 오류가 생길 수 있습니다.

2 업로드한 'user.csv' 파일에서 마우스 오른쪽 버튼을 클릭한 후, **[연결 앱]-[Google 스프레드시트]**를 선택합니다.

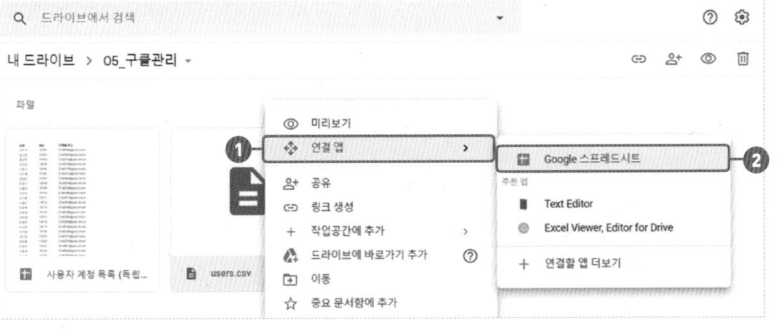

3 총 27개의 열로 빈 템플릿이 구성되어 있는데, 그 중 6개(A, B, C, D, F, Z열)만 사용하므로 나머지 열을 Ctrl+클릭으로 선택한 후 열 너비를 줄입니다.

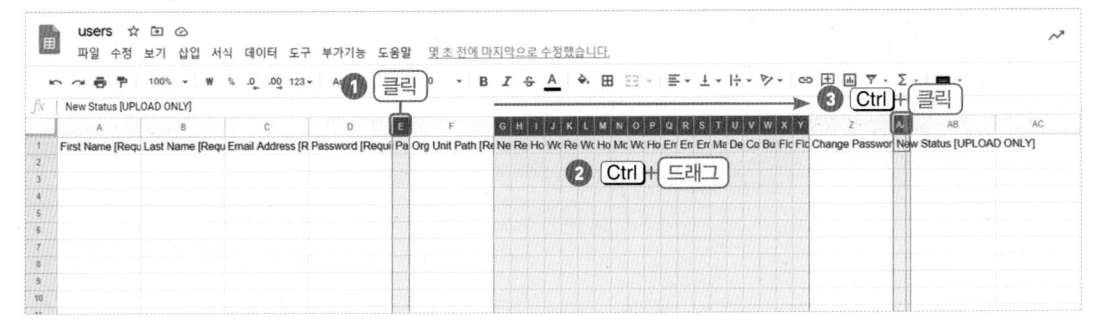

4 62쪽에서 작성한 '사용자 계정 목록'에서 사용자의 성명, 교과명 또는 학번, 이메일 주소를 모두 복사하여 A, B, C열에 붙여넣기 합니다.

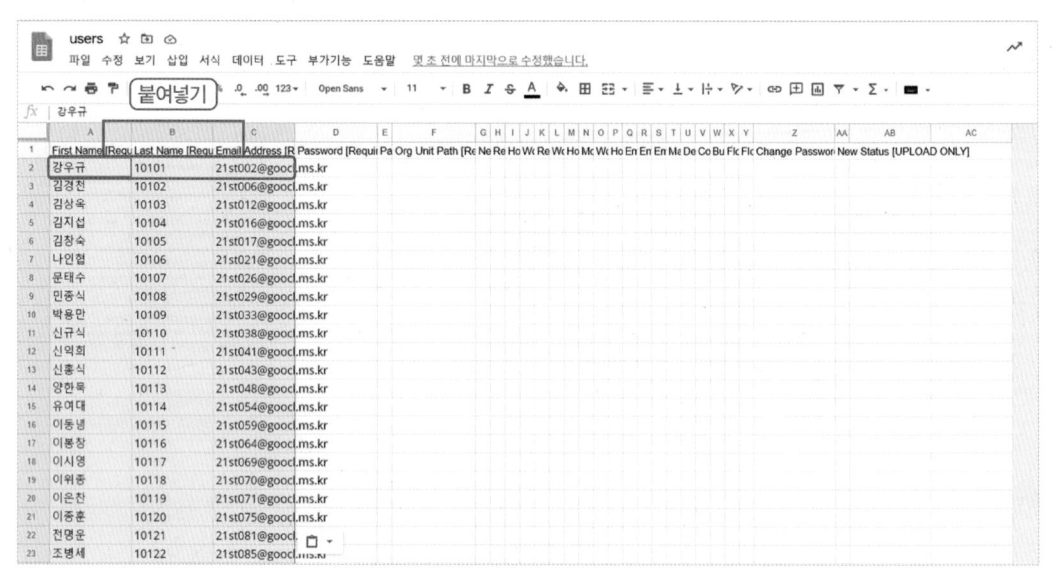

- **A열의 First Name [Required](이름) :** 성과 이름 전체를 입력합니다.
- **B열의 Last Name [Required](성) :** 교사의 교과명 또는 학생의 학번 5자리 숫자를 입력합니다.
- **C열의 Email Address [Required](이메일 주소) :** 계정 목록에서 만든 'ID@학교 Google Workspace 도메인' 을 입력합니다.

5 D열의 Password [Required]에는 최초 로그인을 위한 비밀번호를 입력합니다. 이때, 이메일 주소 ID에 느낌표(!)를 추가하여 비밀번호를 일괄적으로 입력합니다.

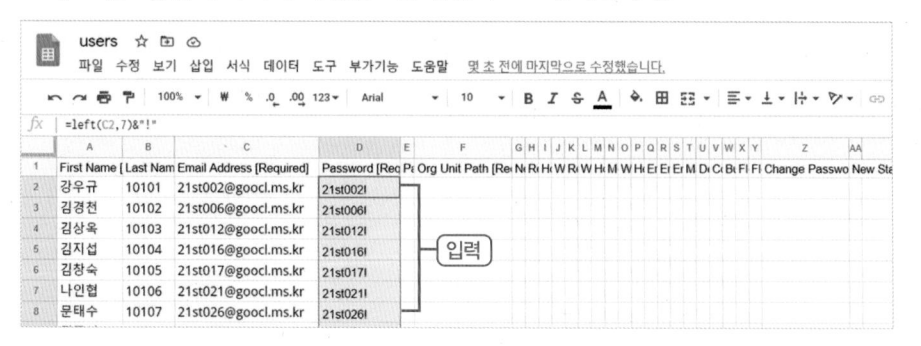

T I P [D2] 셀에 =left(C2,7)&"!"을 입력한 후 D열 전체를 자동 채우기 합니다. 학생들에게 '고유번호' 3자리 숫자만 안내하면 이메일 주소와 비밀번호를 동시에 알려줄 수 있습니다.

6 F열의 Org Unit Path [Required]에는 학교 구글 계정을 분류할 '조직 단위'를 입력합니다(53쪽에서 설정한 조직 단위 이름과 반드시 일치). 이때, 최상위 조직 단위인 '학교명'은 입력하지 않고, 조직 단위 경로인 슬래시(/)를 먼저 입력합니다(예 : /학생/2021).

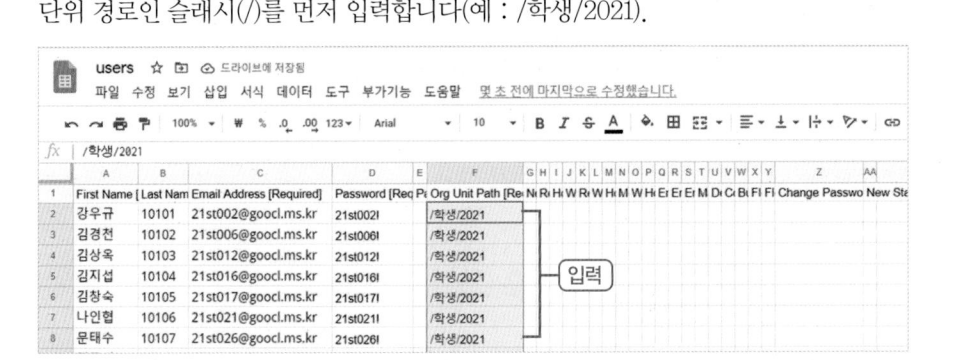

> **TIP** 지역교육청 공용 도메인을 사용하는 경우 최상위 조직 단위가 '지역교육청 이름'입니다. 슬래시(/)를 먼저 입력한 후 우리 학교가 할당받은 조직 단위 이름을 입력합니다(예 : /구클중/학생/2021).

7 Z열의 Change Password at Next Sign-in에는 대문자로 'TRUE'를 일괄 입력하여 사용자가 최초 로그인 직후 비밀번호를 의무적으로 변경하도록 설정합니다.

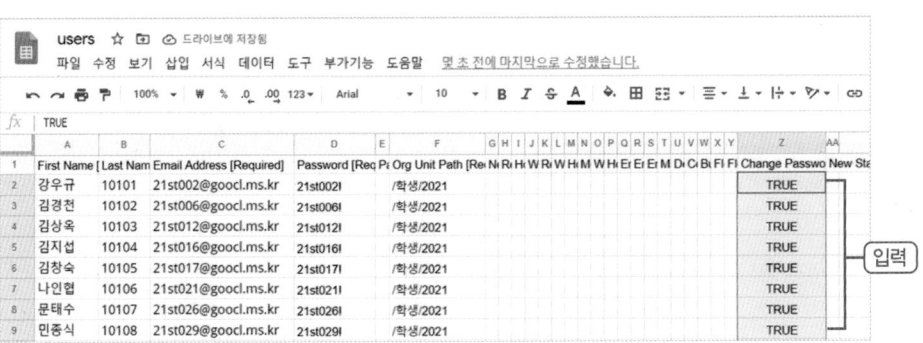

> **TIP** 일괄 업로드한 비밀번호는 사용자가 48시간 안에 로그인하여 변경해야 합니다.

템플릿 업로드하기

1 스프레트시트 창에서 **[파일]—[다운로드]—[쉼표로 구분된 값(.csv, 현재 시트)]**를 선택하여 완성한 템플릿을 CSV 파일로 다운로드합니다.

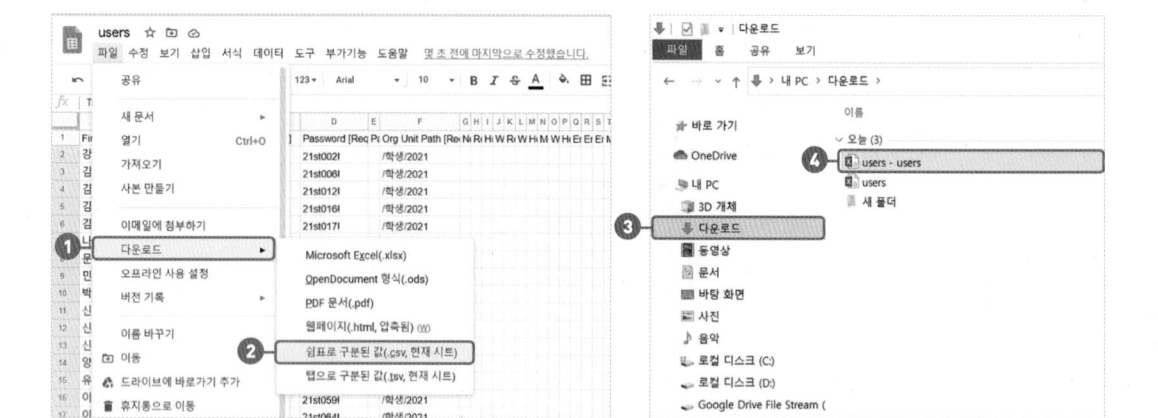

> **TIP** 다운로드한 CSV 파일은 업로드 전까지 MS 엑셀로 열어보지 않습니다.

2 관리 콘솔의 사용자 페이지에서 **[사용자 일괄 업데이트]**를 클릭한 후, 사용자 일괄 업데이트 창에서 **[CSV 파일 첨부]**를 클릭하여 다운로드 받은 'users-users.csv' 파일을 첨부하고, **[업로드]**를 클릭합니다.

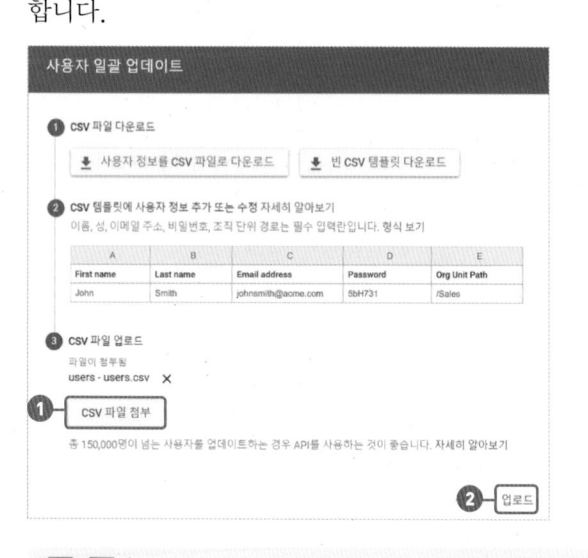

> **TIP** 첨부한 users-users.csv 파일은 드라이브에 저장하여 학교 Google Workspace 사용자의 계정 관리 대장으로 활용합니다.

3 [할 일 목록(⑧)]의 [내 작업] 탭에서 '사용자 정보 일괄 업로드를 완료했습니다.'라는 알림을 확인합니다.

> **TIP** '사용자 정보를 일괄 업로드할 수 없습니다.'라는 알림이 뜨는 이유는 입력한 CSV 템플릿 값에 오류가 있기 때문입니다. 이메일 주소나 조직 단위 경로가 잘못 입력되었을 경우가 대부분이므로 스프레드시트에서 오류를 수정해 다시 업로드합니다.

전문가의 조언 **사용자 계정 정보 일괄 업데이트하기**

템플릿 B열 'Last Name [Required]'에 입력한 학생들의 학번은 다음 학년도에 새롭게 변경해야 합니다. 작년에 업로드 했던 CSV 파일 템플릿에서 B열을 새로운 학번으로 교체하고 나머지 A, C, D, F, Z열은 그대로 둔 채 다시 일괄 업로드 합니다. 새 학번은 나이스(NEIS)에서 다운로드 받은 '반편성내역[이전반기준]' 파일에서 복사하여 붙여넣기 할 수 있습니다. 비밀번호는 일괄 변경이 불가능하므로 업로드하면 '사용자 정보를 일괄 업로드할 수 없습니다.'라는 경고 알림이 뜹니다. 이런 경우 아무런 수정 없이 조금만 기다리면 모든 학생들의 '성(Family Name)'이 새로운 학번으로 교체된 것을 확인할 수 있습니다. 학기 중간에 추가한 전입생이 누락되지 않도록 주의합니다.

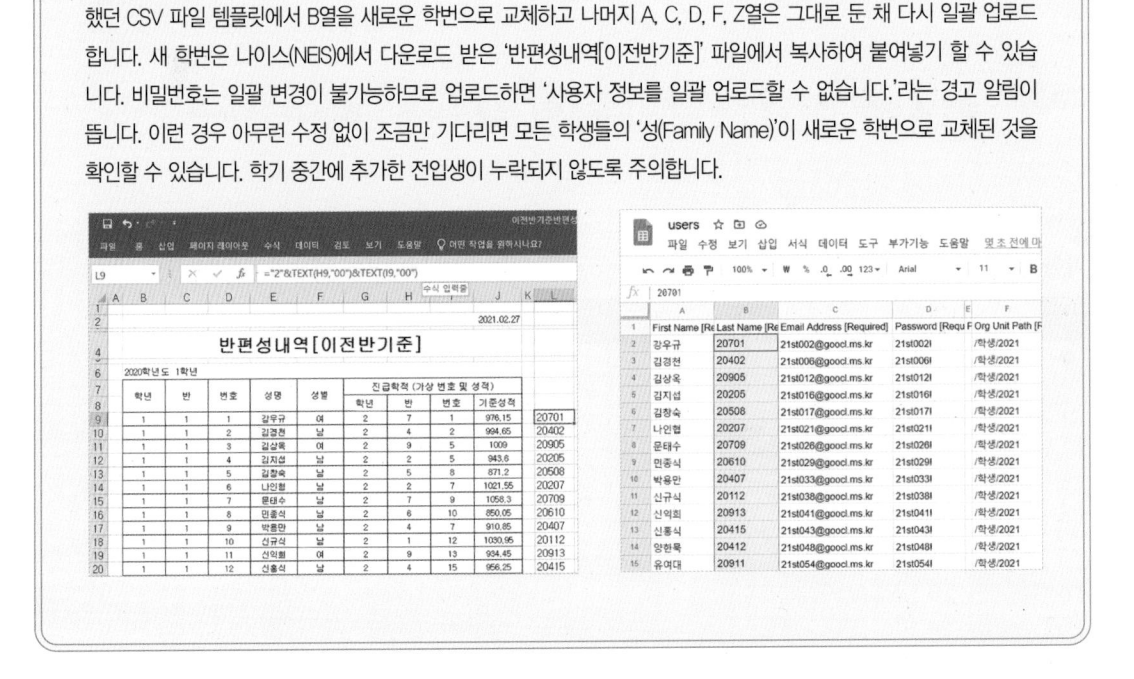

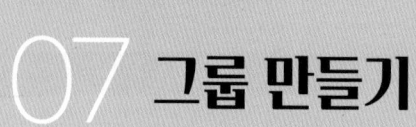
07 그룹 만들기

그룹 이메일 주소를 만들어두면 학교 Google Workspace를 사용하는 데 매우 유용합니다. 특히 그룹에게 이메일을 보낼 때, 드라이브에서 파일을 공유할 때, 클래스룸에서 사용자를 등록할 때 매우 간편합니다. 교원 전체 그룹과 학년별 전체 학생 그룹의 대표 이메일 주소를 만드는 방법에 대해 알아보겠습니다.

교사 그룹 만들기

1 관리 콘솔의 그룹 페이지(admin.google.com/ac/groups)에서 **[그룹 만들기]**를 클릭합니다.

> **TIP** '클래스룸 선생님' 그룹은 기본적으로 생성되어 있으므로 해당 그룹을 삭제하거나 설정을 변경할 수 없습니다.

2 '그룹 정보'에서 이름에 '2021학년도 전체 교사', 그룹 이메일에 '21tc(예시)'를 입력하고, **[다음]**을 클릭합니다.

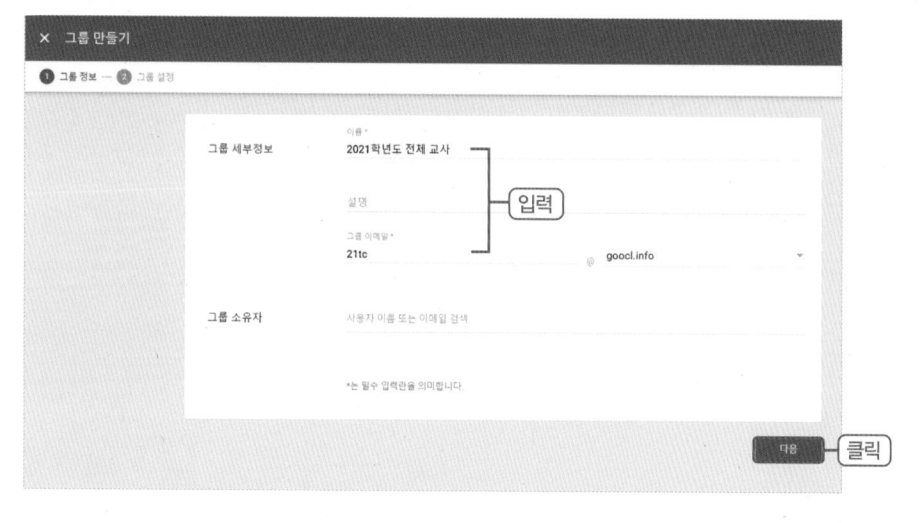

3 '그룹 설정'에서 액세스 유형을 '제한됨'으로 선택한 후 하단에서 **[그룹 만들기]**를 클릭합니다(교사 그룹 이메일 주소로 학생의 개인정보 등 민감한 자료들이 공유될 수 있으므로 '제한됨'을 선택).

TIP
· **공개** : 학교 누구나 회원으로 가입할 수 있고, 그룹을 대상으로 이메일을 발송할 수 있습니다.
· **팀** : 관리자가 별도로 등록해야 회원으로 가입할 수 있고, 학교 누구나 그룹을 대상으로 이메일을 발송할 수 있습니다.
· **공지 전용** : 학교 누구나 회원으로 가입할 수 있고, 지정된 관리자만 그룹을 대상으로 이메일을 발송할 수 있습니다.
· **제한됨** : 관리자가 별도로 등록해야 회원으로 가입할 수 있고, 회원만 그룹을 대상으로 이메일을 발송할 수 있습니다.

4 **[완료]**를 클릭하여 그룹 생성을 종료합니다.

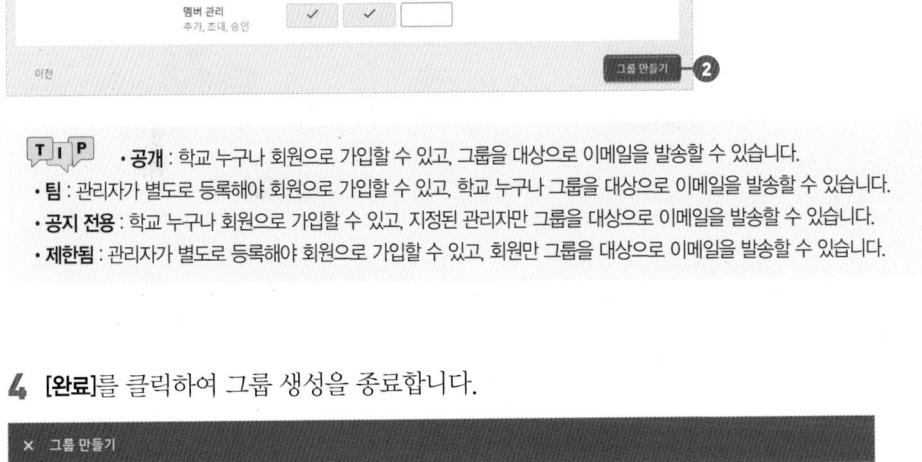

학생 그룹 만들기

1 그룹 페이지에서 **[그룹 만들기]**를 선택한 후, '그룹 정보'에서 이름에 '2021학년도 입학생', 그룹 이메일에 '21st(예시)'를 입력하고, **[다음]**을 클릭합니다.

2 '그룹 설정'에서 액세스 유형을 '공개'로 선택한 후 하단에서 **[그룹 만들기]**를 클릭합니다.

그룹에 회원 추가하기

1 관리 콘솔의 사용자 페이지에서 그룹에 추가할 사용자를 모두 선택한 후, 더보기의 **[(목록(▾)]** 단추를 클릭하고, **[선택한 사용자를 그룹에 추가]**를 선택합니다.

2 **[그룹 검색]**을 클릭하여 선택지로 주어진 여러 그룹 중 하나를 선택한 후, **[추가]**를 클릭합니다.

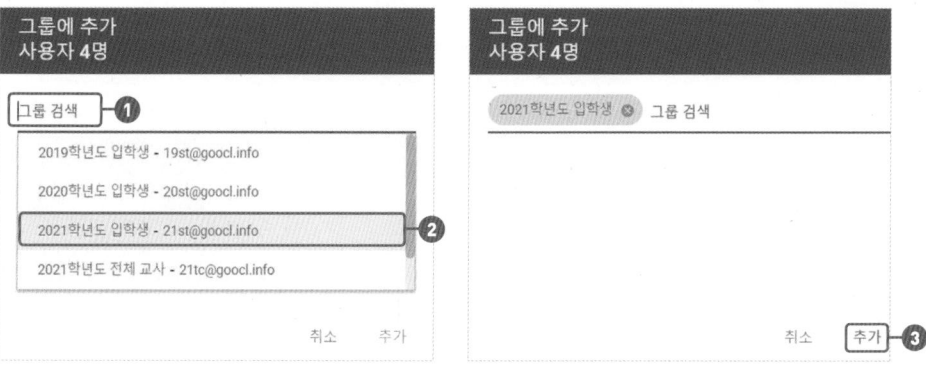

클래스룸 선생님 그룹 관리하기

1 관리 콘솔의 그룹 페이지에서 **[클래스룸 선생님]**을 클릭합니다.

> **T I P** 클래스룸 홈페이지에 처음 로그인하여 '교사' 역할을 선택한 사용자는 누구나 [클래스룸 선생님] 그룹에 자동 소속되어 원격교실을 만들 수 있습니다. 실수로 '학생' 역할을 선택한 교사 사용자는 별도로 해당 그룹에 추가합니다.

2 화면에서 두 번째에 있는 [회원]을 클릭합니다.

3 회원 목록 맨 위에서 체크 박스를 선택한 후 [회원 삭제(-👤)] 아이콘을 클릭하여 모든 회원을 삭제합니다.

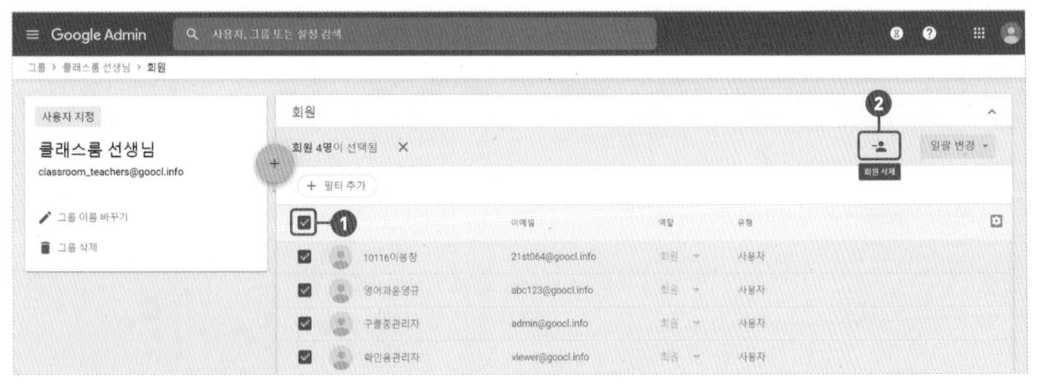

4 노란색의 [회원 추가(+👤)] 아이콘을 클릭한 후, 클래스룸 선생님에 회원 추가 창이 나타나면 사용자 또는 그룹 찾기에 '2021학년도 전체 교사'의 그룹 이메일 주소(예 : 21tc@goocl.info)를 입력하고, **[그룹에 추가]**를 클릭합니다.

5 '클래스룸 선생님' 그룹의 회원으로 '2021학년도 전체 교사' 그룹만 유지하여 원격교실의 개설 권한을 통제합니다.

전문가의 조언 조직 단위와 그룹의 차이

조직 단위는 관리자가 효율적인 계정 관리를 위해 수많은 사용자 계정을 분류해 놓은 정리 체계입니다. 개별 사용자는 단 하나의 조직 단위에만 속할 수 있고, 자신이 속한 조직 단위를 알 수가 없습니다. 관리자는 조직 단위에 따라 사용할 수 있는 교육용 앱의 범위와 기능을 설정합니다. 반면, 그룹은 교육용 앱에서 사용자 간의 효율적인 소통과 협업을 위한 사용자 모임입니다. 개별 사용자가 여러 그룹에 동시에 속해 있을 수 있고, 개별 사용자가 자신의 그룹을 확인할 수 있습니다.

학교 Google Workspace 관리자의 관점에서 조직 단위와 그룹은 매우 비슷합니다. 예를 들어, 학년별 전체 학생이 같은 조직 단위와 그룹으로 묶여 있을 경우 같은 조직 단위로 묶여 있어 교육용 앱에 대한 사용 권한을 똑같이 부여받을 수 있습니다. 같은 그룹으로 묶여 있어 교육용 앱에서 전체 이메일을 받거나 자료 공유를 받을 수 있습니다. 다만, 학급 자율 활동 및 동아리 활동 등 특정한 목적으로 학생 간 또는 교사와 학생 간 소통과 협업이 필요할 경우 그룹을 추가로 생성하여 활용할 수 있습니다(예 : 학급별 그룹 이메일 21cl101@goocl.info / 동아리별 그룹 이메일 21ca001@google.info).

08 관리자 역할 지정하기

전체 또는 일부 교사가 관리 콘솔에 접속하여 학생의 비밀번호를 재설정할 수 있도록 '하위 관리자 역할'을 지정할 수 있습니다. 비밀번호 재설정에 관한 자세한 내용은 56쪽을 참고하시기 바랍니다.

학생 비밀번호 관리자 역할 만들기

1 관리 콘솔의 관리자 역할 페이지(admin.gooogle.com/ac/roles)에서 **[새 역할 만들기]**를 클릭합니다.

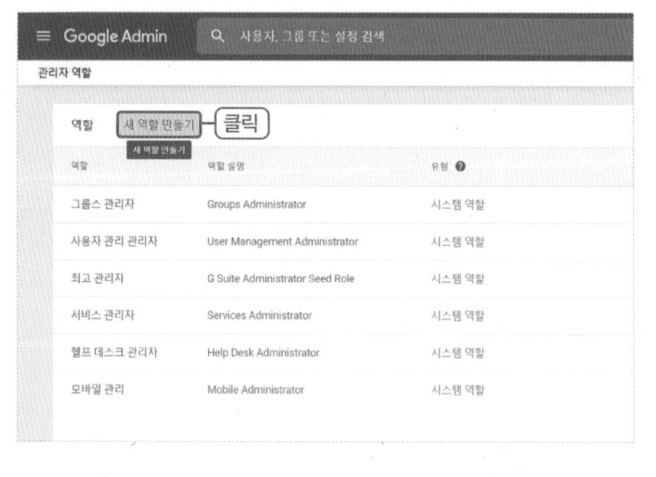

2 '역할 정보'에서 이름에 '학생 비밀번호 관리자', 설명에 '관리자 콘솔에서 전교생의 비밀번호를 재설정할 수 있습니다'를 각각 입력한 후 **[계속]**을 클릭합니다.

3 '권한 선택'에서 목록 중 **[사용자]-[업데이트]-[비밀번호 재설정]**을 선택하고, **[계속]**을 클릭합니다.

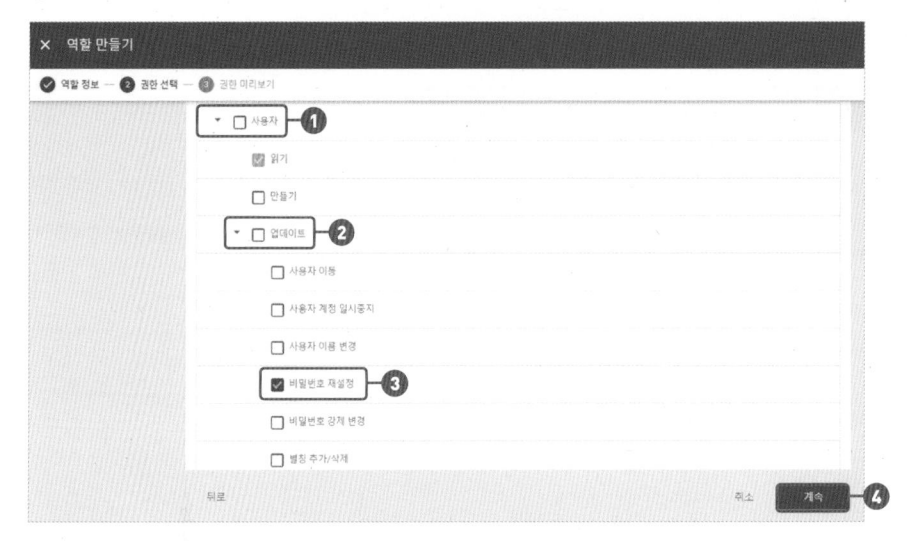

TIP [조직 단위]-[읽기]와 [사용자]-[읽기]는 자동으로 선택됩니다.

4 '권한 미리보기'에서 6개의 권한이 선택된 것을 확인하고, **[역할 만들기]**를 클릭합니다.

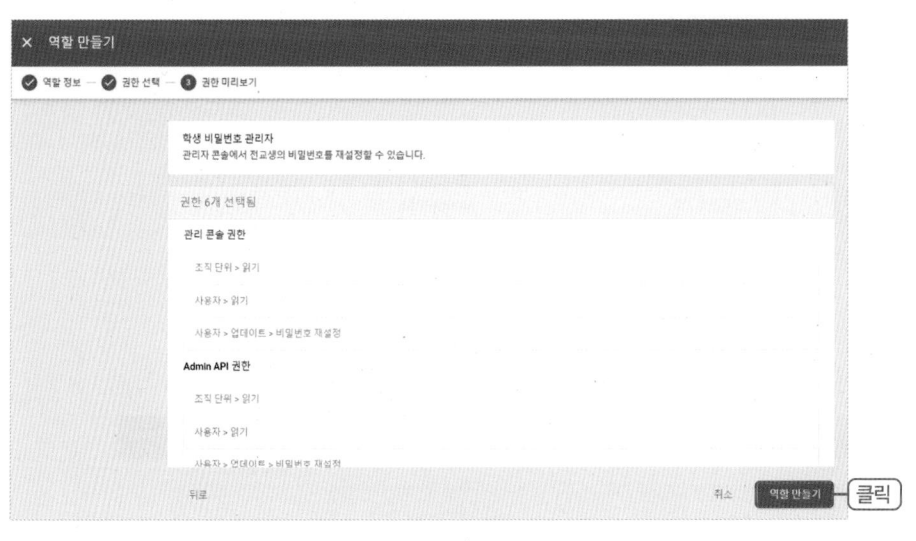

역할 할당하기

1 관리 콘솔의 관리자 역할 페이지에서 **[학생 비밀번호 관리자]**를 클릭합니다.

2 학생 비밀번호 관리자 화면에서 **[Admins]**를 클릭합니다.

3 학생 비밀번호 관리자의 'Admins'에서 **[사용자 할당]**을 클릭합니다.

4 '사용자를 찾아 선택'의 입력란에 학생 비밀번호 관리 역할을 담당하는 교사의 이메일 주소(예 : 21tc01@goocl.info)를 입력하고, 자동적으로 나타나는 이름(안중근 국어과)을 클릭합니다. 같은 방법으로 최대 20명까지 다른 교사의 이메일 주소를 입력합니다.

5 '선택한 사용자에 일괄 할당'의 체크 박스를 선택하고, **[조직 단위]**를 클릭합니다.

· 관리자편 ·

6 다음 역할의 조직 단위에서 '학생'을 선택하고, **[완료]**를 클릭합니다.

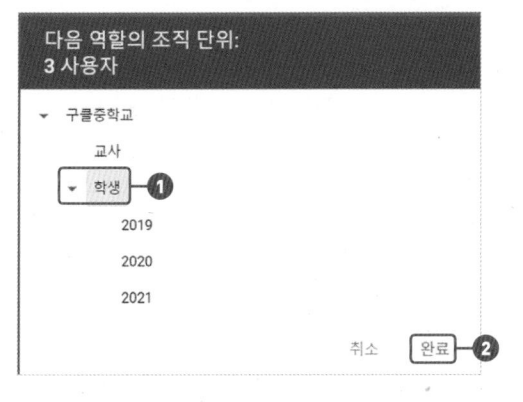

 조직 단위를 '2021'로 선택하면 비밀번호를 관리할 범위를 2021학년도 입학생으로 제한할 수 있습니다.

7 교사 이름과 조직 단위를 확인한 후 **[역할 지정]**을 클릭합니다. 해당 교사는 관리 콘솔 사용자 페이지에 접속하여 지정된 조직 단위의 모든 사용자에 대한 비밀번호를 재설정할 수 있습니다.

전문가의 조언 **사용자 복구 이메일 등록**

사용자에게 학교 구글 계정을 발급하면서 1회용 비밀번호로 처음 로그인한 후 자신만 아는 비밀번호로 교체하도록 설정합니다(자세한 내용은 59쪽을 참고). 또한, 사용자에게 2단계 인증으로 자신의 계정을 보호하는 방법을 안내합니다(자세한 내용은 61쪽을 참고). 대부분의 사용자가 자신만 사용하는 PC의 Chrome 브라우저나 모바일 기기에 학교 구글 계정으로 로그인하여 이미 동기화한 상태이기 때문에 비밀번호를 잊어버려 관리자에게 문의하는 일은 드뭅니다. 가끔 사용자가 새로운 기기를 구매하여 처음 로그인하고자 할 때는 비밀번호를 잊어버려 관리자에게 문의하곤 합니다. 비밀번호를 재설정하고자 관리자에게 문의하는 일을 최대한 줄이기 위하여 모든 사용자에게 Google 계정 홈페이지(myaccount.google.com)에서 복구 전화번호 및 복구 이메일을 등록하도록 안내할 수 있습니다. Google 계정 기본 메뉴에서 [보안]을 선택한 후 본인 확인 방법 상자에서 복구 이메일을 등록할 수 있습니다. 로그인할 때 비밀번호를 잊어버려도 복구 이메일로 인증 번호를 받아 로그인할 수 있습니다.

09 앱 사용 권한 설정하기

SECTION

관리 콘솔의 앱 페이지에서 조직 단위 또는 그룹별로 사용할 수 있는 Google 앱의 범위를 통제할 수 있습니다. 클래스룸, Google Meet, YouTube, Google Workspace 앱의 부가 기능까지 사용 범위를 설정하는 방법에 대해 알아보겠습니다.

클래스룸 설정하기

1 관리 콘솔의 앱 페이지(admin.google.com/ac/apps)에서 **[Google Workspace]**를 클릭한 후 목록에서 'Classroom'을 선택합니다.

2 일반 설정에서 **[선생님 권한]**을 클릭한 후 수업을 만들 수 있는 사용자로 '인증된 선생님만'을 선택하고, **[저장]**을 클릭합니다.

 **T I P** 관리자가 '클래스룸 선생님' 그룹에 추가한 사용자만 원격교실을 개설할 수 있습니다.

3 일반 설정에서 **[보호자 액세스]**를 클릭한 후 '부모 및 보호자가 클래스룸 정보에 액세스하도록 허용'을 선택하고, 부모 및 보호자의 관리자로 '확인된 모든 선생님'을 선택한 다음 **[저장]**을 클릭합니다.

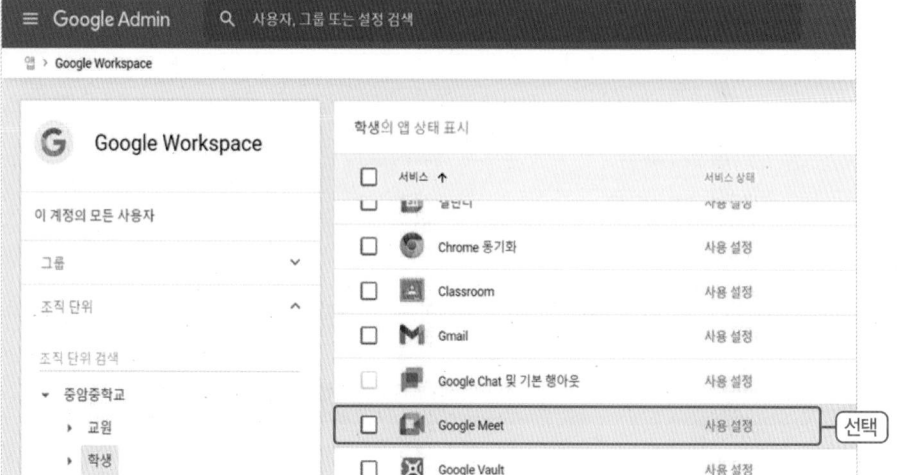

TIP 교사가 클래스룸 앱에 학부모의 Gmail을 등록하여 학생의 '과제 제출 현황' 보고서를 발송할 수 있습니다. 자세한 내용은 120쪽을 참고하세요.

Google Meet 설정하기

1 관리 콘솔의 앱 페이지에서 **[Google Workspace]**를 클릭한 후 목록에서 'Google Meet'을 선택합니다.

2 화면에서 두 번째의 'Meet 동영상 설정'을 클릭합니다.

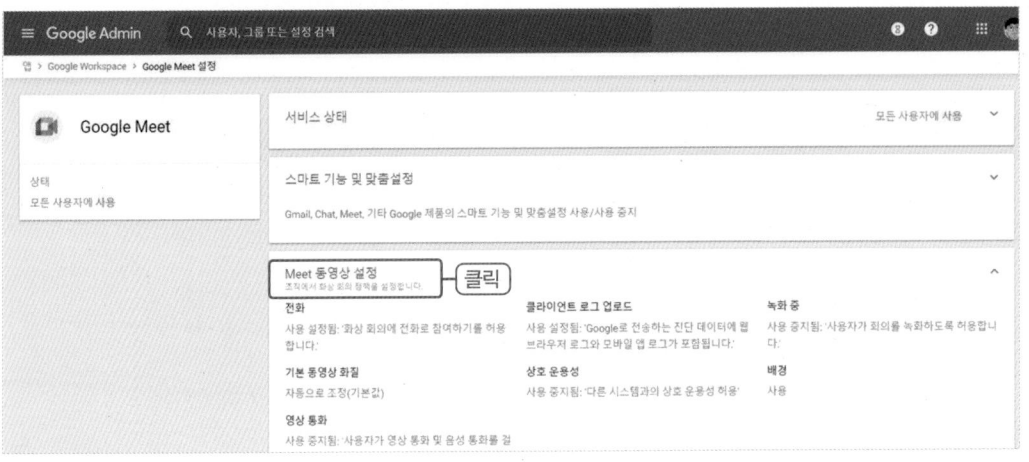

3 화면 왼쪽에서 '교원'을 선택한 후, 녹화 중 항목에서 '사용자가 회의를 녹화하도록 허용합니다.'를 선택하고, **[저장]**을 클릭합니다.

> **TIP** '교원' 조직 단위에 속한 사용자만 Meet 회의를 녹화할 수 있으며, '스트림' 방송은 유료 에디션에서만 가능합니다.

4 화면 왼쪽에서 '학생'을 선택한 후, 영상 통화 항목에서 '사용자가 영상 통화 및 음성 통화를 걸도록 허용합니다.'의 체크 박스를 해제하고, **[재정의]**를 클릭합니다.

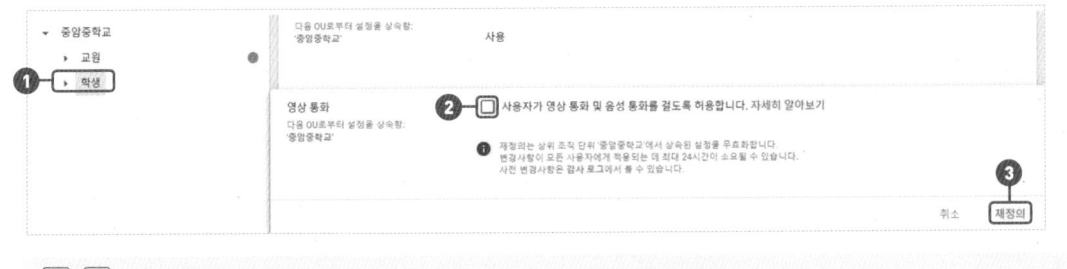

> **TIP** 학생이 임의로 Meet 회의실을 개설할 수 없도록 학생들의 '영상 통화'를 금지합니다.

YouTube 앱 허용하기

1 관리 콘솔의 앱 페이지에서 **[추가 Google 서비스]**를 클릭한 후 목록(2페이지)에서 'YouTube'를 선택합니다.

2 화면에서 첫 번째의 '서비스 상태'를 클릭한 후, 조직 단위에서 '교원'을 선택하고, 서비스 상태 항목에서 '사용'을 선택한 다음 **[재정의]**를 클릭합니다.

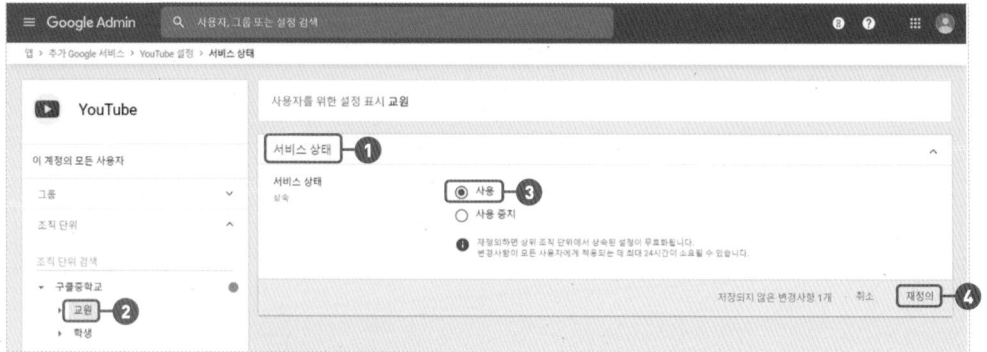

3 YouTube 사용 설정 창에서 내용 동의를 선택하고, **[사용 설정]**을 클릭합니다.

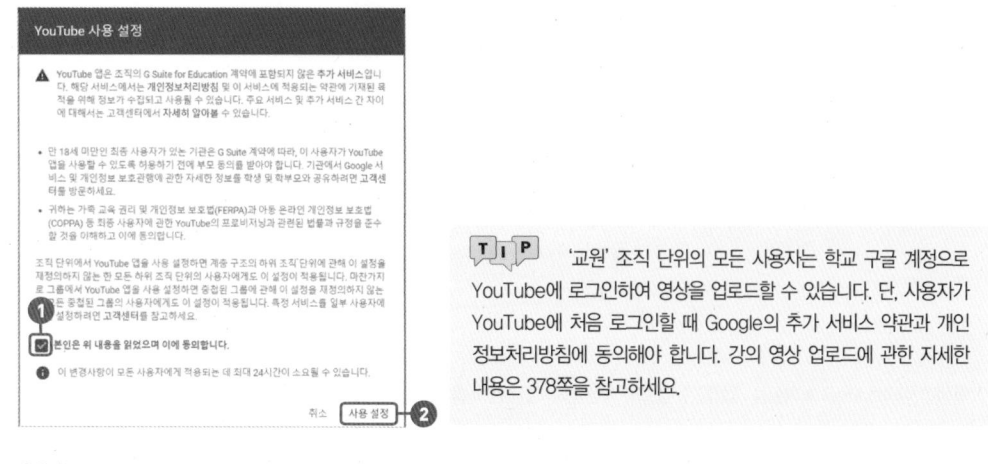

> **T I P** '교원' 조직 단위의 모든 사용자는 학교 구글 계정으로 YouTube에 로그인하여 영상을 업로드할 수 있습니다. 단, 사용자가 YouTube에 처음 로그인할 때 Google의 추가 서비스 약관과 개인 정보처리방침에 동의해야 합니다. 강의 영상 업로드에 관한 자세한 내용은 378쪽을 참고하세요.

Google Workspace 앱 부가 기능 설치하기

1 관리 콘솔의 앱 페이지에서 [Google Workspace Marketplace 앱]을 클릭합니다.

2 [도메인 설치 목록에 앱 추가]를 클릭하여 'Google Workspace Marketplace'의 새 창을 엽니다.

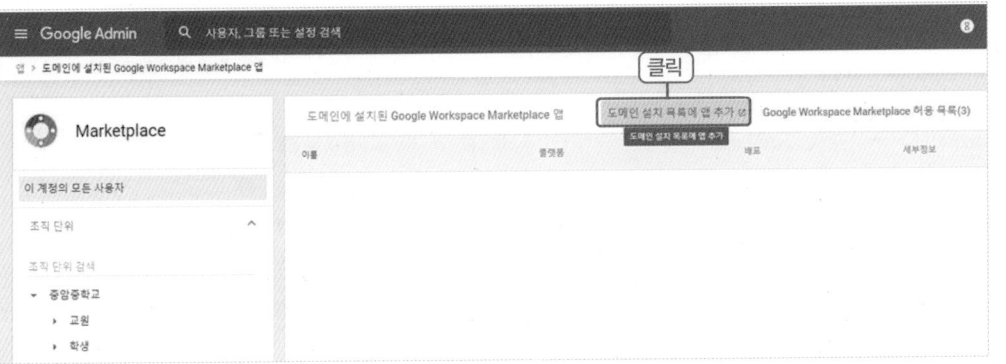

3 검색란에 'Zoom for GSuite'를 입력하여 검색한 후 해당 앱을 선택합니다.

4 Zoom for GSuite 설치 화면에서 **[도메인 설치]**를 클릭한 후, 설치 권한을 묻는 내용에서 **[계속]**을 클릭합니다.

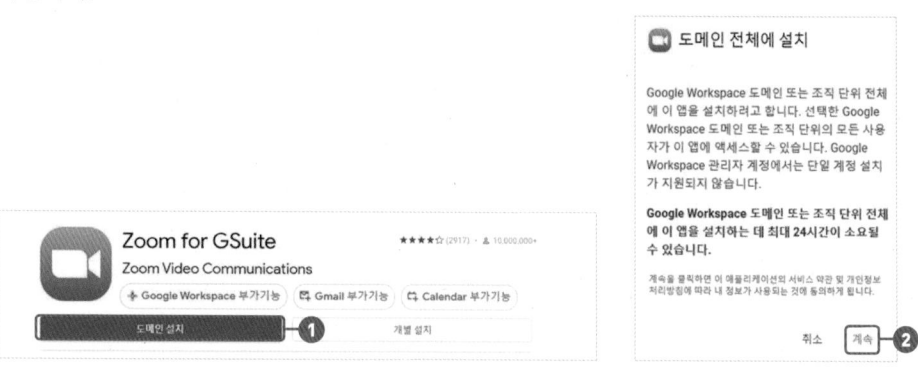

5 설치가 완료되면 학교 구글 계정으로 캘린더 또는 Gmail 앱에서 Zoom 회의실을 개설하거나 참여할 수 있습니다.

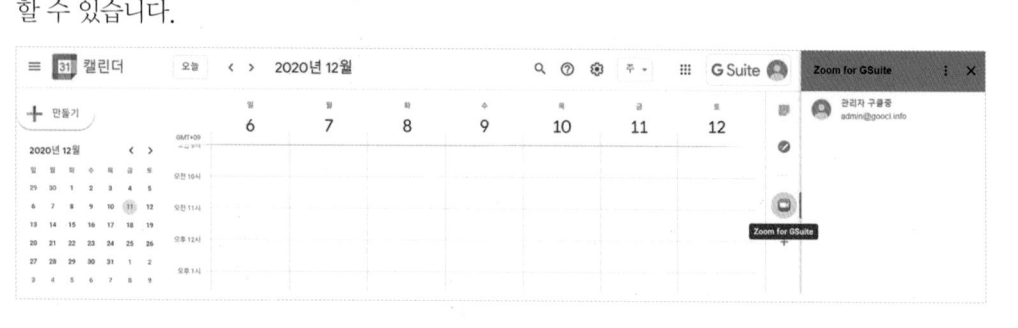

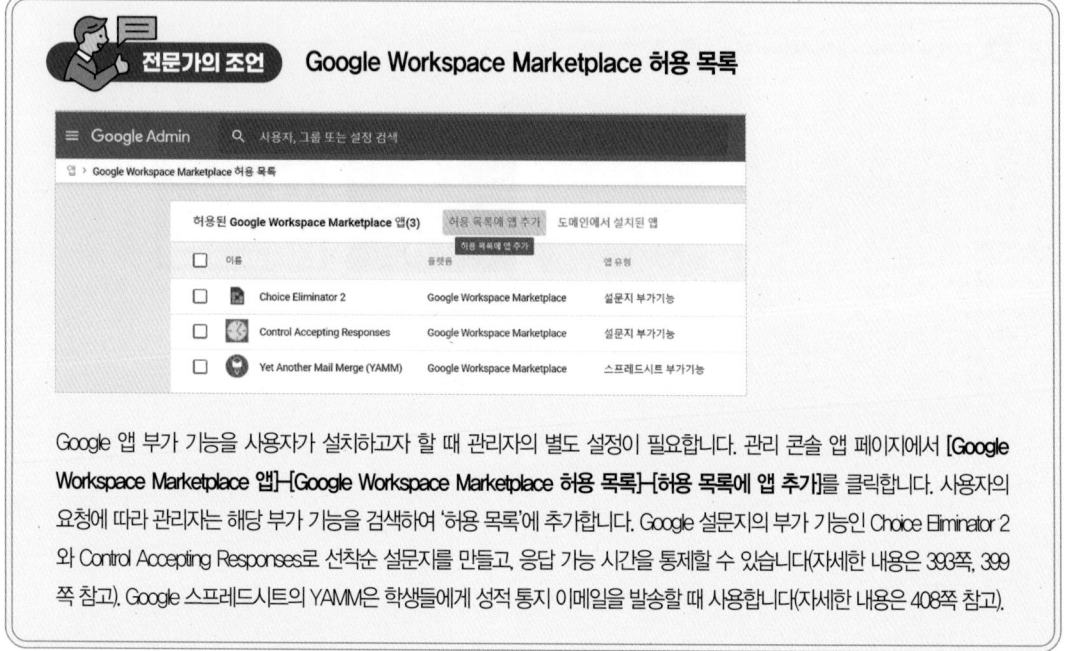

Google 앱 부가 기능을 사용자가 설치하고자 할 때 관리자의 별도 설정이 필요합니다. 관리 콘솔 앱 페이지에서 **[Google Workspace Marketplace 앱]**-**[Google Workspace Marketplace 허용 목록]**-**[허용 목록에 앱 추가]**를 클릭합니다. 사용자의 요청에 따라 관리자는 해당 부가 기능을 검색하여 '허용 목록'에 추가합니다. Google 설문지의 부가 기능인 Choice Eliminator 2와 Control Accepting Responses로 선착순 설문지를 만들고, 응답 가능 시간을 통제할 수 있습니다(자세한 내용은 393쪽, 399쪽 참고). Google 스프레드시트의 YAMM은 학생들에게 성적 통지 이메일을 발송할 때 사용합니다(자세한 내용은 408쪽 참고).

 따라하기

SECTION

10 기기 설정하기

관리 콘솔의 기기 페이지에서는 사용자들이 학교 구글 계정으로 동기화한 Chrome 브라우저와 모바일 기기를 설정할 수 있습니다. 사용자 Chrome 브라우저에 특정 확장 프로그램을 강제 설치하는 방법과 모바일 기기 관리에 대해 알아보겠습니다.

Chrome에 확장 프로그램 강제 설치하기

1 관리 콘솔의 기기 페이지에서 화면 왼쪽의 **[Chrome]–[앱 및 확장 프로그램]–[사용자 및 브라우저]**를 선택합니다.

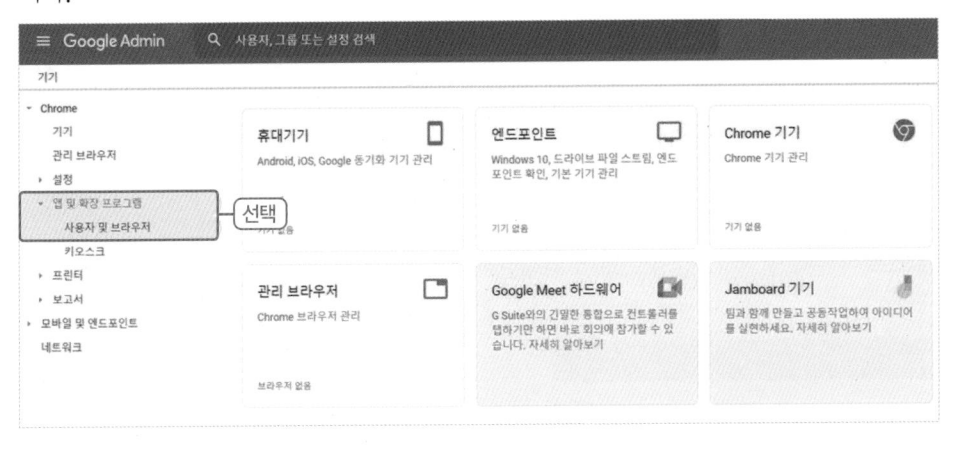

2 서비스 약관에서 **[동의합니다]**를 클릭합니다.

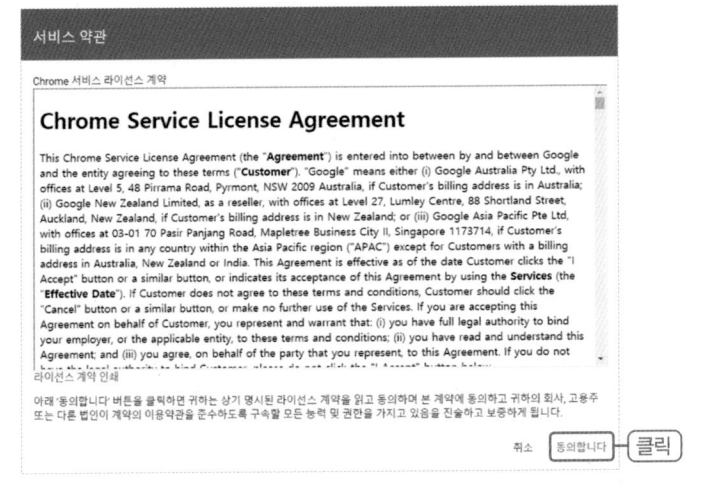

3 조직 단위에서 '교원'을 선택한 후, 화면 오른쪽 하단에서 ⊕을 클릭하고, [Chrome 웹 스토어에서 추가(◉)]를 선택합니다.

TIP 강제 설치하는 앱에 따라 조직 단위를 다르게 선택할 수 있습니다.

4 Chrome 웹 스토어에서 앱 추가 창의 스토어 검색란에 'Meet Attendance'를 입력한 후 Enter 키를 누릅니다.

5 검색 결과 목록에서 'Google Meet Attendance'를 선택합니다.

6 계속해서 화면 오른쪽에서 [+ 선택]을 클릭합니다.

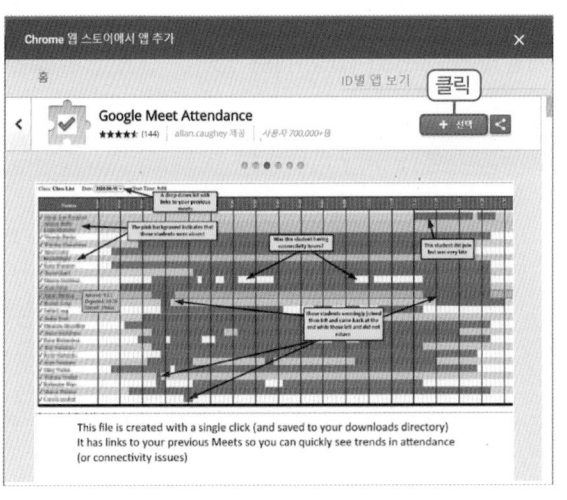

7 확장 프로그램 목록에 추가된 Google Meet Attendance에서 **[설치 정책]–[강제 설치]**를 선택한 후 상단 오른쪽에서 **[저장]**을 클릭합니다.

> **TIP** 강제 설치 후 교사가 Meet 회의실에 입장할 때 Google Meet Attendance 확장 프로그램이 자동으로 실행됩니다. Meet 회의실 퇴장 후 곧바로 학생 출석부가 자동으로 컴퓨터에 저장됩니다.

모바일 기기 관리

1 관리 콘솔의 기기 페이지에서 화면 왼쪽의 **[모바일 및 엔드포인트]–[설정]–[범용 설정]**을 선택한 후 **[일반]**을 클릭합니다.

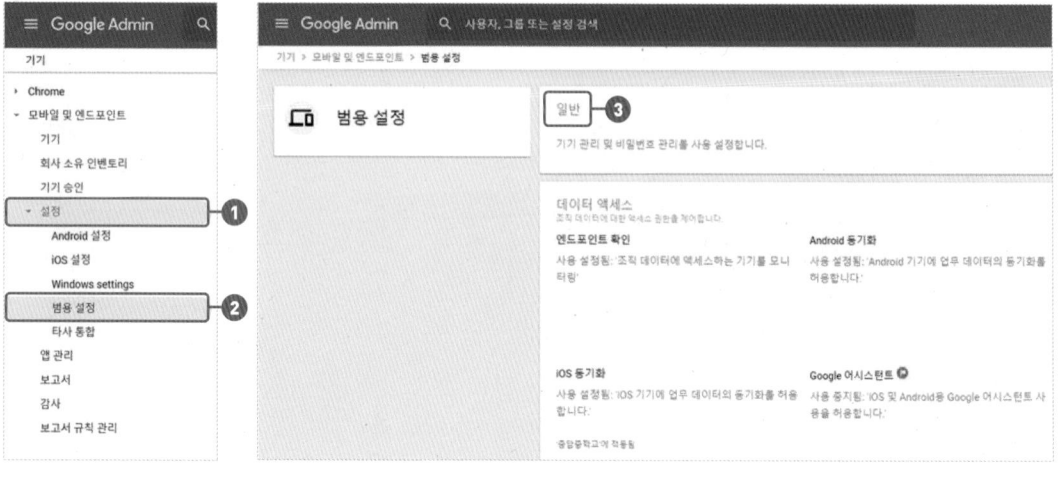

2 [모바일 관리]를 선택합니다.

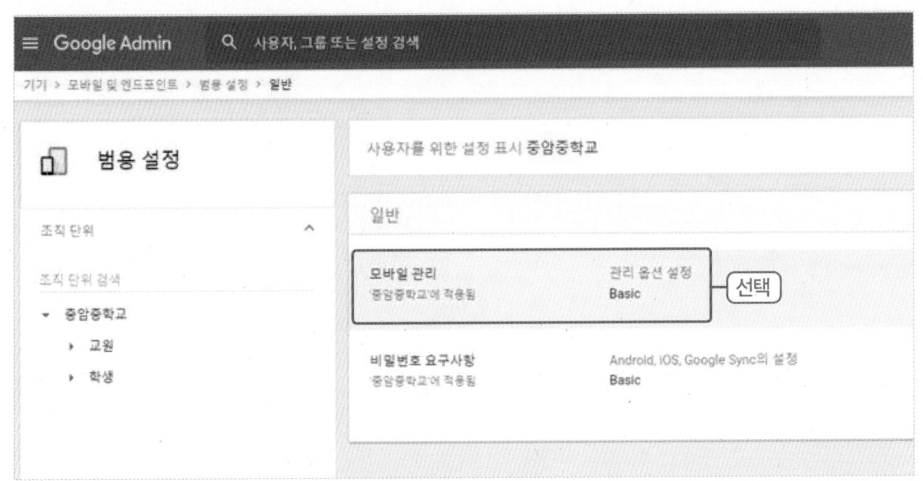

3 '사용자 지정'을 선택한 후 Google Sync의 [목록(▾)] 단추를 클릭하여 [관리되지 않음]을 선택합니다.

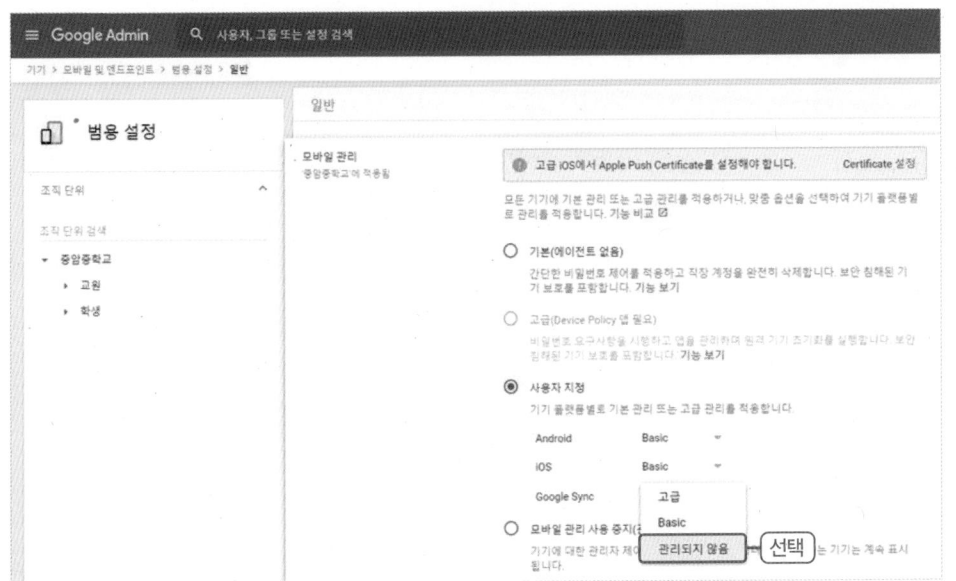

TIP 학교 구글 계정으로 로그인 된 모바일 기기에서 개인 구글 계정과의 충돌로 인한 경고 메시지가 사라집니다.

PART 03

: 교사편 :
클래스룸
기초다지기

클래스룸을 사용하는 데 필요한 기본적인 사항들을 이해하기 위하여 이번 PART에서는 관리자가 발급한 학교 Google 계정으로 클래스룸에 로그인하여 원격교실을 만들고, 학생들을 초대하는 방법과 함께 학교 Google 계정으로 사용할 수 있는 Google의 여러 앱들을 하나씩 살펴보겠습니다. 또한, 동료 교사와 원격으로 원활하게 협업할 수 있는 노하우를 소개합니다.

Chapter 01 ----------------------

클래스룸 시작하기

클래스룸을 시작하는 방법에 대해 알아보겠습니다. 먼저 Google의 기본 브라우저인 Chrome에 '학교 구글 계정'을 동기화한 후, 클래스룸 앱에 로그인합니다. 로그인 후 원격교실을 개설하고 학생들을 등록하는 방법까지 알아보겠습니다.

SECTION 01 Chrome 브라우저 사용하기

클래스룸은 Chrome 브라우저에 최적화되어 있습니다. 클래스룸을 원활히 사용할 수 있도록 Chrome 브라우저의 설치부터 계정 동기화 및 게스트 모드의 사용법에 대해 살펴보도록 하겠습니다.

Chrome 설치하기

1 Chrome 프로그램을 다운로드하기 위해 'google.com/chrome'에 접속한 후 **[Chrome 다운로드]**를 클릭하고, 다운로드 받은 ChromeSetup.exe 파일을 실행합니다.

2 설치가 완료되면 '나만의 Chrome 만들기'에서 브라우저를 설정하기 위해 **[시작하기]**를 클릭합니다.

 설정 과정에서 책갈피와 백그라운드 설정은 건너뛰어도 됩니다.

3 [기본 브라우저로 설정]을 클릭한 후 자동으로 열리는 [기본 앱] 목록에서 웹 브라우저를 'Chrome'으로 선택합니다.

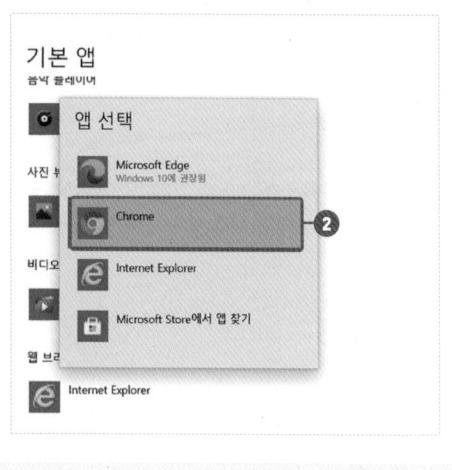

TIP 이미 설치되어 있는 경우 [시작]-[설정]-[앱]-[기본 앱]-[웹 브라우저]에서 'Chrome'을 선택합니다.

Chrome 동기화하기

1 '어디에서나 나만의 Chrome을 사용하세요'에서 [계속]을 클릭합니다.

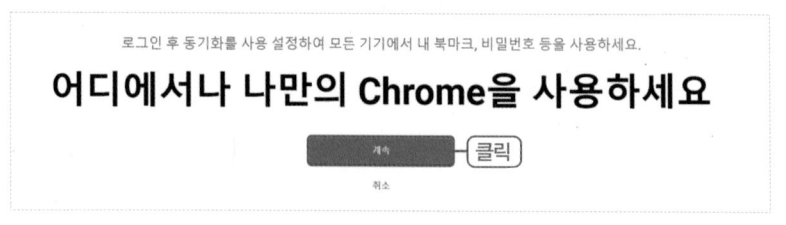

2 '이메일 또는 휴대전화' 입력란에 발급받은 학교 구글 계정의 이메일 주소와 비밀번호를 각각 입력하고, Chrome에 로그인합니다.

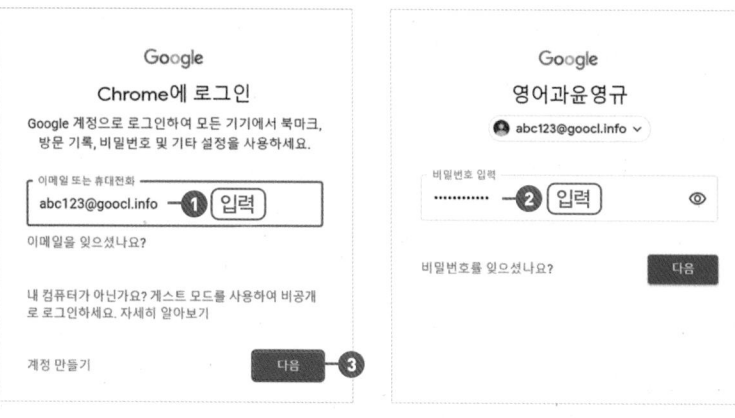

3 Chrome 데이터를 이 계정에 연결하시겠습니까? 창에서 **[데이터 연결]**을 클릭한 후, 동기화를 사용하시겠습니까? 창에서 **[사용]**을 클릭합니다.

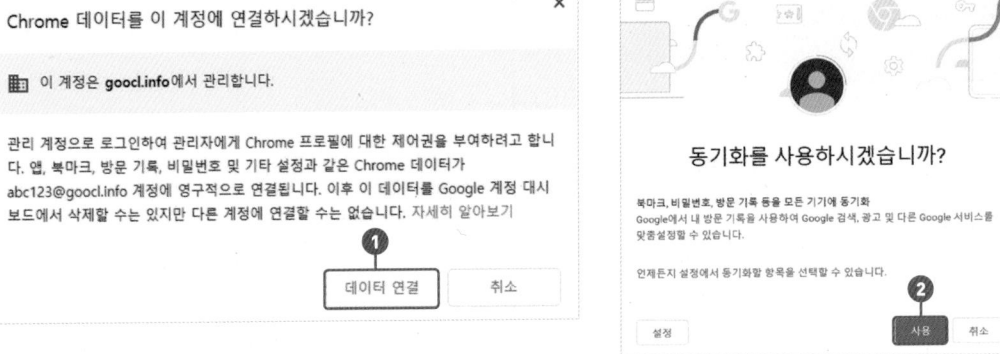

T I P 학교 구글 계정으로 Chrome을 동기화해야 개인 구글 계정과의 충돌을 방지할 수 있습니다.

Chrome 사용자 추가하기

1 Chrome 브라우저의 오른쪽 상단에서 **[계정(👤)]** 아이콘을 클릭한 후, **[+ 추가]**를 선택합니다.

T I P [사용자 관리(⚙)] 아이콘을 클릭하면 Chrome 브라우저에 로그인된 학교 구글 계정을 삭제할 수 있습니다.

2 사용자 추가 창에서 이름 입력란에 '학교 구글 계정' 등 동기화 계정을 구분하기 위한 이름을 입력한 후 원하는 아이콘을 선택하고, [**추가**]를 클릭합니다.

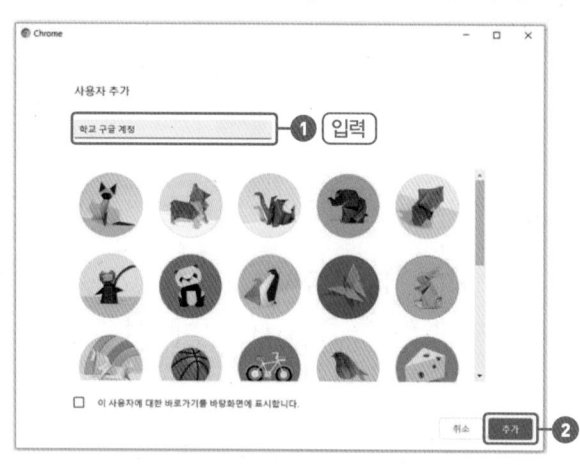

3 '나만의 Chrome 만들기'에서 [**시작하기**]를 클릭하고, 학교 구글 계정으로 로그인합니다.

게스트 모드 사용하기

1 Chrome 브라우저 오른쪽 상단에서 **[계정(⊖)]** 아이콘을 클릭한 후, 다른 사용자의 **[게스트]**를 선택합니다.

> **T I P** 공용 컴퓨터에서는 계정 보호를 위해 Chrome '게스트 모드'를 사용합니다.

2 '게스트로 로그인 중'을 확인한 후 Chrome을 사용합니다. Chrome 종료 후에는 더 이상 로그인 상태가 유지되지 않으며, 인터넷 사용 기록이 컴퓨터에 남지 않습니다.

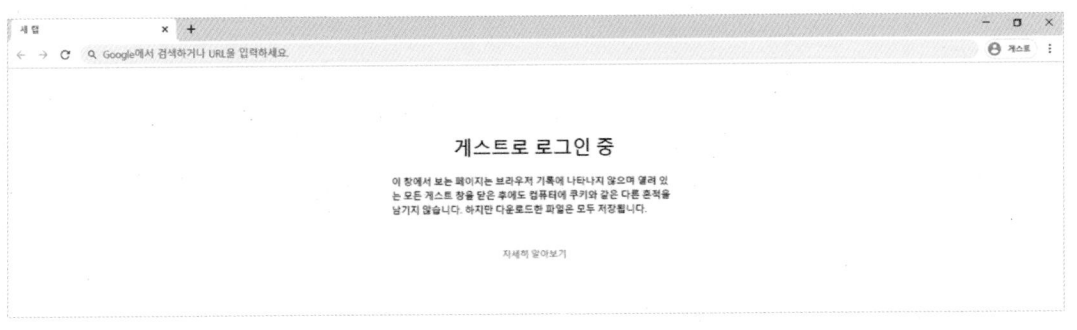

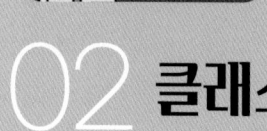

02 클래스룸 로그인하기

따라하기

클래스룸에 처음 로그인하면 역할을 '교사'로 선택합니다. 로그인하기 전에 다른 원격교실에 초대된 경우는 클래스룸 홈페이지에 '교실 카드'가 나타나는데, 이때 [수락]을 클릭하여 해당 원격교실에 참여합니다.

처음 로그인하기

1 Chrome 브라우저에서 클래스룸 홈페이지(classroom.google.com)에 접속한 후 Google Classroom 창이 나타나면 '학교 구글 계정'을 확인하고, **[계속]**을 클릭합니다.

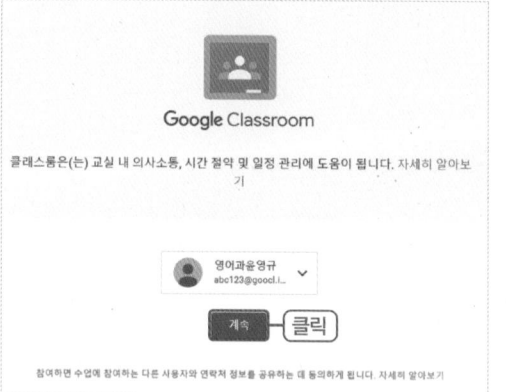

T I P 다른 계정인 경우 Chrome을 '학교 구글 계정'으로 동기화했는지 확인합니다.

2 역할 선택 창에서 '교사'를 선택합니다.

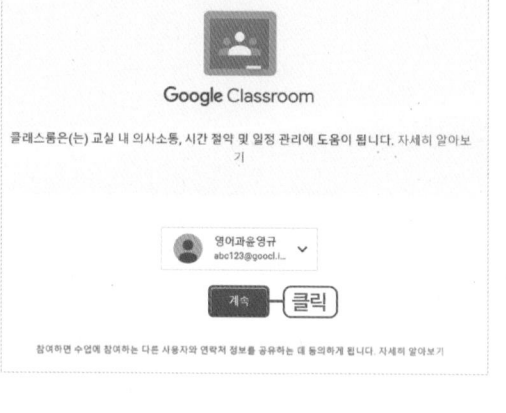

T I P 실수로 '학생'을 선택한 경우는 원격교실을 개설할 수 없으므로 학교 Google Workspace 관리자에게 요청해야 합니다. 관리자는 73쪽을 참고하세요.

3 클래스룸 홈페이지로 연결되는데 누군가 나를 원격교실에 초대했을 경우는 해당 교실 카드가 나타납니다. 교사로 초대되었다면 **[수락]**, 학생으로 초대되었다면 **[참여하기]**를 클릭합니다.

03 클래스룸 홈페이지 살펴보기

클래스룸 홈페이지에서는 교실 카드를 통해 각 원격교실로 이동할 수 있고, 원격교실을 만들거나 원격교실에 학생으로 참여할 수도 있습니다. 그럼 클래스룸 홈페이지의 구성에 대해 살펴보도록 하겠습니다.

홈페이지 살펴보기

관리 콘솔을 구성하는 관리 기능별 페이지가 아이콘으로 정리되어 있습니다.

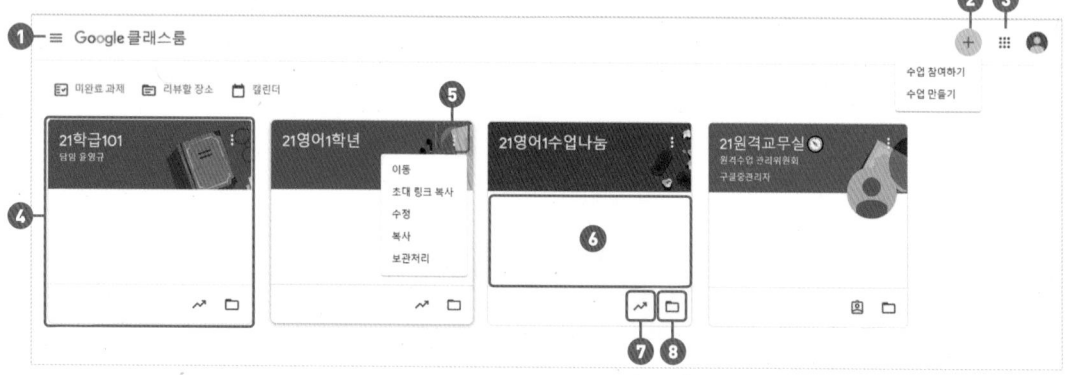

❶ **기본 메뉴** : 내가 속한 원격교실로 이동하거나 클래스룸의 일정 및 과제 관리 기능을 사용합니다.

❷ **수업 만들기 또는 참여하기** : 원격교실을 개설하거나 학생으로 다른 원격교실에 참여합니다.

• **수업 참여하기** : 수업 코드를 입력하여 원격교실에 학생으로 참여합니다.

• **수업 만들기** : 교사는 새로운 원격교실을 만들 수 있습니다.

❸ **Google 앱** : 사용할 수 있는 Google 앱이 정리되어 있으며, 앱 아이콘을 드래그하여 재배열할 수 있습니다.

❹ **교실 카드** : 자신이 속한 원격교실이 카드 모양으로 배열되어 있는데 교실 카드를 드래그하여 재배열할 수 있습니다. 또한, 교실 카드를 재배열하면 [기본 메뉴]의 교실 목록에도 반영됩니다.

❺ **더 보기** : 교실 카드의 순서를 배열하고, 해당 원격교실을 수정, 복사, 보관 처리합니다.

• **이동** : 교실 카드의 순서를 바꿉니다.

• **초대 링크 복사** : 학생으로 원격교실에 입장하기 위해 사용하는 URL 주소를 복사합니다.

• **수정** : 원격교실의 이름 등 세부 정보를 수정합니다.

• **복사** : 공지사항과 학생 게시물을 제외하고, 원격교실과 모든 수업 과제를 복사합니다.

• **보관 처리** : 더 이상 사용하지 않는 원격교실을 홈페이지에 보이지 않도록 보관 처리합니다.

⑥ 알림 요약 : 해당 원격교실에 게시된 과제를 마감이 임박한 순서대로 보여줍니다.

⑦ 성적 기록 열기 : 원격교실의 '성적' 페이지로 곧바로 이동합니다.

⑧ Google 드라이브 폴더 열기 : 해당 원격교실에서 생성된 모든 자료가 자동으로 저장되는 드라이브 폴더로 이동합니다.

> **TIP** 원격교실의 소유자가 아닌 경우 [더보기(:)] 아이콘을 클릭하고, [수업에서 나가기]를 선택하면 해당 원격교실의 사용자 목록에서 삭제됩니다. 원격교실에서 나간 사용자를 다시 초대하면 삭제되었던 클래스룸의 모든 데이터가 되돌아옵니다.

기본 메뉴 살펴보기

① **수업** : 클래스룸 홈페이지로 이동합니다.

② **캘린더** : 내가 속한 원격교실에 게시된 모든 수업 과제의 제출 기한을 주간 달력에서 확인합니다.

③ **리뷰할 장소** : 내가 '교사'로 등록된 원격교실의 모든 수업 과제에 대해 학생들의 제출 현황을 확인합니다.

④ **수업 또는 등록한 수업** : 내가 속한 원격교실을 선택하여 이동합니다.

⑤ **미완료 과제** : 내가 '학생'으로 등록된 원격교실에서 내가 제출하지 않은 모든 과제를 모아 봅니다.

⑥ **보관처리된 수업** : 내가 속한 원격교실 중 보관처리된 원격교실을 모아 봅니다.

⑦ **설정** : 학교 구글 계정의 비밀번호 또는 프로필 사진을 변경하거나 이메일 알림을 설정합니다.

클래스룸 캘린더

클래스룸의 [기본 메뉴(≡)] 아이콘을 클릭하여 [캘린더]를 선택하면 내가 속한 원격교실에 게시된 모든 수업 과제를 제출 기한에 따라 확인할 수 있습니다. 과제 제목 타일을 클릭하면 해당 수업 게시물로 이동하며, 학생들이 제출 기한을 확인하는 데 매우 유용합니다.

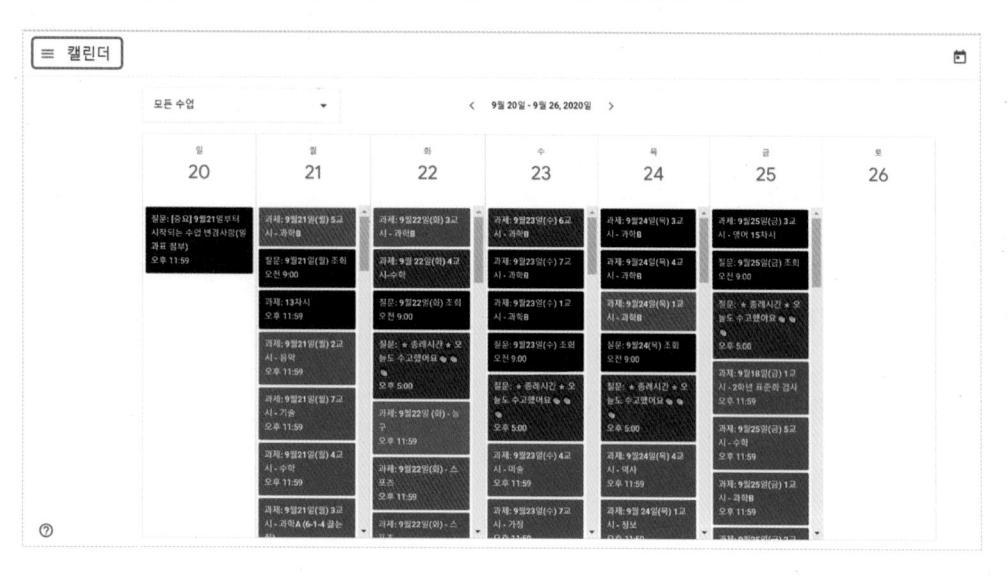

리뷰할 장소(교사용)

교사가 학생들의 과제 제출 현황을 확인할 수 있는 기능입니다. 클래스룸의 [기본 메뉴(≡)] 아이콘을 클릭하여 [리뷰할 장소]를 선택하면 내가 속한 원격교실에 게시된 모든 수업 과제에 대해 학생들의 제출 현황을 한 눈에 파악할 수 있습니다.

미완료 과제(학생용)

학생이 자신에게 할당된 모든 수업 과제를 확인할 수 있는 기능입니다. 클래스룸의 [기본 메뉴(≡)] 아이콘을 클릭하여 [미완료 과제]를 선택하면 내가 속한 원격교실에 게시된 모든 수업 과제를 '할당됨', '누락됨', '완료'의 제출 상태에 따라 분류해서 볼 수 있습니다.

설정 메뉴

클래스룸의 [기본 메뉴(≡)] 아이콘을 클릭하여 [설정]을 선택하면 사용자의 프로필과 비밀번호를 변경하고, 클래스룸 앱 알림을 설정할 수 있습니다.

1 [프로필]에서는 '변경'을 클릭하여 프로필 사진을 바꾸고, '관리'를 클릭하여 비밀번호 등 보안 설정을 변경합니다.

2 **[알림]**에서는 학생의 비공개 댓글 등 클래스룸에서 새롭게 변경된 내용을 Gmail을 통해 실시간으로 받을 수 있습니다.

- **이메일 알림 수신** : 클래스룸 활동에 대한 실시간 알림을 Gmail로 받습니다.
- **의견** : 학생들의 댓글에 대한 알림을 받습니다.
- **담당 수업** : 학생들이 제출한 과제 또는 수업 게시물, 원격교실 초대에 관한 알림을 받습니다.

3 **[수업 알림]**에서는 알림을 활성화할 원격교실을 선택합니다.

TIP [설정]에서 이메일 알림 수신을 활성화하면 클래스룸 활동 알림 메일이 Gmail의 [받은편지함]에 차곡차곡 쌓이는데, 알림 메일 관리에 대한 자세한 내용은 156쪽을 참고하세요.

04 원격교실 만들기

학생들과 소통하면서 원격수업을 운영할 수 있는 원격교실을 만들어 보겠습니다. 학교 사용자 중 교사만 원격교실을 개설할 수 있으며, 개설한 원격교실은 복사하거나 삭제할 수 있습니다.

원격교실 만들기

1 클래스룸 홈페이지의 오른쪽 상단에서 [**수업 만들기 또는 참여하기(＋)**] 아이콘을 클릭하고, [**수업 만들기**]를 선택합니다.

2 수업 만들기 창에서 원격교실의 '수업 이름(필수)', '부제(단원)', '제목', '강의실' 정보를 각각 입력하고, [**만들기**]를 클릭합니다.

> **T I P** 원격교실의 '이름'은 간결하게 통일하고, '부제'는 교실 카드에 표시되므로 담당 교사의 이름을 입력합니다.

3 새로 만든 원격교실의 화면에서 **[스트림]** 페이지에 자동으로 입장합니다.

4 화면 왼쪽의 **[기본 메뉴(≡)]**–**[수업]**을 선택하여 클래스룸 페이지에 해당 교실 카드가 생성되었는지 확인합니다.

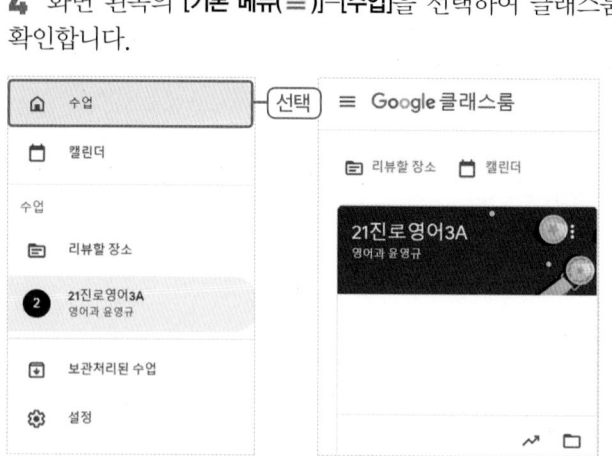

전문가의 조언 **교무실 공간으로 사용하기**

≡ Google 클래스룸

📁 리뷰할 장소   📅 캘린더

개인 수업 연구실	21영어1수업나눔방	21원격교무실 😊
영어과 윤영규	영어과 교사 공동체	2021학년도 전체 교직원 교무실

학생을 초대하지 않은 원격교실은 개인 수업 연구실로 활용할 수 있습니다. 개인 수업 연구실에서 수업 게시물 초안을 작성하고, **[게시물 재사용]** 기능을 활용해 학생들이 등록되어 있는 원격교실에 배포합니다. 학생들에게 게시하기 전에 다양한 원격수업을 시도해 볼 수 있고, 하나의 원격교실 폴더에서 내가 생성한 모든 수업 자료를 관리할 수도 있습니다. 동료 교사를 초대하여 원격교실을 수업 게시물을 제작하는 수업 나눔 공간으로도 활용할 수 있습니다. 또한, 전체 교직원을 초대하여 중요한 정보를 공유하고 다양한 의견을 교류하는 원격 교무실이 될 수도 있습니다.

원격교실 복사하기

1 클래스룸 페이지에서 원격교실 카드의 **[더 보기(⋮)]** 아이콘을 클릭하고, **[복사]**를 선택합니다.

> **TIP** 원격교실의 모든 수업 게시물이 '초안'의 임시 저장 상태로 복사됩니다. 이와 같은 교육 과정을 다음 학기도 반복 운영할 경우 복사 기능은 매우 유용합니다.

2 복사본 원격교실의 '수업 이름', '부제', '제목', '강의실'을 각각 입력한 후 **[복사]**를 클릭합니다.

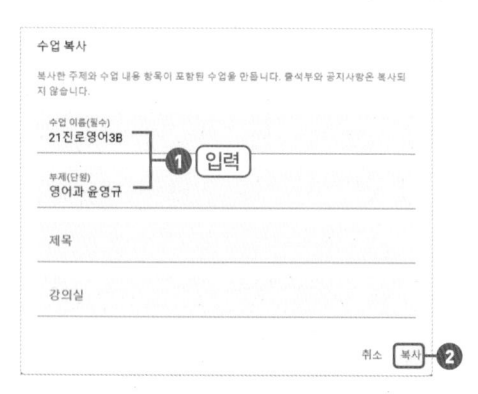

3 복사본 원격교실의 교실 카드가 클래스룸 페이지에 만들어집니다.

원격교실 보관처리하기

1 클래스룸 페이지에서 교실 카드의 [**더 보기**(⋮)] 아이콘을 클릭하고, [**보관처리**]를 선택합니다.

> **TIP** 보관처리된 원격교실은 비활성화 되어 페이지에서 교실 카드가 사라지므로 새로운 게시물이나 과제를 업로드할 수 없습니다. 학기가 종료되어 더 이상 사용하지 않는 원격교실은 보관처리합니다.

2 원격교실 제목을(를) 보관처리하시겠습니까? 창이 나타나면 [**보관처리**]를 클릭합니다.

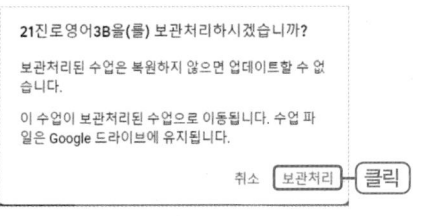

3 [**기본 메뉴**(≡)]-[**보관처리된 수업**]을 선택하여 해당 교실 카드가 이동했는지 확인합니다.

> **TIP** 보관처리된 교실 카드의 [더 보기(⋮)] 아이콘을 클릭하고, [복원]을 선택하면 원격교실을 다시 활성화할 수 있습니다.

원격교실 삭제하기

1 클래스룸 페이지에서 삭제할 원격교실의 교실 카드에 있는 **[더 보기(⋮)]** 아이콘을 클릭하고, **[보관처리]**를 선택합니다.

2 **[기본 메뉴(≡)]**–**[보관처리된 수업]**을 선택한 후 보관처리된 교실 카드의 **[더 보기(⋮)]** 아이콘을 클릭하고, **[삭제]**를 선택합니다.

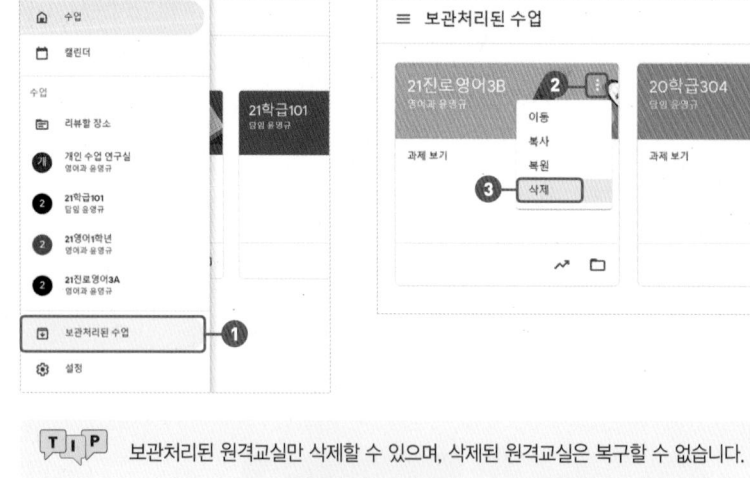 

TIP 보관처리된 원격교실만 삭제할 수 있으며, 삭제된 원격교실은 복구할 수 없습니다.

05 원격교실 설정하기

원격교실 개설 이후 교사의 의도에 따라 원격교실의 환경 설정을 변경할 수 있습니다. 원격교실 화면 오른쪽 상단에서 [설정] 아이콘을 클릭하면 나타나는 수업 설정 창을 살펴보겠습니다.

수업 설정

원격교실의 화면 오른쪽 상단에서 **[수업 설정(⚙)]** 아이콘을 클릭하여 해당 원격교실의 세부정보, 초대 코드, 스트림 페이지 구성, 행아웃 미팅 링크, 점수 매기기 기능을 설정합니다.

수업 세부정보

'수업 세부정보'에서 원격교실의 '수업 이름(필수)', '수업 설명', '부제(단원)', '강의실', '제목'을 각각 변경 합니다.

> 수업 세부정보
>
> 수업 이름(필수)
> **21진로영어3A**
>
> 수업 설명 ── 입력
>
> 부제(단원)
> 영어과 윤영규
>
> 강의실
>
> 제목

T I P 개설 이후 '수업 이름(필수)'을 변경할 경우 드라이브에서 해당 원격교실용 폴더의 이름을 변경해야 합니다.

일반

관리 콘솔을 구성하는 관리 기능별 페이지가 아이콘으로 정리되어 있습니다.

① **초대 코드 관리** : 학생들이 검색하여 입장할 수 있는 원격교실의 수업 코드를 관리합니다.

• **사용 설정됨** : 원격교실의 수업 코드가 생성되고, 학생들이 사용할 수 있습니다.

• **사용 중지** : 원격교실의 수업 코드가 사라지고, 학생들이 사용할 수 없습니다.

• **재설정** : 기존의 수업 코드를 새로운 수업 코드로 변경합니다.

> **TIP** 수업 코드는 같은 도메인을 쓰는 Google Workspace 계정 사용자에게만 유효합니다. 지역교육청의 공통 도메인을 사용하는 경우 타교생이 등록하지 않도록 주의합니다.

② **초대 링크** : 원격교실에 접속하면 학생 사용자로 자동 등록됩니다.

③ **스트림** : 공지사항 게시물에 대한 학생들의 작성 권한을 다음과 같이 설정합니다.

• 학생은 글을 올리고 댓글을 달 수 있습니다.

• 학생은 댓글을 달 수 있습니다.

• 선생님만 게시 또는 댓글 작성이 가능합니다.

④ **스트림의 수업 과제** : [수업] 페이지에 게시된 수업 과제에 대한 알림을 [스트림] 페이지의 공지사항에 표시할지를 설정합니다.

• **첨부파일 및 세부정보 표시** : 수업 게시물의 모든 내용이 [스트림] 페이지의 공지사항에 표시됩니다.

• **알림 요약 표시** : 수업 게시물의 제목이 [스트림] 페이지의 공지사항에 표시됩니다.

• **알림 숨기기** : 수업 게시물에 대한 알림이 [스트림] 페이지의 공지사항에 표시되지 않습니다.

⑤ **행아웃 미팅** : 원격교실 전용 Google Meet 회의실 링크 주소를 활성화합니다. [학생에게 공개]를 선택하면 [스트림] 페이지 헤더에 링크 주소가 나타납니다.

점수 매기기 환경 설정

① **전체 성적 계산** : '전체 성적' 기능을 활성화하면 원격교실의 모든 수업 과제에 대한 성적을 합산할 수 있습니다.

• **전체 성적 없음** : 수업 과제에 대한 학생들의 획득 점수를 합산하지 않습니다.

• **총점** : 성적 카테고리별 학생들의 획득 점수를 모두 합산합니다.

• **카테고리별 가중치 적용** : 성적 카테고리별 학생들의 획득 점수를 가중치 비율에 따라 합산합니다.

② **학생에게 전체 성적 표시** : 학생들이 [**수업**] 페이지에서 [**내 과제 보기**]를 클릭하여 자신이 획득한 점수 합계를 확인할 수 있습니다.

③ **성적 카테고리** : 전체 성적을 산출하기 위해 '평가 영역'과 '반영 비율'을 입력합니다. 수업 과제의 게시물 설정에서 점수를 부여할 때 평가 영역을 지정할 수 있습니다.

06 원격교실 사용자 초대하기

하나의 원격교실에는 동료 교사 최대 20명과 학생을 포함하여 최대 1,000명을 사용자로 등록할 수 있습니다. 학생들에게 수업 코드나 초대 링크를 알려주고 자율적으로 들어오게 하거나 교사가 여러 학생들의 학교 구글 계정 이메일 주소를 일괄 입력하여 한꺼번에 초대할 수도 있습니다.

초대 코드 알려주기

1 [스트림] 페이지에서 원격교실 헤더에 있는 '수업 코드'를 확인하고 학생들에게 안내합니다.

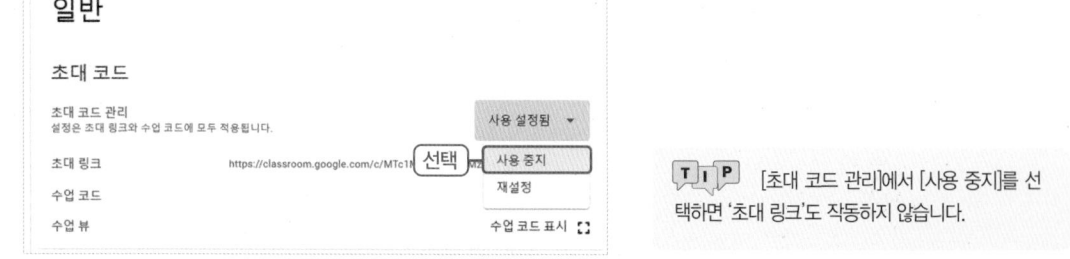

> **TIP** 클래스룸 홈페이지에서 [수업 만들기 또는 참여하기(+)]-[수업 참여하기]를 선택하여 '수업 코드'를 입력하면 해당 원격교실의 '학생' 사용자로 등록됩니다.

2 학생들이 모두 등록된 것을 확인한 후 [수업 설정(⚙)] – [일반] – [초대 코드 관리]에서 [사용 중지]를 선택하여 수업 코드를 통한 학생 등록을 중지합니다.

일반

초대 코드

초대 코드 관리 설정은 초대 링크와 수업 코드에 모두 적용됩니다.	사용 설정됨 ▾
초대 링크	https://classroom.google.com/c/MTc1ᴺ 선택 → 사용 중지 / 재설정
수업 코드	
수업 뷰	수업 코드 표시 ⛶

> **TIP** [초대 코드 관리]에서 [사용 중지]를 선택하면 '초대 링크'도 작동하지 않습니다.

초대 링크 알려주기

1 클래스룸 페이지에서 교실 카드의 **[더 보기(⋮)] – [초대 링크 복사]**를 선택하여 원격교실의 초대 링크를 복사합니다.

2 학생들에게 초대 링크 URL 주소를 안내합니다.

> **TIP** URL 주소에 접속하면 해당 원격교실의 학생으로 등록되어 원격교실에 입장합니다.

학생 일괄 초대하기

1 원격교실의 **[사용자]** 페이지에서 학생 명단에 있는 **[학생 초대(👤+)]** 아이콘을 클릭하여 학생 초대 창을 엽니다.

2 관리자가 공유한 사용자 계정 목록에서 등록해야 할 학생들의 학교 구글 계정 이메일 주소를 선택(드래그 또는 Ctrl+클릭)한 후 복사(Ctrl+C)합니다.

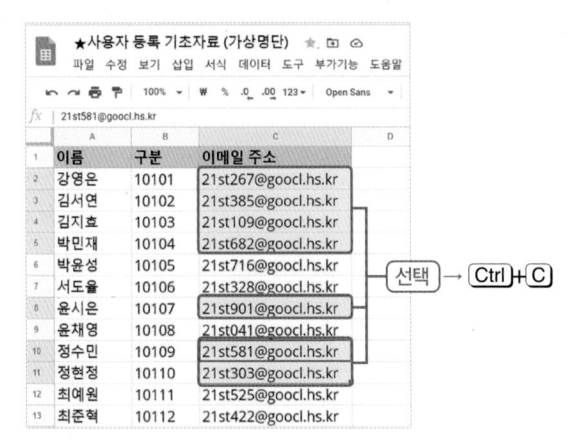

3 다시 학생 초대 창에서 [이름이나 이메일 주소를 입력하세요]란에 붙여넣기(Ctrl+V)를 합니다.

4 잠시 후 붙여넣기한 이메일 주소들이 하나씩 인식되면 **[초대하기]**를 클릭합니다.

TIP 학생들의 이메일 주소가 하나씩 인식되지 않으면 마지막 이메일 주소 끝에 쉼표(,)를 입력합니다.

5 **[사용자]** 페이지의 학생 명단에서 초대한 학생들의 이름을 확인합니다. 이때, 초대를 수락한 학생들은 '(초대됨)' 표시가 사라지면서 아이콘과 글자 색이 활성화 됩니다.

> **TIP** 동료 교사는 교사 명단에서 [선생님 초대(👤+)] 아이콘을 클릭한 후 이메일 주소를 입력하여 초대합니다.

사용자 삭제하기

1 **[사용자]** 페이지의 학생 명단에서 삭제할 학생의 체크 박스를 선택합니다.

2 작업의 **[목록(▼)]** 단추를 클릭하고, **[삭제]**를 선택합니다.

> **TIP** 차단된 학생은 원격교실에 등록 상태를 유지하지만 더 이상 새로운 게시물을 올릴 수는 없습니다.

3 동료 교사의 경우는 명단에서 **[더 보기(⋮)]** 아이콘을 클릭한 후 **[삭제]**를 선택합니다.

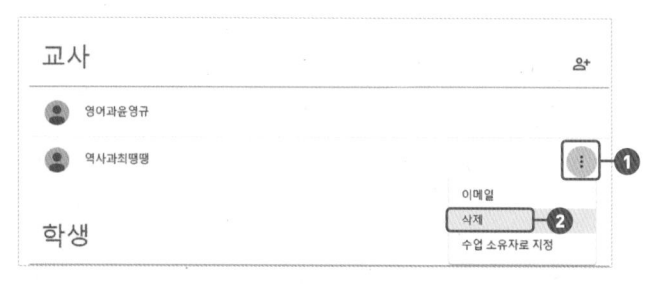

> **TIP** [수업 소유자로 지정]을 선택할 경우 해당 교사에게 Gmail로 원격교실에 대한 소유권 양도 이메일이 보내집니다. 양도를 수락하면 수업 소유자가 변경되며 원격수업을 삭제할 수 있는 권한이 생깁니다.

보호자 초대하기

1 **[사용자]** 페이지의 학생 명단에서 학생 이름 우측의 **[보호자 초대]**를 클릭합니다.

> **TIP** 보호자 초대는 관리자가 클래스룸 앱 설정을 변경해야 가능합니다. 관리자는 81쪽을 참고하세요.

2 보호자 초대 창의 **[이름이나 이메일 주소를 입력하세요]**란에 보호자의 Gmail 주소를 입력한 후 **[초대하기]**를 클릭합니다.

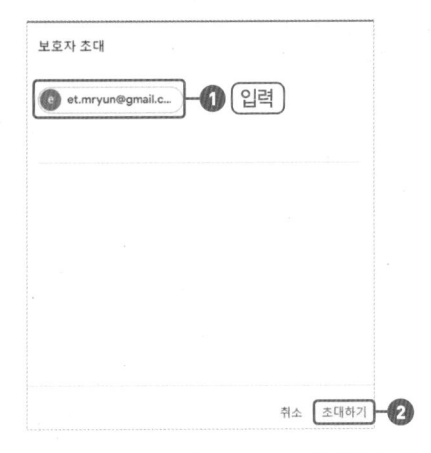

> **T I P** 보호자의 Gmail 주소를 등록하여 보호자를 초대하면 학생의 과제 제출 현황에 대한 정기 보고서가 발송됩니다.

3 해당 학생 이름 옆에 입력한 보호자의 Gmail 주소와 (초대됨) 표시가 보이는데, 오른쪽 끝에 **[더 보기(⋮)]** 아이콘을 클릭하여 **[보호자 삭제]**를 선택하면 초대된 보호자를 삭제할 수 있습니다.

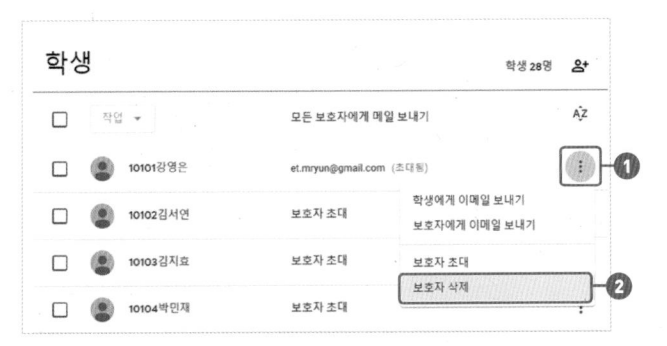

> **T I P** 초대된 보호자는 Gmail을 통해 자녀가 속한 모든 원격교실에서 자녀에게 할당된 수업 과제와 제출 현황을 확인할 수 있으며, 학생들은 다른 보호자의 이메일 주소를 확인할 수 없습니다. 보호자 초대 수락 방법은 336쪽을 참고하세요.

Chapter 02 ----------------------

Google 앱 활용하기

클래스룸에서의 원격수업 활동은 다양한 Google 앱을 통해
도움을 받습니다. Google 드라이브와 문서에서부터 캘린더,
Gmail, Meet까지 원활한 원격수업을 위한 Google 앱의 활용
노하우를 알아보겠습니다.

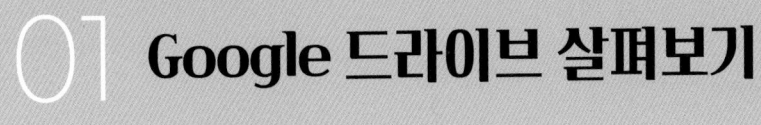

SECTION 01 Google 드라이브 살펴보기

클래스룸이 강력한 원격수업 플랫폼인 이유는 Google 드라이브라는 넉넉한 용량의 클라우드 저장 공간이 뒷받침하고 있기 때문입니다. 그럼 드라이브 홈페이지와 기본 기능들을 살펴보도록 하겠습니다.

드라이브 메뉴

드라이브 홈페이지(drive.google.com)에 접속하여 메인 화면을 살펴보겠습니다.

① **드라이브에서 검색** : 내 드라이브에 저장된 파일이나 나에게 공유된 파일을 검색합니다.

② **설정** : 드라이브의 환경 설정을 변경하고, 데스크톱용 Google 드라이브를 설치합니다.

③ **바둑판 보기/목록 보기** : 드라이브에 저장된 폴더와 파일을 보여주는 방식을 변경합니다.

④ **새로 만들기** : 새 폴더를 만들거나 Google 문서 등의 새 파일을 추가합니다(컴퓨터의 폴더나 파일도 업로드).

⑤ **우선순위** : 드라이브 내 여러 파일을 업무에 따라 묶어 놓은 작업 공간을 모아서 봅니다.

⑥ **내 드라이브** : 내 드라이브 공간에 저장된 폴더와 파일들을 봅니다.

⑦ **공유 드라이브** : 내가 속한 공유 드라이브 목록을 봅니다.

⑧ **공유 문서함** : 다른 사람이 나에게 공유한 문서 파일을 모아서 봅니다.

⑨ **최근 문서함** : 최근 저장 또는 편집한 순서대로 파일을 모아서 봅니다.

⑩ **중요 문서함** : 작업 과정에서 '별표' 표시를 해 둔 파일을 모아서 봅니다.

⑪ **휴지통** : 내 드라이브와 공유 드라이브에서 삭제한 파일을 모아서 봅니다. 이때, 휴지통으로 이동한 파일은 30일 후 자동 삭제됩니다.

⑫ **저장용량** : 드라이브에 저장된 모든 파일을 저장용량이 큰 것부터 작은 것 순서대로 모아서 봅니다.

파일의 바로 가기 메뉴

내 드라이브에 저장된 파일에서 마우스 오른쪽 버튼을 클릭하면 다음과 같은 작업을 수행할 수 있습니다.

① **미리보기** : 미리보기 창으로 해당 파일을 미리 열어봅니다.

② **연결 앱** : 해당 파일을 열 수 있는 Google 앱이나 기타 응용 프로그램을 선택합니다.

③ **공유** : 해당 파일을 다른 사용자와 공유하기 위해 이메일 주소를 입력하고 공유 권한을 지정합니다.

④ **링크 생성** : 해당 파일의 URL 주소를 생성하고, 공개 범위와 공유 권한을 지정합니다.

⑤ **작업공간에 추가** : 여러 파일을 업무에 따라 묶어 놓은 작업 공간에 해당 파일을 추가합니다.

⑥ **드라이브에 바로가기 추가** : 다른 폴더에 해당 파일의 바로 가기를 추가합니다.

⑦ **이동** : 해당 파일을 다른 폴더로 이동합니다.

⑧ **중요 문서함에 추가** : 해당 파일을 '별표' 표시하여 중요 문서함에 정리합니다.

⑨ **이름 바꾸기** : 해당 파일의 이름을 바꿉니다.

⑩ **세부정보 보기** : 해당 파일의 세부 정보와 활동 내역을 확인합니다.

⑪ **사본 만들기** : 해당 파일의 현 상태로 버전 기록이 없는 사본을 만듭니다.

⑫ **악용사례 신고** : 스팸, 폭력 등 Google 서비스 약관을 위반한 파일을 신고합니다.

⑬ **다운로드** : 해당 파일을 컴퓨터에 다운로드합니다.

⑭ **삭제** : 해당 파일을 삭제하여 휴지통으로 이동시킵니다.

원격교실 폴더 열기

내 드라이브의 Classroom 폴더 안에 내가 속한 원격교실 폴더가 있습니다. 원격교실 폴더 안에는 교사와 학생이 주고받는 모든 파일이 일목요연하게 저장됩니다. 원격교실 드라이브 폴더에 접속하는 방법에는 다음의 3가지가 있습니다.

- 내 드라이브 – [Classroom] 폴더 – 해당 원격교실 폴더 열기

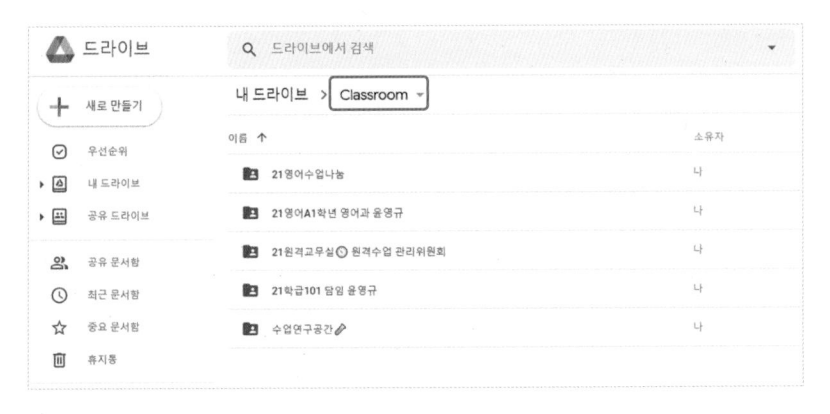

- 클래스룸 홈페이지 – 교실 카드의 [Google 드라이브 폴더 열기( )] 아이콘 클릭

- 원격교실의 **[수업]** 페이지 – **[수업 드라이브 폴더]** 클릭

원격교실 폴더 기능

원격교실 폴더 안에는 다음처럼 5가지 종류의 폴더와 파일이 자동으로 저장됩니다.

① **'과제 제목' 폴더** : **[수업]** 페이지에 과제를 게시할 때 자동 생성되며, 학생들이 제출한 과제 파일이 모두 저장됩니다. 클래스룸에서 수업 게시물을 삭제할 경우 학생들이 제출한 과제 파일은 드라이브에 유지됩니다.

② **'Quiz (File Responses)' 폴더** : 퀴즈에 '파일 업로드' 문항을 만들 때 자동 생성되며, 학생들이 퀴즈 응답 시 업로드한 파일이 모두 저장됩니다.

③ **'Templates – DO NOT EDIT' 폴더** : 과제에 수업 자료를 **[학생별로 사본 제공]**으로 첨부할 경우 원본 파일이 저장됩니다.

④ **해당 원격교실에서 생성된 원본 파일** : 수업 게시물을 작성할 때 **[만들기]**로 파일을 첨부한 경우 해당 원본 파일이 저장됩니다.

⑤ **다른 원격교실에서 복사된 사본 파일** : 다른 원격교실의 게시물을 재사용할 때 **[모든 첨부파일의 새 사본 만들기]**를 선택한 경우 기존 첨부파일의 사본이 저장됩니다.

> **TIP** 원격교실 폴더 안에 너무 많은 파일이 쌓이지 않도록 원본 파일은 다른 위치를 지정하여 관리하고, 사본 파일은 가능한 만들지 않도록 합니다.

02 Google 드라이브 폴더 만들기

USB 메모리 없는 슬기로운 클라우드 생활을 시작하세요! 별도의 저장 장치 없이도 Google 드라이브에 로그인만 하면 언제 어디서나 지속적인 작업이 가능합니다. 이제 나만의 드라이브 환경을 만드는 방법에 대해 공개합니다.

수업 자료 폴더 만들기

1 드라이브에서 **[+ 새로 만들기]**를 클릭하거나 빈 공간에서 마우스 오른쪽 버튼을 클릭하고, 바로 가기 메뉴에서 **[새 폴더]**를 선택합니다.

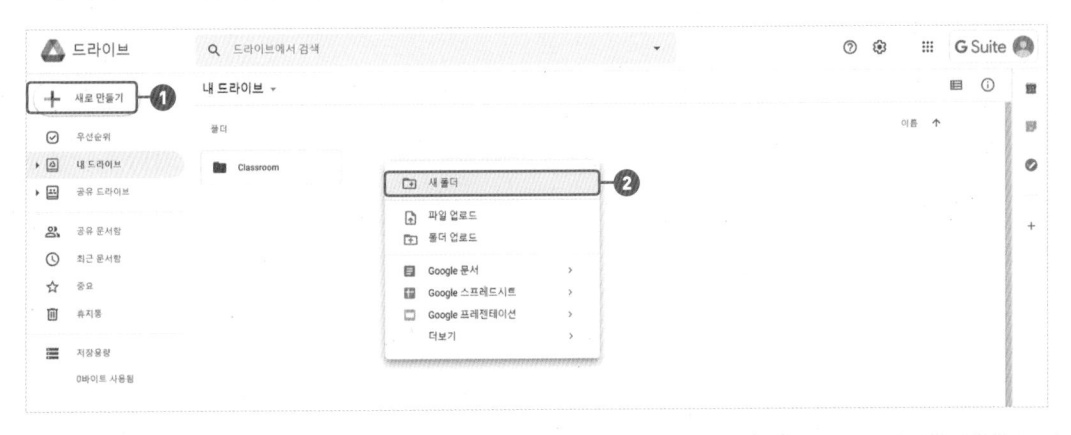

TIP [폴더 업로드]를 선택하면 컴퓨터에 저장된 폴더를 한 번에 업로드할 수 있습니다.

2 새 폴더 창에서 '제목이 없는 폴더'를 지우고, '02 21수업자료'를 입력한 후 **[만들기]**를 클릭합니다. 이때, 원하는 순서대로 폴더를 배열하기 위해 폴더 이름 앞에 번호를 매깁니다.

3 새로 만든 폴더에서 마우스 오른쪽 버튼을 클릭하고, 바로 가기 메뉴에서 **[색상 변경]–[임의의 색]**을 선택하여 폴더를 알아보기 쉽게 꾸밉니다.

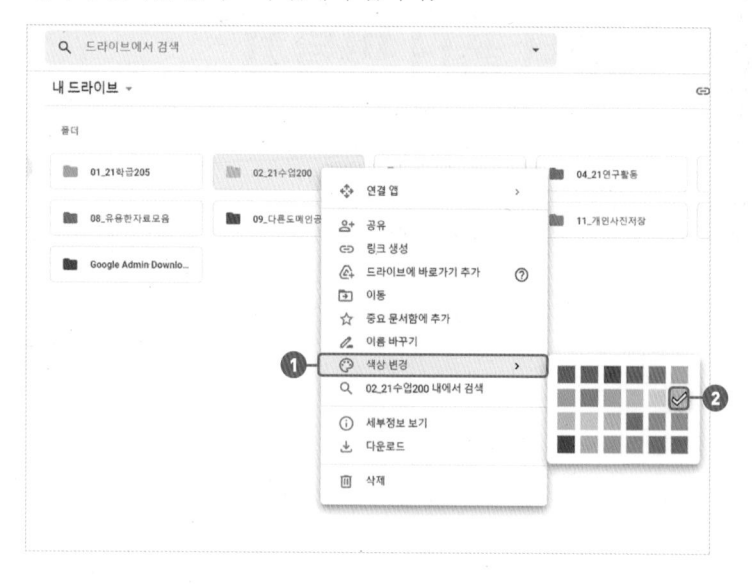

4 '02_21수업자료' 폴더 안에는 다양한 수업자료를 종류별로 정리할 수 있도록 하위 폴더를 구성하고, 폴더 색상을 통일합니다.

> **TIP** 데스크톱용 Google 드라이브 프로그램을 설치하면 드라이브의 저장 공간을 마치 내 컴퓨터의 하드 드라이브처럼 사용할 수 있습니다. 자세한 내용은 375쪽을 참고하세요.

03 Google 드라이브의 협업 기능

Google 드라이브의 가장 두드러진 특징은 강력한 협업 기능입니다. 드라이브 문서(Google 문서, 프레젠테이션, 스프레드시트, 설문지 등)를 다른 사람과 공유하여 실시간으로 공동 작업이 가능합니다. 그럼 Google 문서를 기준으로 드라이브의 주요 협업 기능들에 대해 알아보겠습니다.

드라이브 문서 공유하기

1 작성한 문서를 다른 사람과 공유하기 위해 Google 문서 편집 창의 오른쪽 위에서 **[공유]**를 클릭합니다.

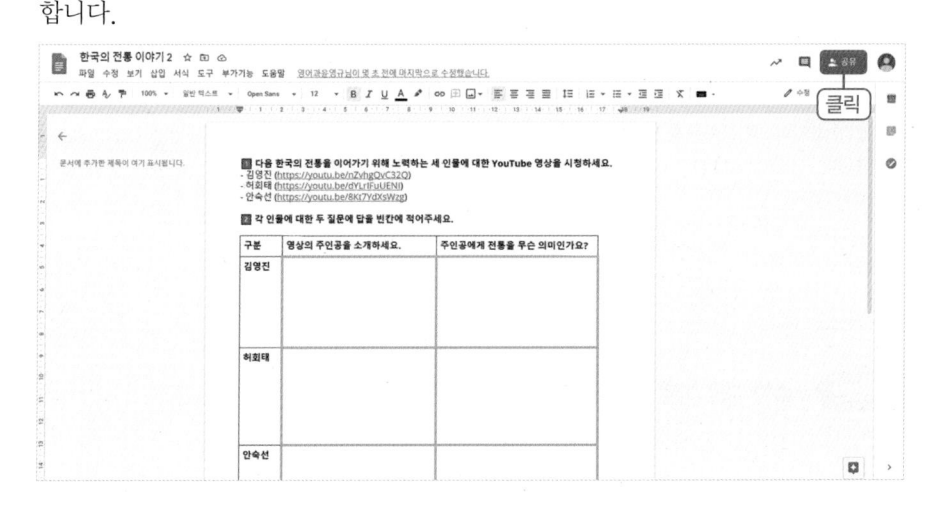

2 사용자 및 그룹과 공유 창의 '사용자 및 그룹 추가' 입력란에 문서를 공유할 사용자의 개인 또는 그룹 이메일 주소를 입력합니다.

> **TIP** 관리자가 드라이브의 공유 대상 범위를 '같은 도메인 사용자'로 제한한 경우 외부 도메인 사용자와는 공유할 수 없습니다.

3 입력한 이메일 주소가 인식되면 편집자의 **[목록(▼)]** 단추를 클릭하여 공유 권한을 선택하고, **[보내기]**를 클릭합니다.

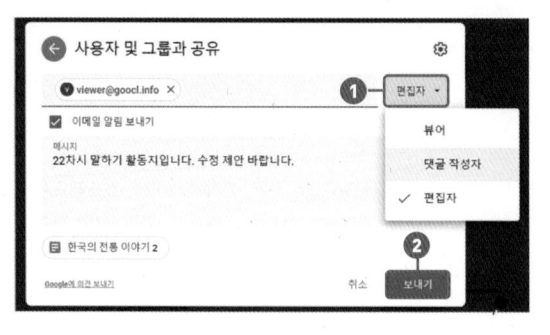

- **뷰어** : 상대방이 열어볼 수만 있고, 파일을 수정하거나 다른 사람과 공유할 수 없습니다.
- **댓글 작성자** : 상대방이 댓글이나 수정 제안을 추가할 수 있지만 파일을 수정하거나 다른 사람과 공유할수 없습니다.
- **편집자** : 상대방이 파일을 수정하고 수정 제안을 수락 또는 거절할 수 있으며, 파일의 공유 대상을 추가할 수도 있습니다.

> **TIP** '이메일 알림 보내기' 체크 박스를 클릭한 후 간단한 메시지와 공유 파일을 Gmail로 보낼 수 있습니다. 이메일 알림이 없어도 상대방은 드라이브 '공유 문서함'이나 '드라이브에서 검색'을 통해 해당 파일을 열어볼 수 있습니다.

전문가의 조언 **수업 자료 파일 공유 현황 살펴보기**

사용자 및 그룹과 공유

사용자 및 그룹 추가

영어과윤영규(나) etmryun@joongam.sen.ms.kr	소유자
20중암중200 전체 2학년 원격교실 2_d476ca6a@joongam.sen.ms.kr	뷰어 ▼
2학년 동아리 창체동아리 클래스룸 선생님 2_teachers_17b7f46c@joongam.sen.ms.kr	편집자 ▼
2학년영어 자료 선생님 2_teachers_59da1c56@joongam.sen.ms.kr	편집자 ▼
ET 수업나눔방 2020학년도 2학년 2_69ad020a@joongam.sen.ms.kr	뷰어 ▼

Google에 의견 보내기　　　　　　　　　　　　　　　완료

드라이브에 저장된 수업 자료 파일에서 마우스 오른쪽 버튼을 클릭한 후 [공유]를 선택하면 해당 파일이 클래스룸의 어느 원격교실에 공유 중인지 확인할 수 있습니다. 강의 영상 파일의 경우 일정 기간 후 [뷰어(▼)] 목록 단추를 클릭한 후 [삭제]를 선택하여 특정 원격교실에 공유를 해지할 수도 있습니다.

링크 생성하기

1 문서 편집 창의 오른쪽 위에서 다시 **[공유]**를 클릭하고, 사용자 및 그룹과 공유 창을 엽니다.

2 '링크 보기'를 선택하여 해당 파일의 URL 링크 주소를 생성하고, **[링크 복사]**를 클릭합니다.

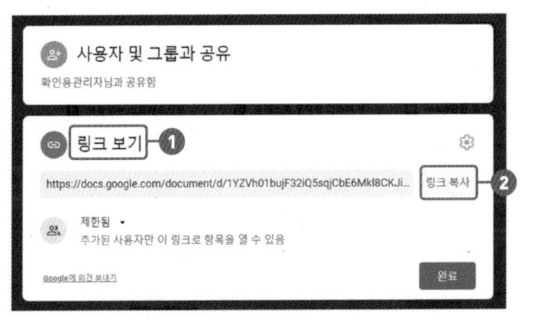

교사편 : 클래스룸 기초 다지기

3 제한됨의 **[목록(▼)]** 단추를 클릭하여 공개 범위를 선택하고, **[완료]**를 클릭합니다.

- **제한됨** : 공유 대상으로 입력한 사용자만 링크 주소로 해당 파일에 접근할 수 있습니다.
- **학교명(또는 지역교육청)** : 같은 도메인 사용자는 링크 주소만 있으면 해당 파일에 접근할 수 있습니다.
- **링크가 있는 모든 사용자에게 공개** : 링크 주소만 있으면 전 세계 누구나 해당 파일에 접근할 수 있습니다.

드라이브 문서 댓글 달기

1 문서에서 댓글을 달고자 하는 부분을 드래그한 후 오른쪽의 댓글 **[추가(➕)]** 아이콘을 클릭합니다. 또는 `Ctrl`+`Alt`+`M` 키를 누르거나 마우스 오른쪽 버튼을 클릭한 후 **[댓글]**을 선택합니다.

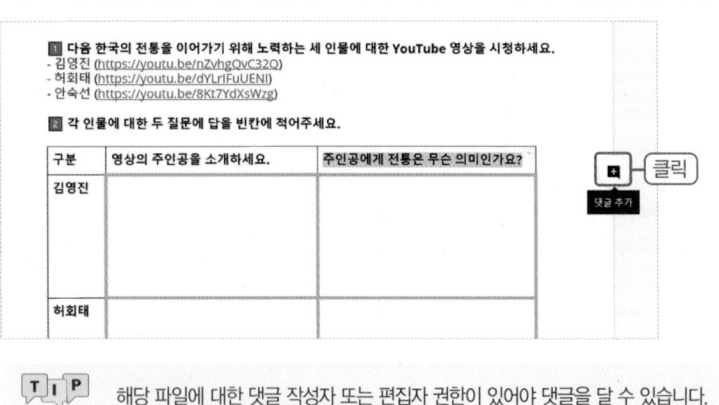

> **TIP** 해당 파일에 대한 댓글 작성자 또는 편집자 권한이 있어야 댓글을 달 수 있습니다.

2 오른쪽 댓글 창에 해당 내용에 대한 댓글을 입력하고, **[댓글]**을 클릭합니다.

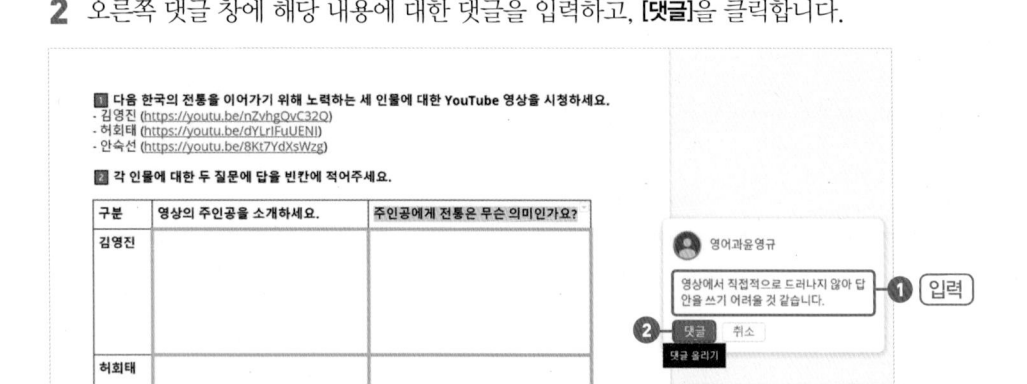

3 오른쪽에 댓글 카드가 추가된 것을 확인할 수 있으며, 해당 댓글을 수정하거나 삭제하려면 댓글 카드 오른쪽 위에서 **[더 보기(⋮)]** 아이콘을 클릭합니다.

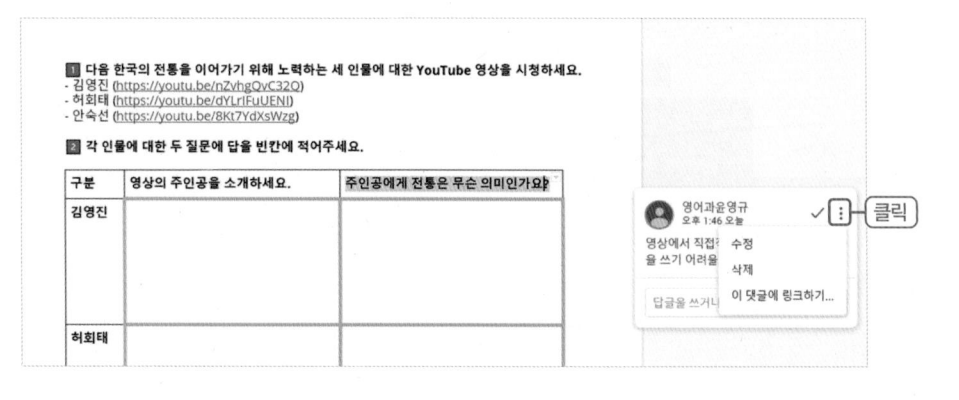

4 댓글을 확인하고 그에 대한 답글을 입력할 수 있는데, 해당 댓글을 숨기려면 **[완료된 토론으로 표시하고 숨깁니다.(✓)]** 아이콘을 클릭합니다.

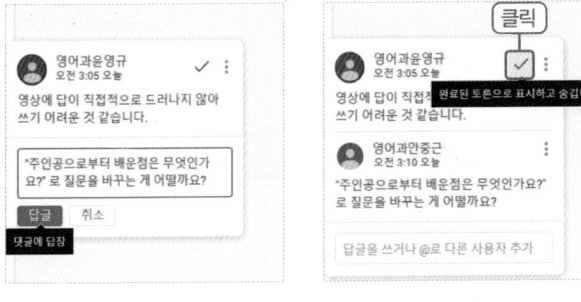

수정 제안하기

1 문서 편집 창의 오른쪽 위에서 수정 **[목록(▾)]** 단추를 클릭하고, **[제안]**을 선택합니다.

T I P [수정]은 편집자만 가능하고, [제안]은 편집자와 댓글 작성자만 가능합니다.

2 **[제안]** 상태에서 문서를 수정할 경우 해당 내용이 교정 부호와 함께 다른 색 글자로 작성되며, 제안 내용이 오른쪽에 있는 댓글로 자동 추가됩니다.

3 다른 편집자는 수정 제안 댓글을 확인하여 답글을 추가할 수 있고, **[제안 수용(✓)]** 또는 **[제안 거부(✕)]** 아이콘을 클릭하여 제안 내용을 반영하거나 숨길 수 있습니다.

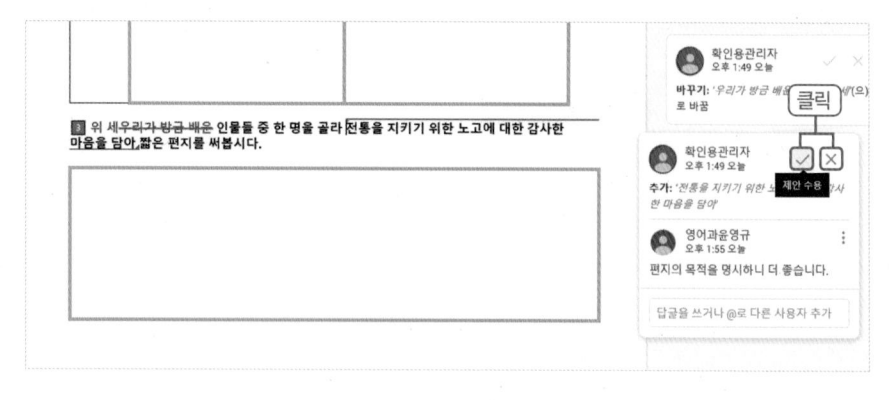

버전 기록 보기

1 문서에서 **[파일]-[버전 기록]-[버전 기록 보기]**를 선택합니다.

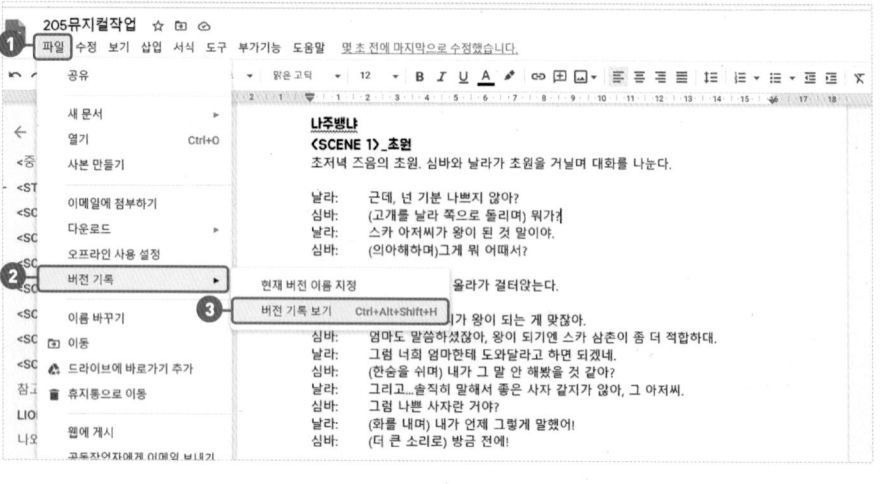

TIP 문서가 생성되었을 때부터 지금까지 누가 어느 부분을 어떻게 편집하였는지 버전 기록을 확인할 수 있습니다.

2 오른쪽의 '버전 기록'에서 특정 날짜의 사용자 이름을 선택하면 수정 내용을 확인할 수 있고, 상단의 **[이 버전 복원하기]**를 클릭하면 해당 버전 상태로 문서를 되돌릴 수 있습니다. 또한, '버전 기록'에서 **[추가 작업(⋮)]** 아이콘을 클릭하여 버전 이름을 지정하거나 사본 생성도 할 수 있습니다.

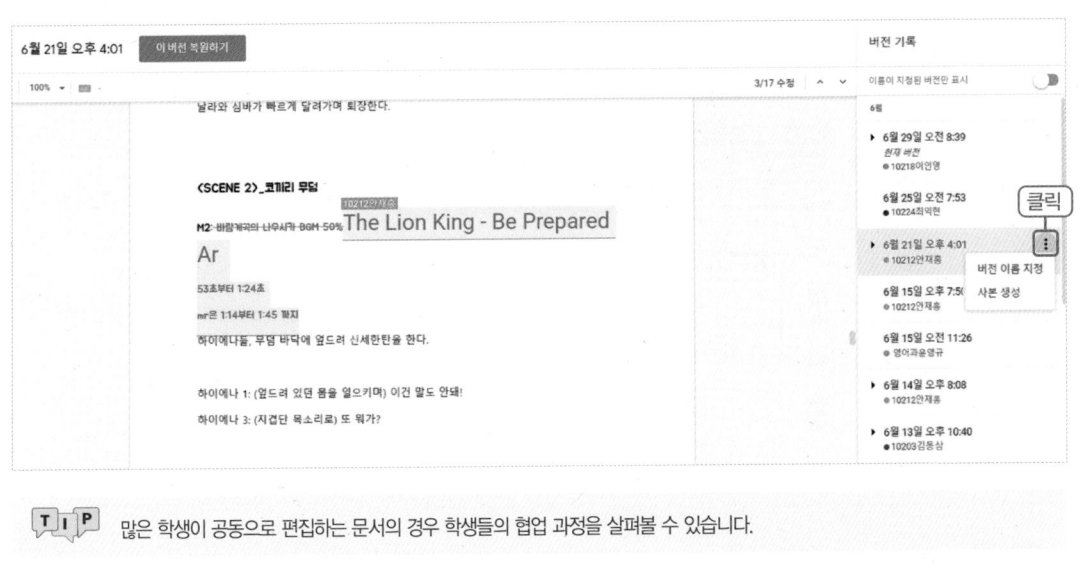

> **TIP** 많은 학생이 공동으로 편집하는 문서의 경우 학생들의 협업 과정을 살펴볼 수 있습니다.

채팅하기

1 문서 파일을 다른 사용자와 동시에 열어보고 있는 경우 다른 색상의 커서와 사용자 이름이 나타납니다.

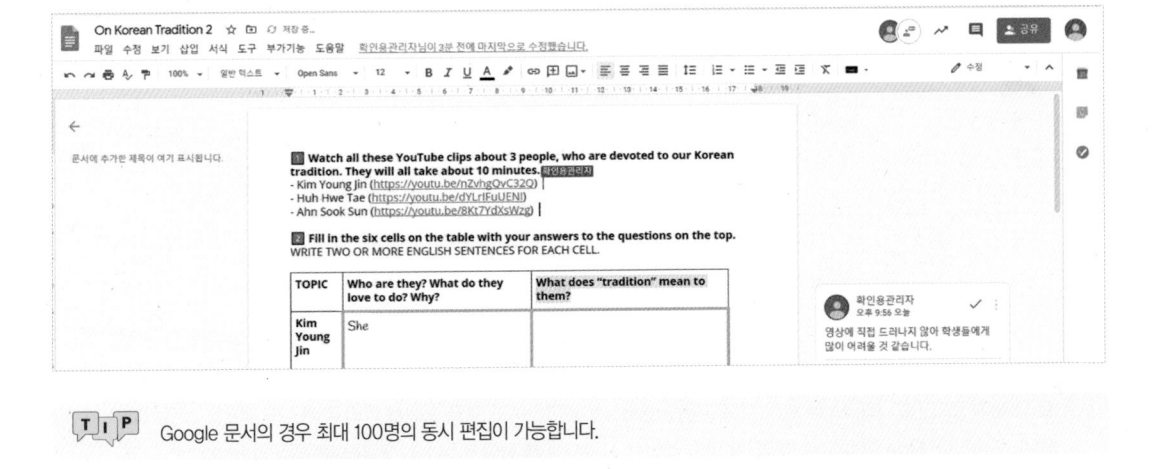

> **TIP** Google 문서의 경우 최대 100명의 동시 편집이 가능합니다.

2 문서 편집 창 오른쪽 위에서 **[채팅 표시( )]** 아이콘을 클릭하면 채팅 패널이 생성되는데, 이때 상대 방과 실시간으로 메시지를 주고받을 수 있습니다.

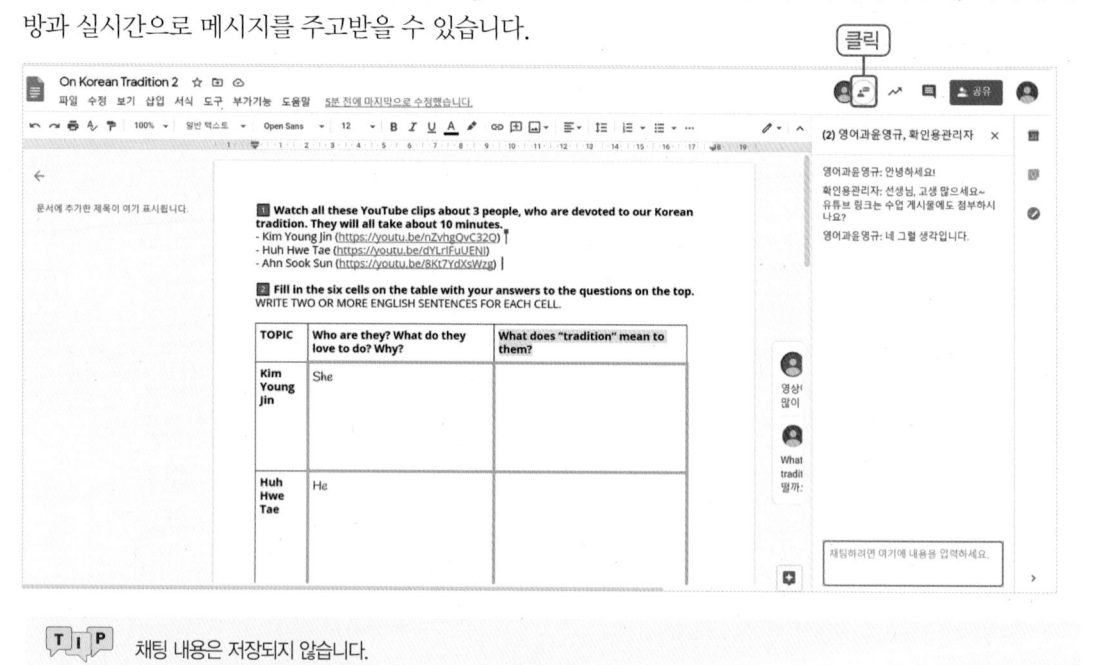

TIP 채팅 내용은 저장되지 않습니다.

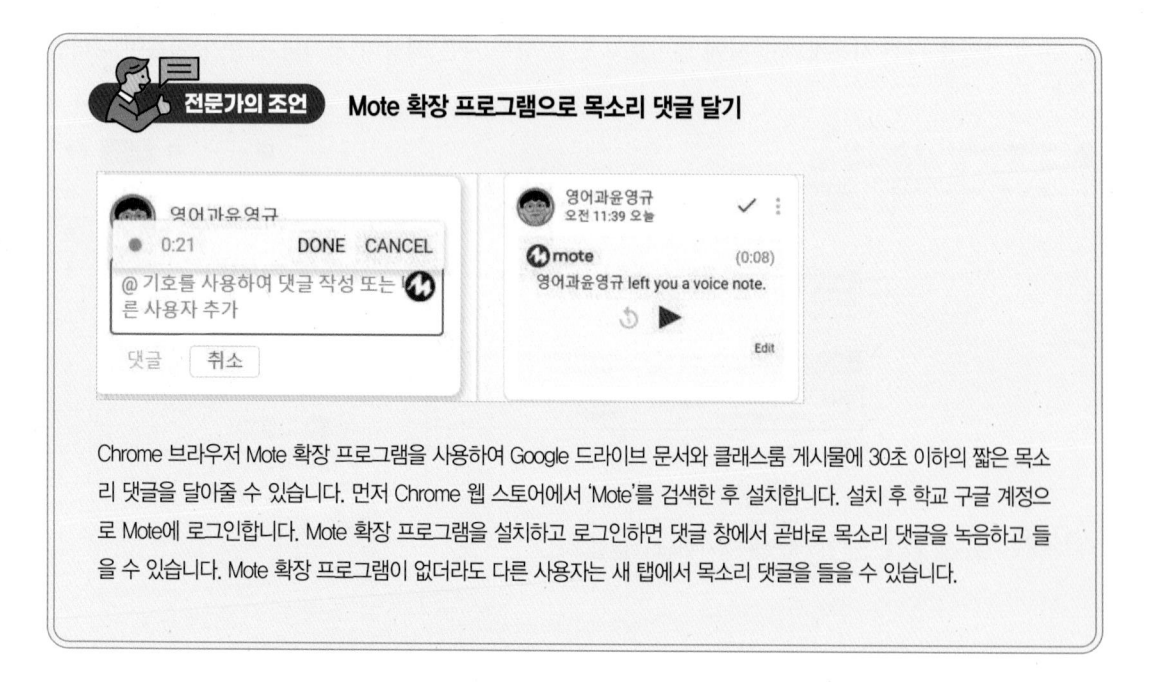

전문가의 조언 | **Mote 확장 프로그램으로 목소리 댓글 달기**

Chrome 브라우저 Mote 확장 프로그램을 사용하여 Google 드라이브 문서와 클래스룸 게시물에 30초 이하의 짧은 목소리 댓글을 달아줄 수 있습니다. 먼저 Chrome 웹 스토어에서 'Mote'를 검색한 후 설치합니다. 설치 후 학교 구글 계정으로 Mote에 로그인합니다. Mote 확장 프로그램을 설치하고 로그인하면 댓글 창에서 곧바로 목소리 댓글을 녹음하고 들을 수 있습니다. Mote 확장 프로그램이 없더라도 다른 사용자는 새 탭에서 목소리 댓글을 들을 수 있습니다.

04 Google 문서로 쓰기 학습지 만들기

Google 문서로 간단한 논술 활동지를 만드는 방법에 대해 알아보겠습니다.

드라이브 문서 공유하기

1 내 드라이브(drive.google.com)에서 **[+ 새로 만들기]**를 클릭하고, **[Google 문서]**를 선택합니다.

TIP Chrome 주소 검색란에 docs.new라고 입력하거나 클래스룸의 수업 게시물 편집 창에서 [만들기]-[Google 문서]를 선택하여 문서 작업을 시작할 수 있습니다.

2 '제목 없는 문서'가 나타나면 **[이름 바꾸기]**를 클릭하여 파일 이름을 '한국사26차시 논술활동지'로 입력한 후 **[이동(🗀)]** 아이콘을 클릭하고, 드라이브 저장 위치를 '04 학습지모음'으로 선택한 다음 **[이동]**을 클릭합니다.

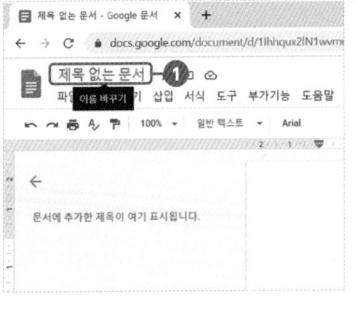
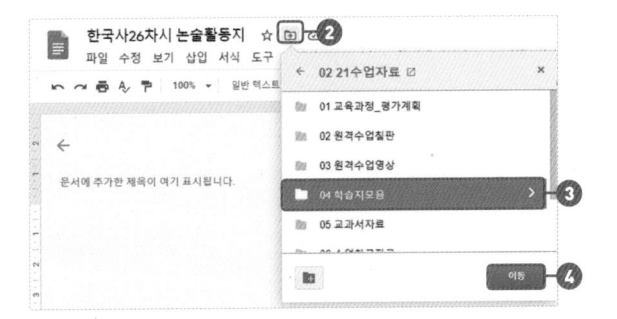

TIP 드라이브 문서를 새로 작성할 때는 먼저 파일 이름을 변경하고 저장 위치를 지정합니다.

3 논술 문항과 제시문을 입력한 후 서식 도구를 이용하여 원하는 양식에 맞게 폰트, 크기, 색 등을 지정합니다.

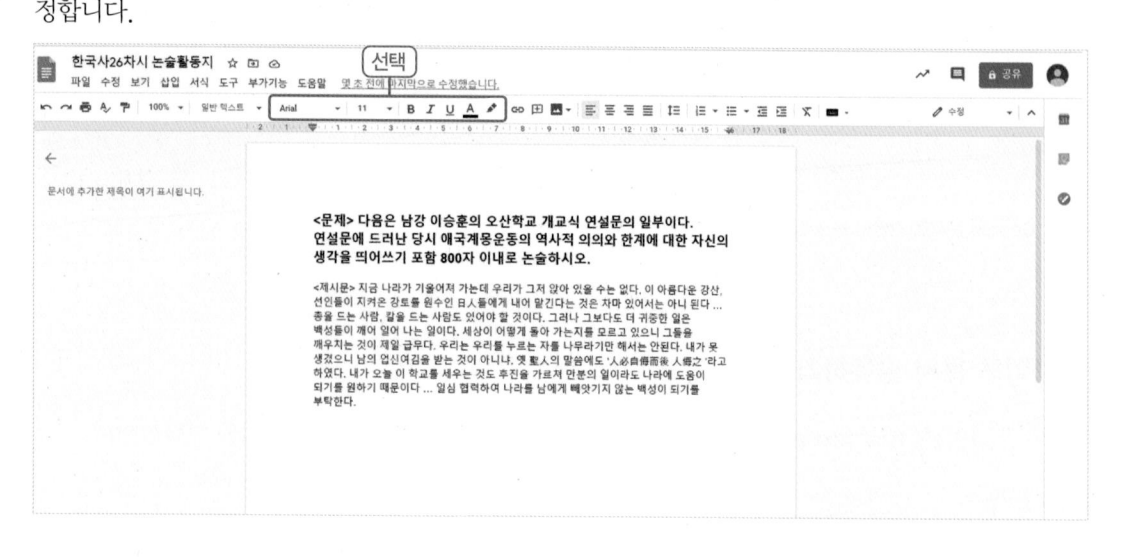

4 학생의 쓰기 답안지를 입력하기 위하여 **[삽입]-[표]-[1×1]**을 선택합니다.

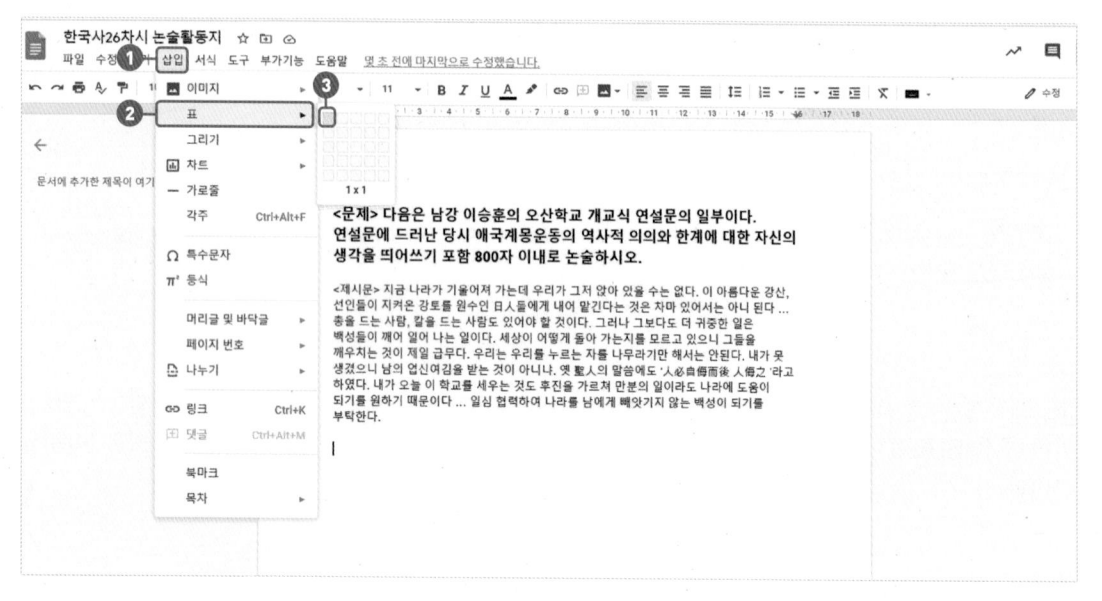

5 [테두리 색상(✏)] 아이콘과 [테두리 두께(≡)] 아이콘을 각각 클릭하여 답안지 표에 원하는 테두리 색상과 두께를 지정합니다.

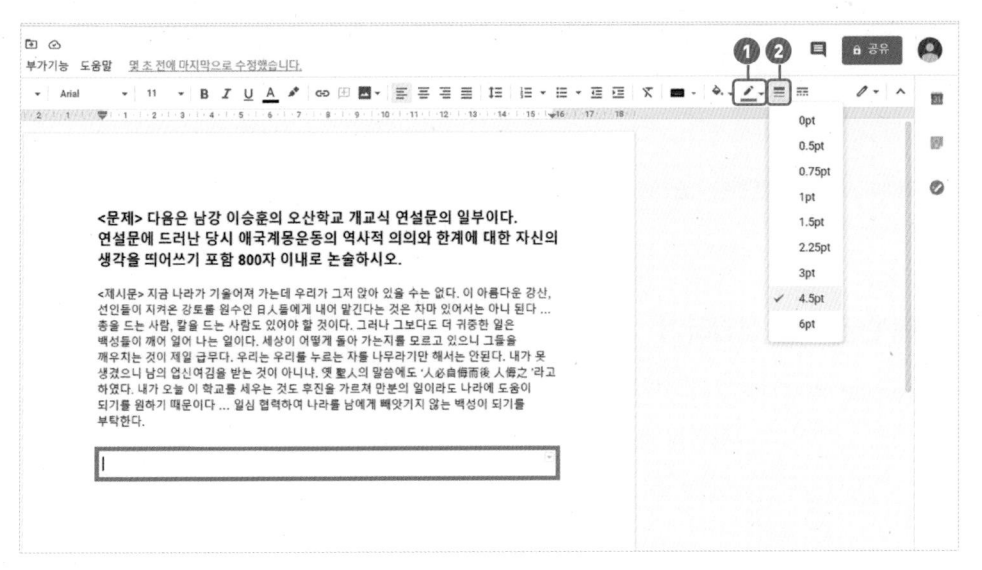

6 창 상단에서 자동으로 나타나는 '드라이브에 저장됨'을 확인한 후 Chrome 탭을 닫아 작업을 마무리합니다.

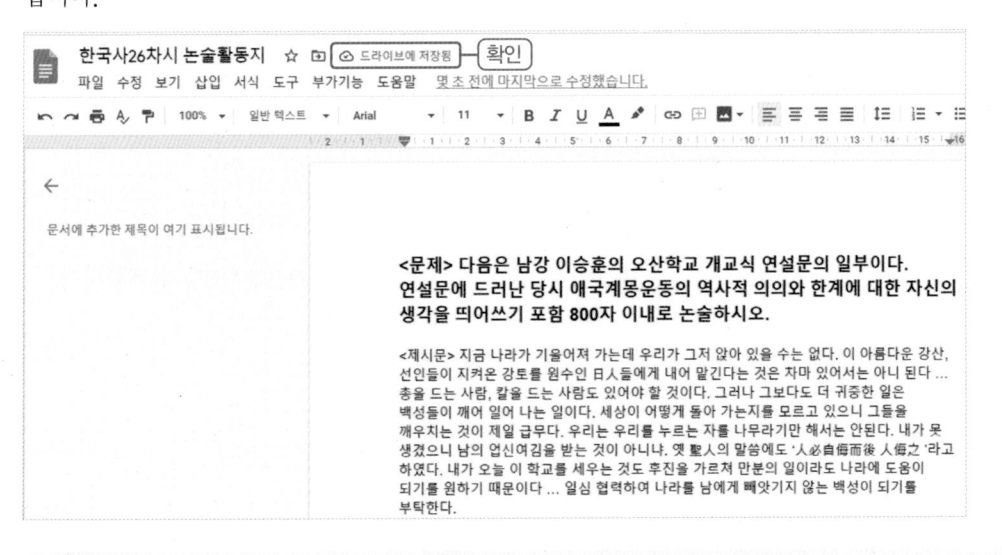

 작성한 논술 활동지는 클래스룸 수업 과제에 [학생별로 사본 제공]으로 첨부합니다. 자세한 내용은 208쪽을 참고하세요.

05 프레젠테이션으로 빈칸 학습지 만들기

Google 프레젠테이션으로 간단한 빈칸 학습지를 만들어 보겠습니다.

프레젠테이션에 한글 파일 삽입하기

1 한글 파일(HWP)로 작성된 학습지를 그림 파일(JPEG)로 인쇄하기 위하여 **[파일]-[인쇄]**를 선택한 후 **[인쇄]** 대화 상자에서 '그림으로 저장하기'를 선택하고, **[인쇄]**를 클릭합니다.

 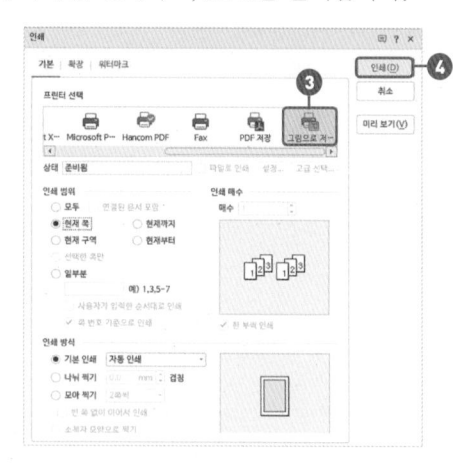

2 내 드라이브(drive.google.com)에서 **[새로 만들기]**를 클릭하고, **[Google 프레젠테이션]**을 선택합니다.

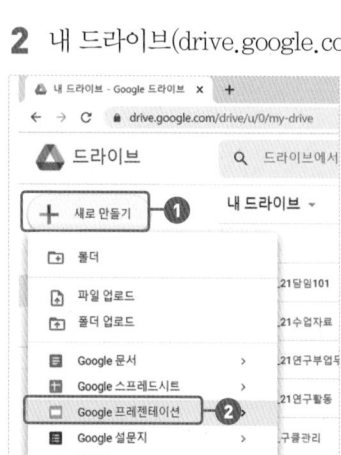

> **TIP** Chrome 주소 검색란에 slides.new라고 입력하거나 클래스룸에서 수업 게시물을 만들 때 [만들기]-[Google 프레젠테이션]을 선택하여 작업을 시작할 수 있습니다.

3 '제목 없는 프레젠테이션'이 나타나면 [이름 바꾸기]를 클릭하여 파일 이름을 '사회8단원 마무리 학습지'로 입력한 후 **[이동(⬚)]** 아이콘을 클릭하고, 드라이브 내 저장 위치를 '04 원격수업 학습지모음' 폴더로 선택한 다음 **[이동]**을 클릭합니다.

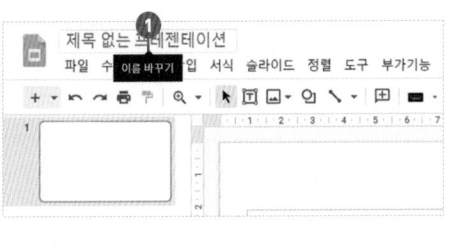
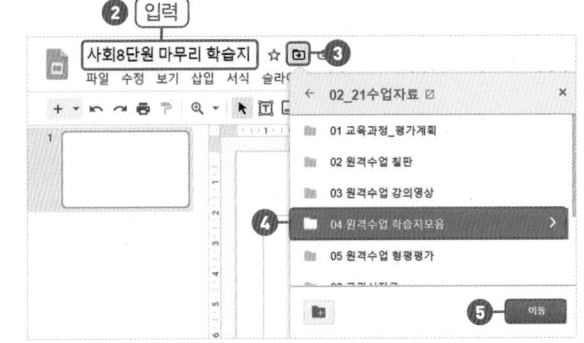

4 상단 메뉴에서 **[파일]–[페이지 설정]**을 선택합니다.

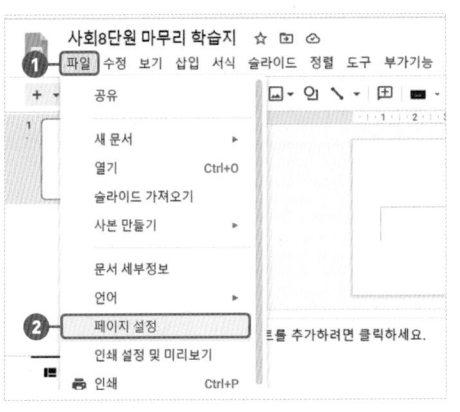

5 페이지 설정 창에서 와이드 스크린 16:9의 **[목록(▾)]** 단추를 클릭하여 **[맞춤]**을 선택하고, A4 용지(가로 21cm × 세로 29.7cm) 크기를 입력한 후 **[적용]**을 클릭합니다.

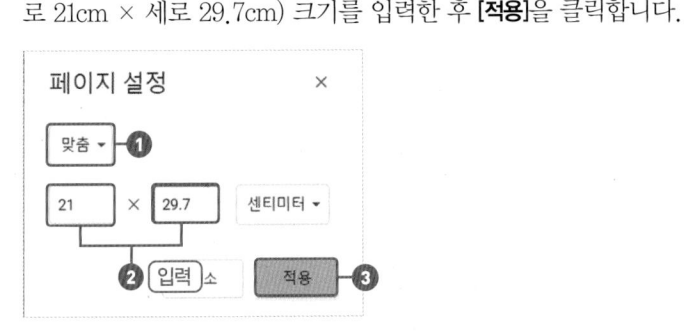

6 상단에서 [**배경**]을 선택한 후 배경 창에서 [**이미지 선택**]을 클릭합니다.

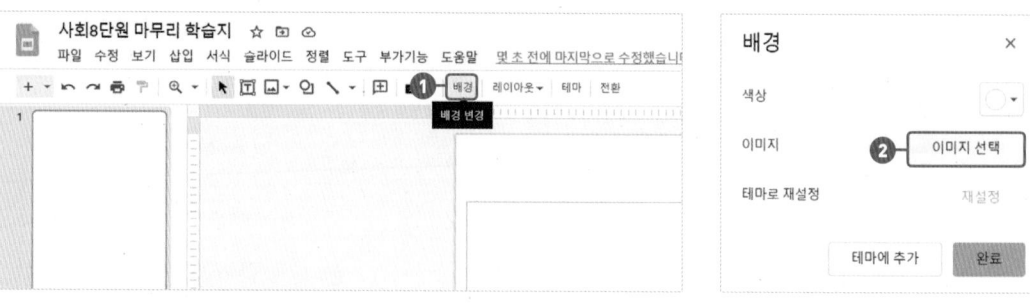

7 배경 이미지 삽입 창에서 [**업로드**] 탭에 있는 [**탐색**]을 클릭합니다.

8 [**열기**] 대화 상자가 나타나면 앞에서 저장한 그림 파일(사회8단원학습지001)을 찾아 선택한 후 [**열기**]를 클릭합니다.

9 [텍스트 상자(**T**)] 아이콘을 클릭하여 배경으로 삽입된 학습지 위에 학생들이 답을 입력할 수 있는 텍스트 상자를 추가합니다. 이때, 텍스트 상자는 잘 보이는 폰트 색상으로 지정합니다.

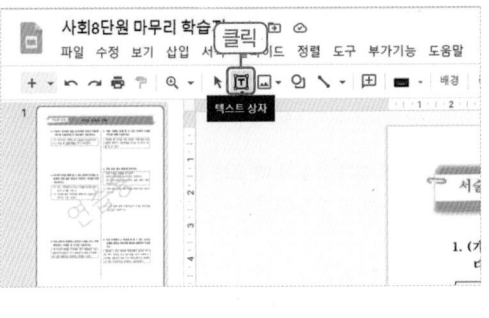

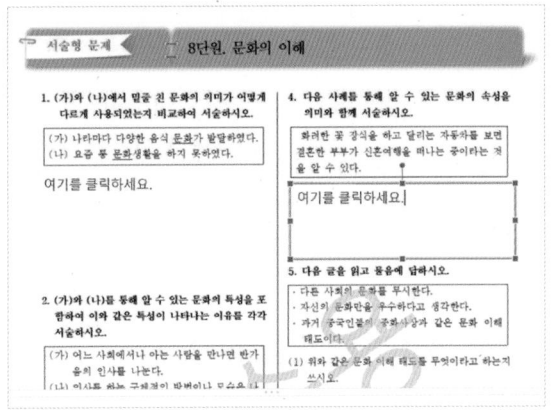

10 상단에서 '드라이브에 저장됨' 또는 [문서 상태 확인(☁)] 아이콘을 클릭하여 자동 저장된 상태를 확인한 후 Chrome 탭을 닫아 작업을 마무리합니다.

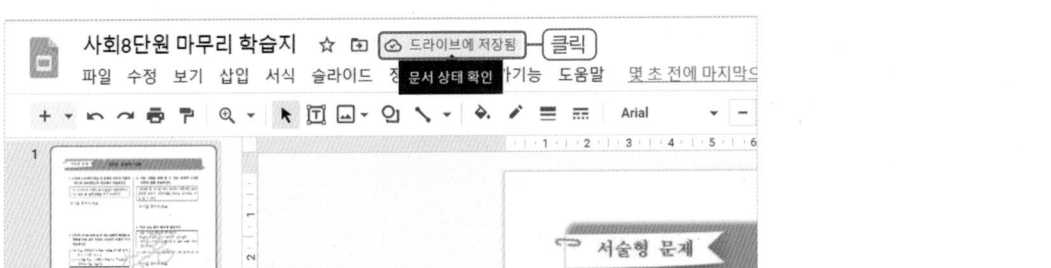

TIP 완성한 빈칸 학습지는 클래스룸 수업 게시물에 '학생별로 사본 제공' 권한으로 첨부합니다.

06 스프레드시트로 온라인 출석부 만들기

Google 스프레드시트는 MS Excel과 매우 흡사한데, 관리자가 많은 계정을 한 번에 생성할 때 또는 설문으로 수합한 수많은 응답을 정리할 때 매우 유용합니다. 이번에는 스프레드시트로 온라인 출석부를 만들어 보겠습니다.

학급별 온라인 출석부 만들기

1 Chrome 주소 검색란에 해당 URL 주소(https://bit.ly/31Our3p)를 입력하여 온라인 출석부 양식을 열람합니다.

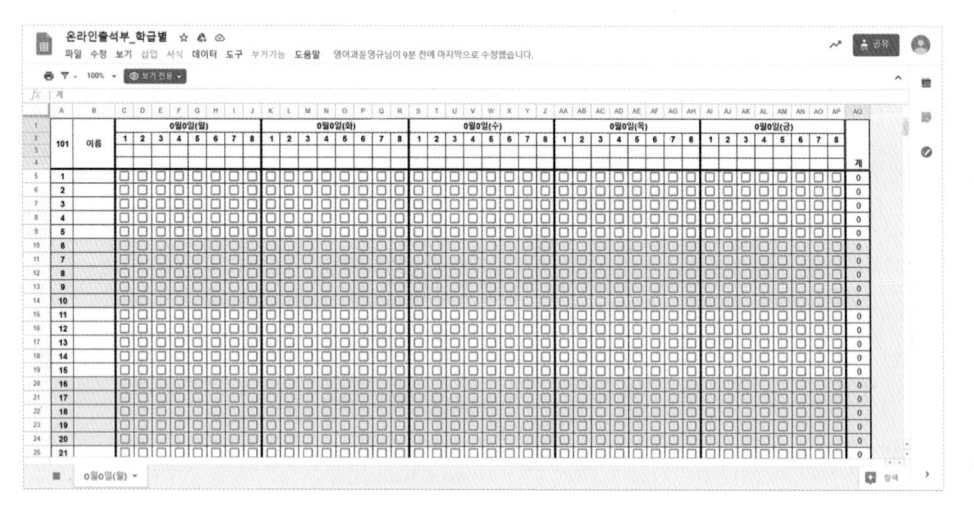

2 [파일]-[사본 만들기]를 선택한 후 문서 복사 창에서 이름 입력란에 '온라인출석부_101'을 입력하고, 저장할 폴더를 선택한 다음 [확인]을 클릭합니다.

3 우리 학교의 요일별 교시 수에 맞게 열을 삭제하기 위하여 Ctrl+클릭으로 삭제할 열을 모두 선택한 후 마우스 오른쪽 버튼을 클릭하고, **[선택한 열 삭제]**를 선택합니다.

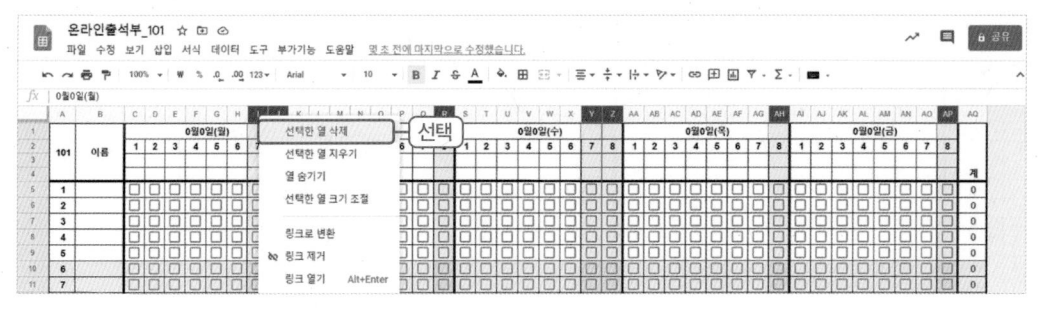

4 B열에 학생들의 명단을 복사하여 붙여넣기 한 후 서식 붙여넣기의 **[목록(∙)]** 단추를 클릭하고, **[값만 붙여넣기]**를 선택합니다(필요한 경우 행을 추가하거나 삭제).

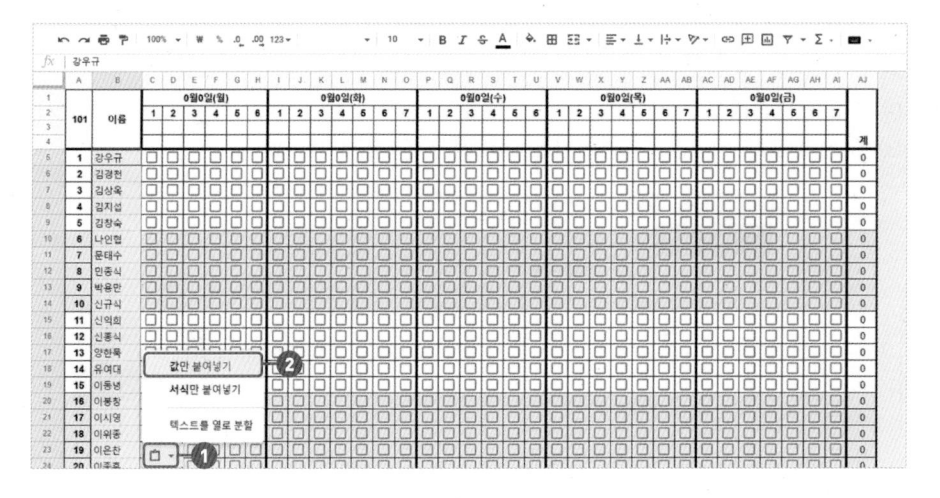

5 시트 탭에서 '0월0일(월)' 시트의 **[목록(∙)]** 단추를 클릭한 후 **[복사]**를 선택하여 '0월0일(월)의 사본' 시트를 만듭니다.

6 '0월0일(월)의 사본' 시트의 **[목록( )]** 단추를 클릭한 후 **[이름 바꾸기]**를 선택하고, 시트 이름을 '3월15일(월)'로 변경한 후 출석부 상단에 동일한 날짜를 입력합니다.

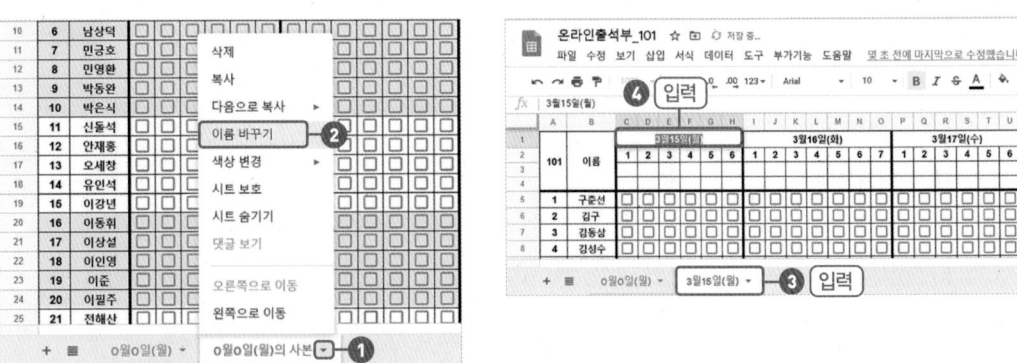

TIP '0월0일(월)' 시트는 계속 복사하여 쓸 수 있도록 그대로 유지합니다.

7 스프레드시트 편집 창의 오른쪽 위에서 **[공유]**를 클릭한 후 사용자 및 그룹과 공유 창에서 전체 교사 그룹의 이메일 주소(예 : 21tc@goocl.info)를 편집자로 입력하고, **[공유]**를 클릭합니다.

TIP 전체 학급별 온라인 출석부를 공유 드라이브에 업로드하여 관리하는 것을 추천합니다. 자세한 내용은 172쪽을 참고하세요.

따라하기

SECTION 07 Google 설문지로 가정환경 조사하기

Google 설문지를 이용하여 전교생을 대상으로 가정 내 원격수업 참여 환경을 조사하는 설문지를 만들어 보겠습니다. 다양한 유형의 설문 문항을 제작하는 방법은 퀴즈 과제를 다룬 226쪽에서 자세히 알 수 있습니다.

설문지 만들기

1 내 드라이브(drive.google.com)에서 **[새로 만들기]**를 클릭하고, **[Google 설문지]**를 선택하여 '제목 없는 설문지' 파일을 불러옵니다.

TIP Chrome 주소 검색란에 forms.new라고 입력하고, 작업을 시작할 수 있습니다.

2 '제목 없는 설문지' 파일 이름을 '원격수업 참여 실태조사'로 변경한 후 **[폴더로 이동( )]** 아이콘을 클릭하고, 내 드라이브 저장 위치를 '05_구클관리'로 지정한 다음 **[이동]**을 클릭합니다.

교사편 : 클래스룸 기초다지기 •

Chapter 02 Google 앱 활용하기 147

3 설문지 링크를 통해 누구나 설문에 참여할 수 있도록 오른쪽 위에서 **[설정(⚙)]** 아이콘을 클릭한 후 **[일반]** 탭에서 모든 체크 박스를 해제합니다.

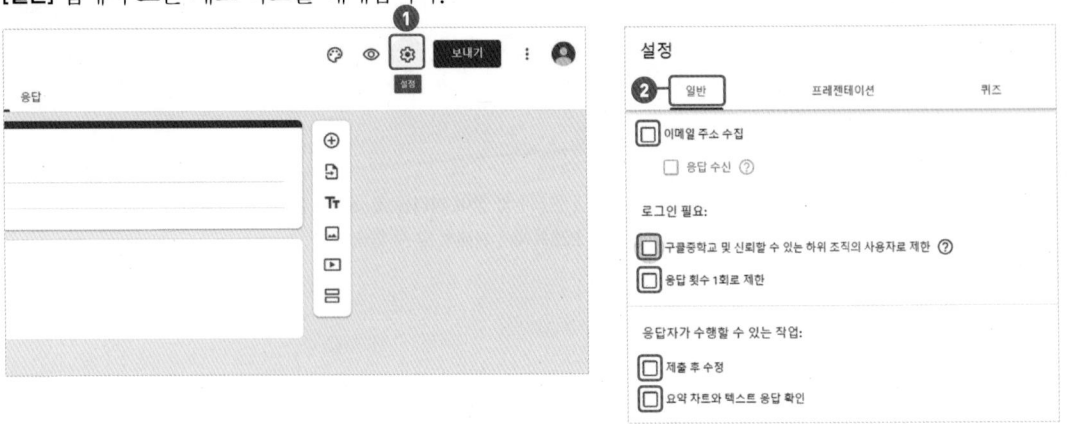

4 '제목없는 질문'을 선택하고, 객관식 질문의 **[목록(▼)]** 단추를 클릭하여 **[단답형]**을 선택합니다.

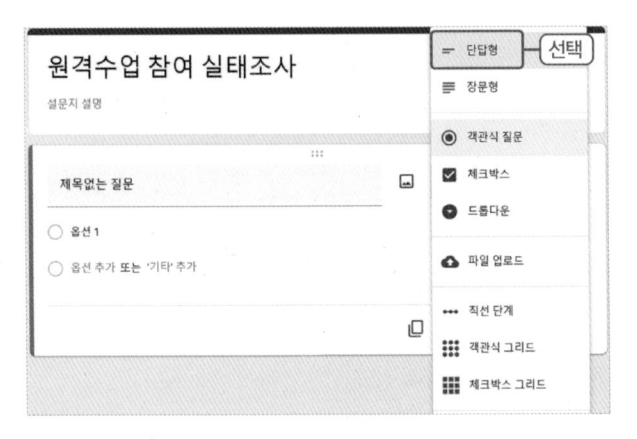

5 제목없는 질문 입력란에 '이름'을 입력하고, **[필수]**를 선택한 후 다음 문항을 추가하기 위해 퀴즈 메뉴 바에서 **[질문 추가(⊕)]** 아이콘을 클릭합니다.

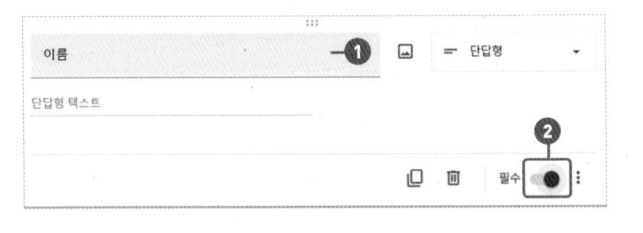
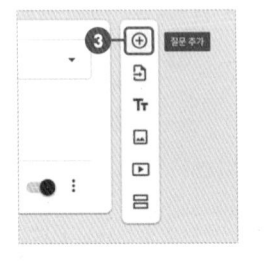

6 '질문' 입력란에 '원격수업을 위해 사용할 수 있는 기기를 모두 고르면?'을 입력한 후 체크박스의 **[목록(▼)]** 단추를 클릭하여 **[체크박스 그리드]**를 선택합니다.

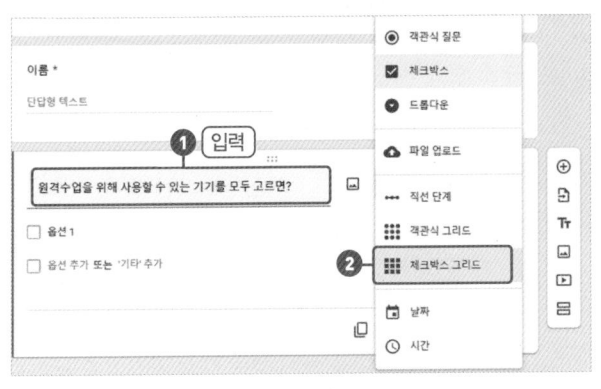

7 행에는 기기 종류를, 열에는 인터넷 서비스 종류를 하나씩 입력하고, '각 행에 응답 필요'를 선택합니다. 그 결과 응답자 설문지에는 오른쪽 화면처럼 각각의 문항이 나타납니다.

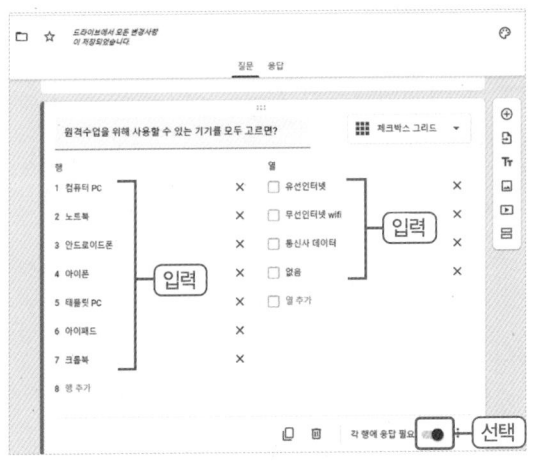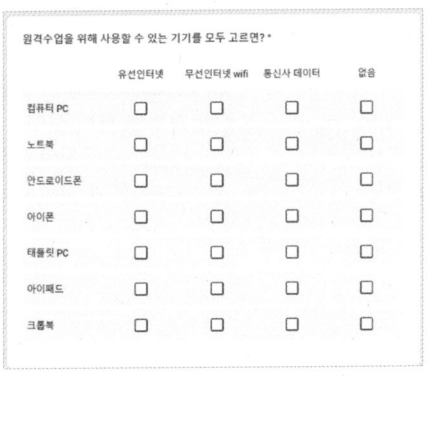

TIP 상단에서 [미리보기(◉)] 아이콘을 클릭하면 학생 화면에서 설문이 어떻게 보이는지를 확인할 수 있습니다.

8 설문지 편집이 끝나면 오른쪽 위에서 **[보내기]**를 클릭합니다. 설문지 보내기 창에서 **[링크(🔗)]** 아이콘을 클릭한 후 'URL 단축'의 체크 박스를 선택하고, **[복사]**를 클릭합니다. 복사한 링크는 학생들에게 전달합니다.

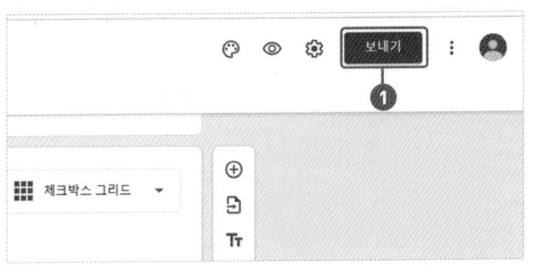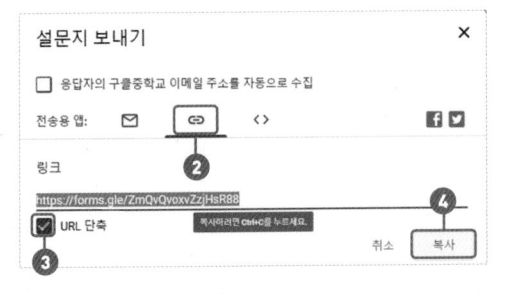

응답 확인하기

1 학생들의 응답을 확인하기 위해 설문지 파일을 저장한 드라이브 폴더(05_구클관리)에서 파일을 엽니다.

2 설문지 파일에서 **[응답]** 탭을 클릭합니다.

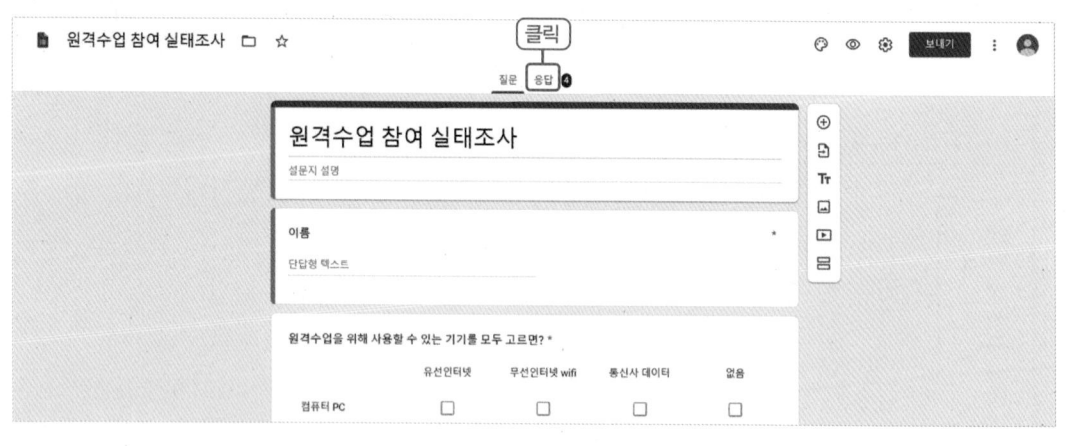

3 [응답] 탭에서 **[스프레드시트 만들기(⊞)]** 아이콘을 클릭합니다.

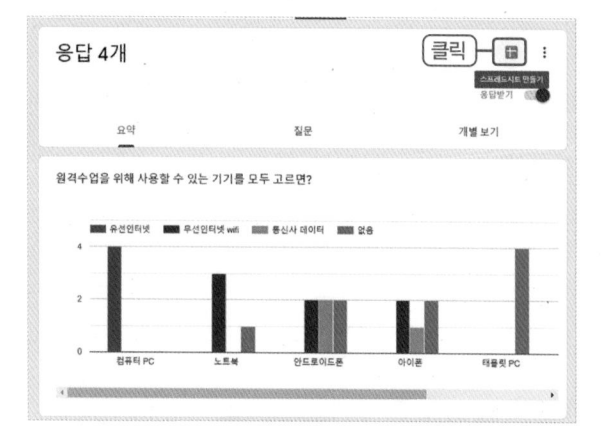

4 응답 수집 장소 선택 창에서 **[만들기]**를 클릭하여 전체 응답을 스프레드시트로 만듭니다.

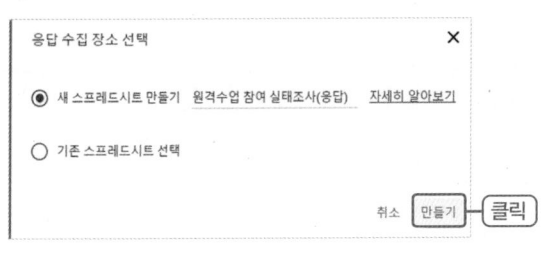

5 자동으로 열리는 '원격수업 참여 실태조사(응답)' 스프레드시트 파일에서 설문지의 응답 결과를 확인합니다.

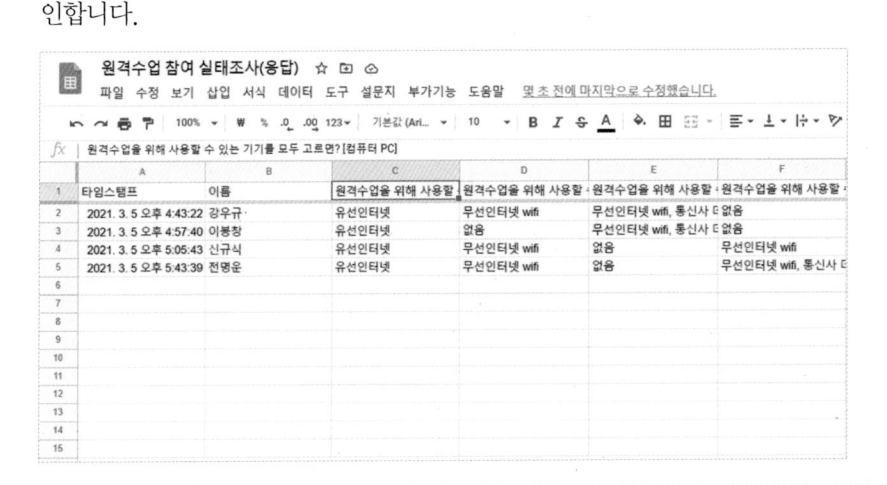

TIP 응답 스프레드시트 파일은 설문지 파일이 저장된 드라이브 폴더에 함께 저장되며, 설문지에서 [응답 받기]가 활성화된 상태는 새로운 응답이 다음 행에 추가로 입력됩니다.

SECTION

08 Google 캘린더로 일정 공유하기

Google 캘린더를 사용하여 실시간 원격수업 등 중요한 일정을 학교 Google Workspace 사용자들과 쉽고 빠르게 공유할 수 있습니다. 또한, 공유 달력을 만들어 여러 학생들에게 학교의 중요한 일정을 안내할 수 있습니다.

실시간 원격수업 일정 만들기

1 캘린더 홈페이지(calendar.google.com)에 접속한 후 **[만들기]**를 클릭하면 일정 추가 창이 열립니다.

> **TIP** 내가 속한 원격교실 전용 캘린더는 [기본 메뉴(≡)]–[내 캘린더]에 자동으로 활성화되어 있습니다. 일정을 구독하고 싶지 않은 원격교실 캘린더는 체크 박스를 해제하여 비활성화합니다.

2 제목 추가 입력란에 '실시간 영어 29차시'를 입력하고, 원하는 날짜와 시간을 각각 선택합니다.

3 [Google Meet 화상 회의 추가]를 클릭하면 [Google Meet으로 참여하기]로 변경되면서 아래 Meet 주소 (meet.google.com/)에 유효한 회의 코드 알파벳 10자리(aaa-bbbb-ccc)가 생성되는데, 이때 [저장]을 클릭합니다.

4 저장한 '실시간 영어 29차시'의 일정을 선택한 후 나타나는 창에서 [회의 링크를 클립보드에 복사(□)] 아이콘을 클릭하여 학생들에게 안내합니다.

> **TIP** 캘린더로 생성한 Meet 회의 코드는 일정이 지난 후 자동으로 비활성화 됩니다. 같은 회의 코드를 반복적으로 사용하기 위해서는 일정 만들기 창에서 반복 안함의 [목록(▼)] 단추를 클릭하여 '매주' 등과 같은 반복 주기를 선택합니다.

캘린더 공유하기

1 캘린더 화면의 왼쪽에서 [다른 캘린더]–[다른 캘린더 추가(＋)]를 클릭한 후 [새 캘린더 만들기]를 선택합니다.

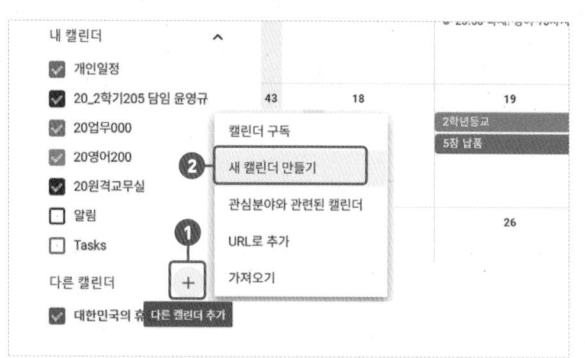

2 새 캘린더 만들기에서 이름(예 : 204 실시간 영어수업)과 설명을 각각 입력하고, [캘린더 만들기]를 클릭합니다.

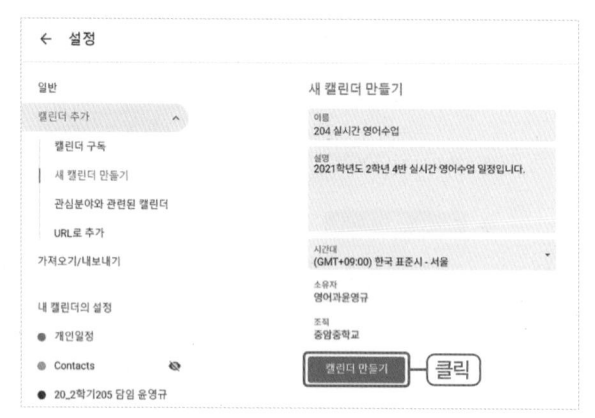

3 화면 왼쪽의 '내 캘린더의 설정'에서 새로 만든 캘린더를 선택한 후 '특정 사용자와 공유'에 있는 [사용자 추가]를 클릭합니다.

4 특정 사용자와 공유 창에서 원하는 그룹의 이메일 주소(예 : 21cl204@goocl.info)를 입력하고, 권한을 '모든 일정 세부정보 보기'로 지정한 후 **[보내기]**를 클릭합니다.

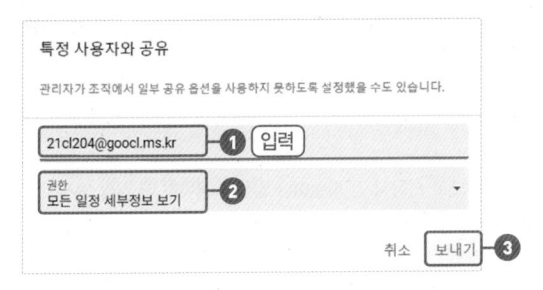

TIP 캘린더 성격에 따라 학생들에게 일정 변경 권한을 부여할 수 있습니다.

5 추후 '(예)2학년 4반'의 실시간 수업 일정은 '204 실시간 영어수업' 캘린더로 분류하여 해당 학생들이 Google 캘린더로 실시간 수업 일정을 구독할 수 있습니다.

SECTION

09 Gmail로 비공개 댓글 알림 받기

Gmail은 학교 Google Workspace 사용자의 가장 일반적인 연락 수단으로 사용자 간 파일이나 일정을 공유할 때 알림 메시지를 Gmail로 주고받습니다. 특히, 클래스룸에서 학생들의 비공개 댓글에 대한 알림 메시지를 활성화하면 Gmail에서 곧바로 답글을 달아줄 수 있어 매우 편리합니다. 클래스룸 비공개 댓글에 관한 자세한 내용은 253쪽, 268쪽을 참고하세요.

비공개 댓글 알림 필터링하기

1 Gmail 홈페이지(gmail.com)에 접속하면 클래스룸의 알림 메시지가 온 것을 확인할 수 있습니다.

☰ M Gmail	Q 메일 검색			⑦ ⚙ ▦	G Suite
+				4,911개 중 1–50	🗑
(클래스룸)	제출됨(기한 지남): '9월25일(금) 3교시 - 역사' - 윤영규님, 안녕하세요?	님이 방금 9월25일(금) 3교시 - 역사율(틀) 제출했습니다. 9월25일(금) ...		오후 6:33	
(클래스룸)	제출됨(기한 지남): '9월25일(금) 2교시 - 음악 ' - 윤영규님, 안녕하세요?	!님이 방금 9월25일(금) 2교시 - 음악 율(틀) 제출했습니다. 9월25일(금)...		오후 5:10	
(클래스룸)	제출됨(기한 지남): '9월24일(목) 2교시 - 국어A(2-7강)' - 윤영규님, 안녕하세요?	님이 방금 9월24일(목) 2교시 - 국어A(2-7강)율(틀) 제출했습...		오후 4:54	
(클래스룸)	제출됨(기한 지남): '9월 24일(목) 1교시 - 정보' - 윤영규님, 안녕하세요?	!님이 방금 9월 24일(목) 1교시 - 정보율(틀) 제출했습니다. 9월 24일(목...		오후 4:53	
(클래스룸)	제출됨(기한 지남): '9월25일(금) 5교시 - 수학' - 윤영규님, 안녕하세요?	님이 방금 9월25일(금) 5교시 - 수학율(틀) 제출했습니다. 9월25일(금) ...		오후 3:23	
(클래스룸)	제출됨(기한 지남): '9월23일(수) 7교시 - 가정' - 윤영규님, 안녕하세요?	님이 방금 9월23일(수) 7교시 - 가정율(틀) 제출했습니다. 9월23일(수)...		오전 1:03	
(클래스룸)	제출됨(기한 지남): '9월23일(수) 4교시 - 미술' - 윤영규님, 안녕하세요?	님이 방금 9월23일(수) 4교시 - 미술율(틀) 제출했습니다. 9월23일(수)...		오전 1:03	
(클래스룸)	제출됨(기한 지남): '9월23일(수) 1교시 - 과학A (6-1-4 순물질과 혼합물의 비교)' - 윤영규님, 안녕하세요?	1님이 방금 9월23일(수) 1교시 - 과학...		오전 12:59	
(클래스룸)	제출됨(기한 지남): '9월22일(화) 6교시 - 국어B(6강)' - 윤영규님, 안녕하세요?	님이 방금 9월22일(화) 6교시 - 국어B(6강)율(틀) 제출했습니다...		오전 12:59	
(클래스룸)	제출됨(기한 지남): '9월 25일(금) 5교시 - 수학' - 윤영규님, 안녕하세요?	님이 방금 9월25일(금) 5교시 - 수학율(틀) 제출했습니다. 9월 25일(금) 5...		9월 30일	
(클래스룸)	제출됨(기한 지남): '9월25일(금) 5교시 - 수학' - 윤영규님, 안녕하세요?	님이 방금 9월25일(금) 5교시 - 수학율(틀) 제출했습니다. 9월25일(금)...		9월 29일	
(클래스룸)	제출됨(기한 지남): '9월23일(수) 5교시 - 수학' - 윤영규님, 안녕하세요?	님이 방금 9월23일(수) 5교시 - 수학율(틀) 제출했습니다. 9월23일(수)...		9월 29일	
(클래스룸)	제출됨(기한 지남): '9월 24일(목) 6교시 - 수학' - 윤영규님, 안녕하세요?	님이 방금 9월 24일(목) 6교시 - 수학율(틀) 제출했습니다. 9월 24일(목) 6...		9월 29일	
(클래스룸)	제출됨(기한 지남): '9월25일(금) 3교시 - 역사' - 윤영규님, 안녕하세요?	님이 방금 9월25일(금) 3교시 - 역사율(틀) 제출했습니다. 9월25일(금)...		9월 29일	
(클래스룸)	제출됨(기한 지남): '9월22일(화) 6교시 - 국어B(6강)' - 윤영	김선경님이 방금 9월22일(화) 6교시 - 국어B(6강)율(틀) 제출했습니다...		9월 29일	

TIP 클래스룸 알림 설정에 관한 자세한 내용은 105쪽을 참고하세요.

2 메일 검색 입력란에서 '비공개 댓글'을 입력하되 필요한 경우 과목명 등 수업 게시물을 특정할 수 있는 검색어를 추가하고, (Enter) 키를 누릅니다. 원하는 수업 게시물에 대한 비공개 댓글의 알림 메시지가 모두 검색되면 메일 검색 입력란에서 [검색 옵션 표시(▼)] 아이콘을 클릭합니다.

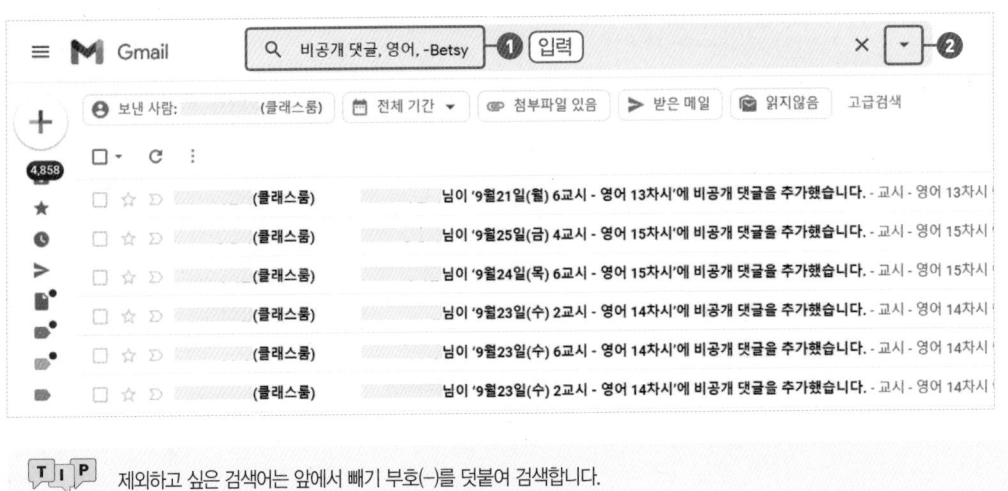

> **T I P** 제외하고 싶은 검색어는 앞에서 빼기 부호(–)를 덧붙여 검색합니다.

3 팝업 창 하단에 [필터 만들기]를 클릭합니다.

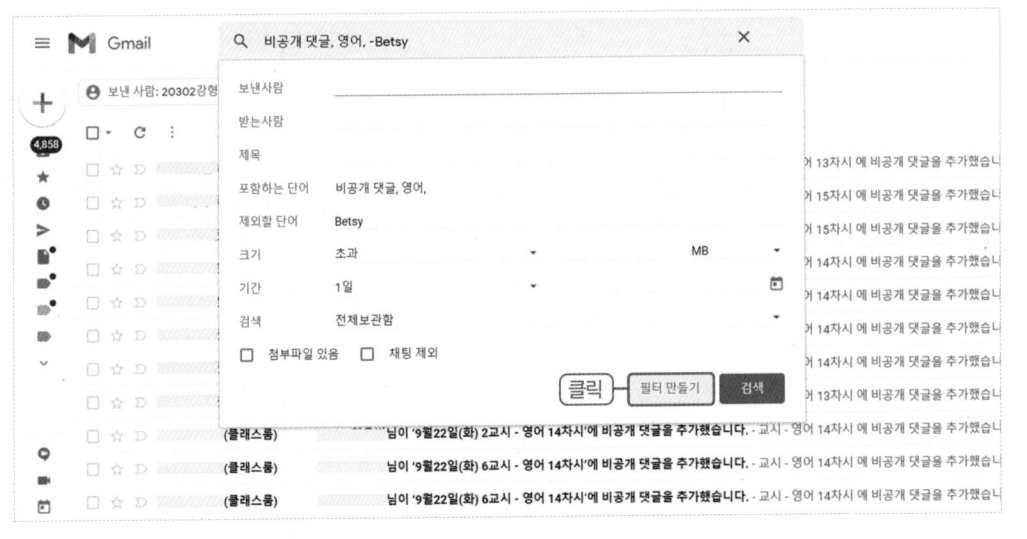

4 필터 만들기 화면에서 '받은편지함 건너뛰기(보관)', '다음 라벨 적용', '일치하는 대화에도 필터 적용'의 체크 박스를 각각 선택한 후 라벨 선택의 **[목록(▼)]** 단추를 클릭하여 **[새 라벨]**을 선택합니다.

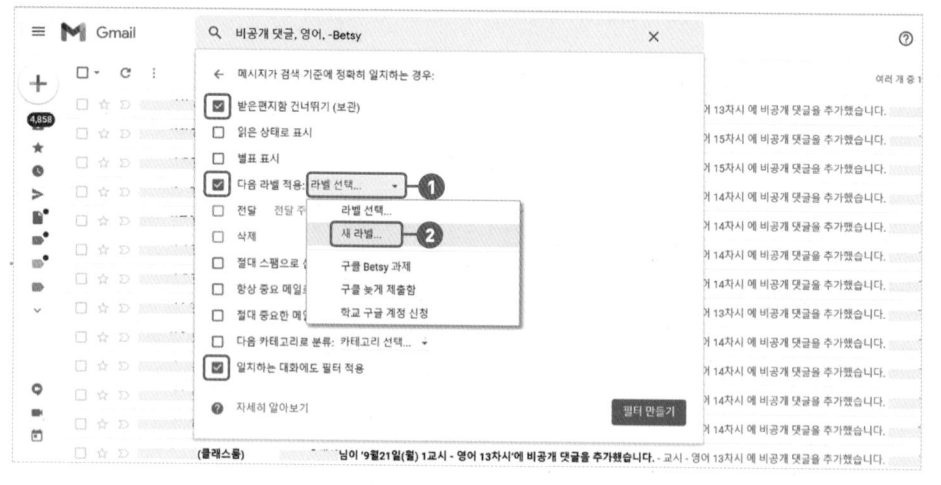

5 새 라벨 창에서 새 라벨 이름 입력란에 '비공개 댓글 알림'을 입력하고, **[만들기]**를 클릭합니다.

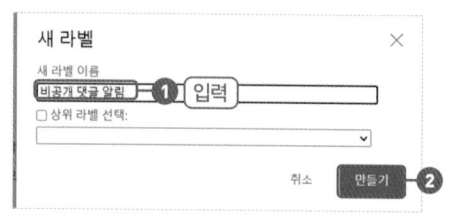

6 Gmail 화면 왼쪽에서 '비공개 댓글 알림' 라벨을 선택하면 학생들의 비공개 댓글을 주기적으로 확인할 수 있습니다.

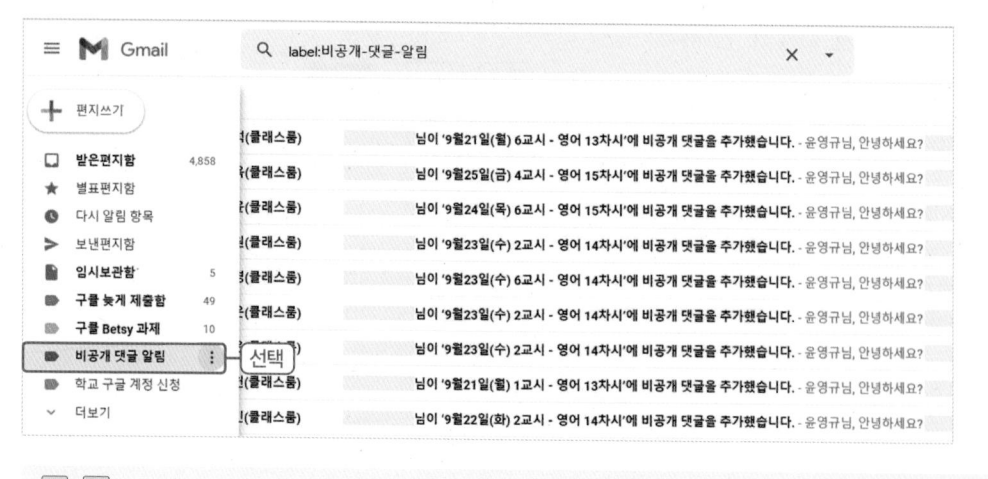

> **T I P** 라벨의 [더 보기(:)] 아이콘을 클릭하면 라벨의 색상을 지정할 수 있습니다.

 **이해하기**

SECTION

10 Google Meet 닉네임 회의실

Google Meet는 실시간 원격수업을 위한 유용한 도구로 같은 Meet 회의실에서 학생들과 실시간으로 소통하며, 다양한 교수 학습 활동을 진행할 수 있습니다. 실시간 수업을 준비하는 데 있어서 가장 중요한 것은 학생들이 정해진 수업 시간에 Meet 회의실에 입장할 수 있도록 사전에 안내하는 일입니다. 학생들에게 미리 안내하기 위해 Google 캘린더로 학생들과 함께 사용한 회의실 링크 주소를 미리 생성해둘 수 있습니다(자세한 내용은 152쪽을 참고). 하지만 보다 간편하면서도 안전한 방법이 있는데 그것은 '닉네임'으로 Meet 회의실을 개설하는 것입니다.

닉네임 회의실 만들기

닉네임은 학교 Google Workspace 사용자들끼리 사용하는 Meet 회의실의 이름입니다. 교과 교실처럼 교사마다 고유한 닉네임을 붙인 Meet 회의실을 반복적으로 사용할 수 있는데, 예를 들어 '수학과 윤봉길'이란 사용자가 'mathbong'이란 닉네임이 붙은 Meet 회의실을 사용합니다. 수학과 윤봉길은 실시간 원격수업이 있을 때마다 Meet 홈페이지에서 'mathbong'이란 닉네임을 입력하거나 Chrome 주소 입력란에 'meet.google.com/lookup/mathbong'를 입력하여 Meet 회의실에 입장합니다. 학생들도 수학과 윤봉길의 실시간 원격수업에 참여하기 위해 정해진 시간에 맞추어 Meet 홈페이지에서 'mathbong'이란 닉네임을 입력하거나 Chrome 주소 입력란에 'meet.google.com/lookup/mathbong'를 입력하여 Meet 회의실에 입장합니다.

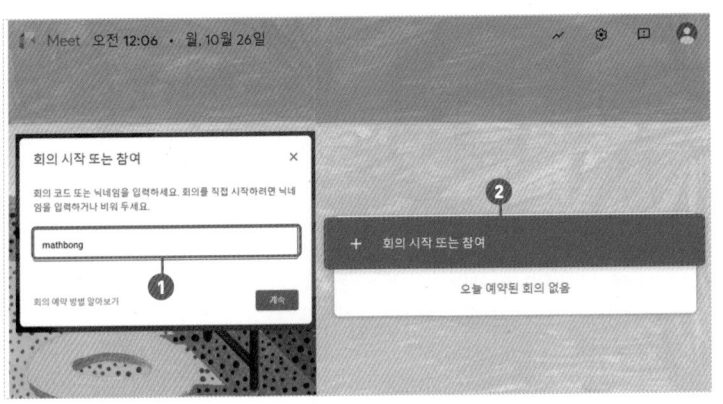

T I P 같은 닉네임 회의실에 접속할 때마다 회의 코드(aaa-bbbb-ccc)의 링크 주소는 매번 달라집니다.

학교 Google Workspace의 내부 도메인 사용자만 닉네임으로 회의실에 입장할 수 있습니다. 따라서 '닉네임' 링크 주소로 회의실에 입장할 때 교사와 학생 모두 학교 구글 계정으로 로그인되어 있는지 확인해야 합니다. 내부 도메인 사용자는 누구든 교사의 주최자 컨트롤 설정에 따라 별도의 참여 요청 없이 회의실에 곧바로 입장할 수 있습니다. 외부 도메인 사용자는 닉네임으로 회의실에 입장할 수 없지만 교사가 입장해 있는 동안 회의 코드 링크 주소에 접속하면 '참여 요청'을 보낼 수 있습니다. 회의 주최자인 교사가 참여 요청 창에서 **[수락]**을 클릭하면 외부 도메인 사용자도 같은 회의실에 입장할 수 있습니다.

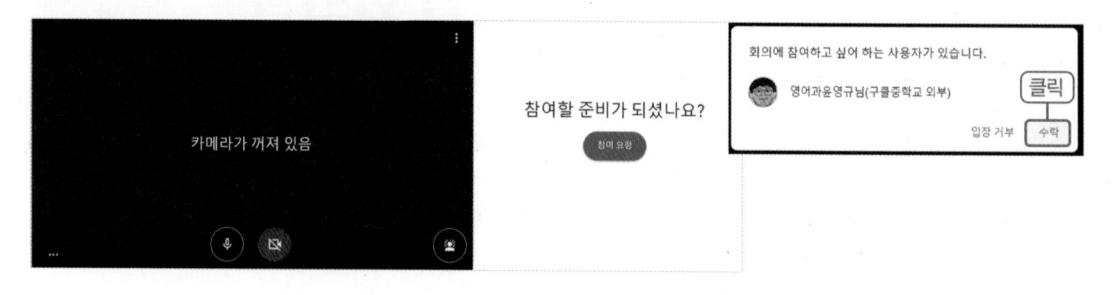

회의실 닉네임은 띄어쓰기 없이 소문자 알파벳과 숫자로 만듭니다. 주의해야 할 점은 같은 학교 Google Workspace 도메인 안에서 회의실 닉네임이 중복되지 않아야 합니다. 닉네임이 중복되지 않도록 각 교사의 교무실 내선번호 또는 학교 구글 계정 ID를 Meet 회의실 닉네임으로 사용할 수 있습니다. 교육청 공용 도메인을 사용할 경우 다른 학교의 회의실 닉네임과 중복되지 않도록 특히 주의해야 합니다.

닉네임 회의실은 교사가 먼저 입장한 상태에서만 학생들이 입장할 수 있으며, 학생들이 교사보다 먼저 입장할 수는 없습니다. 교사가 입장한 후에야 닉네임 회의실이 자동으로 활성화되기 때문입니다. 또한, 수업 종료 후 모든 학생들이 퇴장하고 교사가 마지막으로 퇴장하면 닉네임 회의실에 학생들이 임의로 재입장할 수 없습니다. 교사가 마지막으로 퇴장한 직후 닉네임 회의실은 곧바로 비활성화되기 때문입니다. 실시간 원격수업을 위해 닉네임 회의실을 사용하면 보다 안전한 회의실 관리가 가능합니다.

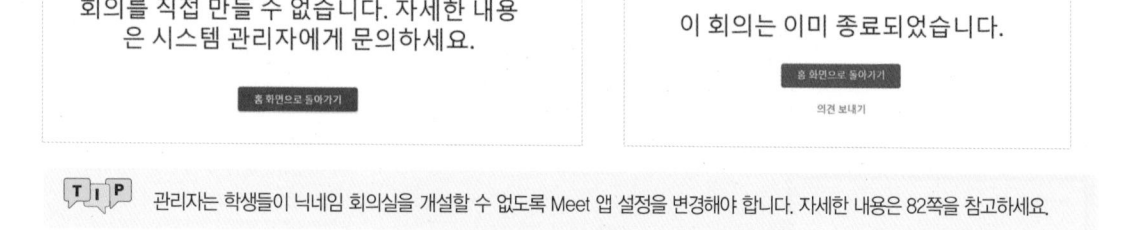

TIP 관리자는 학생들이 닉네임 회의실을 개설할 수 없도록 Meet 앱 설정을 변경해야 합니다. 자세한 내용은 82쪽을 참고하세요.

닉네임 회의실 링크(예 : meet.google.com/lookup/mathbong)를 클래스룸 수업 게시물에 첨부하여 학생들이 수업 시간에 접속할 수 있도록 안내합니다. 관련 내용은 244쪽을 참고하세요.

원격교실 전용 닉네임 회의실

1 원격교실 헤더에서 [**행아웃 미팅 링크 생성**]을 클릭합니다.

2 수업에 Meet 추가 창에서 [**행아웃 미팅 링크 생성**]을 클릭하면 임의의 닉네임 Meet 회의실 주소가 생성되는데, 이때 '학생에게 공개'를 클릭한 후 [**저장**]을 차례로 클릭합니다.

3 헤더에 원격교실 전용 닉네임 회의실 링크가 생성되어 학생들에게 공개됩니다.

> **TIP** 클래스룸 원격교실마다 전용 닉네임 회의실을 만들어 반복적으로 사용합니다. [수업] 페이지에서 [행아웃 미팅]을 클릭하거나 모바일 앱에서도 원격교실 전용 닉네임 회의실에 입장할 수 있습니다.

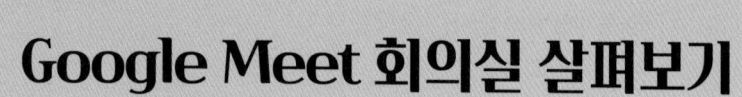

Google Meet 회의실 살펴보기

Google 캘린더로 생성한 회의 코드로 접속하든, 학교 Google Workspace 도메인 안에서 통용되는 닉네임으로 접속하든 Meet 회의실에 입장하여 실시간 원격수업을 진행하는 방법은 같습니다. 그럼 Meet 회의실 링크에 접속하면 볼 수 있는 화면들에 대해 살펴보겠습니다.

회의실 입장 전

회의실에 입장하기 전 자신의 계정 정보를 확인하고, 마이크와 카메라 상태를 점검합니다.

❶ 계정 정보 : 회의실에 입장하는 자신의 구글 계정을 확인하고, **[계정 전환]**을 클릭하여 계정을 변경합니다.

❷ 마이크 켜기/끄기 : 회의실 입장 전에 마이크를 켜거나 끕니다.

❸ 카메라 켜기/끄기 : 회의실 입장 전에 카메라를 켜거나 끕니다.

❹ 배경 블러 사용 설정 : 회의실 입장 전 카메라에 찍히는 모습에서 주변 배경을 블러(흐리게)로 처리합니다.

❺ 옵션 더 보기 : 회의실 입장 전에 기기 상태를 확인하고 설정을 변경합니다.

• **자막 사용** : 영어 음성을 자동으로 인식하여 자막으로 보여줍니다.

• **설정** : 기기에 연결된 마이크, 스피커, 카메라를 선택하고 영상의 해상도를 조정합니다.

❻ 지금 참여하기 : 현재의 설정 상태로 회의실에 입장합니다.

❼ 발표하기 : 회의실에 입장하면서 곧바로 내 화면을 참여자들과 공유합니다.

❽ 오디오 및 영상 확인 : 내 마이크와 카메라 상태를 확인하고, 마이크와 카메라 장치를 교체할 수 있습니다.

회의실 화면

회의실에 입장하여 학생들과 실시간으로 소통할 수 있습니다.

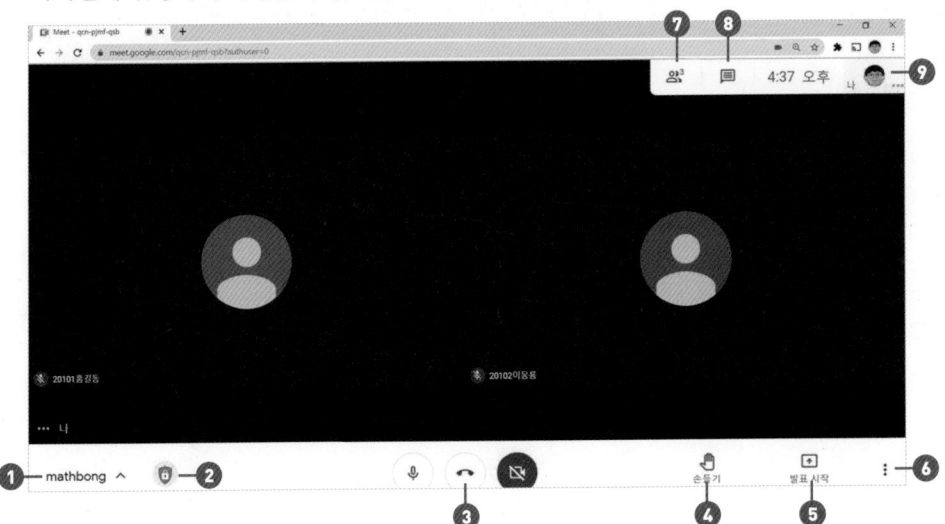

① **회의실 정보** : 닉네임이 보이는 메뉴를 클릭하여 회의실의 세부 정보를 확인합니다.

② **주최자 컨트롤** : 회의실을 개설한 교사에게만 보이는 기능으로 회의실을 통제합니다.

• **빠른 액세스** : 같은 학교 Google Workspace 사용자가 교사의 별도 수락 없이 회의실에 바로 입장하도록 허용하거나 차단합니다.

• **참여자 화면 공유** : 모든 참여자가 자신의 화면을 언제든지 공유할 수 있도록 허용하거나 차단합니다.

• **채팅 메시지 보내기** : 모든 참여자가 채팅 창에 메시지를 전송할 수 있도록 허용하거나 차단합니다.

③ **통화에서 나가기** : 회의실에서 혼자 퇴장하거나 모든 참석자를 퇴장시키고 회의를 종료합니다.

④ **손들기** : 참여자 명단에서 '손을 든 참여자'로 분류됩니다.

⑤ **발표 시작** : 내 화면을 모든 참여자와 실시간으로 공유합니다.

• **내 전체 화면** : 컴퓨터 또는 모바일 기기의 전체 화면을 모든 참여자에게 송출합니다.

• **창** : 현재 작업 표시줄에 열려있는 응용 프로그램 중 하나를 선택하여 그 화면 전체를 모든 참여자에게 송출합니다.

• **Chrome 탭** : 현재 Chrome에 열려있는 여러 탭 중 하나를 선택하여 그 화면 전체를 모든 참여자에게 송출합니다.

⑥ **옵션 더 보기** : 회의 도중 필요한 설정을 변경합니다. 회의실 입장 전 설정한 기기 상태 등을 변경할 수 있습니다.

• **화이트보드 Jam 열기** : 새 Jam 파일 또는 드라이브에 저장된 Jam 파일의 접속 링크를 채팅 창에 공지합니다.

• **회의 녹화 시작** : 회의를 녹화한 영상 파일을 내 드라이브 'Meet Recordings' 폴더에 저장합니다.

• **레이아웃 변경** : 타일식, 스포트라이트, 사이드바 중 하나를 선택하고, 타일의 크기를 변경합니다.

⑦ **모두에게 표시** : 모든 참여자의 명단을 확인하고, 개별 사용자의 마이크를 음소거하거나 강제 퇴장시킬 수 있습니다.

⑧ **모든 사용자와 채팅** : 모든 참여자와 채팅 메시지를 주고받습니다.

⑨ **송출 화면** : 현재 모든 참여자에게 송출하고 있는 내 모습 또는 발표 화면을 축소하여 보여줍니다.

원격교무실 만들기

교내 모든 교사가 학교 Google Workspace로 원격수업을 운영하는 중에는 동료 교사간 긴밀한 협력이 필요합니다. 학교 Google Workspace를 사용하는 데 필요한 정보를 모든 교사들과 효과적으로 공유하고, 원격수업 운영에 필요한 학사 행정 업무를 보다 효율적으로 해결하기 위한 원격교무실 활용 방안을 공개합니다.

01 원격교무실 만들기

새로 만든 원격교실에 학생 없이 동료 교사만 초대하여 원격교무실로 활용할 수 있습니다. 전체 교직원이 모여 중요한 정보를 공유하고 다양한 의견을 교류하는 공간이 될 수 있습니다. 또는 교사 여럿이 수업 게시물을 공동으로 제작하고 각자 수업에 재사용 하는 수업 나눔의 공간으로도 활용할 수 있습니다.

전체 원격교무실

1 클래스룸에서 원격교실 개설 시 수업 이름(필수) 입력란에 '21원격교무실'을 입력합니다.

수업 만들기

수업 이름(필수)
21원격교무실😊 ————— 입력

부제(단원)

제목
2021학년도 구글 클래스룸 원격교무실입니다.

강의실

취소 만들기

2 전체 교사를 원격교실 사용자로 초대할 때 원격수업 운영위원은 교사로, 다른 교사는 학생으로 초대합니다.

≡ 21원격교무실😊   스트림 수업 사용자 성적

교사   😋⁺

　　　영어과윤영규

　　　과학과안창호   ⋮

　　　과학과이민정   ⋮

　　　　　　　　모두 보기

학생   학생 51명 😋⁺

☐ 작업 ▾   모든 보호자에게 이메일 보내기   A-Z

☐ 　과학과김좌진   보호자 초대   ⋮

☐ 　과학과유관순   보호자 초대   ⋮

TIP 원격교실에 교사 사용자는 최대 20명까지 등록할 수 있습니다.

3 [**스트림**] 페이지를 각종 공지사항 및 의견 교류의 공간으로 활용합니다.

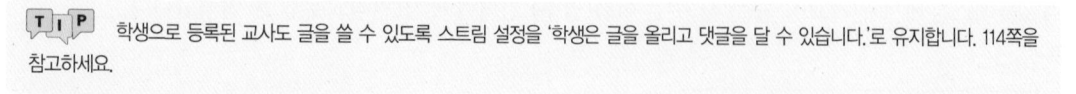

> **TIP** 학생으로 등록된 교사도 글을 쓸 수 있도록 스트림 설정을 '학생은 글을 올리고 댓글을 달 수 있습니다.'로 유지합니다. 114쪽을 참고하세요.

4 [**수업**] 페이지에서 업로드 자료를 분류할 '주제'를 미리 만듭니다. 주제에 대한 자세한 내용은 201쪽을 참고하세요.

5 전 교사에게 공유해야 할 자료를 '자료' 게시물로 업로드합니다. 자료에 대한 자세한 내용은 239쪽을 참고하세요.

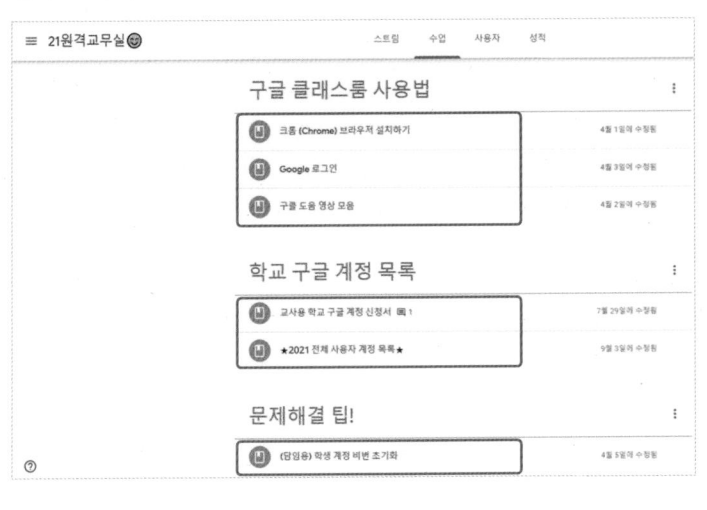

수업 나눔 공간

1 클래스룸에서 원격교실 개설 시 수업 이름(필수) 입력란에 '영어과 수업나눔방'을 입력합니다.

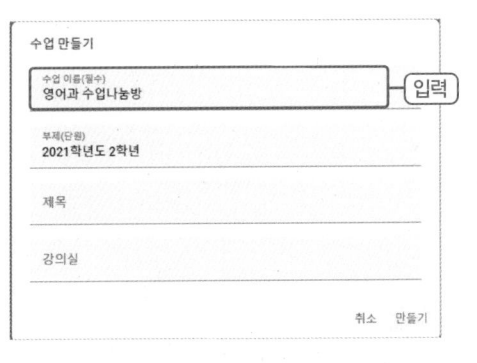

2 동료 교사를 초대하기 위해 **[사용자]** 페이지의 **[선생님 초대(👤➕)]** 아이콘을 클릭한 후 이메일 주소를 입력하고, **[초대하기]**를 클릭합니다.

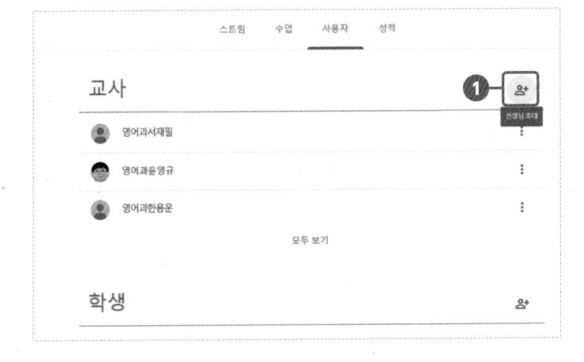

3 **[스트림]** 페이지를 교과 협의 등 동료 교사와의 소통 창구로 활용할 수 있습니다.

4 **[수업]** 페이지에서 수업 게시물 초안을 공동으로 작성하고, 각자의 원격교실에 게시물 재사용을 할 수 있습니다.

T I P   공동으로 작성한 수업 게시물을 개인 수업 연구 공간에 재사용 할 때는 [모든 첨부 파일의 새 사본 만들기]를 활성화합니다. '새 사본 만들기'에 대한 자세한 내용은 243쪽을 참고하세요.

SECTION 02 공유 드라이브 만들기

주간 원격수업 계획표를 작성하는 데 쪽지로 관련 내용을 일일이 수합하시나요? 전체 교사가 동시에 접속할 수 있는 공유 드라이브를 통해 필요한 정보를 빠르게 모으고 간편하게 편집할 수 있습니다.

업무용 공유 드라이브 만들기

1 드라이브 홈페이지(drive.google.com)에서 '공유 드라이브'를 선택한 후 [새로 만들기] 또는 [공유 드라이브 만들기]를 클릭합니다.

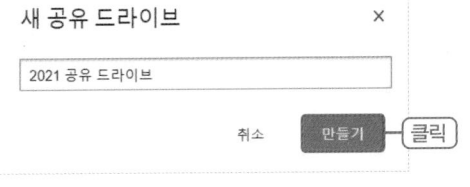

2 새 공유 드라이브 창에서 공유 드라이브 이름을 '2021 공유 드라이브'로 입력하고, [만들기]를 클릭합니다.

T I P 도메인 스토리지 관리를 위해 관리자가 공유 드라이브 1개를 만들고, 관리 콘솔의 [앱] 페이지에서 모든 사용자의 공유 드라이브 개설을 제한합니다.

・교사편 : 클래스룸 기초다지기・

3 새로 만들어진 공유 드라이브 이름의 **[목록(▼)]** 단추를 클릭하고, **[공유 드라이브 설정]**을 선택합니다.

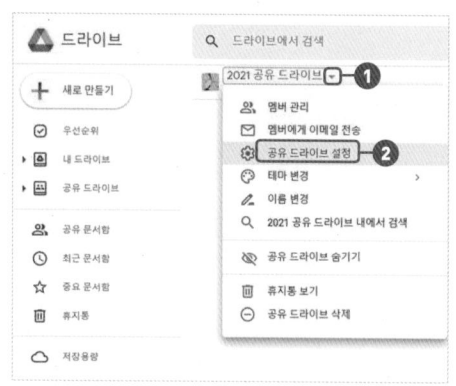

4 설정 창에서 학교 외부의 사용자 및 멤버 외 사용자 추가를 비활성화한 후, **[완료]**를 클릭합니다.

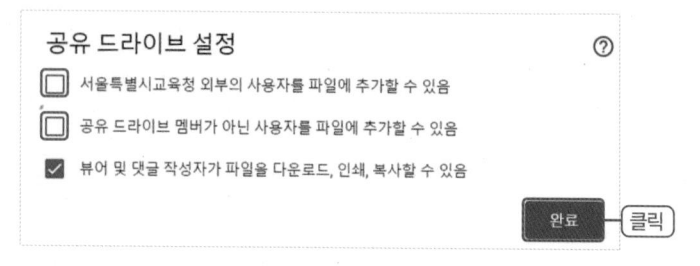

5 다시 공유 드라이브 이름에서 **[목록(▼)]** 단추를 클릭하고, **[멤버 관리]**를 선택하여 멤버 관리 창을 엽니다.

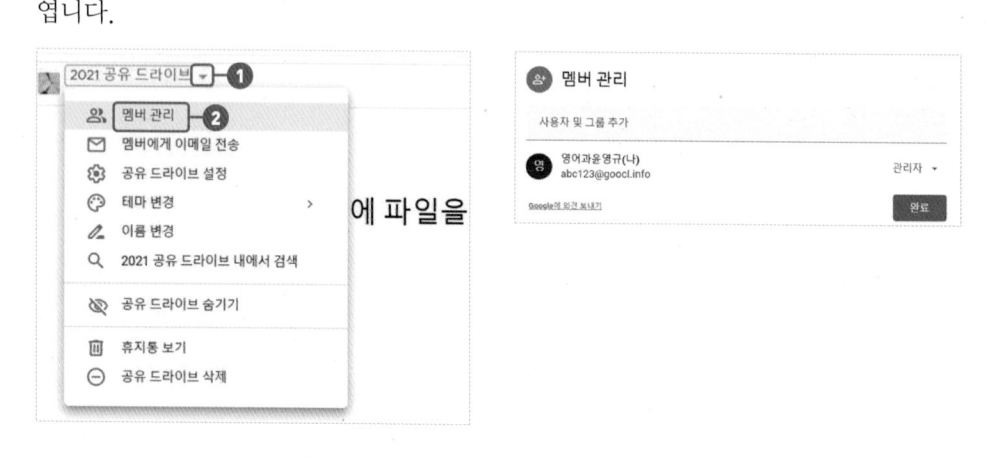

6 2021학년도 전체 교사 그룹의 이메일 주소(예 : 21tc@goocl.info)를 입력하고, 참여자의 **[목록(▼)]** 단추를 클릭하여 권한을 **[참여자]**로 선택한 후 **[공유]**를 클릭합니다.

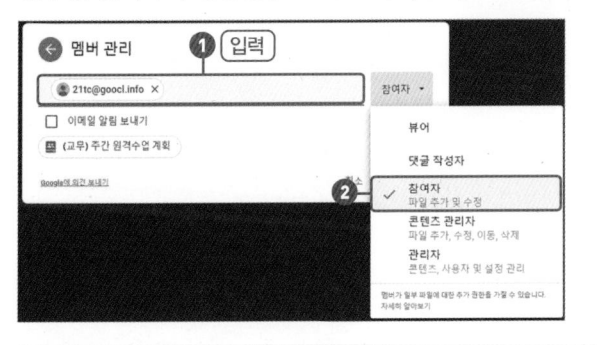

> **T I P** 전체 교사 그룹에 속한 사용자는 드라이브 홈페이지의 공유 드라이브에서 해당 공유 드라이브에 접속할 수 있습니다. 전체 교사 그룹에 관한 자세한 내용은 70쪽을 참고하세요.

7 공유 드라이브에 주간 원격수업 계획서 양식을 업로드하고, 모든 교사가 공유 드라이브에 접속하여 양식 내용을 채워 넣도록 안내합니다.

드라이브

드라이브에서 검색

(교무) 학급별 온라인 출석부 > 2021학년도 ▉1학년 ▾

이름 ↑

- 새로 만들기
- 우선순위
- 내 드라이브
- 공유 드라이브
- 공유 문서함
- 최근 문서함
- 중요 문서함
- 휴지통

- 21온라인출석부_101
- 21온라인출석부_102
- 21온라인출석부_103
- 21온라인출석부_104
- 21온라인출석부_105

21 감염병 관리대장 + 건강상태 모니터 ☆ ⊡ ⌂ 드라이브에 저장됨

파일 수정 보기 삽입 서식 데이터 도구 부가기능 도움말　몇 초 전에 마지막으로 수정했습니다.

* 발열 기준: 37.6도 이상　★결석생은 1교시까지, 조퇴생은 ★대상자 해당란에 등교중지일~재등교

순번	날짜	시간	학년 반/ 담임	성명	체온	코로나 19 관련 의심증상 및 호흡기증상	출결 (발병일지) 조회/결석	등교중지기간 (중지기간>등교서작일) 등교중지기간(조회포함) 격리시작일~격리종료일	재등교일
예	05월 27일	오전 8:20	0학년 0반	OOO	37.6	기침, 인후통, 메스꺼움	5.27 조퇴	5.27 ~마감	6월 2일
11	3월16일	오전 8:30	3학년 8반	홍길동	37.6미만	기침		X	3월17일

공유 드라이브를 통해 학교 업무 처리에 대한 생산성을 크게 향상시킬 수 있습니다. 구체적인 활용 사례로 '학급별 온라인 출석부' 공유 드라이브를 들 수 있습니다. 온라인 출석부에 대한 자세한 내용은 144쪽을 참고하세요. 모든 담임 교사가 실시간으로 작성하고 공유해야 할 '감염병 관리대장'도 공유 드라이브로 관리할 수 있습니다. 문진표, 기록지 등 관련 양식을 함께 공유 드라이브에 미리 업로드 해 둡니다.

03 Google Meet 교직원 연수

Google Meet는 실시간 원격수업을 위한 도구일 뿐만 아니라 교직원 회의 또는 원격 연수를 위한 훌륭한 도구로도 활용할 수 있습니다. 한 곳에 모일 필요 없이 각자 자리에서 긴급 사안에 대한 회의를 진행할 수 있습니다. 특히, 화면 발표를 통해 클래스룸의 활용 노하우를 소개하는 원격 연수를 진행하면 그 효과가 매우 효율적입니다.

원격교무실 행아웃 미팅 링크 사용하기

1 전체 교사에게 연수 일정을 알리기 위해 원격교무실 헤더의 '행아웃 미팅 링크'를 클릭하여 전용 닉네임 Meet 회의실에 미리 접속합니다.

 Google 캘린더로도 회의 일정을 공유하고, Meet 회의실 링크도 첨부할 수 있습니다.

2 Meet 회의실에 입장하기 전 카메라와 마이크를 점검한 후 **[지금 참여하기]**를 클릭합니다.

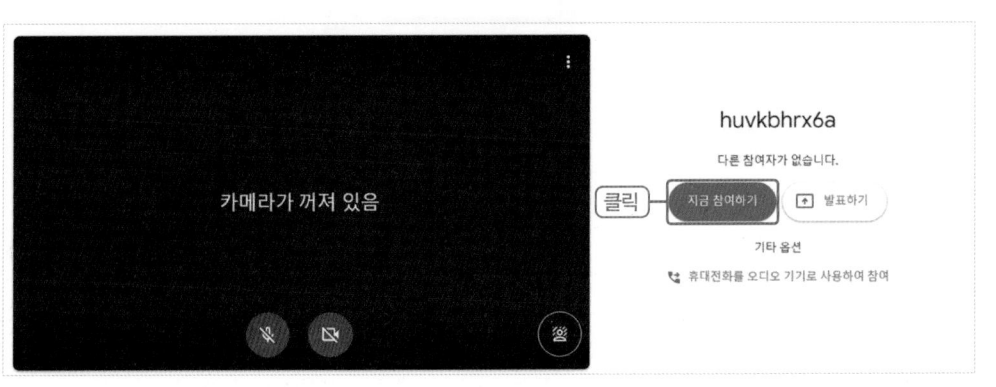

3 Meet 회의실의 화면 오른쪽 위에서 **[모두에게 표시(👥)]** 아이콘을 클릭하여 연수에 참석한 교사 명단을 **[사용자]** 탭에서 확인합니다.

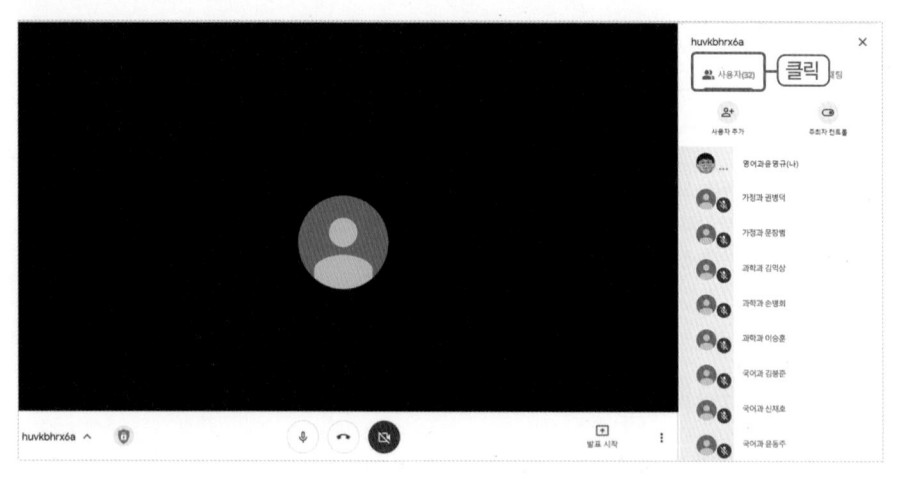

4 Chrome 화면을 공유하면서 연수를 진행하기 위해 Meet 회의실 화면 오른쪽 아래에서 **[발표 시작]**을 클릭한 후 **[Chrome 탭]**을 선택합니다.

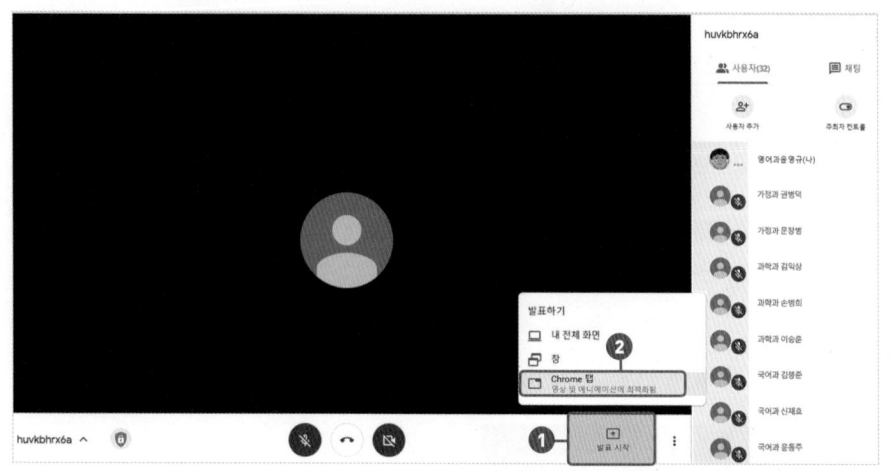

5 Chrome 탭 공유 창에서 현재 열려있는 여러 항목을 확인한 후 공유할 탭 하나를 선택합니다.

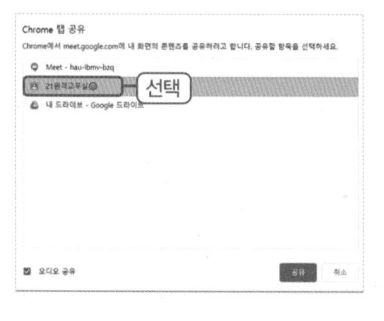

> **TIP** '오디오 공유'를 선택하여 YouTube 등 영상을 오디오와 함께 실시간으로 공유할 수 있습니다.

6 선택된 Chrome 탭 화면이 공유되면 파란색의 테두리 부분이 참석자들에게 실시간으로 보이게 되므로 발표자는 화면을 설명하면서 연수를 진행합니다.

TIP 발표 중인 Chrome 탭에서 [중지]를 클릭하여 화면 발표를 중지하거나 다른 Chrome 탭의 [이 탭을 대신 공유]를 클릭하여 발표 탭을 변경할 수 있습니다.

전문가의 조언 **발표 화면 분할하기**

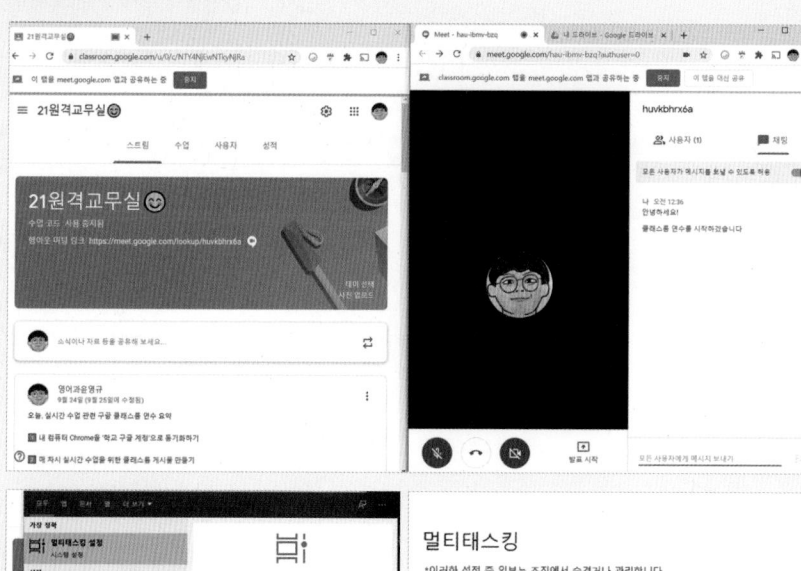

참석자의 질문과 발표 화면을 동시에 확인해야 할 경우는 윈도우 화면을 '발표 탭'과 '채팅 탭'으로 분할하여 사용합니다. 윈도우의 [검색]에서 '멀티태스킹 설정'을 입력한 후 설정을 실행합니다. '창 맞춤' 설정을 '켬'으로 활성화한 후, ⊞+[방향키]로 화면을 분할할 수 있습니다.

PART 04

: 교사편 :
클래스룸
활용하기

교사의 Google Classroom 활용법을 집중적으로 다루기 위하여 이번 PART에서는 원격교실에 각종 공지사항과 수업 게시물을 업로드하는 방법과 학생 피드백 주기에서 학생들이 제출한 과제에 피드백을 제공하는 방법에 대해 살펴봅니다. 그리고 학생 오리엔테이션에서는 교사가 학생들에게 사용법을 안내할 수 있도록 학생의 Google Classroom 사용법에 대해 정리하였습니다.

원격수업 만들기

학생들을 초대한 원격교실에서 다양한 게시물을 통해 원격수업을 운영합니다. 원격교실의 페이지 구성을 살펴본 후 공지사항 및 각종 수업 게시물을 업로드하는 방법과 Google Meet를 이용한 실시간 원격수업에 대해 알아보겠습니다.

01 클래스룸 원격수업

클래스룸으로 운영하는 원격수업의 전반적인 흐름 및 학생들과 소통하는 방식을 알아보겠습니다.

과제형 원격수업

교사와 학생 간 수업 과제를 주고받으면서 과제형 원격수업이 전개됩니다. 먼저 교사가 수업 과제를 작성하여 학생들에게 할당하면 학생들은 할당받은 수업 과제를 확인하고, 교사의 안내에 따라 수업 과제를 완성하여 제출합니다. 교사는 학생이 제출한 과제를 점검하거나 채점한 후 학생에게 반환합니다. 마지막으로 학생들은 반환받은 과제를 통해 교사의 피드백을 확인합니다.

실시간 원격수업

원격교실 전용 Google Meet 회의실을 활성화하거나 닉네임 회의실을 개설하여 실시간 원격수업을 진행할 수 있습니다. 또한, 수업 게시물을 통해 학생들에게 Google Meet나 Zoom 등 별도의 온라인 회의실 링크 주소를 안내하면 학생들은 쉽고 빠르게 실시간 원격수업에 참여할 수 있습니다. 회의실 링크 주소와 더불어 학생들에게 필요한 수업 자료를 첨부하거나 간단한 과제를 추가하여 수업 게시물을 제작할 수도 있습니다.

학생과의 소통 방식

클래스룸은 학생들과 소통하기에 좋은 매개체입니다. 공지사항, 수업 댓글, 비공개 댓글, 이메일을 통한 원격수업을 진행할 때 필요한 의사 전달을 효율적으로 진행할 수 있습니다. 학생들에게 전달할 사항이 있다면 원격교실에서 공지사항을 작성하여 게시합니다. 이때 학생들에게 전달할 자료를 첨부하여 제공할 수도 있습니다. 각 게시물에 있는 수업 댓글을 통해 교사와 학생 간 의견을 나눕니다. 수업 댓글에 남겨진 댓글들은 원격교실의 모든 교사와 학생이 볼 수 있습니다.

비공개 댓글은 개별 학생과 교사만 볼 수 있는데 비공개 댓글을 통해서 교사는 피드백을 제공하고, 학생은 개별적으로 교사에게 질문을 합니다. 원격교실에서 교사는 학생들에게 Gmail을 통해 이메일을 전송할 수 있습니다. 소통을 위한 이메일 뿐만 아니라, 학생들의 학업 요약을 포함한 이메일을 전송할 수 있어 쉽고 빠르게 수업 참여를 독려할 수 있습니다.

살펴보기

02 원격교실의 4가지 페이지 살펴보기

원격교실은 [스트림], [수업], [사용자], [성적]의 페이지로 구성되어 있습니다. 여기에서는 원격교실의 각 페이지 구성과 기능을 살펴보도록 하겠습니다.

[스트림] 페이지

[스트림] 페이지는 학생들과 소식 또는 자료를 공유할 수 있는 게시판으로 헤더, 곧 마감되는 과제, 공지 사항으로 구성되어 있습니다.

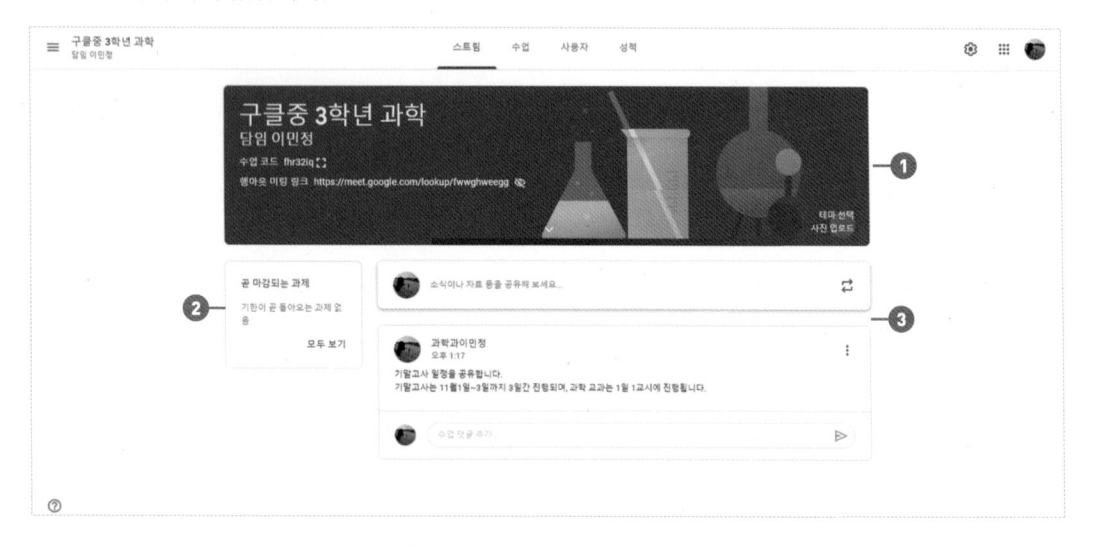

① **헤더** : 원격교실의 테마 이미지로 원격교실의 이름, 부제, 수업 코드, 행아웃 미팅 링크가 나타납니다. '테마 선택'과 '사진 업로드'를 통해 헤더 이미지를 변경할 수 있습니다.

② **곧 마감되는 과제** : 원격교실에서 마감 기한이 임박한 과제들을 모아 보여줍니다.

③ **공지사항** : 학생들과 공유할 자료나 소식을 업로드하는 공간입니다. **[스트림]** 페이지 설정에 따라 학생들은 게시글을 올릴 수도 있고, 댓글만 달 수도 있습니다. 자세한 내용은 114쪽을 참고하세요.

[수업] 페이지

[수업] 페이지는 다양한 수업 게시물을 업로드하여 학생들의 과제를 수합하고 피드백을 제공하는 공간입니다. **[+ 만들기]**를 클릭하여 다양한 형태의 수업 게시물을 업로드합니다. 또한, 행아웃 미팅(원격교실 전용 Meet 회의실), Google 캘린더, 수업 드라이브 폴더로 이동할 수 있습니다.

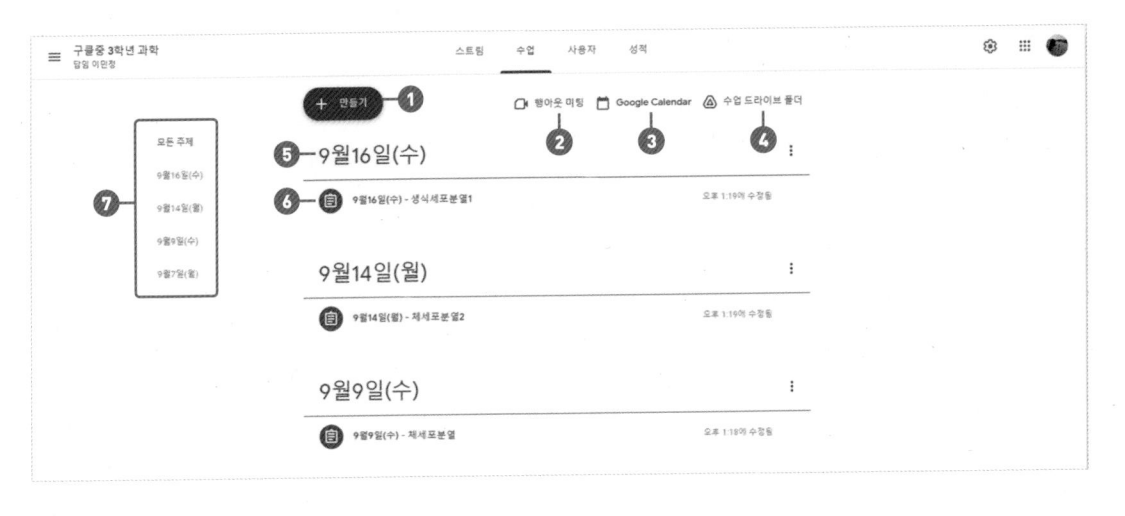

❶ [+ 만들기] : 과제, 퀴즈 과제, 질문, 자료, 주제를 이용하여 수업 게시물을 제작합니다. 각 유형별 게시물 제작에 대한 자세한 내용은 194쪽을 참고하세요.

❷ 행아웃 미팅 : 원격교실 전용 Meet 회의실로 이동합니다. 수업 설정에서 '학생에게 공개'를 선택하지 않으면 보이지 않습니다. 관련 설정에 대한 자세한 내용은 114쪽을 참고하세요.

❸ Google Calendar : 수업 과제 제출 기한이 표시된 Google 캘린더로 이동합니다.

❹ 수업 드라이브 폴더 : 해당 원격교실의 드라이브 폴더로 이동하며, 원격교실에서 사용자가 업로드한 모든 자료들을 찾을 수 있습니다.

❺ 주제 : 과제 카드를 분류합니다.

❻ 과제 카드 : 교사가 제작한 과제, 퀴즈 과제, 질문, 자료들이 한 줄씩 과제 카드로 나타납니다. 각 '과제 카드'를 클릭하면 과제 내용을 미리 보기로 볼 수 있습니다. 같은 주제 안에서 과제카드를 드래그하여 배열 순서를 바꾸거나 다른 주제로 옮길 수 있습니다.

❼ 주제 모아보기 : 만들어진 모든 주제들을 교사가 정렬한 순서대로 보여줍니다. 주제별 게시물을 빠르고 쉽게 찾을 수 있습니다.

> **T I P** 임시 저장된 초안이나 예약 설정된 수업 게시물은 회색으로 나타나며, 학생들에게는 보이지 않습니다. 업로드 된 수업 게시물은 테마 색상으로 나타납니다.

[사용자] 페이지

[사용자] 페이지에서는 원격교실에 접근할 수 있는 사용자를 관리합니다. 교사와 학생 명단을 확인하고, 사용자 초대 및 삭제가 가능합니다. 특히, 학생 명단의 개별 학생 이름을 클릭하면 해당 학생의 과제 제출 현황을 파악할 수 있습니다.

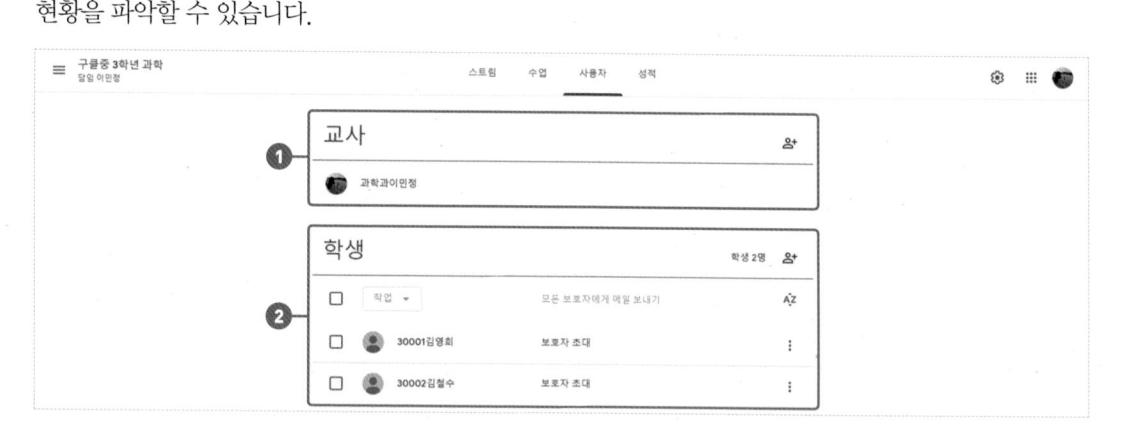

❶ **교사 명단** : 원격교실에 등록된 모든 교사 목록이 나타납니다. 최대 20명까지 등록할 수 있으며, 원격교실 소유자가 가장 위에 표시됩니다.

❷ **학생 명단** : 원격교실에 등록된 모든 학생 목록이 나타납니다.

[성적] 페이지

[성적] 페이지에서는 모든 학생들이 제출한 과제와 부여 받은 점수를 한 눈에 확인할 수 있습니다.

	8월 31일 8월 31일(월) 1 교시 · 과학A 17점 만점 기준	8월 31일 8월 31일(월) 5 교시 · 사회 4점 만점 기준	8월 31일 8월 31일(월) 4 교시 · 도덕	8월 31일 8월 31일(월) 7 교시 · 체육	8월 31일 8월 31일(월) 2 교시 · 기술	8월 31일 8월 31일(월) 6 교시 · 영어	8월 31일 8월 31일(월) 3 교시 · 국어A	8월 31일 8월 31일(월) 0 교시 · 아침조...	8월 28일 8월 28일(금) 6 교시 · 창체 (...	8월 28일 8월 28일(금) 5 교시 · 음악 50점 만점 기준	8월 28일 8월 28일(금) 2 교시 · 체육
학급 평균	15.48	2.96	해당 사항 없음	해당 사항 없음	해당 사항 없음	해당 사항 없음	해당 사항 없음	해당 사항 없음	해당 사항 없음		해당 사항 없음
30301 김영희	17	3	제출함	제출함	제출함	제출함	✓	제출함 완료(기한 지남)	___/50 완료(기한 지남)	제출함 완료(기한 지남)	
30302 김철수	6	2	제출함	제출함	제출함	제출함	✓	제출함	___/50	제출함	
30303 박은희	17	4	제출함	제출함 완료(기한 지남)	제출함	제출함 완료(기한 지남)	✓	제출함 완료(기한 지남)	___/50 완료(기한 지남)	제출함 완료(기한 지남)	
30304 배수지	16	3	제출함	제출함	제출함	제출함	✓	제출함	___/50	제출함	
30305 서지영	16	2	제출함	제출함	제출함	제출함	✓	제출함	___/50	제출함 완료(기한 지남)	
30306 이동은	12	3	제출함	제출함	제출함	제출함	✓	제출함	___/50	제출함	
30307 이민우	17	2	제출함	제출함	제출함	제출함	제출함	제출함	___/50	제출함	

❶ **성으로 정렬** : 학생 목록을 성으로 정렬하거나 이름으로 정렬합니다.

❷ **학생 목록** : 원격교실에 등록된 모든 학생들의 명단이 나타납니다. 각 학생들의 이름을 클릭하면 개별 과제 제출 현황 화면으로 이동합니다.

❸ **수업 과제 목록** : [수업] 페이지에 게시된 모든 과제, 퀴즈 과제, 질문들의 주제와 제목이 목록으로 나타납니다. '자료'는 학생들에게 과제를 제출받지 않으므로 제외됩니다. 과제에 점수를 설정한 경우는 게시물 제목 아래에 만점 기준이 나타나며, 각 게시물을 클릭하면 [학생 과제] 탭 또는 [학생의 답변] 탭으로 이동합니다. 마우스 포인터를 올리면 나타나는 [더보기(:)] 단추에서는 게시물을 수정하거나 삭제할 수 있고, 학생들이 제출한 과제를 한 번에 반환할 수 있습니다.

❹ **학급 평균** : 해당 과제에서 학생들이 획득한 점수의 평균이 나타납니다. 점수가 없는 경우는 '해당 사항 없음'으로 나타나고, 학생들에게 점수가 부여되지 않은 경우는 빈칸으로 나타납니다.

❺ **성적** : 학생들의 성적과 과제 제출 현황이 나타납니다. 학생들의 과제 제출 현황에 대한 자세한 내용은 301쪽을 참고하세요.

 [성적] 페이지는 학생을 초대하고, 수업 게시물을 업로드한 이후에 사용할 수 있습니다.

03 스트림 페이지 활용하기

[스트림] 페이지는 원격교실에서 가장 먼저 나타나는 화면으로 헤더(Header)와 공지사항으로 구성됩니다. [스트림] 페이지에서는 헤더를 꾸며 원격교실의 테마를 변경하거나 공지사항을 게시할 수 있습니다.

헤더 변경하기

[스트림] 페이지에서 헤더 우측 하단에 있는 '테마 선택'과 '사진 업로드'를 이용하여 원격교실의 헤더를 변경할 수 있습니다.

'테마 선택'을 클릭하면 클래스룸에서 제공하는 헤더 이미지를 선택할 수 있으므로 사용자가 이미지를 별도로 제작하지 않아도 간단하게 헤더를 변경할 수 있습니다.

'사진 업로드'를 클릭하면 교사가 직접 제작한 이미지 파일을 헤더 이미지로 업로드할 수 있습니다. 사전 이미지 준비 작업이 필요하지만 저작권 안내 문구, 공지사항 등 원격교실에 맞는 중요한 내용이 포함된 헤더를 사용할 수 있습니다. 이미지 크기는 가로 800픽셀, 세로 200픽셀 이상이어야 하며, 업로드된 이미지는 원본보다 어둡고 흐리게 나타납니다.

공지사항 게시하기

[스트림] 페이지의 공지사항은 업로드 된 수업 게시물을 알리는 용도로 사용하거나 학생들과 공유하는 게시판으로 사용할 수 있습니다.

[스트림] 페이지를 사용하기 전에 스트림 설정을 해야 합니다. 수업 공간의 우측 상단에서 **[설정(⚙)]** 아이콘을 클릭하면 스트림 설정을 변경할 수 있습니다. 스트림 설정에 대한 자세한 내용은 114쪽을 참고하세요.

'소식이나 자료 등을 공유해 보세요...'를 클릭하여 게시물을 작성할 수 있으며, **[게시물 재사용(🔁)]** 아이콘을 클릭하면 다른 원격교실에 업로드 되어 있는 공지사항을 가져올 수도 있습니다.

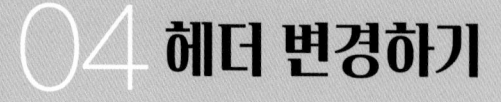

04 헤더 변경하기

S E C T I O N

[스트림] 페이지에서 '테마 선택'과 '사진 업로드'를 이용하여 헤더를 변경하는 방법에 대해 각각 살펴보겠습니다.

테마 선택으로 헤더 변경하기

1 헤더에서 '테마 선택'을 클릭하면 갤러리 창이 나타나는데, 해당 창에서는 6가지(일반, 한국어 및 역사, 수학 및 과학, 예술, 스포츠, 기타) 분야의 헤더 디자인들이 표시됩니다.

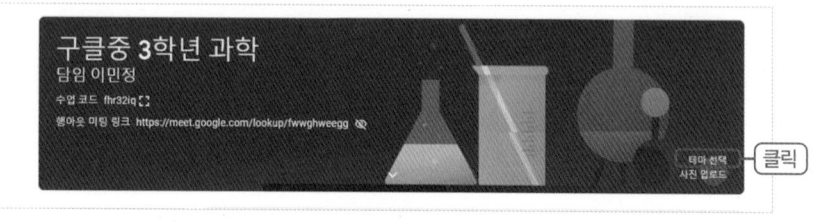

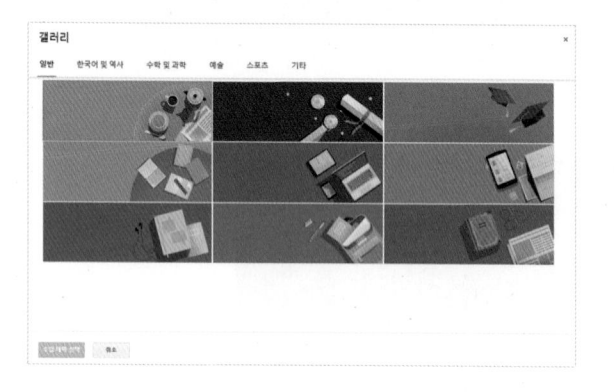

2 갤러리 창에서 원하는 헤더 디자인을 선택하고, [**수업 테마 선택**]을 클릭합니다.

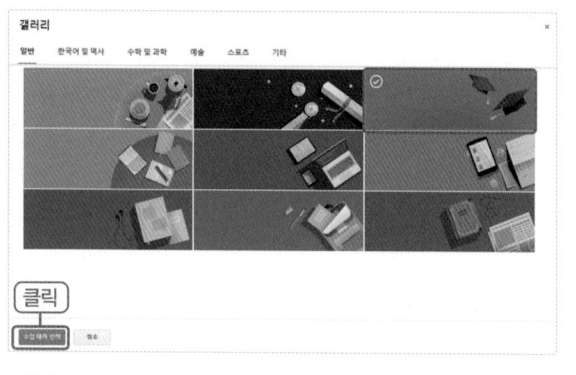

3 헤더가 변경되면 원격교실 왼쪽 하단에 '수업 테마가 업데이트 되었습니다.'라는 안내 문구가 나타납니다. **[스트림]** 페이지에서 변경된 헤더를 확인합니다.

사진 업로드로 헤더 변경하기

1 헤더에서 '사진 업로드'를 클릭하면 갤러리 창이 나타나는데, 해당 창에서 **[컴퓨터에서 사진 선택]**을 클릭합니다.

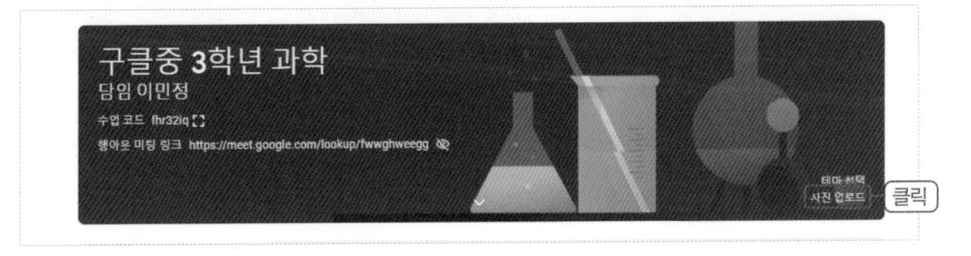

2 **[열기]** 대화 상자에서 컴퓨터에 저장된 이미지 파일을 찾아 선택한 후 [열기]를 클릭하여 업로드합니다. 이때, 준비된 이미지를 선택하고, 갤러리 창으로 바로 드래그해도 됩니다.

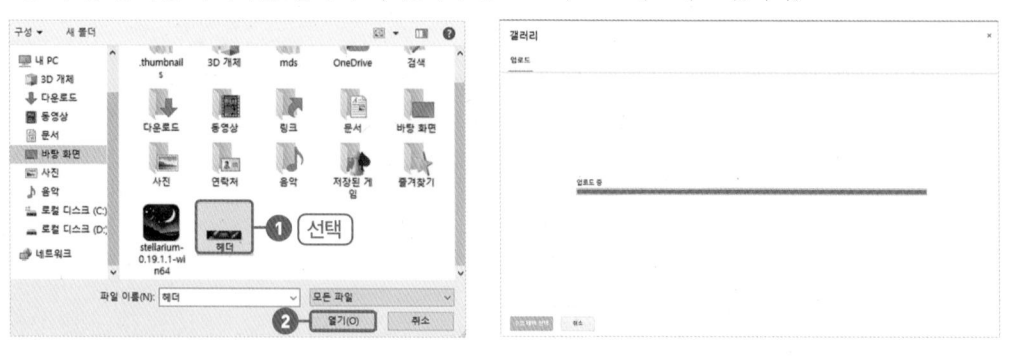

3 이미지가 업로드 되면 선택된 이미지의 크기 조절 핸들을 드래그하여 헤더 크기에 맞게 조절한 후 **[수업 테마 선택]**을 클릭하여 헤더 업로드를 완료합니다.

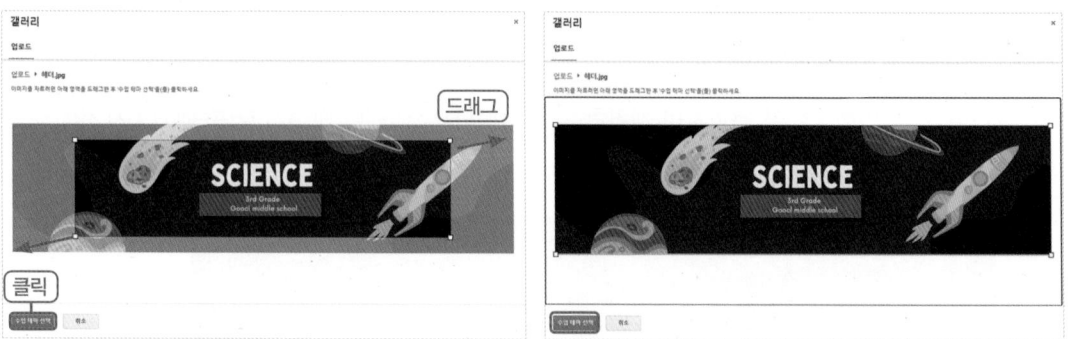

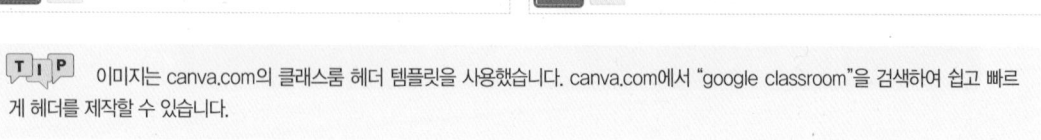
TIP 이미지는 canva.com의 클래스룸 헤더 템플릿을 사용했습니다. canva.com에서 "google classroom"을 검색하여 쉽고 빠르게 헤더를 제작할 수 있습니다.

4 헤더가 변경되면 원격교실 왼쪽 하단에 '수업 테마가 업데이트 되었습니다.'라는 안내 문구가 나타납니다. **[스트림]** 페이지에서 변경된 헤더를 확인합니다.

TIP '테마 선택' 또는 '사진 업로드'를 이용하여 헤더를 변경하는 경우 원격교실의 대표 테마 색도 자동으로 변경됩니다.

05 공지사항 게시하기

[스트림] 페이지에서 공지사항을 게시하고, 재사용하는 방법에 대해 알아보겠습니다. 또한 업로드 된 공지사항을 관리하는 방법에 대해서도 알아보겠습니다.

공지사항 작성하기

1 **[스트림]** 페이지에서 '소식이나 자료 등을 공유해 보세요…'를 클릭합니다.

2 공지사항 편집 화면의 '대상'에서 게시 대상을 지정합니다(기본 설정값은 해당 원격교실의 전체 학생임).

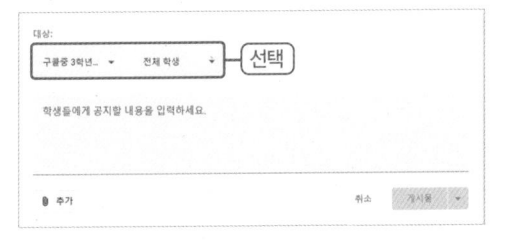

> **TIP** '구클중 3학년…(예시)' [목록(▼)] 단추를 클릭하여 공지사항이 게시될 다른 원격교실을 포함할 수 있습니다. 또는, '전체 학생' [목록(▼)] 단추를 클릭하여 현재 원격교실의 특정 학생을 지정할 수 있습니다. 여러 원격교실을 선택하면 개별 학생을 지정할 수는 없습니다.

3 '학생들에게 공지할 내용을 입력하세요'에서 내용을 작성하고, **[추가]**를 클릭하면 필요한 자료를 첨부할 수 있습니다.

> **TIP** [추가]를 클릭하여 자료를 첨부할 경우 학생들에게 해당 자료에 대한 '뷰어' 공유 권한이 부여되어 자료를 볼 수만 있습니다.

4 **[게시물]**을 클릭하여 공지사항을 바로 게시합니다.

> **TIP** [게시물]의 [목록(▼)] 단추를 클릭하여 특정 날짜와 시간으로 예약 또는 임시 저장할 수 있으며, 임시 저장한 공지사항은 '저장된 공지사항(#개)'으로 분류됩니다.

임시 저장된 공지사항 게시하기

1 저장된 공지사항(1개)의 우측에서 **[더보기(∨)]** 아이콘을 클릭하면 임시 저장된 공지사항 목록이 나타납니다.

2 원하는 공지사항을 선택하면 다시 편집할 수 있습니다.

공지사항 재사용하기

1 '소식이나 자료 등을 공유해 보세요...'에서 **[게시물 재사용(⇄)]** 아이콘을 클릭합니다.

2 [모든 수업 보기로 돌아가기(←)] 아이콘을 클릭하여 재사용할 공지사항이 있는 원격교실을 선택합니다.

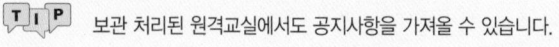
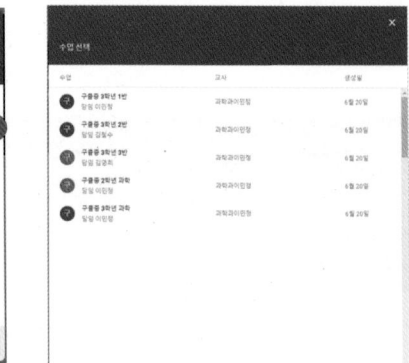

TIP 보관 처리된 원격교실에서도 공지사항을 가져올 수 있습니다.

3 재사용을 원하는 공지사항을 선택합니다. '모든 첨부파일의 새 사본 만들기'의 확인란을 선택하고, [재사용]을 클릭합니다. 새 사본 만들기에 대한 자세한 내용은 243쪽을 참고하세요.

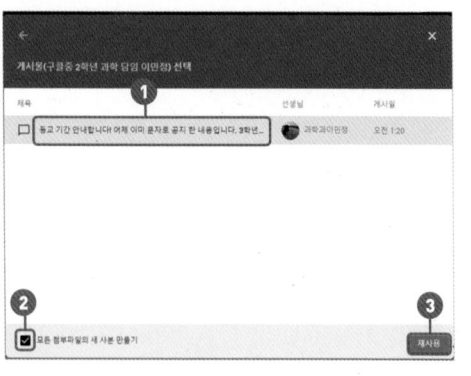

TIP 초안 상태(임시 저장 상태)의 공지사항도 재사용할 수 있습니다.

4 재사용한 공지사항을 추가로 편집한 후 [게시물]을 클릭하여 게시합니다.

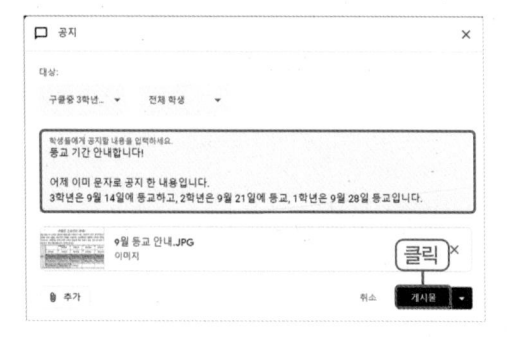

공지사항 관리하기

1 공지사항에서 **[더보기(⋮)]** 아이콘을 클릭합니다.

2 메뉴를 이용하여 공지사항을 '맨 위로 이동' 시키거나 '수정' 및 '삭제'할 수 있고, '링크 복사'를 통해 공지사항의 URL 주소를 복사할 수 있습니다.

06 수업 게시물 유형

[수업] 페이지에서는 [과제], [퀴즈 과제], [질문], [자료], [주제] 등을 자유롭게 생성하여 수업을 진행할 수 있습니다. 그럼 수업 게시물의 유형에 대해 알아보겠습니다.

게시물 유형

[수업] 페이지 상단에서 [+ 만들기]를 클릭하면 다양한 수업 게시물을 제작할 수 있습니다.

- **과제** : 학생들에게 과제를 할당합니다. 학생들은 이미지, PDF, 문서, 동영상, 음성 등 다양한 형식의 파일을 과제로 제출합니다.
- **퀴즈 과제** : Google 설문지를 이용하여 형성 평가를 진행합니다. '퀴즈로 만들기'가 설정되어 점수와 답안을 입력할 수 있는 설문지가 자동으로 첨부되며, 학생들은 퀴즈에 대한 응답을 제출합니다.
- **질문** : 학생들에게 간단한 객관식 또는 단답형의 질문을 제시합니다. 객관식 질문이라면 학생들은 선택지를 클릭하여 제출하고, 단답형 질문이라면 질문에 대한 답변을 직접 작성하여 제출합니다.
- **자료** : 학생들이 참고할 다양한 형식의 수업 자료를 게시합니다. 학생들은 수업 자료에 대해 뷰어 권한이 주어져 자료를 볼 수만 있으며, 학생들로부터 과제는 제출 받을 수 없습니다.
- **게시물 재사용** : 해당 원격교실 또는 다른 원격교실에서 제작된 수업 게시물의 사본을 만드는데, 이때 내용과 첨부파일이 그대로 복사됩니다. 재사용 시 게시물의 제목과 설명, 첨부파일, 게시물 설정을 변경할 수 있습니다.
- **주제** : 주제를 이용하여 수업 게시물들을 찾기 쉽게 분류합니다. 주제를 생성하여 수업 게시물들을 분류하면 주제 이름이 상단에 나타나고, 해당 주제에 분류된 과제 카드들이 배열됩니다.

SECTION

07 수업 게시물 만들기

게시물 편집 화면은 게시물 유형에 상관없이 4가지 섹션으로 구성됩니다. 첫째는 게시물의 제목 및 안내 문구 입력, 둘째는 자료 첨부, 셋째는 권한 설정, 넷째는 게시물 설정입니다. 과제 편집 화면을 기준으로 게시물 업로드 방법에 대해 살펴보겠습니다.

제목 및 안내 입력하기

[수업] 페이지에서 [+ 만들기]를 클릭하고, [과제]를 선택하면 과제 편집 화면이 나타납니다. 여기에 원하는 제목과 안내 내용을 입력하는데 '제목'은 필수 사항으로 제목을 입력하지 않으면 [+ 기준표]와 [과제 만들기]가 활성화되지 않습니다. '안내(선택사항)'은 필수는 아니지만 학생들에게 과제를 설명할 수 있습니다. 과제의 수행 방법과 저작권 관련 문구 등은 자세하게 입력하는 것이 좋습니다.

×	과제		과제 만들기 ▼
	제목 9월21일(월) - 일정성분비법칙	대상: 구몬중 3학년 ▼ 전체 학생 ▼	
	안내(선택사항) <오늘의 과제> 아래 링크된 영상을 보고, 교과서 30~31페이지의 탐구활동(화합물을 구성하는 성분 원소 사이의 질량 관계)의 모든 빈칸과 그래프를 채워 넣고 사진으로 찍어 제출하세요. 교과서 대신 프린트의 탐구활동 부분에 작성해도 됩니다. 사진을 명확하게 찍어 제출해야 제대로된 피드백이 가능합니다(특히 그래프!) * 영상 또는 프린트가 열리지 않는 경우 로그인 문제입니다. 학교 계정으로 로그인 되어있는지 확인하세요. <출처> 본 자료는 학생들의 학습 목적으로만 사용되어야 하며 외부로의 유출을 금합니다. 학교 개학 및 코로나 사태가 정상화 되는 시점에서는 게시물 삭제 예정 입니다. 모든 자료는 영리적 목적으로 사용 시 처벌 받을 수 있습니다.	점수 50 ▼	
		기한 기한 없음 ▼	
	⬆ 추가 + 만들기	주제 9월21일(월) ▼	
	📄 6차시.mp4 동영상	×	기준표 + 기준표
	📄 1-2.2.1 일정한 질량비로 결합하는 원소 프린트.pdf PDF	학생에게 파일 보기 권한 제공 ▼ ×	□ 표절 여부(원본성) 확인 자세히 알아보기

> **TIP** 게시물간 통일된 형식으로 제목을 입력하는 것이 좋으며, ⌘+마침표(.)를 눌러 안내 글에 이모티콘을 삽입할 수 있습니다.

수업 자료 첨부하기

수업 자료를 첨부할 경우는 [추가]나 [만들기]를 클릭합니다. 이때, 잘못된 첨부 자료나 링크를 삭제하려면 [삭제(×)] 아이콘을 클릭하면 됩니다.

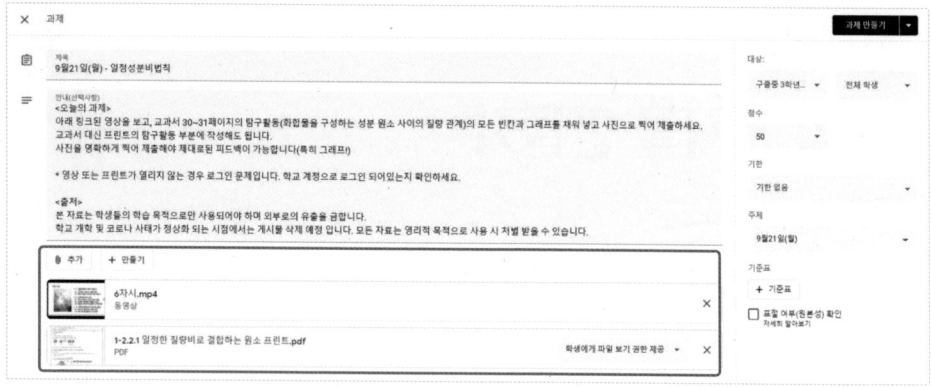

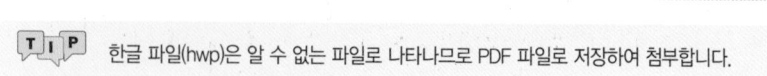

TIP 한글 파일(hwp)은 알 수 없는 파일로 나타나므로 PDF 파일로 저장하여 첨부합니다.

[추가]를 클릭하면 미리 만들어 놓은 수업 자료를 업로드할 수 있고, 외부의 링크를 첨부할 수도 있습니다.

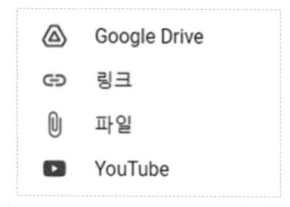

- **Google Drive** : 드라이브에 미리 업로드 해 두었던 수업 자료를 첨부합니다.
- **링크** : Meet 회의실, 에듀테크 도구 웹사이트, 신문 기사 등 수업 자료로 활용할 외부 웹 페이지의 URL 주소를 첨부합니다.
- **파일** : 컴퓨터에 저장된 수업 자료를 드라이브에 업로드하여 게시물에 첨부합니다. 구글 클래스룸에 업로드된 파일은 드라이브 원격교실 전용 폴더에 저장됩니다.
- **YouTube** : YouTube 영상을 수업 자료로 활용합니다. YouTube 영상을 검색하거나 URL 주소를 첨부합니다.

[만들기]를 클릭하면 드라이브 문서(문서, 프레젠테이션, 스프레드시트, 드로잉, 설문지)를 바로 제작하여 첨부할 수 있습니다.

TIP [만들기]를 통해 수업 자료를 제작하여 첨부할 경우 드라이브 내 [Classroom]-[각 교실] 폴더에 저장됩니다.

수업 자료 권한 설정하기

[추가], **[만들기]**를 통해 첨부된 수업 자료(링크, YouTube 제외)들은 각각 권한을 설정해 주어야 합니다. 수업 자료를 첨부하면 기본 설정으로 **[학생에게 파일 보기 권한 제공]**이 선택되어 있습니다. 수업 자료의 권한 설정을 변경하여 다양한 형태의 수업을 진행할 수 있습니다.

- **학생에게 파일 보기 권한 제공** : 학생들에게 해당 수업 자료에 대한 뷰어 공유 권한이 부여되어 수업 자료를 볼 수만 있습니다. 강의 영상이나 읽기 자료 등을 첨부할 때 선택합니다.
- **학생에게 파일 수정 권한 제공** : 학생들에게 해당 수업 자료에 대한 편집자 공유 권한이 부여되어 수업 자료의 내용을 수정할 수 있습니다. 한 학생이 수업 자료를 수정하는 경우 교사 및 모든 학생들에게 보이는 자료가 변경됩니다. 전체 또는 모둠별로 공동 작성해야 하는 학습지를 첨부할 때 선택합니다.
- **학생별로 사본 제공** : 학생들에게 해당 수업 자료의 사본 파일이 제공되어 각자 내용을 변경하여 제출할 수 있습니다. 학습지를 학생 개인별로 작성해서 제출하는 경우 선택합니다.

> **TIP** 동영상은 학생에게 파일 보기 권한이 주어지고, 권한을 변경할 수 없습니다. 권한을 잘못 설정하여 게시했을 경우 해결하는 방법은 368쪽을 참고하세요.

게시물 설정하기

수업 자료 첨부와 권한 설정이 완료되면 게시물 설정을 변경합니다. 게시물 설정이란 과제 편집 화면 오른쪽에 표시되는 메뉴로 과제의 게시와 관련된 옵션을 설정합니다. 또한 퀴즈 과제, 질문, 자료, 게시물 재사용에서도 동일하게 활용할 수 있습니다.

> **TIP** '수업 설정'에서 성적 카테고리를 추가한 경우 게시물 설정에 '성적 카테고리'가 나타납니다. 전체 성적 계산을 '카테고리별 가중치 적용'으로 설정하면 게시물 설정에서 지정한 카테고리의 반영 비율에 따라 점수가 총점에 반영됩니다.

- **대상** : 과제를 업로드 할 원격교실과 열어볼 수 있는 학생을 설정합니다. 기본 설정은 과제를 편집하고 있는 원격교실과 해당 원격교실의 전체 학생입니다. 원격교실의 [**목록(▾)**] 단추를 클릭하면 과제를 게시할 다른 원격교실을 추가할 수 있고, 전체 학생의 [**목록(▾)**] 단추를 클릭하면 과제를 할당할 특정 학생들을 지정할 수 있습니다. 만일, 여러 원격교실을 선택하면 같은 과제가 동시에 여러 원격교실에 게시됩니다. 이 경우 개별 학생을 선택할 수 없으며, 예약 기능이 활성화되지 않습니다.
- **점수** : 학생들이 제출한 과제에 피드백으로 제공할 점수를 설정합니다(기본 설정은 100점). 원하는 점수를 직접 입력하거나 점수의 [**목록(▾)**] 단추를 클릭한 후 [**미채점**]을 선택하여 점수를 설정하지 않을 수도 있습니다. 점수를 설정한 경우 학생이 과제를 제출하면 교사가 과제를 확인하여 채점한 후 점수를 부여해야 합니다.
- **기한** : 과제의 제출 기한을 설정합니다(기본 설정은 기한 없음). 기한의 [**목록(▾)**] 단추를 클릭하여 달력에서 원하는 제출 기한을 선택하고, 마감 시간을 입력합니다.
- **주제** : 과제를 분류할 주제를 설정합니다(기본 설정은 주제 없음). 이미 작성된 주제를 선택하거나 원하는 새 주제를 만들 수 있습니다. 주제를 선택하지 않은 경우는 주제가 지정되지 않은 상태로 [**수업**] 페이지 최상단에 표시됩니다.
- **기준표** : 과제에 평가 기준표를 추가합니다. 기준표는 게시물에 첨부되어 학생들이 확인할 수 있으며, 교사의 피드백 도구로 사용됩니다. 기준표 작성에 대한 자세한 내용은 212쪽을 참고하세요.
- **표절 여부(원본성) 확인** : 학생이 제출한 문서 파일의 내용을 인터넷 웹페이지에서 책과 대조하여 표절 여부를 밝힙니다. 한글로 설정된 교육용 Google Workspace에서는 활용할 수 없습니다.

과제 게시 및 예약하기

[**과제 만들기**]를 클릭하면 선택한 게시물 설정에 따라 해당 과제물이 게시됩니다. 이때, [**목록(▾)**] 단추를 클릭하면 현재 과제를 임시 저장하거나 예약 게시를 할 수 있습니다.

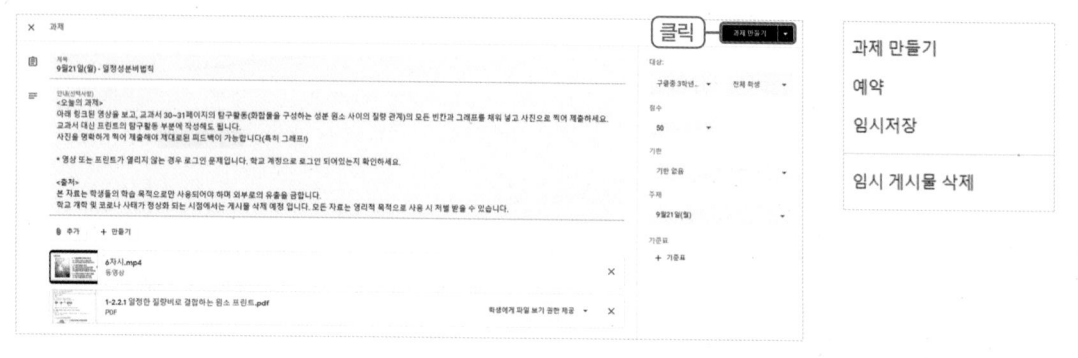

- **과제 만들기** : 해당 과제를 바로 게시합니다.
- **예약** : 원하는 날짜와 시간을 선택하여 예약 게시를 할 수 있습니다.
- **임시저장** : 현재 과제를 초안으로 임시 저장하며, 저장한 과제는 [**수업**] 페이지에서 확인할 수 있습니다.
- **임시 게시물 삭제** : 임시 저장된 과제를 삭제합니다.

 임시 저장을 하지 않아도 과제 편집 화면에 '저장됨'이라는 메시지가 표시되면 초안으로 임시 저장됩니다.

08 과제 카드 살펴보기

수업 게시물을 업로드 했을 때 만들어지는 과제 카드는 수업 게시물에 대한 다양한 정보를 담고 있습니다. 과제 게시물을 기준으로 과제 카드의 구성을 살펴보도록 하겠습니다.

과제 카드

[수업] 페이지에서 업로드된 과제 카드를 클릭하면 해당 과제의 정보가 요약되어 나타납니다.

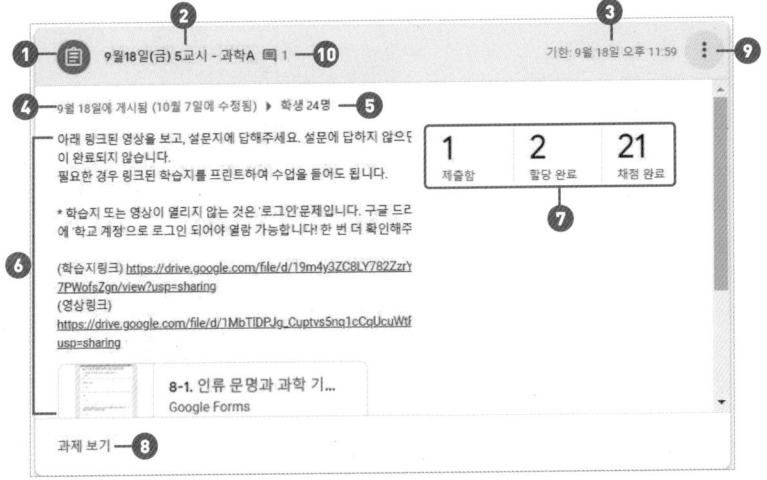

① **게시물 유형** : 수업 게시물의 유형에 따라 과제와 퀴즈 과제는 📄 , 질문은 ？ , 자료는 📋 으로 나타납니다. 초안과 예약 상태의 게시물은 회색으로 나타나고, 게시되면 원격교실의 테마 색을 띱니다.

② **제목** : 수업 게시물의 제목이 나타납니다.

③ **기한** : 과제의 제출 기한이 나타나며, 기한이 없는 경우는 '기한 없음'으로 표시됩니다.

④ **게시 날짜 및 시간** : 수업 게시물을 업로드한 날짜 또는 시간이 나타납니다. 최초 게시 이후 수업 게시물이 수정된 경우는 최종 수정 날짜가 함께 나타납니다.

⑤ **대상** : 원격교실의 특정 학생에게 과제를 할당한 경우 과제가 할당된 학생의 숫자가 나타납니다.

⑥ **안내 및 첨부 파일** : 과제 편집 화면에서 입력한 안내 및 추가 첨부 파일을 볼 수 있습니다.

⑦ **과제 제출 상태 요약** : 현재 학생들의 과제 제출 상태를 요약하여 숫자로 보여주는데, 숫자를 클릭하면 **[학생 과제]** 탭으로 이동합니다.

· 교사편 : 클래스룸 활용하기 ·

- **제출함** : 과제를 제출한 학생들의 수가 표시됩니다.
- **할당 완료** : 과제를 제출하지 않은 학생들의 수가 표시됩니다.
- **채점 완료** : 과제를 제출하고, 교사로부터 과제를 돌려받은 학생들의 수가 표시됩니다. '채점 완료'는 교사가 과제를 돌려주기 한 후에 나타납니다.

❽ 과제 보기 : [학생 과제] 탭으로 이동합니다.

❾ 더보기(⋮) : 과제 카드에 마우스 포인터를 올리면 나타나며, 과제 카드를 관리할 수 있습니다. 예약 상태 또는 초안 상태의 게시물은 해당 아이콘을 클릭했을 때 위치 조정 옵션이 활성화되지 않습니다.

- **수정** : 과제 편집 화면으로 이동하여 수업 게시물을 편집합니다.
- **삭제** : 과제 카드와 수업 게시물을 삭제합니다.
- **링크 복사** : 과제 카드의 링크 주소를 복사합니다.
- **위로 이동/아래로 이동** : 과제 카드의 위치를 위, 아래로 변경합니다.

❿ 수업 댓글 : 수업 게시물에 교사와 학생이 모두 볼 수 있는 수업 댓글이 있을 경우 표시됩니다.

> **T I P** 자료는 학생들에게 과제를 수합하는 형태가 아니므로 자료의 과제 카드에서는 기한과 과제 제출 현황이 나타나지 않습니다. 또한, 질문의 경우 '질문 보기'를 클릭하면 [학생의 답변] 탭으로 이동하고, 자료의 경우 '자료 보기'를 클릭하면 자료의 세부 내용을 볼 수 있습니다.

09 주제 만들기

주제는 만들어진 수업 게시물을 분류하는 데 유용한 기능으로 주제를 이용하여 날짜별, 과목별, 단원별로 수업 게시물을 묶을 수 있습니다. 그럼 주제를 만드는 방법에 대해 알아보겠습니다.

주제 미리 만들기

1 [**수업**] 페이지에서 [**+ 만들기**]를 클릭하고, [**주제**]를 선택합니다.

2 주제 추가 창에서 주제를 입력하고, [**추가**]를 클릭합니다.

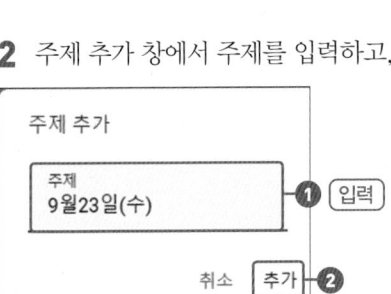

3 **[수업]** 페이지에 주제가 새롭게 생성됩니다.

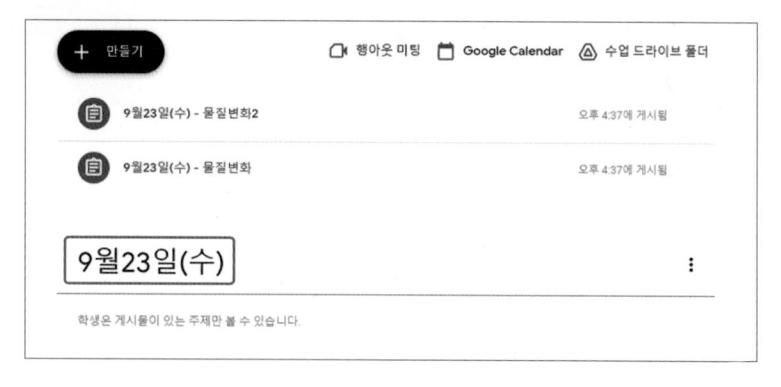

T I P　더보기(⋮)를 클릭하면 주제의 설정을 변경할 수 있습니다. 이름을 변경하거나, 주제를 삭제하거나, 주제의 링크를 복사하거나, 여러 주제가 있을 때 서로의 위치를 변경할 수 있습니다.

주제에 과제 카드 분류하기

1 **[수업]** 페이지에 업로드 되어 있는 과제 카드를 드래그하여 주제 아래에 끌어다 놓습니다.

T I P　새로운 수업 게시물을 작성할 때 게시물 설정에서 해당 게시물이 분류될 주제를 설정할 수도 있습니다. 자세한 내용은 197쪽을 참고하세요.

2 '저장 중…'이라는 문구와 함께 주제 설정이 저장됩니다.

TIP 주제로 분류되지 않은 과제 카드는 항상 최상단에 위치합니다. 만약, 주제에 포함된 과제 카드가 없으면 주제는 학생들에게 보이지 않습니다. 주제에서 과제 카드를 분리시키기 위해서는 과제 카드의 [더보기(⋮)]-[수정]을 선택하여 게시물 설정에서 주제를 삭제해야 합니다.

전문가의 조언 **주제 바로 가기로 빠르게 과제 카드 찾기**

[수업] 페이지 화면의 주제 바로 가기에는 지금까지 생성된 주제들의 목록이 나타납니다. 이중 원하는 주제를 선택하면 해당 주제에 포함된 수업 게시물들을 확인할 수 있습니다. 이를 이용하면 찾고자 하는 수업 게시물을 빠르게 찾을 수 있습니다.

 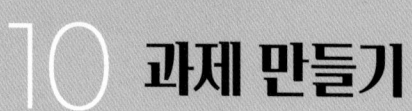
과제를 통해 학생들에게 필요한 수업 자료를 제공하고, 다양한 형태의 과제를 제출받을 수 있습니다. 다양한 수업 자료를 이용하여 과제를 제작하고 게시하는 방법에 대해 알아보도록 하겠습니다.

파일을 제출하는 과제 만들기

1 [수업] 페이지에서 [+ 만들기]를 클릭하고, [과제]를 선택합니다.

2 과제 편집 화면에서 제목을 입력하고, 과제에 대한 설명을 안내란에 입력합니다.

> **TIP** 제목과 안내에 이모티콘을 사용하면 보다 효과적인 의사 전달이 가능합니다.

3 안내 내용을 입력하고, **[추가]-[파일]**을 선택합니다.

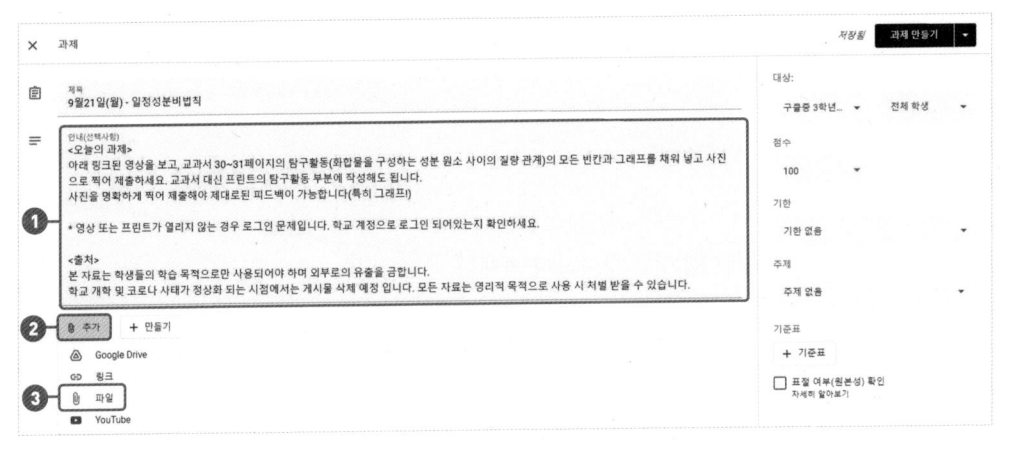

4 Google 드라이브로 파일 삽입하기 창에서 **[업로드]** 탭에 있는 **[BROWSE]**를 클릭한 후 **[열기]** 대화 상자에서 컴퓨터에 저장된 자료를 찾아 선택하고, **[열기]**를 클릭합니다.

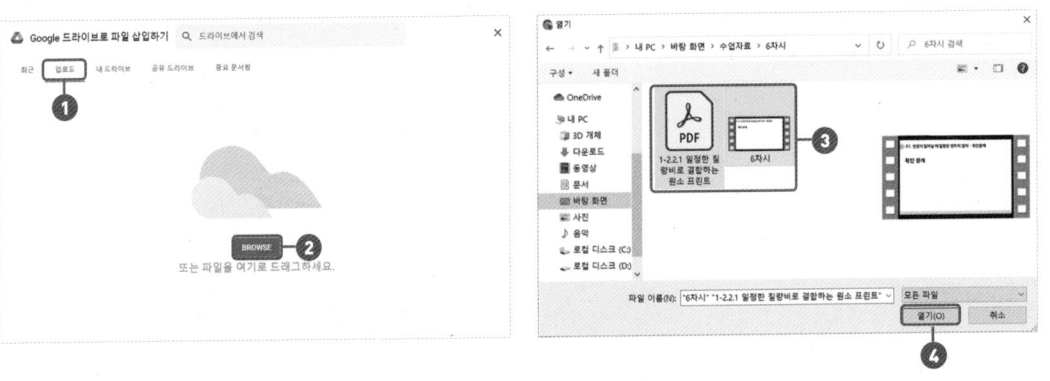

5 선택한 자료가 업로드되면 추가된 파일을 확인할 수 있습니다.

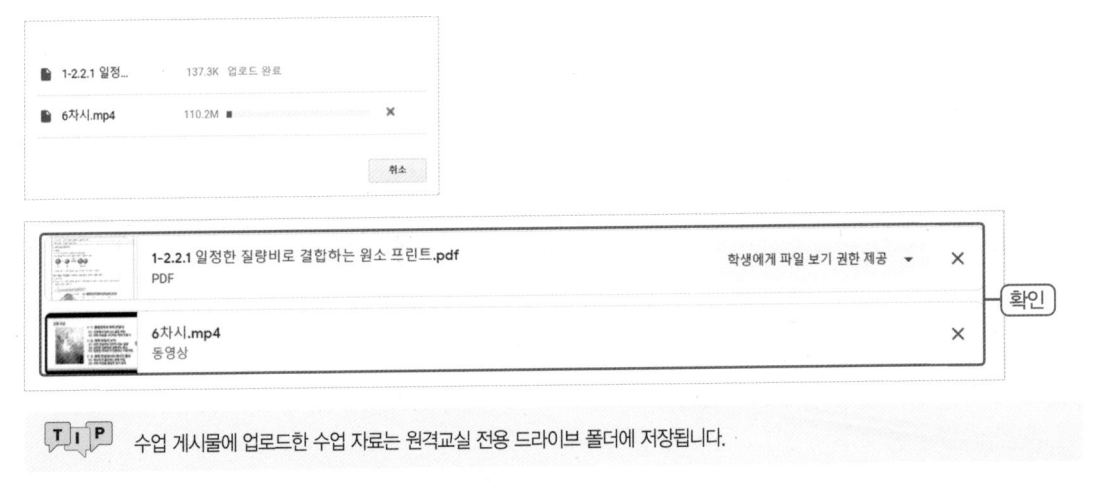

TIP 수업 게시물에 업로드한 수업 자료는 원격교실 전용 드라이브 폴더에 저장됩니다.

6 첨부 파일의 권한을 **[학생에게 파일 보기 권한 제공]**으로 선택합니다.

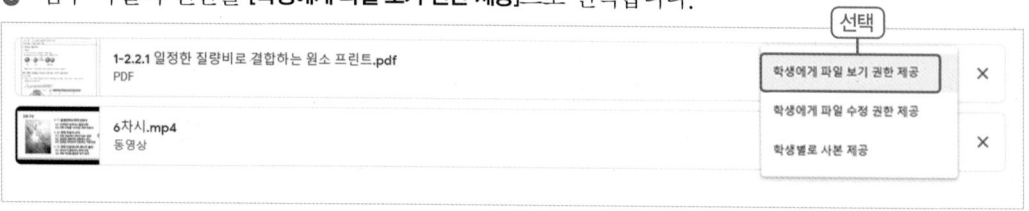

7 게시물 설정을 변경하고, **[과제 만들기]**를 클릭하여 과제를 게시합니다.

과제

저장됨 **과제 만들기** ▼ — 클릭

제목
9월21일(월) - 일정성분비법칙

안내(선택사항)
<오늘의 과제>
아래 링크된 영상을 보고, 교과서 30~31페이지의 탐구활동(화합물을 구성하는 성분 원소 사이의 질량 관계)의 모든 빈칸과 그래프를 채워 넣고 사진으로 찍어 제출하세요.
교과서 대신 프린트의 탐구활동 부분에 작성해도 됩니다.
사진을 명확하게 찍어 제출해야 제대로된 피드백이 가능합니다(특히 그래프!)

* 영상 또는 프린트가 열리지 않는 경우 로그인 문제입니다. 학교 계정으로 로그인 되어있는지 확인하세요.

<출처>
본 자료는 학생들의 학습 목적으로만 사용되어야 하며 외부로의 유출을 금합니다.
학교 개학 및 코로나 사태가 정상화 되는 시점에서는 게시물 삭제 예정 입니다. 모든 자료는 영리적 목적으로 사용 시 처벌 받을 수 있습니다.

추가 + 만들기

1-2.2.1 일정한 질량비로 결합하는 원소 프린트.pdf
PDF   학생에게 파일 보기 권한 제공 ▼ ✕

6차시.mp4
동영상   ✕

대상:
구글중 3학년...   전체 학생 ▼

점수
50 ▼

기한
9월 28일 (월) 오후 11:59 ▼

주제
9월21일(월) ▼

기준표
+ 기준표

□ 표절 여부(원본성) 확인
자세히 알아보기

TIP 과제 만들기에서 [목록(▼)] 단추를 클릭하여 나타나는 [예약]을 통해 게시 시간을 예약할 수 있고, [임시 저장]을 통해 초안으로 저장할 수 있습니다.

8 **[수업]** 페이지에 업로드 된 과제 게시물이 나타나며, 학생들은 여러 가지 형식의 파일을 첨부하여 제출할 수 있습니다.

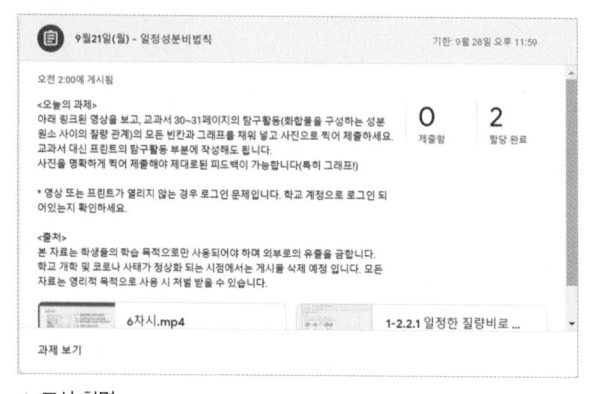

▲ 교사 화면

▲ 학생 화면

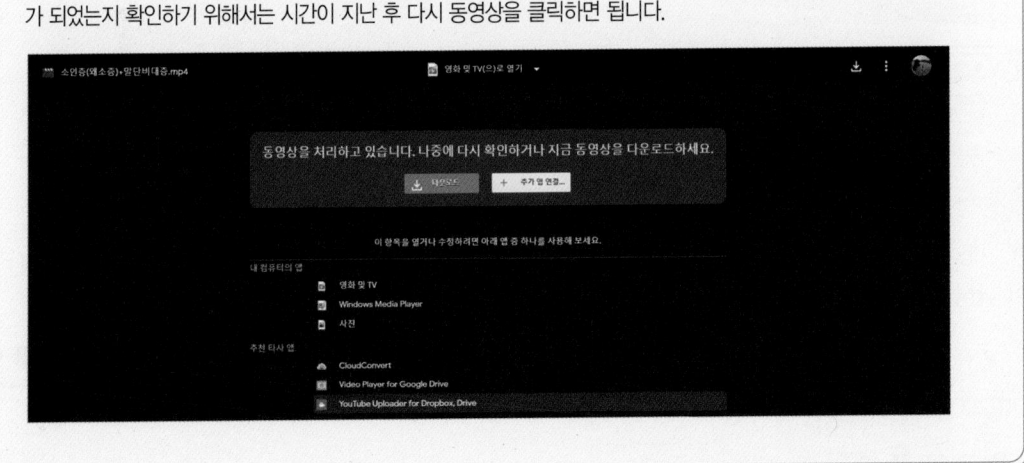

전문가의 조언 **동영상 처리 화면**

게시물에 학습 자료로 동영상을 첨부하고, 게시 후 동영상을 클릭하면 '동영상을 처리하고 있습니다. 나중에 다시 확인하거나 지금 동영상을 다운로드하세요.'라는 문구가 나타나면서 동영상을 볼 수 없습니다. 이는 구글 드라이브에서 동영상을 재생하기 위해 준비하고 있는 것으로 동영상 용량이 크면 재생 준비에 시간이 걸릴 수 있습니다. 제대로 업로드가 되었는지 확인하기 위해서는 시간이 지난 후 다시 동영상을 클릭하면 됩니다.

문서 사본을 완성하는 과제 만들기

1 [수업] 페이지에서 [+ 만들기]를 클릭하고, [과제]를 선택합니다.

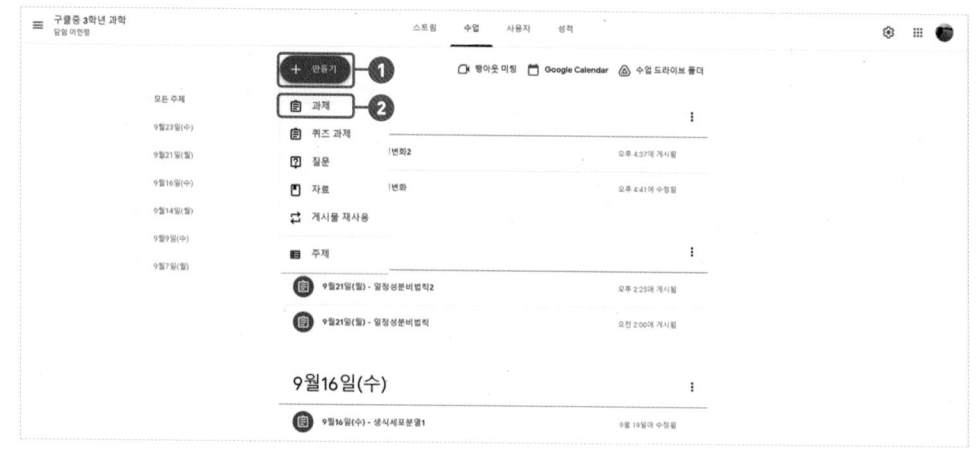

2 과제의 제목과 안내를 입력하되 필요한 경우 [추가]를 클릭하여 수업 자료를 첨부합니다.

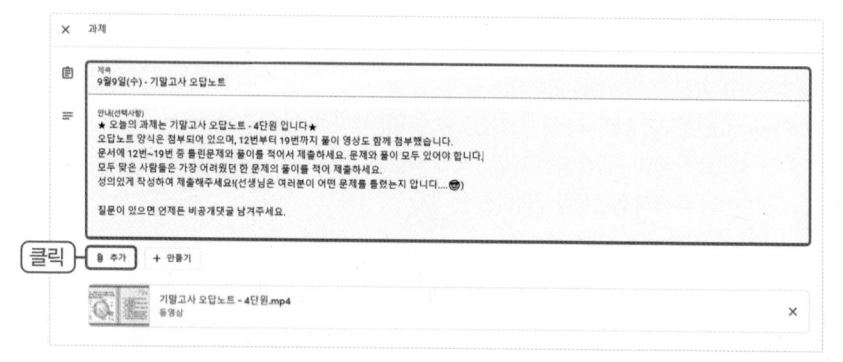

3 새로운 문서를 작성하기 위하여 [+ 만들기]를 클릭하고, [문서]를 선택하면 문서를 편집할 수 있는 창이 나타납니다.

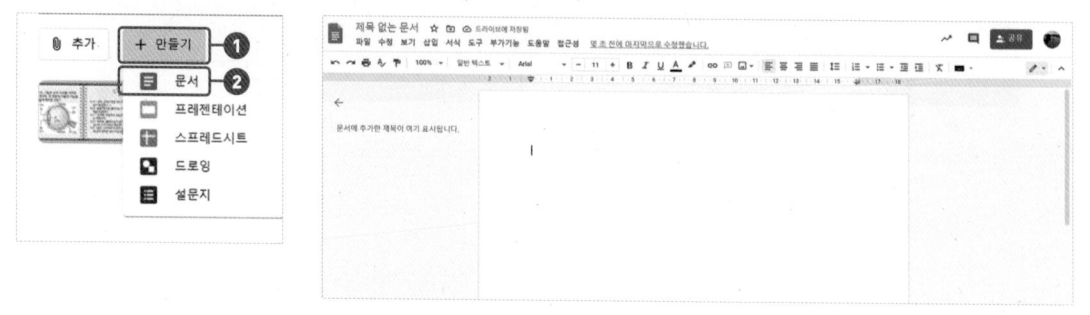

> **TIP** 드라이브에 저장한 학습지 문서가 있다면 [추가]-[Google Drive]를 선택하여 드라이브에 저장되어 있는 학습지 문서를 첨부할 수도 있습니다.

4 '제목 없는 문서'를 클릭하여 파일명을 '오답노트 양식'으로 변경한 후 제목 오른쪽의 [이동(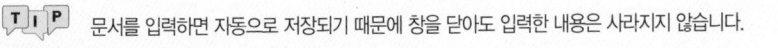)] 아이콘을 클릭하고 파일의 저장 위치를 '프린트 파일'로 지정합니다.

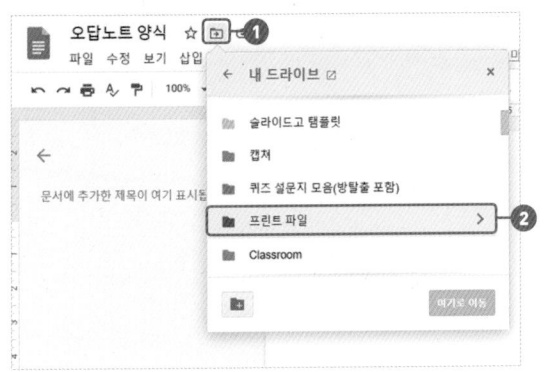

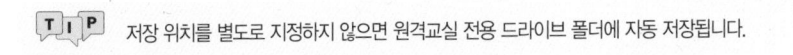

> **TIP** 저장 위치를 별도로 지정하지 않으면 원격교실 전용 드라이브 폴더에 자동 저장됩니다.

5 필요한 문서(학습지) 내용을 입력합니다. 입력 내용은 자동으로 저장됩니다.

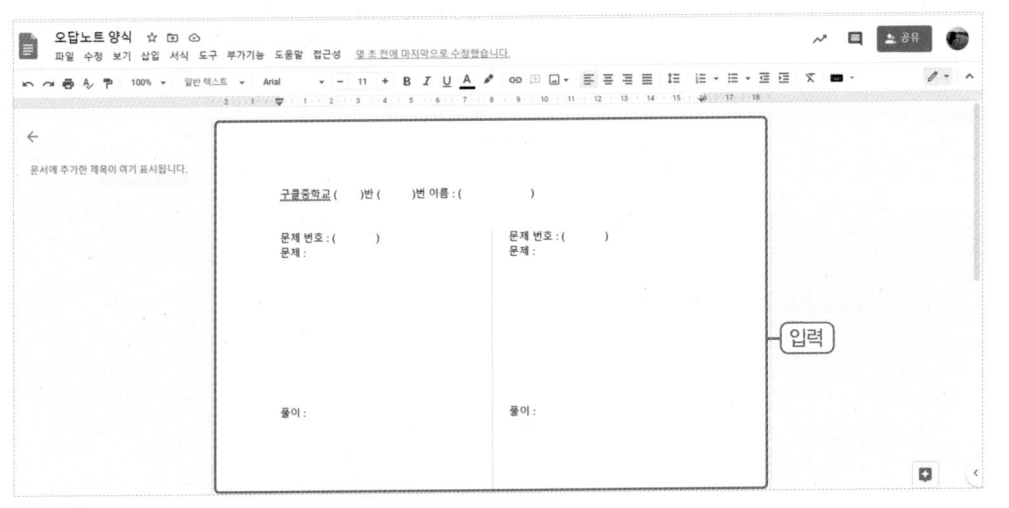

> **TIP** 문서를 입력하면 자동으로 저장되기 때문에 창을 닫아도 입력한 내용은 사라지지 않습니다.

6 문서 입력이 마무리 되면 '드라이브에 저장됨'을 확인하고, 창을 닫습니다.

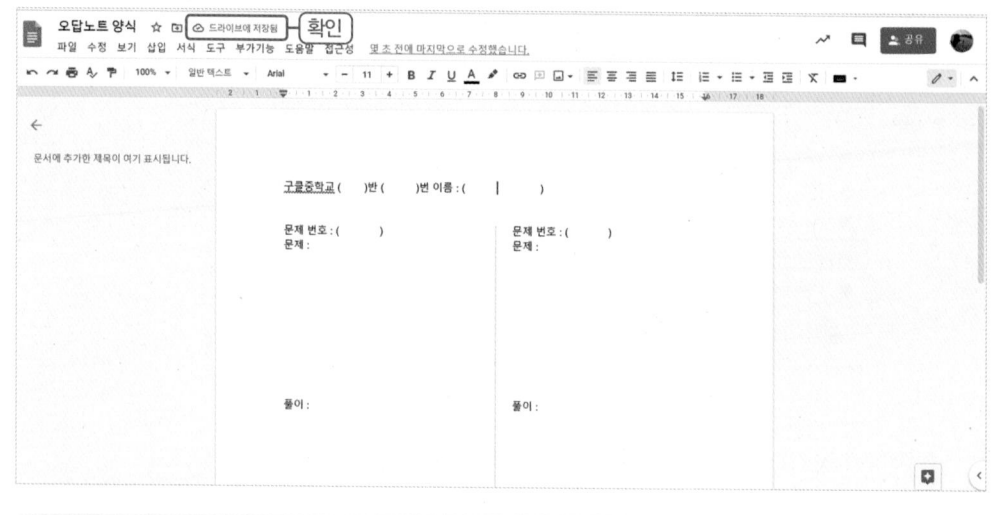

 [문서 상태 확인(⟳)] 아이콘을 클릭하여 저장 상태를 확인할 수도 있습니다.

7 첨부된 문서 우측에서 '학생에게 파일 보기 권한 제공'의 [목록(▾)] 단추를 클릭하여 옵션 중 [학생별로 사본 제공]을 선택합니다.

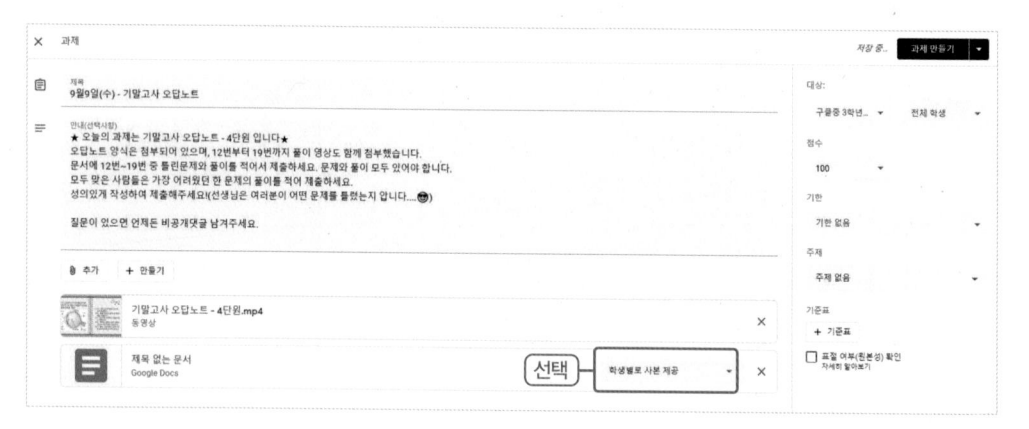

 문서 제목에 '제목 없는 문서'라고 나타나는데, 과제를 게시하면 입력한 제목으로 변경됩니다.

8 게시물 설정을 변경하고, **[과제 만들기]**를 클릭합니다.

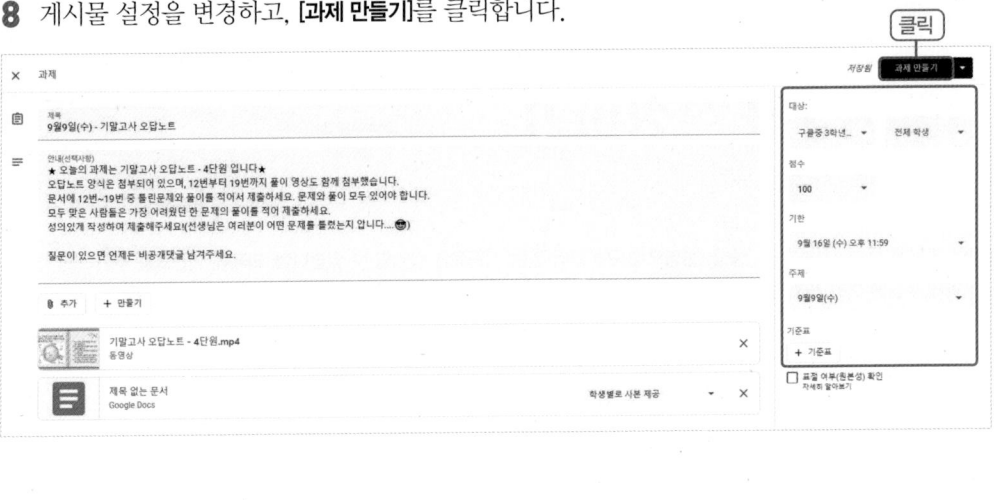

9 수업 페이지에 업로드 된 과제 게시물이 나타나는데, 학생은 '내 과제'에서 할당된 문서 사본(예 : 30002 김철수 – 오답노트 양식)을 편집하여 제출할 수 있습니다.

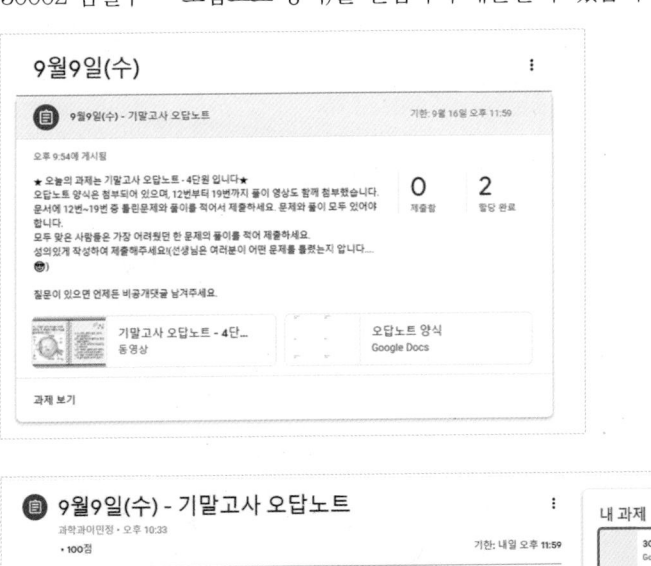

▲ 학생 화면

따라하기

11 기준표 작성하기

과제의 게시물 설정에서는 기준, 등급, 설명으로 구성되어 있는 기준표를 삽입할 수 있습니다. 과제에 기준표를 추가하면 학생들의 과제 수행에 더욱 체계적이고 구체적인 피드백을 제공할 수 있습니다.

과제에 기준표 추가하기

1 과제 편집 화면의 게시물 설정에서 [+ 기준표]를 클릭하고, [기준표 만들기]를 선택합니다.

2 기준표 작성 창 위에서 '점수 사용'을 활성화하고, 점수 정렬 기준을 '내림차순'으로 설정합니다.

9월21일(월) - 일정성분비법칙

학생이 제출한 과제의 평가 기준뿐만 아니라 성취도 등급이나 설명을 추가할 수 있습니다. 학생은 과제와 함께 이 기준표의 사본을 받게 됩니다.

점수 사용 **①**
점수 정렬 기준: 내림차순 ▼ **②**

> '점수 사용'을 활성화하면 등급을 점수로 입력해야 하고, 비활성화하면 등급을 제목으로 입력해야 합니다.

3 기준 제목(필수)에 '그래프'를 입력하고, 기준 설명에 주어진 내용을 추가합니다.

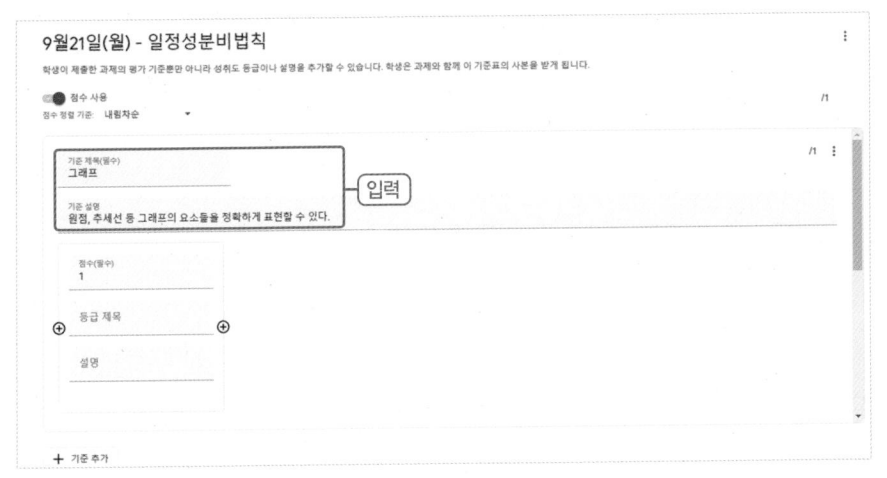

TIP 기준을 복사, 삭제, 이동하기 위해서는 각 기준에 있는 [더보기(⋮)] 아이콘을 클릭합니다.

4 등급 제목에 기준별 등급을 입력하기 위해 **[등급 추가(⊕)]** 아이콘을 클릭하여 새로운 등급을 각각 추가하고, 등급 제목과 점수를 입력합니다.

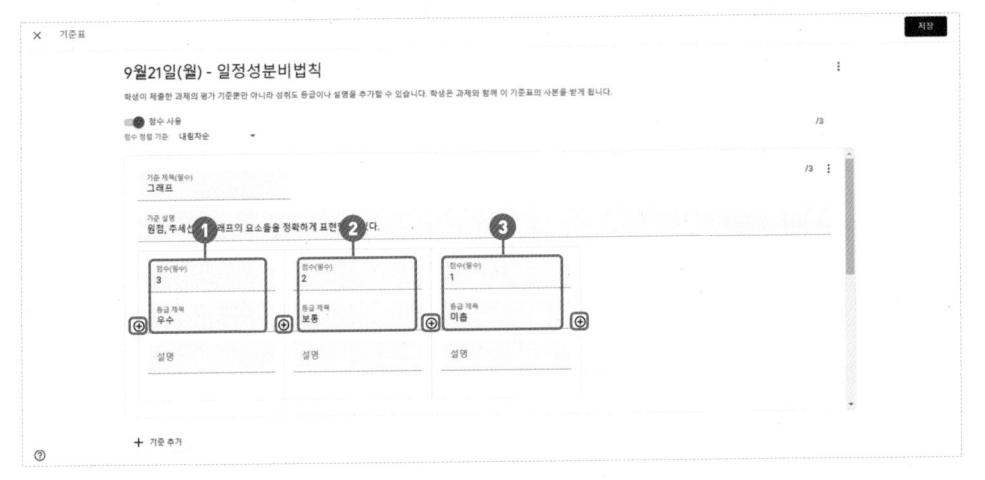

TIP '점수 사용'을 비활성화할 경우 '탁월, 우수, 보통, 미흡' 등으로 등급 제목(필수)을 입력해야 합니다. 등급을 삭제하고 싶을 경우는 등급에 마우스 포인터를 올려놓을 때 나타나는 [더보기(⋮)] 아이콘을 클릭하고 [삭제]를 선택합니다.

5 입력한 등급에 대한 설명을 추가하여 해당 등급에 따른 학생의 특징을 서술합니다. 등급별 자세한 설명을 추가하면 학생들이 기준표로 받은 피드백을 보다 명확하게 이해할 수 있습니다.

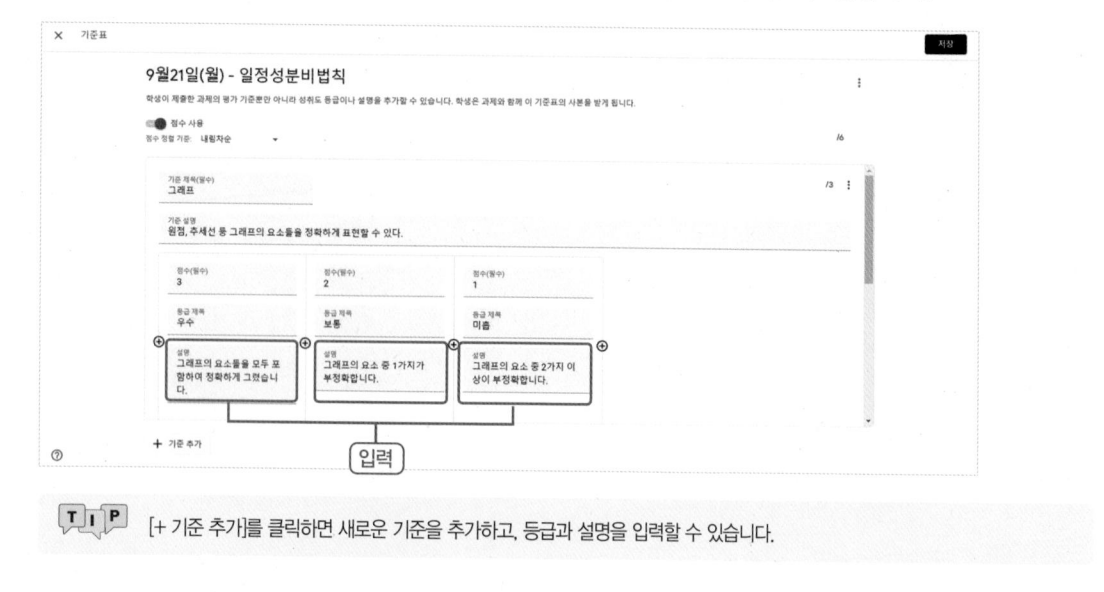

입력

> **TIP** [+ 기준 추가]를 클릭하면 새로운 기준을 추가하고, 등급과 설명을 입력할 수 있습니다.

6 [저장]을 클릭하여 기준표 입력을 종료합니다.

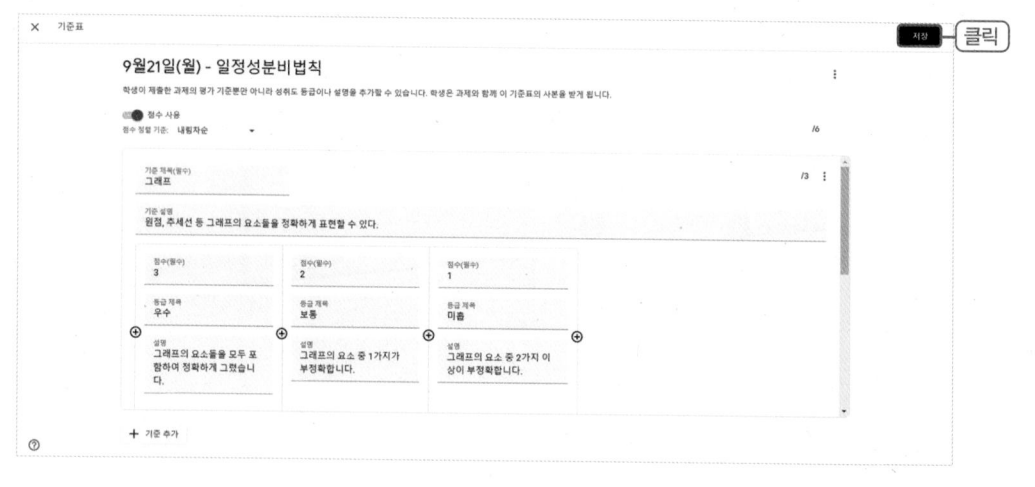

클릭

7 입력한 기준표가 과제에 삽입되었는지 확인합니다.

전문가의 조언 — 기준표 다시 사용하기

과제에 삽입한 기준표는 언제든지 다른 과제에도 재사용할 수 있습니다. [+ 기준표]-[기준표 다시 사용]을 선택한 후 기준표
선택 창에서 기준표를 가져올 게시물이 있는 원격교실을 선택하고, 재사용할 기준표가 삽입된 게시물을 선택합니다.

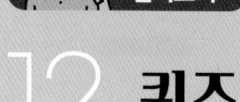
12 퀴즈 과제 살펴보기

퀴즈 과제는 구글 설문지의 기능을 이용하여 형성 평가를 제작하고 학생들의 학습을 확인할 수 있는 수업 게시물입니다. 퀴즈 과제 편집 화면에는 퀴즈로 만들기가 설정된 빈 설문지 파일인 'Blank Quiz'가 자동으로 첨부되며, 성적 가져오기가 활성화되어 있습니다. 그럼 퀴즈 과제 편집 화면과 퀴즈 설문지 편집 화면에 대해 살펴보겠습니다.

퀴즈 과제 편집 화면

[수업] 페이지에서 [+ 만들기]–[퀴즈 과제]를 선택합니다.

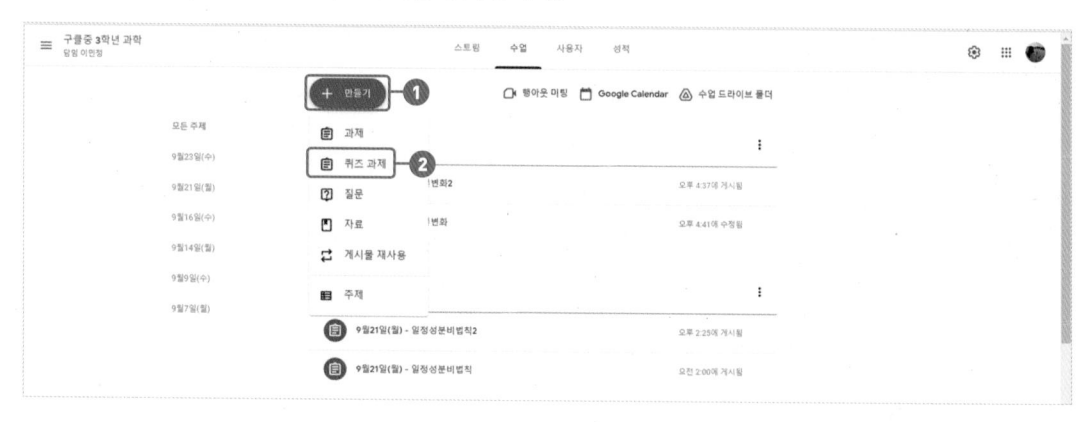

퀴즈 과제 편집 화면이 나타나면 'Blank Quiz'가 자동으로 첨부되어 있습니다. 제목과 안내 입력, 첨부 파일 추가는 과제 편집 화면과 동일합니다. 과제 편집 화면에 대한 자세한 내용은 195쪽을 참고하세요.

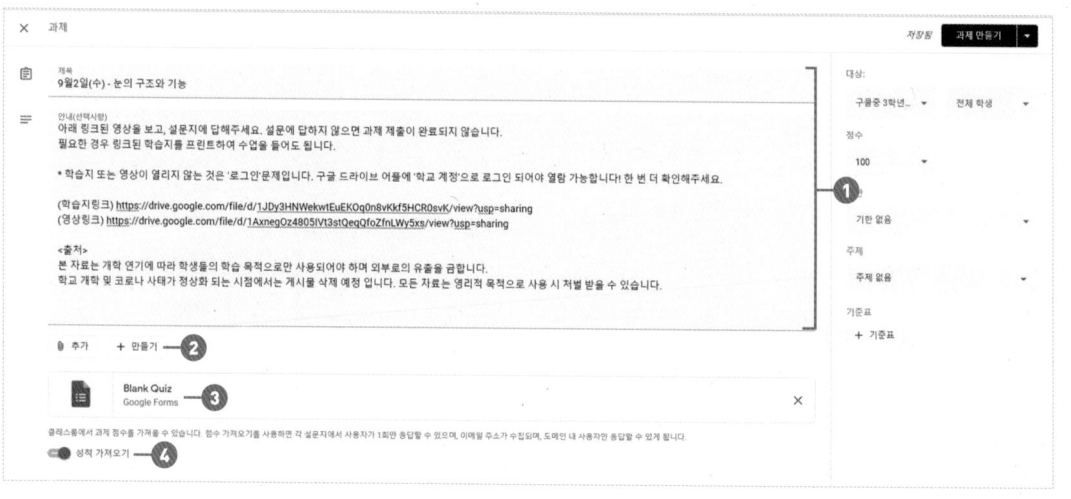

① **제목/안내 사항** : 퀴즈 과제의 제목과 안내 사항을 입력합니다.

② **추가/만들기** : 퀴즈 과제에 수업 자료를 추가하거나 학습 자료를 만듭니다.

③ **Blank Quiz** : Google 설문지를 사용하여 퀴즈를 구성할 수 있습니다.

④ **성적 가져오기** : 성적 가져오기 기능을 켜고, 끌 수 있습니다. 성적 가져오기 기능은 설문지에 기록된 퀴즈 점수를 구글 클래스룸으로 가져와 조회하는 것으로 첨부 파일에는 설문지 1개만 존재하고, 퀴즈 설문지 설정에서 '응답 횟수 1회로 제한', '### 및 신뢰할 수 있는 하위 조직의 사용자로 제한', '이메일 주소 수집'을 활성화해야 사용할 수 있습니다. 성적 가져오기에 대한 자세한 내용은 282쪽을 참고하세요.

퀴즈 설문지 편집 화면

퀴즈 과제 편집 화면에서 자동으로 첨부된 'Blank Quiz'를 클릭하면 Google 설문지를 사용하여 퀴즈 문항을 편집할 수 있습니다.

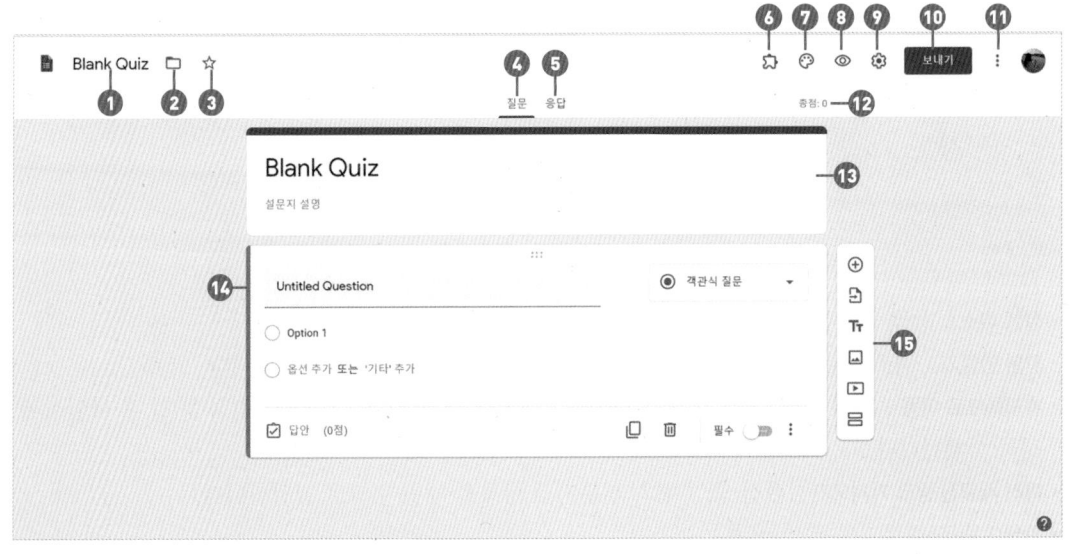

① **제목** : 퀴즈 설문지의 제목을 입력합니다.

② **폴더로 이동** : 현재 퀴즈 설문지의 저장 위치를 지정합니다. 위치를 지정하지 않으면 퀴즈 설문지는 드라이브의 해당 클래스룸 폴더에 저장됩니다.

③ **별표** : 퀴즈 설문지 파일을 별표 표시합니다. 별표 표시된 퀴즈 설문지는 드라이브의 중요 문서함에 저장됩니다.

④ **[질문] 탭** : 퀴즈 설문지의 문항을 편집하고, 답안을 작성합니다.

⑤ **[응답] 탭** : 퀴즈 설문지에 대한 응답을 확인합니다. 응답자 수가 오른쪽에 표시됩니다.

⑥ **부가 기능** : 퀴즈 설문지와 호환되는 부가 기능을 실행합니다.

⑦ **테마 옵션** : 퀴즈 설문지에 테마를 적용합니다. 머리글에 사진을 넣거나 테마의 색상을 변경할 수 있습니다.

⑧ **미리보기** : 편집 중인 퀴즈 설문지의 응답자 화면을 미리 확인합니다.

❾ **설정** : 퀴즈 설문지의 설정을 변경합니다. 퀴즈 설문지 설정에 대한 자세한 내용은 219쪽을 참고하세요.

❿ **보내기** : 응답자에게 퀴즈 설문지의 URL 링크 주소를 보내거나 공동 편집자를 추가합니다.

> **TIP** 구글 클래스룸에서 생성한 퀴즈 설문지는 자동으로 학생에게 할당되므로 학생들에게 링크를 보낼 필요는 없습니다. 만약, 외부 도메인 사용자에게 퀴즈 설문지를 전달할 경우는 성적 가져오기 기능이 활성화되지 않습니다.

⓫ **더보기** : 퀴즈 설문지의 사본을 만들거나 삭제, 인쇄할 수 있습니다.

- **실행 취소** : 방금 실행한 작업을 취소하거나 재실행합니다.
- **사본 만들기** : 퀴즈 설문지의 사본을 만들되 이미 수집된 응답은 복사되지 않습니다.
- **휴지통으로 이동** : 편집 중인 퀴즈 설문지 파일을 드라이브의 휴지통으로 옮깁니다. 30일 후 파일이 완전히 삭제됩니다.
- **미리 채워진 링크 가져오기** : 편집 중인 퀴즈 설문지의 항목을 채워 링크로 전달합니다.
- **인쇄** : 퀴즈 설문지를 인쇄합니다.
- **공동작업자 추가** : 퀴즈 설문지의 공동작업자를 추가합니다.
- **스크립트 편집기** : 편집 중인 퀴즈 설문지의 스크립트 편집기를 화면에 표시합니다.
- **부가기능** : 퀴즈 설문지와 호환되는 부가기능을 실행합니다. 퀴즈 설문지의 유용한 부가기능에 대한 자세한 내용은 393쪽, 399쪽을 참고하세요.
- **환경설정** : 퀴즈 설문지 편집 시 기본 설정을 변경합니다. 이메일 수집 여부, 문항별 기본 점수, 문항 필수 여부 설정이 가능합니다.

⓬ **총점** : 퀴즈 설문지의 문항별 점수를 합산한 총점이 표시됩니다.

⓭ **퀴즈 제목 및 설명** : 퀴즈에 대한 제목과 안내 사항을 입력합니다.

⓮ **퀴즈 문항 카드** : 퀴즈 문항을 편집합니다.

⓯ **퀴즈 메뉴 바** : 퀴즈 문항을 편집할 때 도움이 되는 기능들을 사용할 수 있습니다.

- **[질문 추가(⊕)]** : 새 문항을 추가합니다.

- **[질문 가져오기(⊟)]** : 다른 퀴즈 설문지에서 작성한 문항을 가져옵니다.
- **[제목 및 설명 추가(Tт)]** : 퀴즈 설문지 중간에 제목과 설명을 추가합니다.
- **[이미지 추가(⊡)]** : 퀴즈 설문지에 이미지를 삽입합니다.
- **[동영상 추가(▷)]** : 퀴즈 설문지에 YouTube 동영상을 삽입합니다.
- **[섹션 추가(≣)]** : 퀴즈 설문지에 섹션을 추가합니다. 섹션 추가나 섹션 이동에 대한 자세한 내용은 231 쪽을 참고하세요.

퀴즈 설문지 설정

퀴즈 설문지 편집 화면 위에서 **[설정(⚙)]** 아이콘을 클릭하면 현재 편집 중인 퀴즈 설문지의 설정을 변경하고 확인할 수 있습니다. 설정 창은 **[일반]** 탭, **[프레젠테이션]** 탭, **[퀴즈]** 탭으로 구성되어 있습니다.

❶ **[일반] 탭** : 퀴즈 설문지의 기본 사항을 변경할 수 있습니다.

- **이메일 주소 수집** : 응답자의 이메일 주소를 수집하며, 이메일 주소 수집을 선택하지 않은 경우 익명으로 처리됩니다.
- **응답 수신** : 응답자가 퀴즈 설문지의 응답 사본을 이메일로 수신할 수 있습니다.
- **### 및 신뢰할 수 있는 하위 조직의 사용자로 제한** : 응답자를 같은 도메인 사용자로 제한하고, 외부 사용자는 퀴즈 설문지를 확인할 수 없습니다.
- **응답 횟수 1회로 제한** : 퀴즈 설문지의 응답 횟수를 1회로 제한하며, 응답자는 반드시 Google에 로그인해야 합니다.
- **제출 후 수정** : 응답자가 응답을 제출한 후 수정할 수 있습니다.
- **요약 차트와 텍스트 응답 확인** : 응답자가 다른 응답자의 답변을 확인할 수 있으며, 응답을 제출한 후 '이전 응답 참조'를 통해 객관식 문항의 통계와 주관식 문항의 모든 답변을 볼 수 있습니다.

❷ **[프레젠테이션] 탭** : 응답자가 퀴즈 설문지에 대해 응답을 하거나 제출을 마친 경우 보이는 화면을 설정할 수 있습니다.

- **진행률 표시줄 표시하기** : 응답 시 퀴즈 설문지의 진행률을 표시합니다.
- **질문 순서 무작위로 섞기** : 퀴즈 설문지의 문항 순서가 무작위로 변경됩니다.
- **다른 응답을 제출할 링크 표시** : [일반] 탭에서 '응답 횟수 1회로 제한'을 설정하지 않았다면 응답을 제출한 후 또 다른 응답을 제출할 수 있는 링크를 표시합니다.
- **확인 메시지** : 퀴즈 설문지를 제출한 후 응답자가 볼 수 있는 확인 메시지를 설정합니다.

> **TIP** 퀴즈 과제 게시물에서 퀴즈 설문지 이외에 다른 수업 자료를 첨부했을 경우 퀴즈 설문지 응답을 제출해도 클래스룸에는 '제출함'으로 표시되지 않습니다. '확인 메시지' 항목에 퀴즈 응답을 제출한 후 내 과제란에서 '완료로 표시'를 클릭하도록 안내합니다.

❸ **[퀴즈] 탭** : 설문지를 퀴즈 과제로 사용하도록 설정할 수 있습니다.

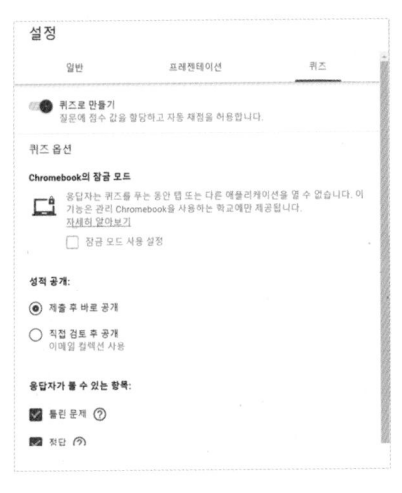

- **퀴즈로 만들기** : 각 질문에 점수를 할당하고 자동 채점을 할 수 있습니다. 퀴즈 설문지 작성 시 반드시 활성화 되어야 합니다.
- **Chromebook의 잠금 모드** : Chromebook을 사용하여 퀴즈 설문지에 응답할 때 다른 애플리케이션의 동시 사용을 제한합니다.
- **성적 공개** : '제출 후 바로 공개'를 선택하면 학생들이 응답을 제출한 직후 자동 채점된 성적을 확인할 수 있습니다. '직접 검토 후 공개'를 선택하면 교사가 채점한 후 성적이 별도로 공개됩니다.
- **응답자가 볼 수 있는 항목** : 틀린 문제, 정답, 점수 중 응답자가 퀴즈 설문지를 제출한 후 확인할 수 있는 항목을 선택합니다.

문항 유형 살펴보기

퀴즈 설문지는 단답형, 장문형, 객관식 질문, 체크박스 등 다양한 문항 유형을 사용하여 자유롭게 구성할 수 있습니다.

각 문항 카드에서 **[답안]**을 클릭하면 해당 문제 유형에 따라 정답과 추가 의견을 입력할 수 있고, **[게재(⋮)]** 아이콘을 클릭하면 **[답변을 기준으로 섹션 이동]** 등 추가 옵션이 표시됩니다.

- **단답형** : 학생들이 문제에 대한 답을 직접 입력하는 문항입니다.

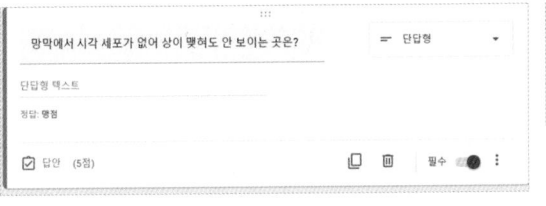
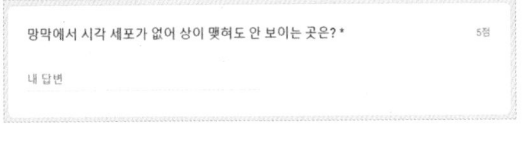

> **TIP** 단답형 문항은 학생 답변에서 띄어쓰기만 달라져도 정답으로 인정되지 않기 때문에 답안 입력 시 예상 답변까지 고려하여 입력하는 것이 좋습니다.

- **장문형** : 학생들이 문제에 대한 답을 직접 입력하는 문항으로 단답형 문항과는 다르게 자동 채점이 불가능합니다. 응답 제출 이후 교사가 학생들의 답변을 보고 개별적으로 채점하여 점수를 부여합니다.

- **객관식 질문** : 학생들이 문제를 읽고 여러 선택지 중 하나의 정답을 선택하는 문항입니다.

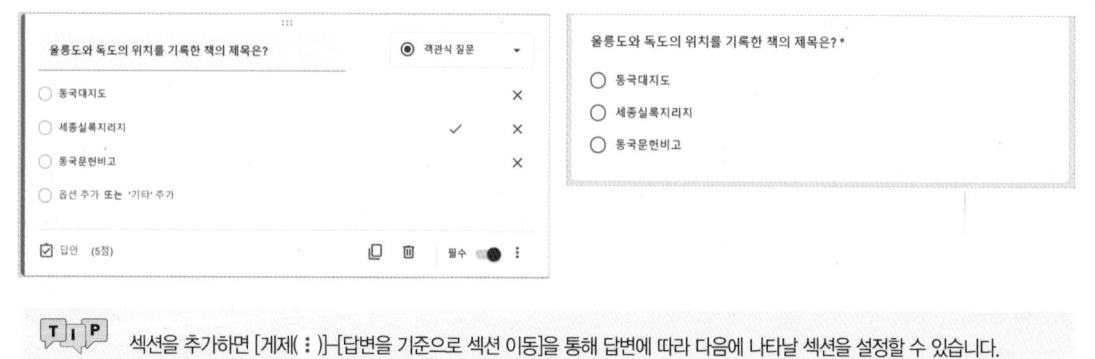

TIP 섹션을 추가하면 [게재(:)]–[답변을 기준으로 섹션 이동]을 통해 답변에 따라 다음에 나타날 섹션을 설정할 수 있습니다.

- **체크박스** : 객관식 질문과 비슷하나 응답자가 여러 개의 선택지를 동시에 선택할 수 있습니다. 정답이 2개 이상인 선택형 문항을 만들 때 주로 활용하며, **[답변을 기준으로 섹션 이동]**은 불가능합니다.

- **드롭다운** : 선택의 **[목록(▾)]** 단추를 클릭하면 선택지 목록이 나타나는 문항으로 퀴즈 설문지의 페이지 길이가 줄어들고, 응답자가 답변을 직접 입력하는 것보다 응답의 정확성을 높일 수 있습니다. 응답자는 여러 선택지 중 하나만 선택할 수 있습니다.

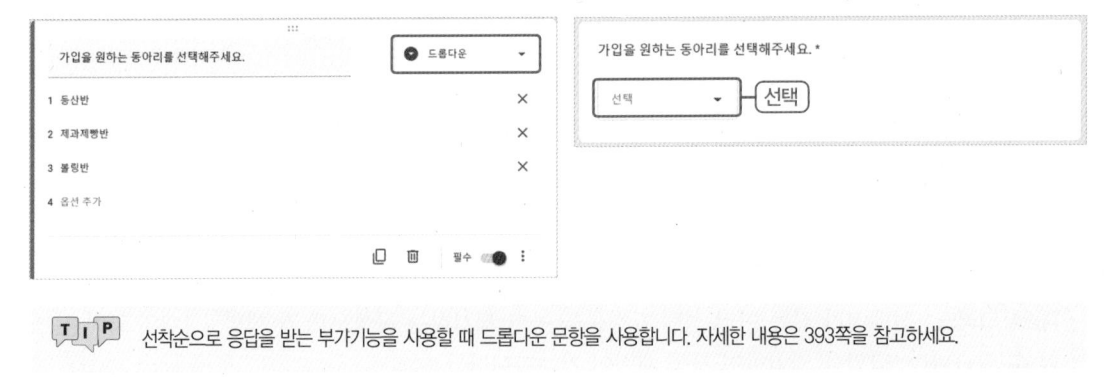

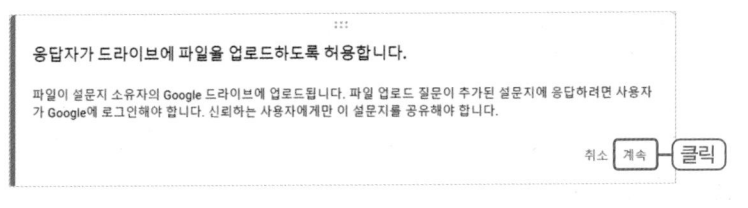 선착순으로 응답을 받는 부가기능을 사용할 때 드롭다운 문항을 사용합니다. 자세한 내용은 393쪽을 참고하세요.

- **파일 업로드** : 응답자가 문항에 파일을 업로드하여 제출할 수 있고, 업로드한 파일은 원격교실 드라이브 폴더 중 'File Responses'에 저장됩니다. 응답자는 반드시 Google에 로그인해야만 파일을 업로드할 수 있습니다.

파일 업로드 문항을 사용하려면 드라이브 접근 권한 관련 문구에서 **[계속]**을 클릭해야 합니다.

- **선형 배율** : 척도 설문 문항으로 여러 단계에서 하나를 선택합니다. 답안을 입력할 수 없고, 자동 채점이 불가능합니다.

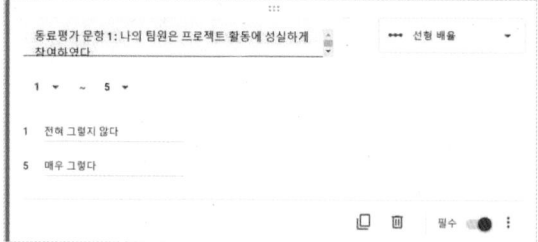 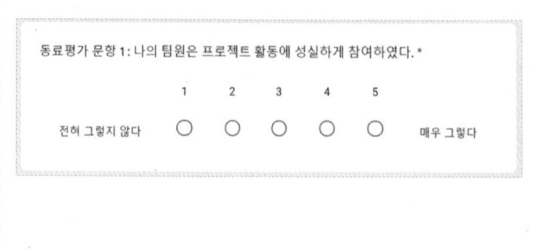

- **객관식 그리드** : 선택지가 같은 여러 선택형 질문을 묶어 제시하는 문항으로 각 행별로 1개의 열만 선택할 수 있습니다. 답안을 입력하여 자동 채점이 가능합니다.

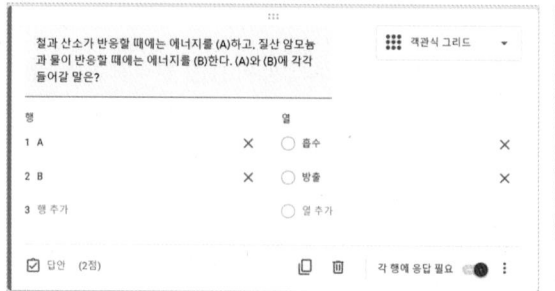 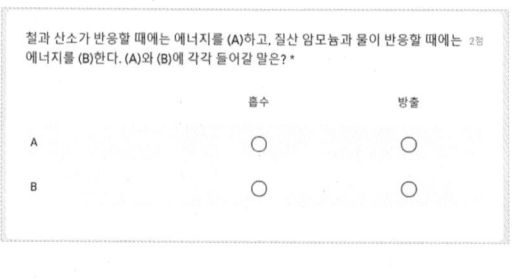

- **체크박스 그리드** : 객관식 그리드 문항과 유사하나 응답자가 각 행별로 두 가지 이상의 열을 선택할 수 있습니다.

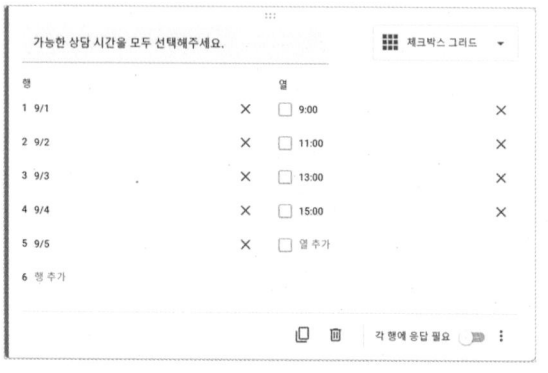

- **날짜** : 응답자로부터 날짜를 수집하는 문항으로 응답자들은 **[날짜(□)]** 아이콘을 클릭하여 달력에서 원하는 날짜를 선택합니다. 답안을 입력할 수 없고, 개별적으로 채점합니다.

- **시간** : 응답자로부터 시간을 수집하는 문항으로 날짜 문항과 마찬가지로 정답을 입력할 수 없습니다.

섹션 살펴보기

퀴즈 메뉴 바에서 **[섹션 추가(☰)]** 아이콘을 클릭하면 퀴즈 설문지에 섹션을 추가할 수 있습니다.

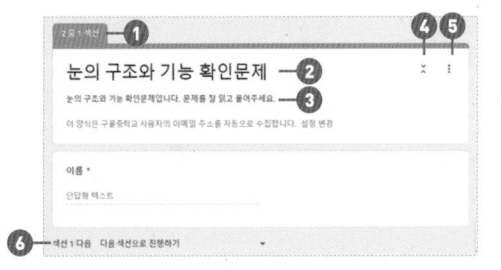

❶ **# 중 # 섹션** : 전체 섹션의 수에서 현재 섹션이 몇 번째인지를 나타냅니다.

❷ **섹션 제목** : 섹션의 제목을 입력합니다.

❸ **설명(선택사항)** : 현재 섹션에 대한 설명을 입력합니다.

❹ **접기(×)/펴기(◇)** : 섹션에 포함된 문항들을 접어 문제만 간략하게 보거나 문항들을 펼쳐 세부 내용을 모두 봅니다.

❺ **더보기** : 섹션의 복제, 이동, 삭제, 병합을 할 수 있습니다.

- **섹션 복제** : 현재 섹션을 복제하여 아래에 하나 더 만듭니다.
- **섹션 이동** : 드래그를 이용하여 섹션간 위치를 변경합니다.
- **섹션 삭제** : 현재 섹션을 삭제하되 섹션에 포함된 문항도 함께 삭제됩니다.
- **위와 병합** : 현재 섹션을 위의 섹션과 병합합니다.

❻ **섹션 # 다음** : 해당 섹션 다음에 나타날 섹션을 선택합니다.

- **다음 섹션으로 진행하기** : 현재 섹션을 마친 후 다음 섹션으로 이동합니다.
- **#섹션으로 이동** : 현재 섹션을 마친 후 선택한 섹션으로 이동합니다.
- **설문지 제출** : 현재 섹션을 마친 후 퀴즈 설문지를 제출합니다.

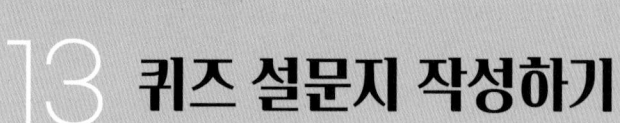
13 퀴즈 설문지 작성하기

Google 설문지를 통해 형성 평가 퀴즈를 만들어 보겠습니다. 먼저 퀴즈 설문지의 설정을 변경한 후 다양한 유형의 퀴즈 문항을 제작합니다. 문항별로 답안을 입력하여 자동 채점 및 피드백 기능을 활성화합니다.

퀴즈 설문지 작성 준비하기

1 퀴즈 과제 편집 화면에서 자동으로 첨부된 'Blank Quiz'를 클릭합니다.

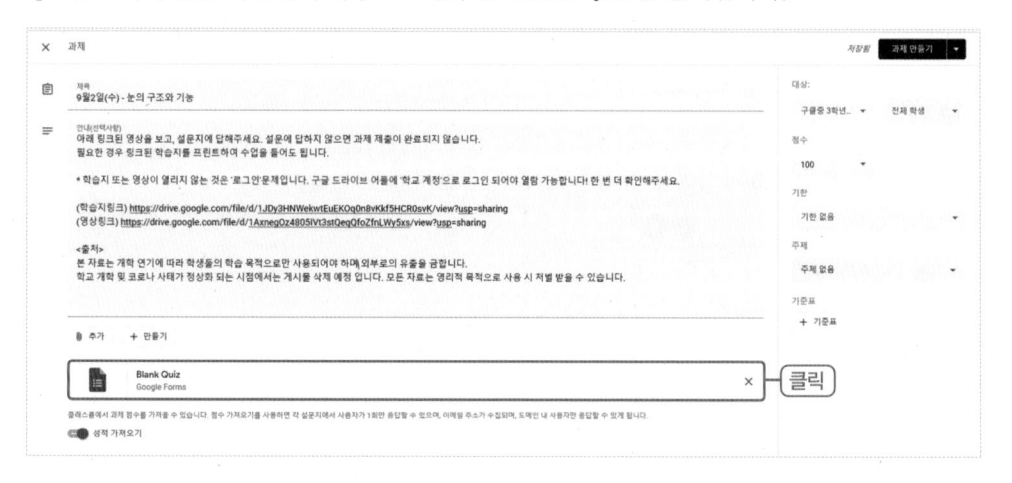

2 'Blank Quiz'로 입력되어 있는 퀴즈 설문지의 제목을 '눈의 구조와 기능 확인문제'로 변경합니다.

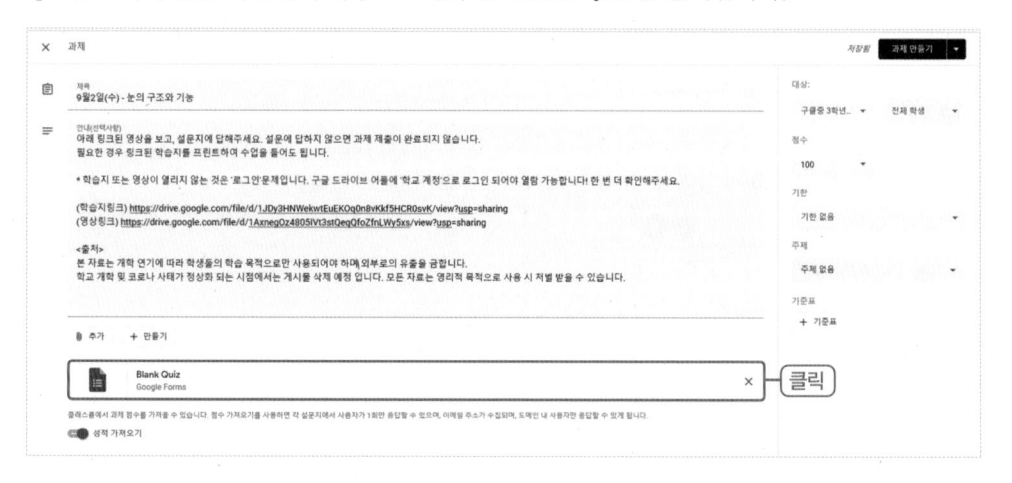

3 [폴더로 이동(📁)] 아이콘을 클릭하고, 저장 위치를 [프린트 파일]로 선택합니다.

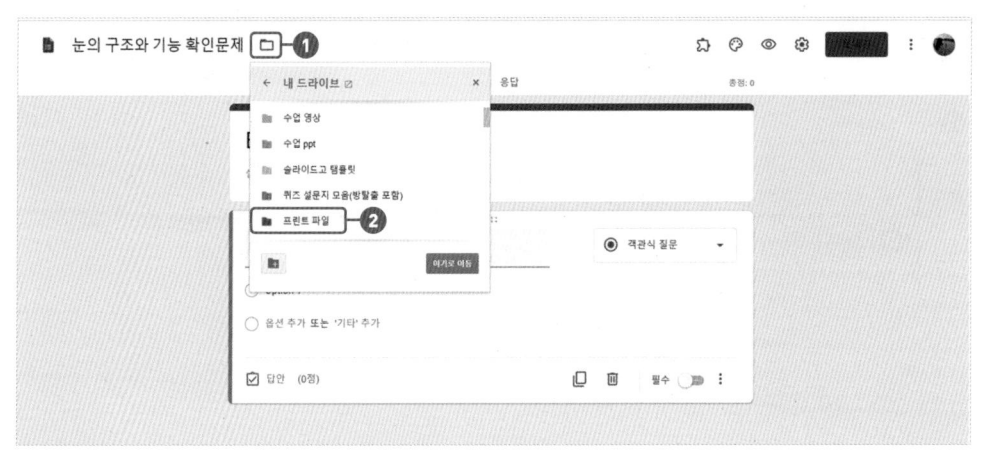

TIP 저장 위치를 지정하지 않으면 원격교실 전용 드라이브 폴더에 자동 저장됩니다.

4 [테마 옵션(🎨)] 아이콘을 클릭하고, 원하는 퀴즈 설문지 테마를 선택합니다.

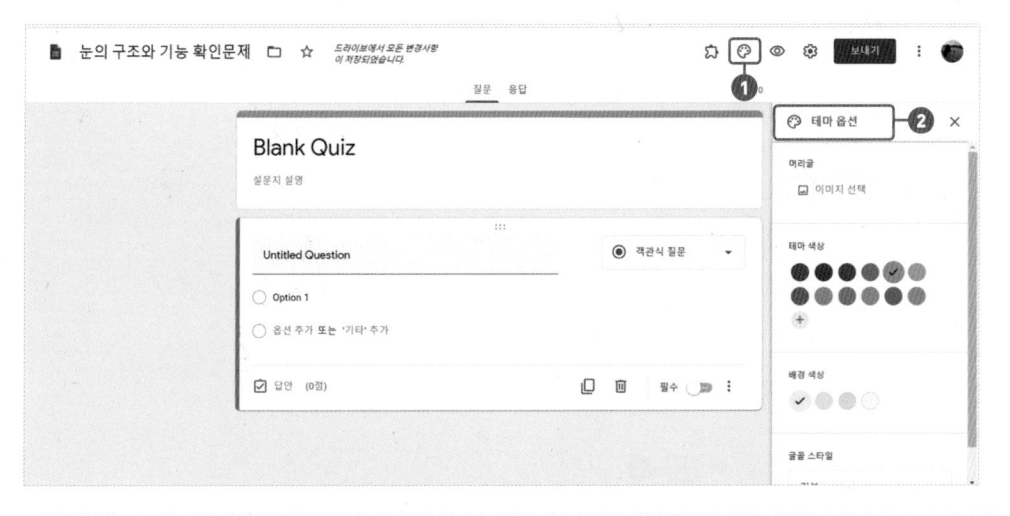

TIP 교사나 교과별로 구분된 테마를 사용하면 '질문 가져오기' 기능을 사용할 때 퀴즈 설문지를 쉽게 구분할 수 있습니다.

5 **[설정(⚙)]** 아이콘을 클릭한 후 **[일반]** 탭에서 '이메일 주소 수집', '응답 횟수 1회로 제한'을 선택(체크)합니다. '### 및 신뢰할 수 있는 하위 조직의 사용자로 제한'이 선택되어 있는지 확인합니다.

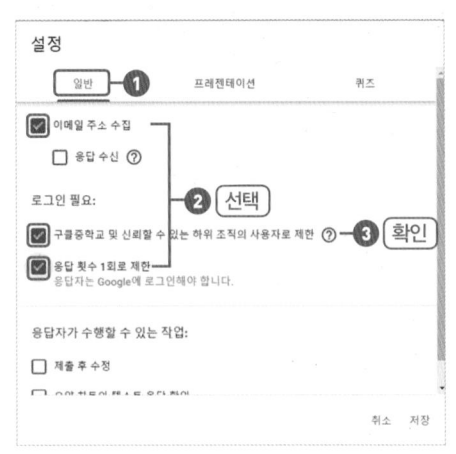

6 **[퀴즈]** 탭에서 '퀴즈로 만들기'가 활성화 되어 있는지 확인하고, '제출 후 바로 공개'를 선택한 후 **[저장]**을 클릭하여 변경한 설정을 저장합니다.

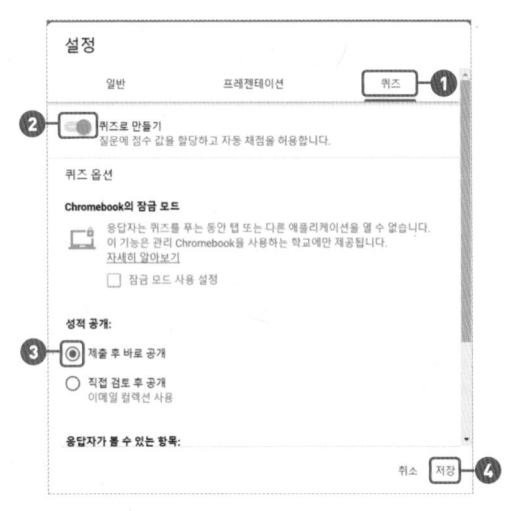

> **TIP** 퀴즈 설문지 설정에 대한 자세한 내용은 219쪽을 참고하세요.

퀴즈 문항 작성하기

1 퀴즈 문항의 제목과 설명을 입력한 후 자동으로 추가되어 있는 문항을 클릭합니다.

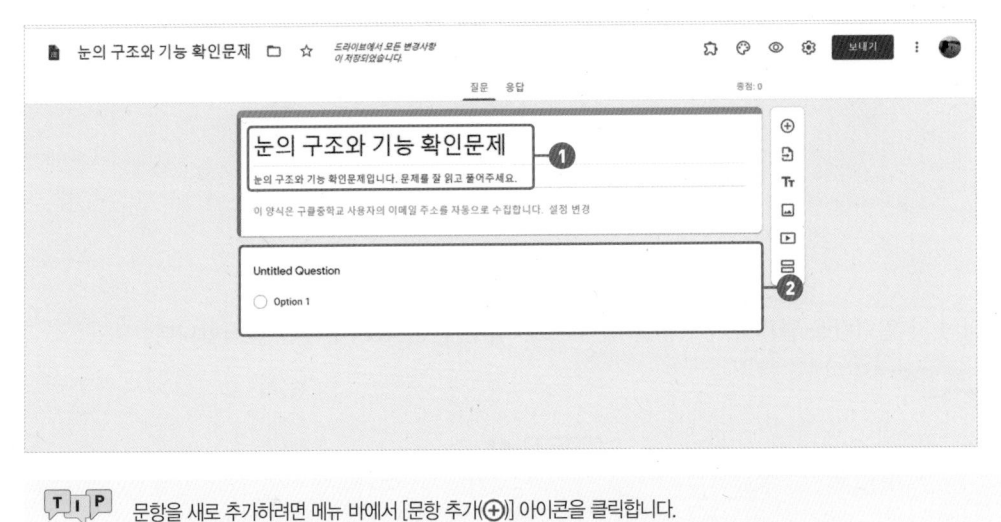

> **TIP** 문항을 새로 추가하려면 메뉴 바에서 [문항 추가(⊕)] 아이콘을 클릭합니다.

2 문제의 유형을 '객관식 질문'으로 선택하고, 질문 내용을 입력합니다.

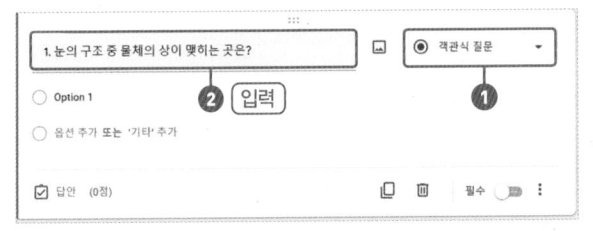

3 'Option 1'을 클릭하여 첫 번째 선택지를 변경하고, '옵션 추가'를 클릭하여 옵션(선택지)을 추가합니다. 계속해서 '필수'를 활성화하여 필수 문항으로 지정합니다.

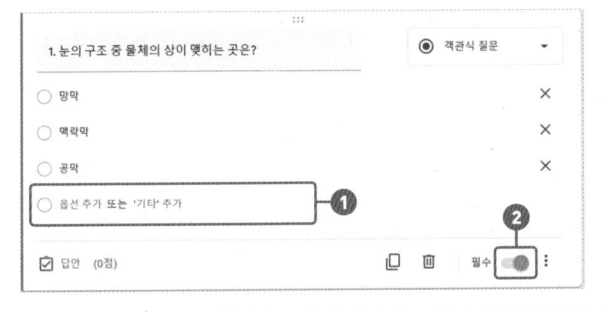

> **TIP** '필수'로 지정한 문항에 대해 답변을 작성하지 않으면 퀴즈 설문지 제출을 할 수 없습니다.

4 문항 아래에서 '답안'을 클릭한 후 문항 옵션 중 정답을 선택합니다.

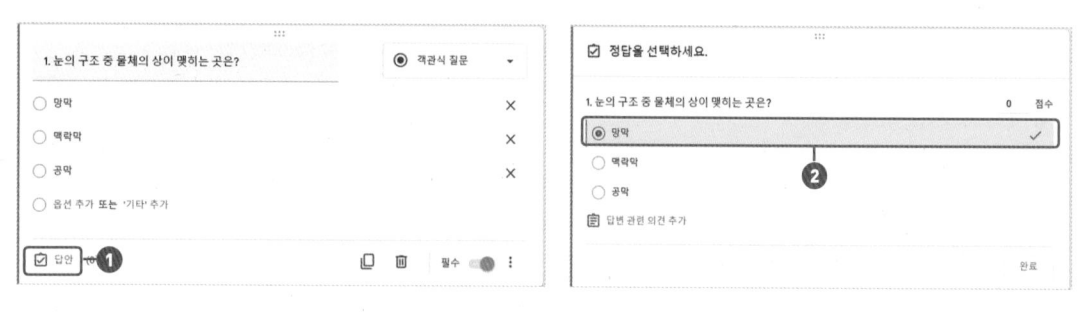

5 '점수'의 숫자 입력란을 클릭하여 점수를 입력하고, '답변 관련 의견 추가'를 클릭합니다.

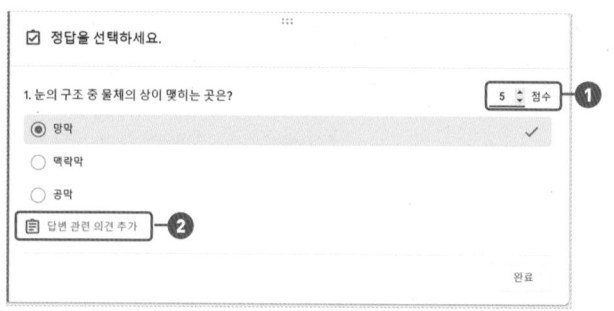

6 의견 추가 창에서 잘못된 답변과 정답에 대한 의견을 각각 입력하고, **[저장]**을 클릭합니다.

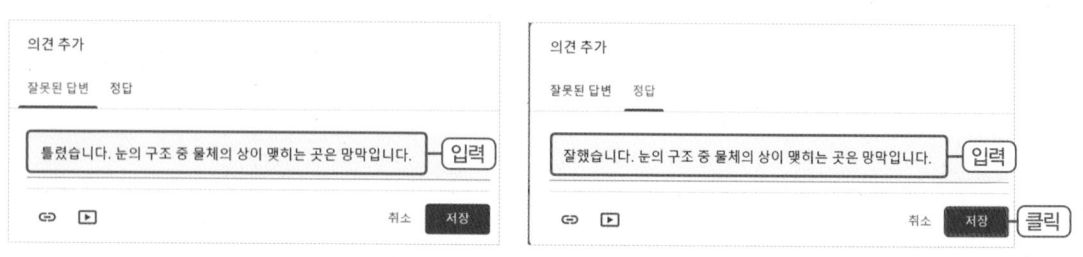

> **TIP** 의견 추가 창에서 정답과 오답에 대한 의견을 다르게 작성할 수 없는 유형과 의견을 작성할 수 없는 유형이 있으며, YouTube 영상이나 링크를 삽입할 수도 있습니다. 학생이 퀴즈 설문지를 제출한 후 교사가 입력한 의견을 확인할 수 있습니다.

7 [**완료**]를 클릭하여 정답과 의견을 저장합니다. 답안을 수정하려면 수정 문항 아래에서 '답안'을 클릭합니다.

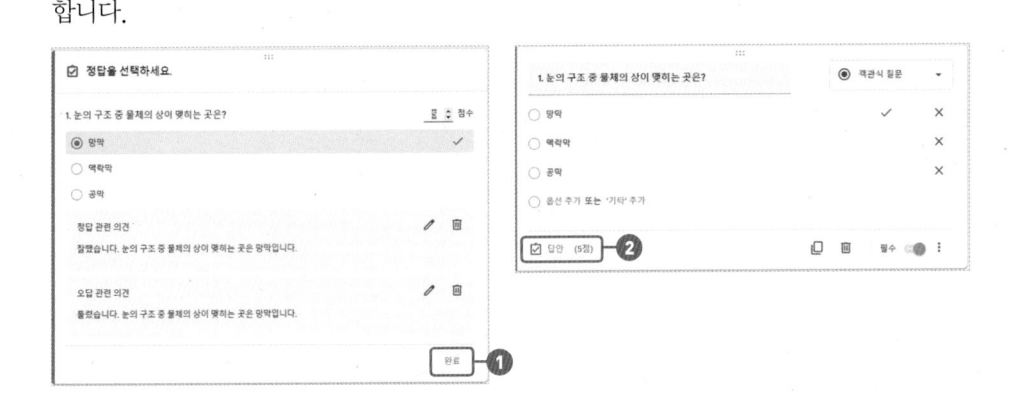

질문 섹션 추가하기

1 메뉴 바에서 [**섹션 추가(目)**] 아이콘을 클릭합니다.

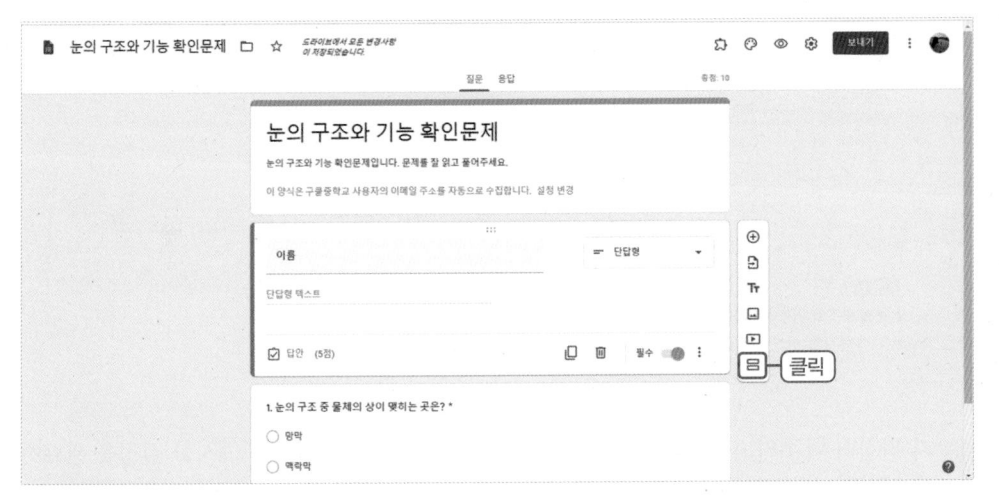

T I P 섹션은 퀴즈 설문지의 페이지로 섹션을 활용하면 퀴즈 설문지를 구조화 하는데 유용합니다. 구조화된 섹션은 교사가 의도한대로 섹션을 따라 이동하면서 학습하도록 길잡이 역할을 해 줍니다.

2 섹션을 추가하면 제목 위쪽에 '#중 #섹션'이라는 문구가 표시됩니다.

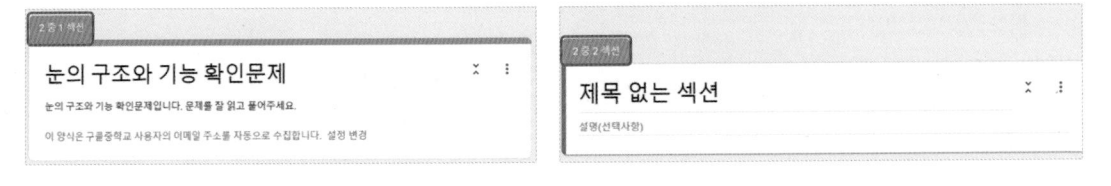

3 추가한 섹션에 문항을 추가한 후 해당 섹션 아래쪽에서 다음 섹션으로 진행하기의 **[목록(▼)]** 단추를 클릭하여 앞으로 진행할 섹션을 지정합니다.

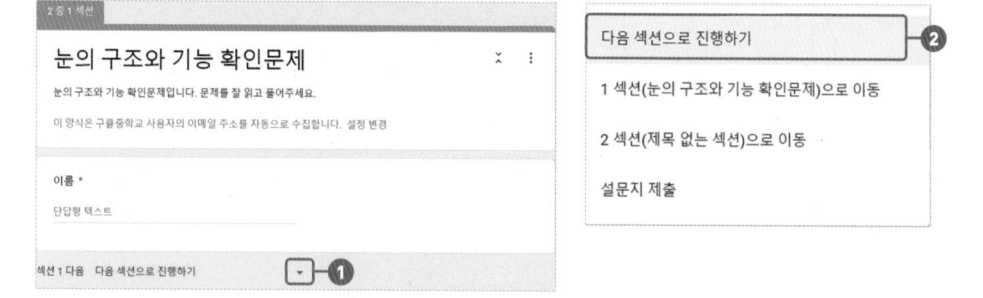

퀴즈 설문지 작성 완료하기

1 퀴즈 설문지 작성을 마친 후 화면 위쪽에서 **[미리보기(◉)]** 아이콘을 클릭하면 현재 퀴즈 설문지의 응답자 화면을 볼 수 있습니다.

2 퀴즈 설문지 편집이 마무리되면 창을 닫고, 퀴즈 과제 작성 화면으로 돌아가 게시물 설정을 완료하고, 퀴즈 과제를 게시합니다.

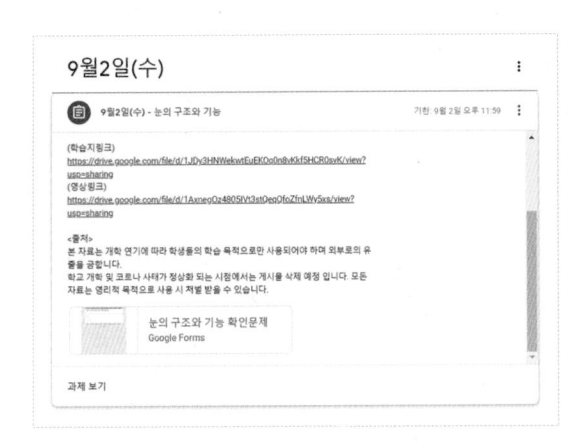

T·I·P 퀴즈 과제를 게시하기 전까지는 퀴즈 설문지 제목이 Blank Quiz로 나타나고, 퀴즈 과제를 게시하면 설정한 제목으로 변경됩니다.

전문가의 조언 | 퀴즈 설문지 수정하기

퀴즈 과제를 게시한 후 퀴즈 설문지 내용에 오류가 발견되면 언제든지 다시 수정할 수 있습니다. 단, 학생에게 응답을 받고 있는 중이라면 퀴즈 설문지에 이미 응답한 학생들도 변경한 답안과 점수가 적용되므로 채점에 유의해야 합니다. 퀴즈 설문지를 수정하려면 게시된 퀴즈 설문지를 클릭한 후 화면 아래쪽에서 [설문지 수정(✎)] 아이콘을 클릭합니다.

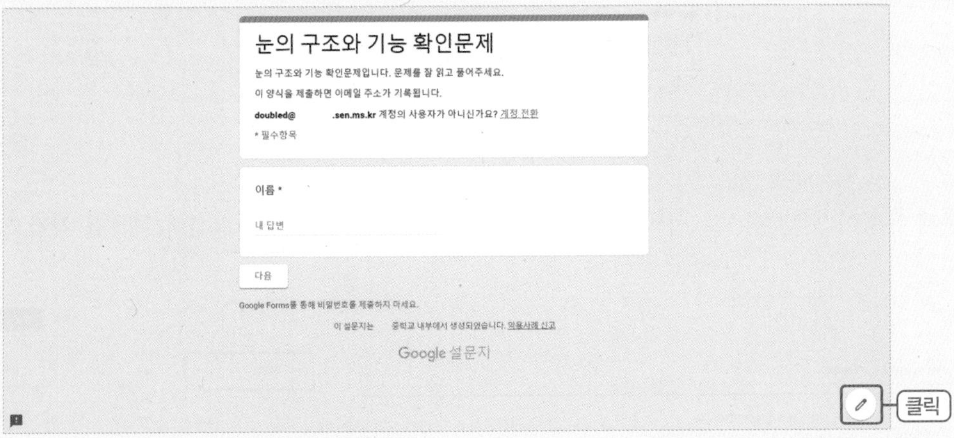

14 질문 만들기

질문은 학생들에게 객관식 또는 주관식으로 간단한 질문을 제시하고 답변을 받을 수 있는 게시물 유형입니다. 퀴즈 과제와 다른 점은 한 가지의 질문만 할 수 있다는 것과 자동 채점이 불가능하다는 것입니다. 그럼 단답형 질문과 객관식 질문을 만드는 방법에 대해 알아보도록 하겠습니다.

단답형 질문 만들기

1 [수업] 페이지에서 [+ 만들기]를 클릭하고, [질문]을 선택합니다.

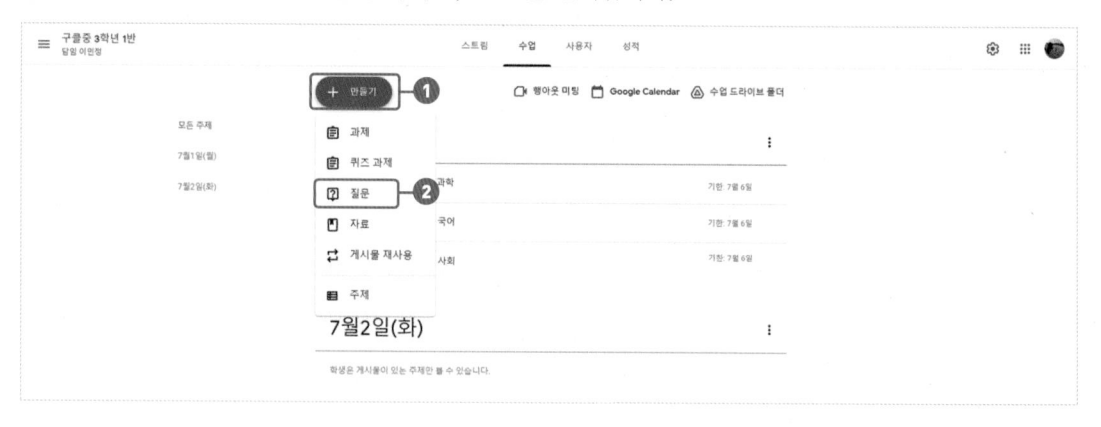

2 문제 유형이 '단답형'으로 선택되어 있는 것을 확인하고, '질문'과 '안내(선택사항)'을 각각 입력합니다.

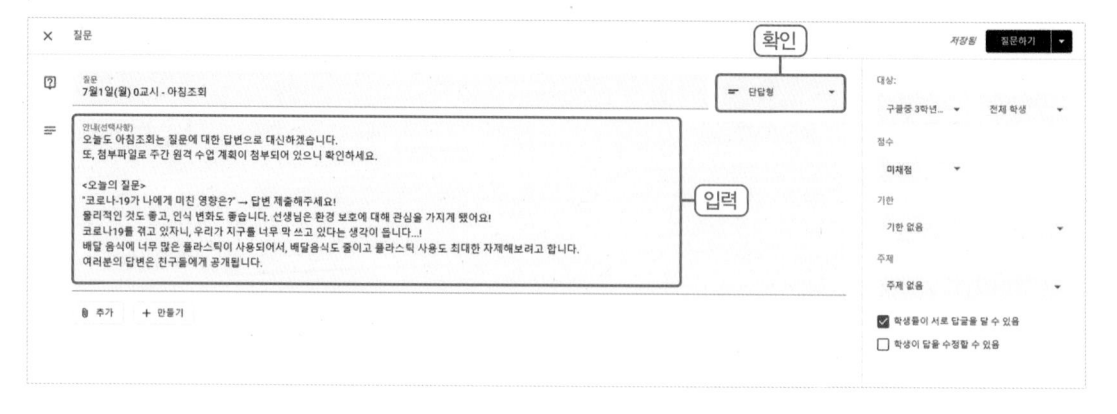

3 [추가]와 [만들기]를 각각 클릭하여 자료를 첨부합니다. 자료 첨부에 대한 자세한 내용은 195쪽을 참고하세요.

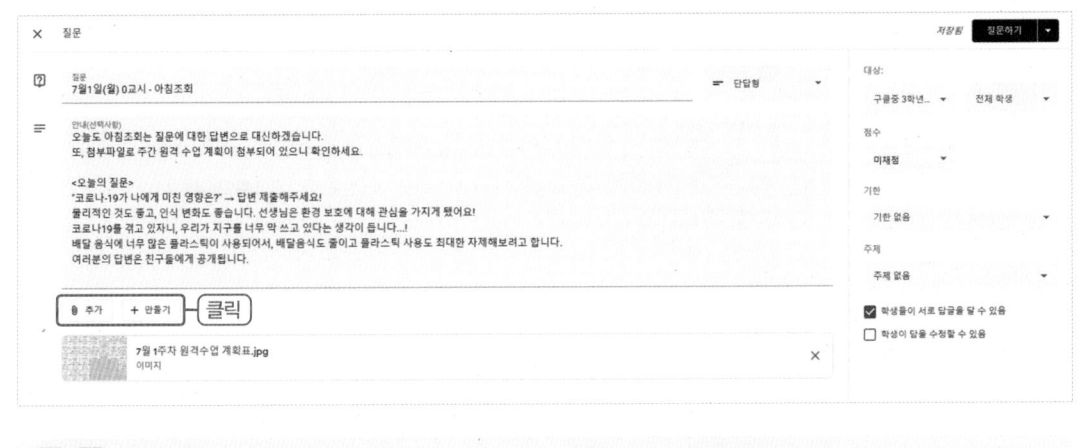

> **TIP** 학생들은 질문의 첨부 파일에 대해 자동으로 뷰어 권한이 주어지므로 첨부 파일을 볼 수만 있습니다.

4 게시물의 설정을 변경합니다. 게시물 설정에 대한 자세한 내용은 197쪽을 참고하세요.

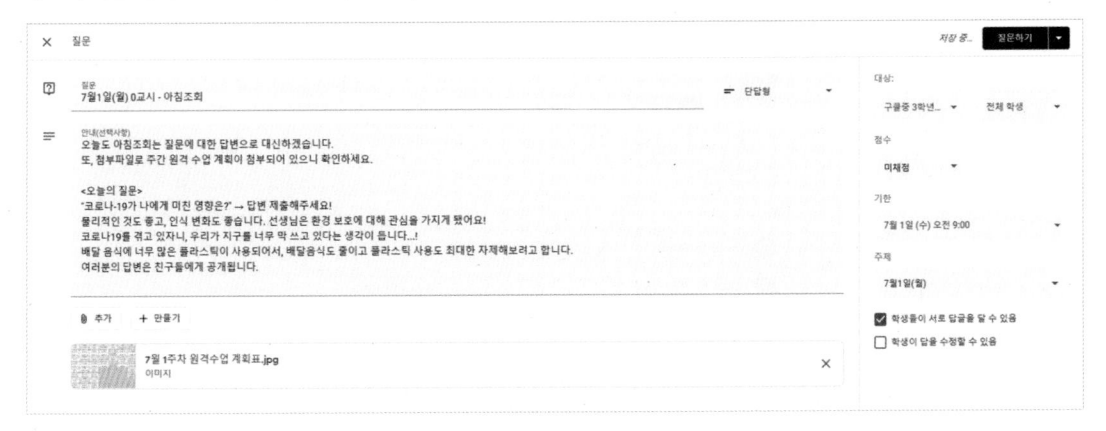

> **TIP** • 학생들이 서로 답글을 달 수 있음 : 학생들이 다른 학생들의 답변을 읽고 서로 답글을 달아줄 수 있습니다. 체크를 해제할 경우 교사만 학생들의 답변을 읽을 수 있습니다.
> • 학생이 답을 수정할 수 있음 : 학생들이 질문에 대한 답변을 제출한 이후에도 답을 수정할 수 있습니다.

5 [질문하기]를 클릭하여 질문을 게시하거나 질문하기의 [목록(▾)] 단추를 클릭하여 임시 저장, 게시 예약을 설정합니다.

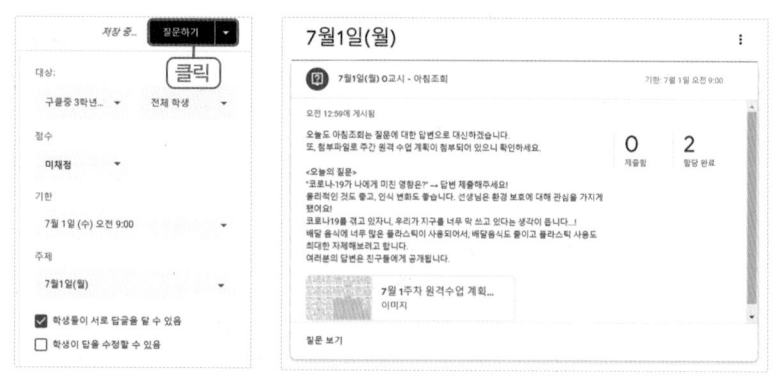

객관식 질문 만들기

1 [수업] 페이지에서 [+ 만들기]를 클릭하고, [질문]을 선택합니다.

2 단답형의 [목록(▾)] 단추를 클릭하여 문제 유형을 [객관식]으로 선택하고, '질문'과 '안내(선택사항)'을 각각 입력합니다.

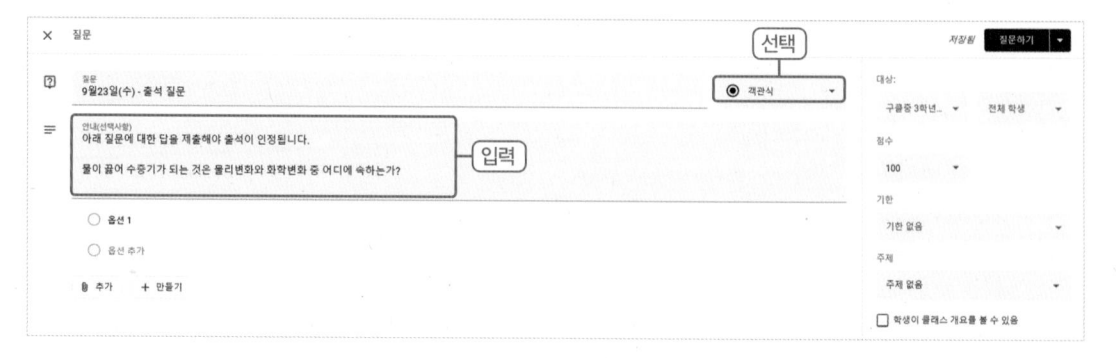

3 학생들이 선택할 수 있는 선택지를 만들기 위해 '옵션 1'을 클릭하여 '물리변화'로 변경한 후 '옵션 추가'를 클릭하여 선택지의 개수를 추가하고, 선택지를 '화학변화'로 변경합니다.

4 [추가]와 [만들기]를 각각 클릭하여 자료를 첨부합니다.

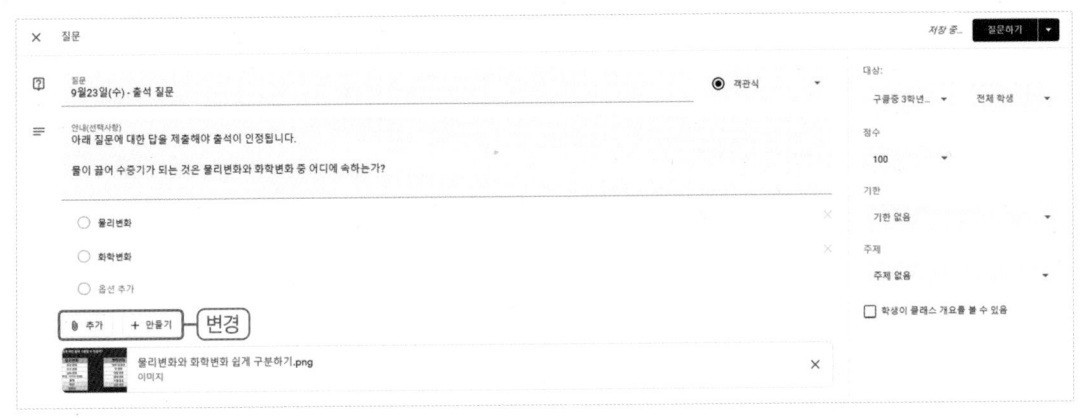

5 게시물의 설정 사항을 변경합니다.

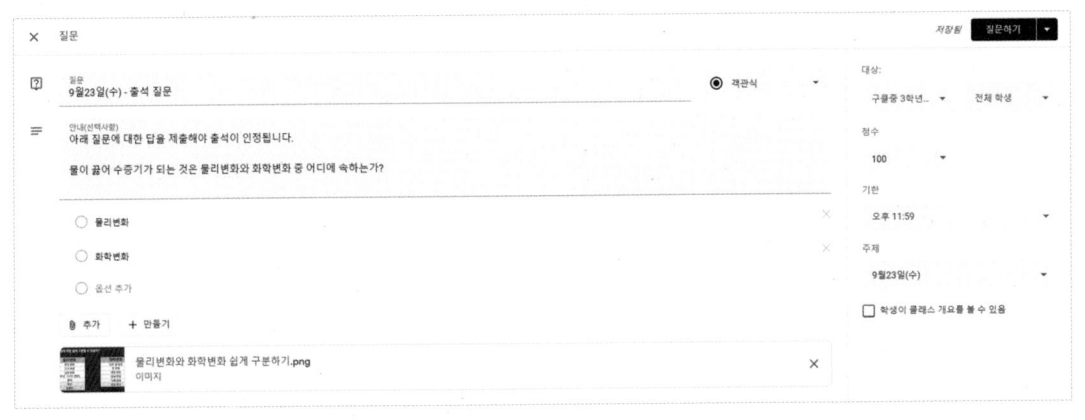

 '학생이 클래스 개요를 볼 수 있음'을 선택하면 학생들이 답변의 통계를 볼 수 있습니다.

6 [질문하기]를 클릭하여 질문을 게시하거나 질문하기의 [목록(▼)] 단추를 클릭하여 임시 저장, 게시 예약을 설정합니다.

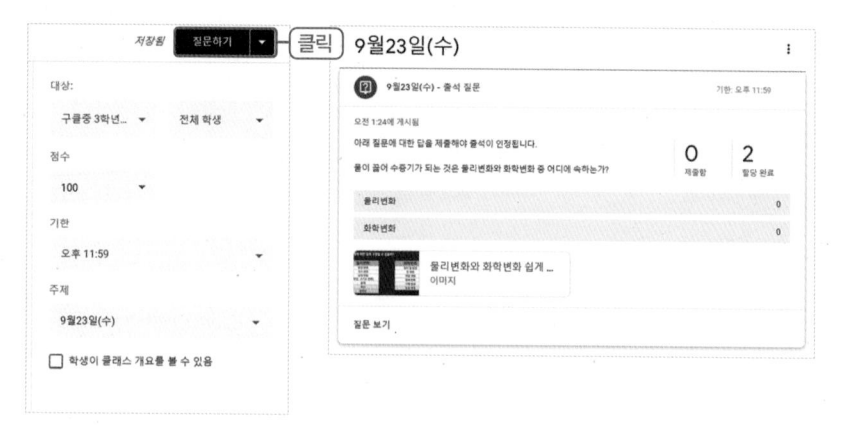

15 자료 만들기

자료는 학생들에게 따로 과제를 제출 받지 않고, 학습 자료를 제시할 수 있는 게시물 유형입니다. 따라서 점수 부여나 제출 기한을 설정하는 것은 불가능합니다. 자료를 이용하여 수업 자료들을 업로드하면 학생들이 수업 공간에서 자료를 열람하거나, 다운로드하거나, 인쇄할 수 있습니다. 그럼 자료를 게시하는 방법에 대해 알아보도록 하겠습니다.

자료 게시하기

1 [**수업**] 페이지에서 [**+ 만들기**]를 클릭하고, [**자료**]를 선택합니다.

2 자료의 '제목'과 '설명(선택사항)'을 각각 입력합니다.

3 [추가]와 [만들기]를 각각 클릭하여 자료를 첨부합니다.

4 게시물의 설정 사항을 변경합니다. 자료에서는 대상과 주제만 설정할 수 있습니다.

5 [게시물]을 클릭하여 자료를 게시하거나 게시물의 [목록(▼)] 단추를 클릭하여 임시 저장, 게시 예약을 설정합니다.

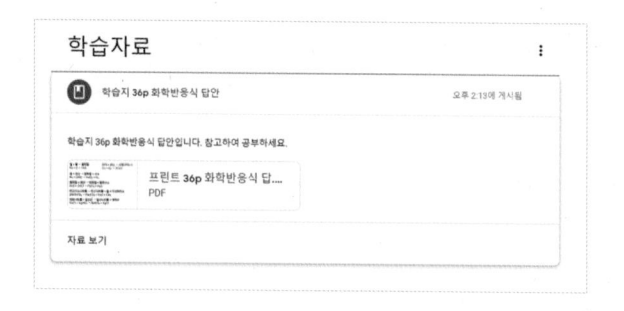

SECTION 16 게시물 재사용하기

게시물 재사용은 이미 만들어진 게시물을 재활용하여 초안으로 불러오는 기능으로 다른 원격교실에 업로드 된 게시물도 재사용이 가능합니다. 해당 기능을 활용하면 원격교실에 수업 게시물을 효율적으로 업로드할 수 있을 뿐만 아니라 동료 교사들과 게시물을 쉽고 빠르게 공유할 수 있습니다. 게시물 재사용 시 게시물에 달린 댓글이나 학생들이 제출한 과제는 따라오지 않습니다.

게시물 재사용으로 수업 게시물 업로드하기

1 [수업] 페이지에서 [+ 만들기]를 클릭하고, [게시물 재사용]을 선택합니다.

2 해당 창에서 [모든 수업 보기로 돌아가기( )] 아이콘을 클릭하고, 재사용할 게시물이 있는 원격교실을 선택합니다.

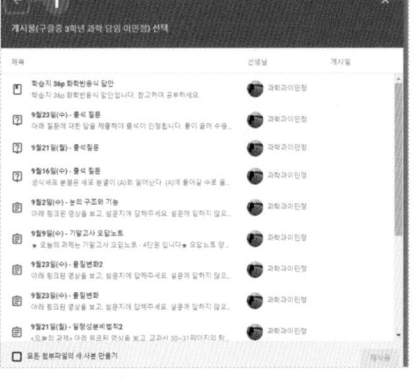

· 교사편 : 클래스룸 활용하기 ·

3 재사용할 수업 게시물을 선택하고, '모든 첨부파일의 새 사본 만들기'를 선택(체크)하거나 해제한 후 **[재사용]**을 클릭합니다(원격수업 성격에 따라 선택(체크) 유무를 결정).

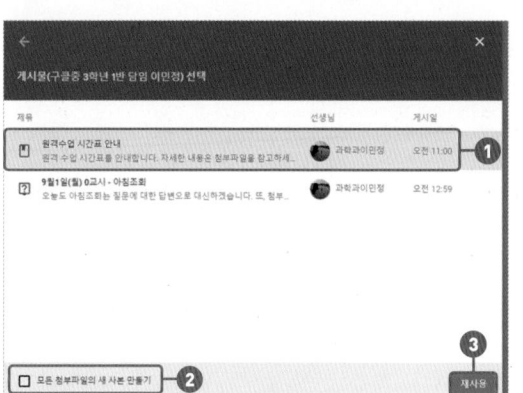

TIP '모든 첨부파일의 새 사본 만들기'는 기존 게시물에 첨부된 학습 자료 파일을 버전 기록이 없는 새로운 사본 파일로 만들어 해당 원격교실 드라이브 폴더에 저장합니다.

4 재사용할 게시글을 편집할 수 있는 화면이 나타나면 필요에 따라 내용을 편집하고, 게시물 설정을 변경한 후 **[게시물]**을 클릭하여 업로드합니다.

TIP 게시물 재사용을 하는 경우 제목, 설명 및 첨부파일, 게시물 설정이 동일하게 적용됩니다. 특히, 게시물 설정에서 대상과 기한은 초기화되지만 점수와 주제, 기준표는 모두 유지되므로 게시 전 확인해야 합니다.

 **전문가의 조언** **새 사본 만들기**

첨부파일이 있는 수업 게시물을 재사용할 때 '모든 첨부파일의 새 사본 만들기'의 여부를 선택할 수 있습니다. 새 사본을 만들지 않으면 기존 게시물의 첨부파일을 그대로 첨부합니다. 따라서 새 게시물의 첨부파일을 수정하면 기존 게시물의 첨부파일에 똑같이 반영됩니다. 반면, 새 사본을 만들면 기존 첨부파일의 사본이 드라이브 원격 교실 폴더에 생성되고, 새 게시물에 첨부됩니다. 따라서 새 게시물의 첨부파일을 수정해도 기존 게시물의 첨부파일에는 반영되지 않습니다. 수업 게시물 유형에 따른 새 사본 만들기 활성화 여부는 다음과 같습니다.

	유형	새 사본 만들기 활성화 여부
과제	'학생에게 파일 보기 권한 제공', '학생별로 사본 제공'으로 권한을 설정할 첨부파일이 있는 게시물	모든 첨부파일의 새 사본 만들기(X)
	원격교실에 상관없이 모든 학생들이 공동으로 편집할 첨부파일이 있는 게시물	모든 첨부파일의 새 사본 만들기(X)
	조별/원격교실별 학생들이 각각 편집할 첨부파일이 있는 게시물	모든 첨부파일의 새 사본 만들기(○)
퀴즈과제	여러 원격교실에 속한 학생들의 응답을 하나의 설문지에 수합하고 싶은 경우	모든 첨부파일의 새 사본 만들기(X)
	각 원격교실별로 응답을 분리해서 수합하고 싶은 경우	모든 첨부파일의 새 사본 만들기(○)

• 교사편 : 클래스룸 활용하기 •

17 Meet로 실시간 수업 운영하기

Google Meet(행아웃 미팅)로 실시간 수업을 진행할 수 있습니다. 먼저 학생들에게 Meet 회의실 링크를 안내하고, Meet 회의실에 입장하여 출석을 확인한 후 준비한 영상 자료나 발표 슬라이드 자료를 함께 보며 수업을 진행합니다.

Meet 회의실 안내하기

1 [수업] 페이지에서 [+ 만들기]를 클릭하고, [자료]를 선택합니다.

2 '제목'을 입력하고, 실시간 원격수업에 대한 '설명(선택사항)'을 작성합니다.

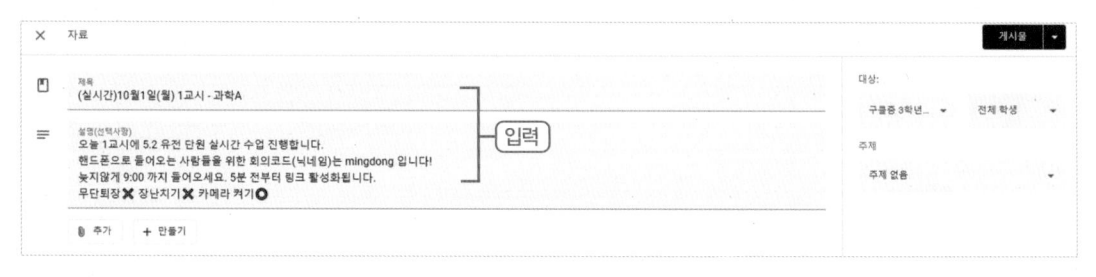

3 **[추가]-[링크]**를 선택한 후 링크 추가 창에서 Meet 회의실 주소(meet.google.com/lookup/닉네임)를 추가합니다. Meet 회의실 주소에 대한 자세한 내용은 159쪽을 참고하세요.

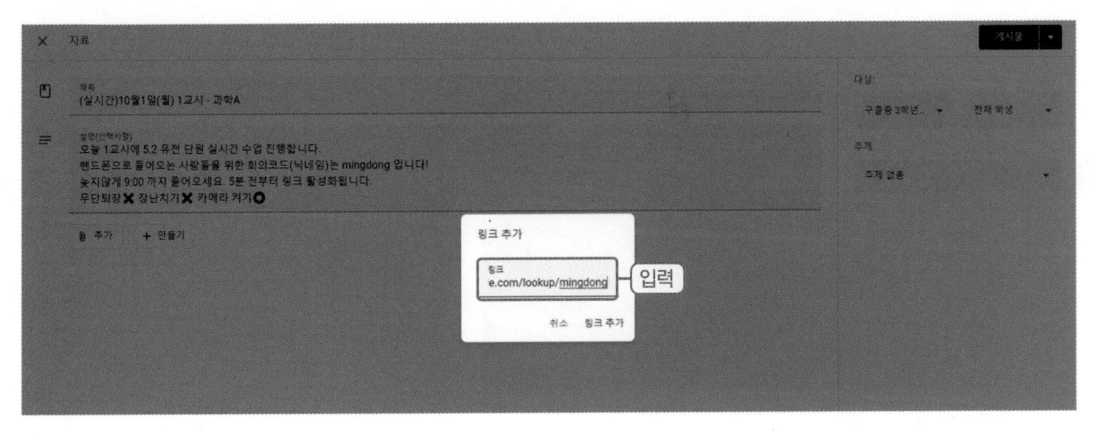

4 게시물의 설정 사항을 변경하고, **[게시물]**을 클릭하여 업로드합니다.

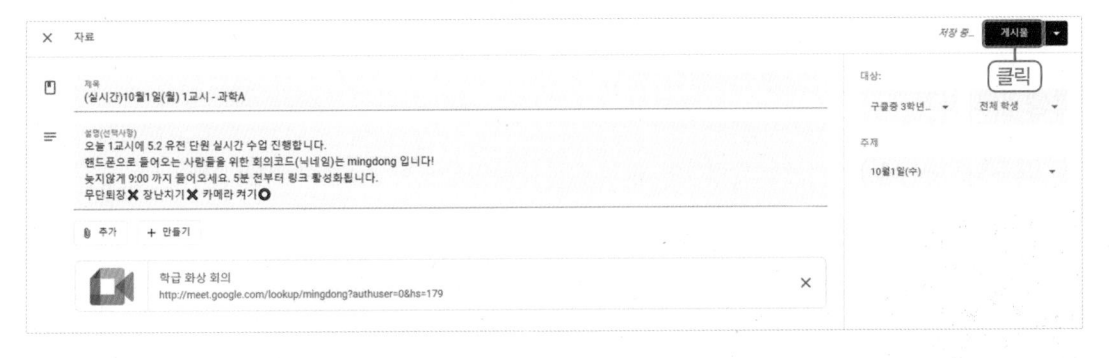

회의실 입장하기

1 게시물에 첨부된 링크를 클릭하여 Meet 회의실에 입장합니다.

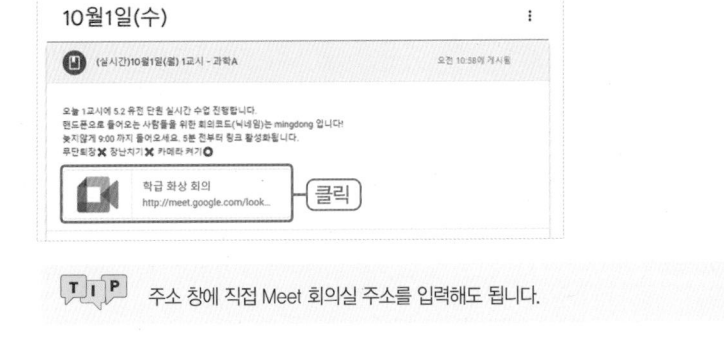

T|P 주소 창에 직접 Meet 회의실 주소를 입력해도 됩니다.

2 [**오디오 및 영상 확인**]을 클릭하여 카메라와 마이크를 점검하고, [**지금 참여하기**]를 클릭하여 회의에 입장합니다.

> **TIP** 화면 우측 하단의 [배경 블러 사용 설정(🔲) 아이콘을 클릭하면 배경을 흐리게 처리할 수 있습니다.

학생 관리하기

1 [**모두에게 표시(👥²)**] 아이콘을 클릭하여 Meet 회의실에 입장한 학생들을 확인합니다.

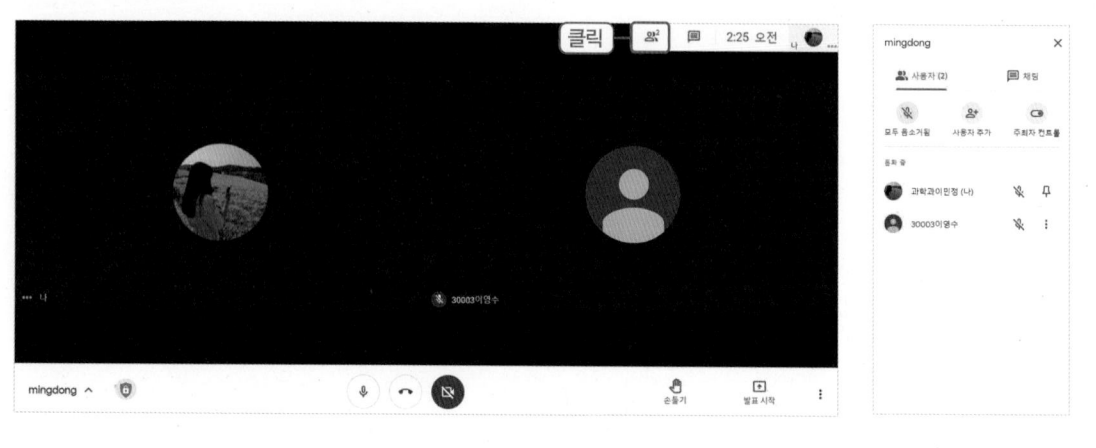

2 [주최자 컨트롤(⬭)] 아이콘을 클릭하여 학생들이 화면 공유를 하지 못하도록 [참여자 화면 공유]는 비활성화하고, [채팅 메시지 보내기]는 활성화합니다.

3 개별 학생들에 대해 [마이크 음소거(⋯)] 아이콘을 클릭하여 음소거를 할 수 있고, [추가 작업(⋮)] 아이콘을 클릭하여 화면에 고정하거나 회의에서 삭제 시킬 수 있습니다.

TIP 학생의 마이크에서 음소거를 해제할 수는 없습니다. 학생을 회의에서 삭제 시키면 같은 참여 코드 회의실에 다시 접속할 수 없으므로 학생을 다시 초대하려면 [사용자 추가(♣)]를 통해 초대 이메일을 발송해야 합니다.

전문가의 조언 **레이아웃 변경하기**

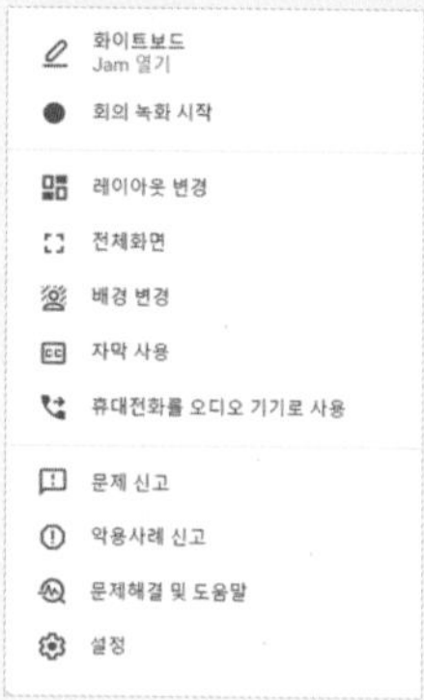

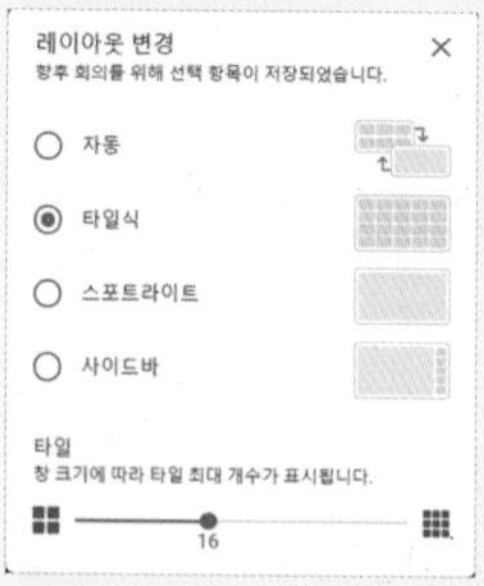

[옵션 더보기(⋮)] 아이콘을 클릭하고, [레이아웃 변경]을 선택하면 화면 구성을 [자동], [타일식], [스포트라이트], [사이드바] 중에서 변경할 수 있습니다. '타일' 설정을 이용하면 [자동]과 [타일식] 레이아웃에서 화면 타일의 최대 개수를 6~49개로 설정할 수 있습니다.

화면 공유하기

1 **[발표 시작]**을 클릭하고, **[탭]**을 선택합니다.

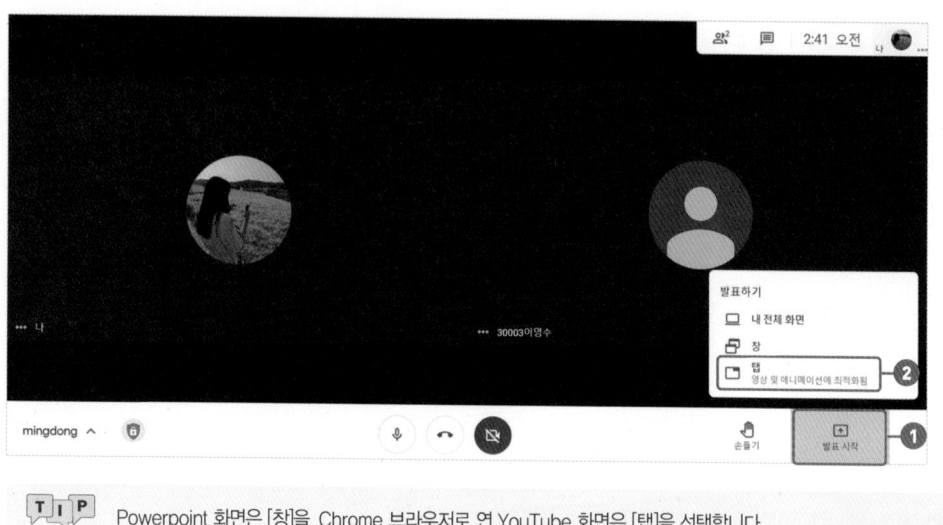

TIP Powerpoint 화면은 [창]을, Chrome 브라우저로 연 YouTube 화면은 [탭]을 선택합니다.

2 공유할 화면을 선택하고, **[공유]**를 클릭합니다.

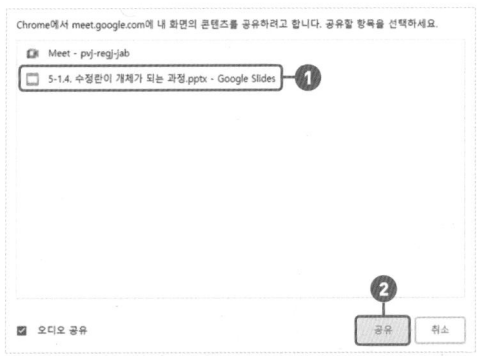

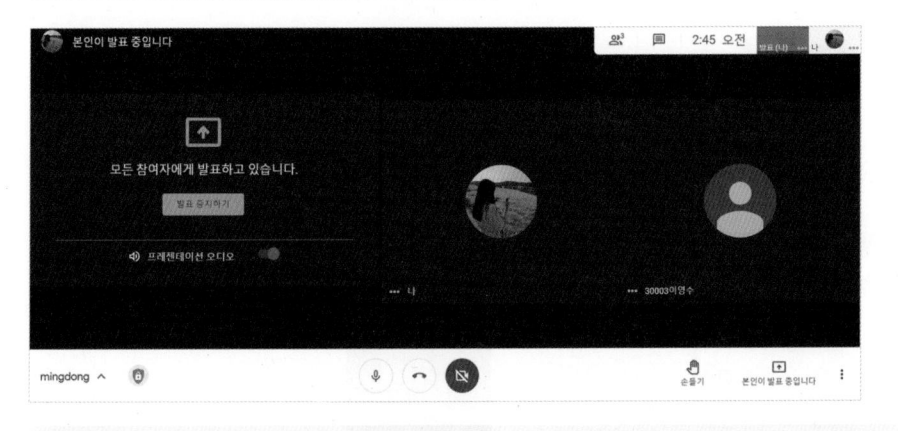

TIP Chrome 탭 화면을 발표하는 경우 탭 내에서 영상 및 애니메이션 소리도 함께 송출할 수 있습니다. 소리를 송출하려면 '오디오 공유'를 체크합니다.

3 발표(나)를 클릭하면 발표 중인 화면을 확인할 수 있고, 발표 시 '###(내 프레젠테이션)'이 사용자 목록에 추가됩니다.

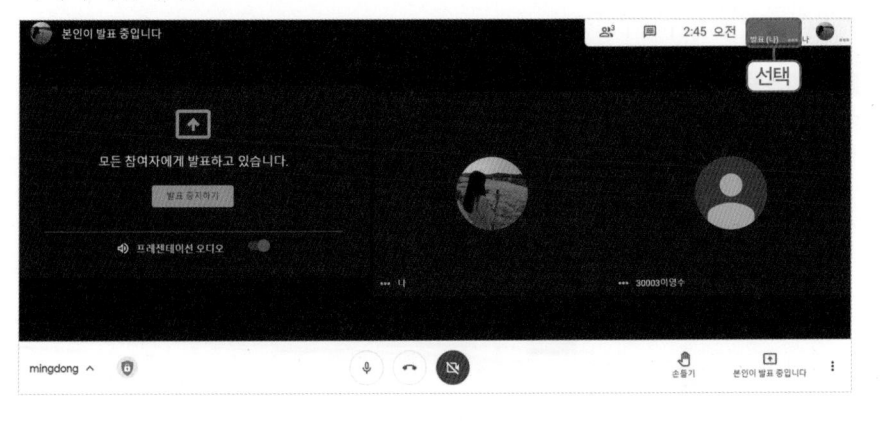

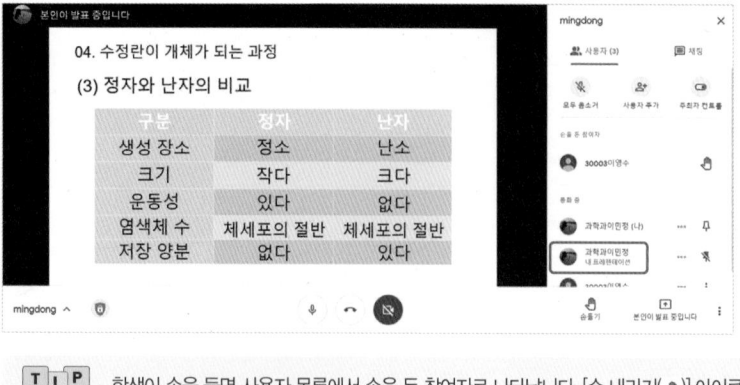

채팅 확인하기

1 화면 상단에서 **[모든 사용자와 채팅(🗩)]** 아이콘을 클릭합니다.

2 채팅 창의 내용을 확인한 후 '모든 사용자에게 메시지 보내기' 입력란을 클릭하여 메시지 내용을 작성하고, **[메시지 보내기(▷)]** 아이콘을 클릭합니다.

실시간 원격수업 종료하기

1 실시간 원격수업이 종료되면 퇴장해도 좋다는 메시지 내용을 입력하고, **[메시지 보내기(▷)]** 아이콘을 클릭합니다.

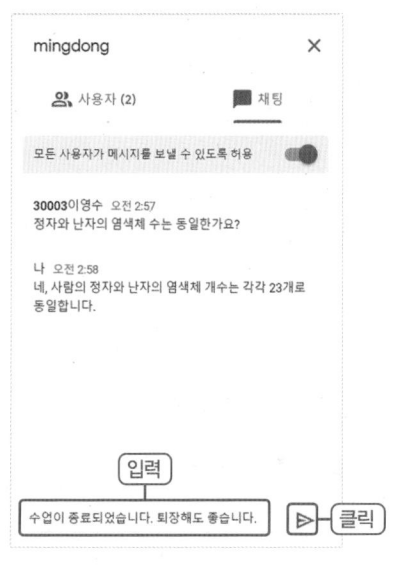

2 **[통화에서 나가기(⌒)]** 아이콘을 클릭한 후 모든 참여자를 내보내고 영상 통화를 종료하시겠습니까? 창에서 **[통화 종료]**를 클릭하여 실시간 수업을 종료합니다.

학생 피드백 제공하기

원격교실에서 과제 또는 퀴즈 과제, 질문으로 학생들의 수업을 제시했다면 그 다음 과정은 학생들이 제출한 과제를 수합하여 적절한 피드백을 제공하는 것입니다. 클래스룸은 교사와 학생간 1대1 소통을 원활하게 해 주는 강력한 매개체입니다. 클래스룸의 기능을 활용하여 시간에 구애받지 않고 개별 피드백을 학생들에게 제공할 수 있습니다.

학생 피드백 전달하기

클래스룸은 학생들이 제출한 과제에 대해 교사가 효과적으로 피드백을 제공할 수 있도록 설계되었습니다. 교사는 댓글을 통해 학생들과 소통할 수 있고, 채점도구를 이용하여 제출 받은 과제에 대한 피드백을 전달할 수 있습니다. 퀴즈 과제의 경우는 자동 채점을 수행하거나 개별 의견을 제공할 수도 있습니다. 이런 클래스룸의 다양한 피드백 도구에 대해 알아보겠습니다.

수업 댓글

각 게시글의 하단에 있는 수업 댓글은 원격수업에 포함된 모든 교사와 학생들이 함께 볼 수 있습니다. 의견을 공유해야 하는 상황이나 학생들에게 공통적인 피드백을 제공할 경우, 교사가 해당 게시물에 대한 공지를 쓸 때 활용하면 좋습니다.

비공개 댓글

비공개 댓글은 교사와 개별 학생만 볼 수 있는 댓글로 과제나 답변에 따른 개별 피드백을 제공할 때 활용합니다. 학생들도 비공개 댓글을 남길 수 있기 때문에 교사와 학생간 1 : 1 소통에 최적화된 기능입니다.

비공개 댓글 1개

과학과이민정 오전 2:06
퀴즈를 풀어서 제출해주세요.

비공개 댓글은 **[학생 과제]** 또는 **[학생의 답변]** 탭에서 개별 학생 목록을 클릭하면 남길 수 있습니다. 또한, 비공개 댓글은 채점도구에서도 남길 수 있는데 여기에서 쓴 비공개 댓글은 **[학생 과제]**, **[학생의 답변]** 탭의 비공개 댓글과 연동됩니다.

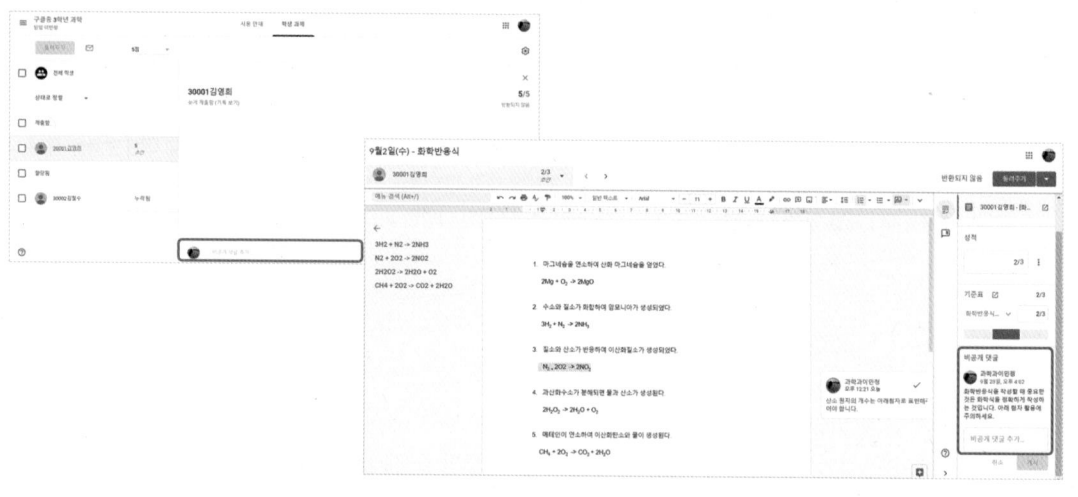

점수

과제 및 질문 편집 화면에서 게시물에 점수를 설정하면 학생이 제출한 과제에 대해 교사가 점수를 부여하여 피드백을 제공할 수 있습니다. 학생의 과제에 교사가 점수를 입력한 후 반환하면 학생들에게 교사의 점수 피드백이 제공됩니다. 교사는 **[학생 과제]** 및 **[학생의 답변]** 탭, 채점도구, **[성적]** 페이지에서 학생 과제에 대한 점수를 입력할 수 있습니다.

[과제 보기]–[학생 과제] 탭의 학생 목록에서 점수를 부여할 학생을 클릭하여 학생이 제출한 내용을 확인한 후 좌측의 학생 목록에 나타나는 점수란에 숫자를 입력합니다. 점수는 숫자만 입력할 수 있으며, 자동으로 저장됩니다.

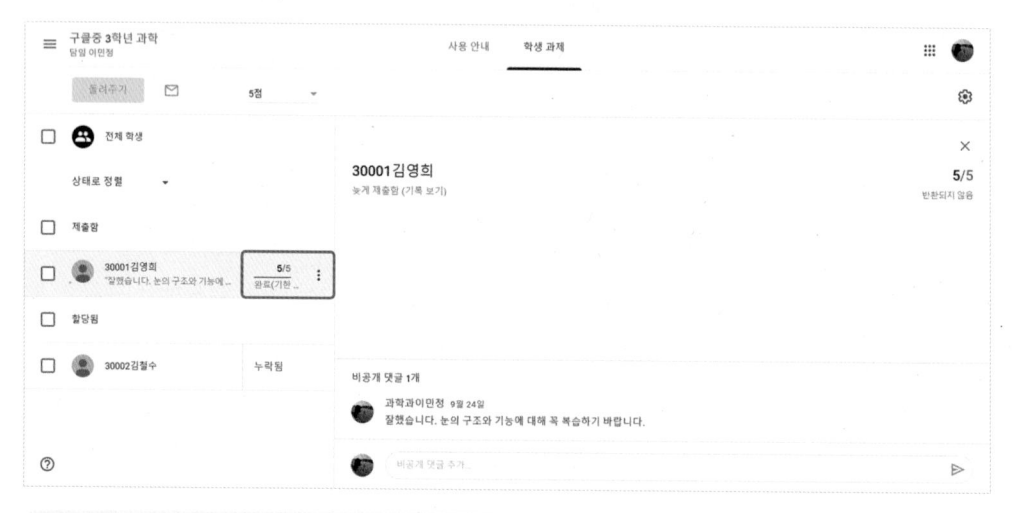

> **TIP** 퀴즈 과제의 경우 성적 가져오기 기능을 이용하면 보다 쉽게 점수를 부여할 수 있습니다. 성적 가져오기에 대한 자세한 내용은 282쪽을 참고하세요.

채점도구에서도 학생이 제출한 첨부 파일을 확인한 후 점수란에 직접 점수를 입력하면 되고, **[성적]** 페이지에서도 학생의 과제에 점수를 기록하면 됩니다. **[학생 과제]** 탭, 채점도구, **[성적]** 페이지의 점수는 모두 연계됩니다.

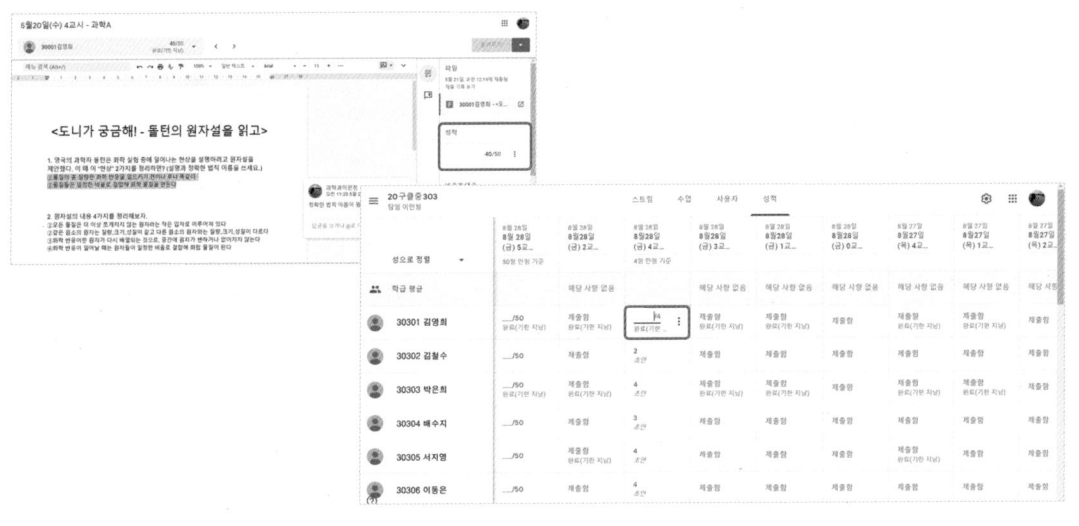

과제 채점도구

학생이 과제를 파일로 제출할 경우는 채점도구를 이용하여 과제를 확인하고, 피드백을 제공할 수 있습니다. 채점도구에서는 학생이 작성한 내용에 직접 댓글을 남길 수 있으며, 비공개 댓글 입력과 점수 부여, 돌려주기가 가능합니다. 만약 과제 작성 단계에서 기준표를 추가했다면 기준표를 활용하여 피드백을 제공할 수도 있습니다.

학생이 과제를 이미지 또는 PDF 파일로 제출했다면 원하는 부분을 드래그하여 댓글을 남기는 방식으로 피드백을 전달할 수 있습니다. 또한, 학생이 문서 형태로 과제를 제출했다면 원하는 부분을 드래그하여 문서에 댓글을 남길 수 있고, 제안 모드로 교사가 문서 내용을 변경하면 학생은 교사가 어떤 부분을 어떻게 변경했는지 확인할 수 있어 효과적인 교정이 가능합니다.

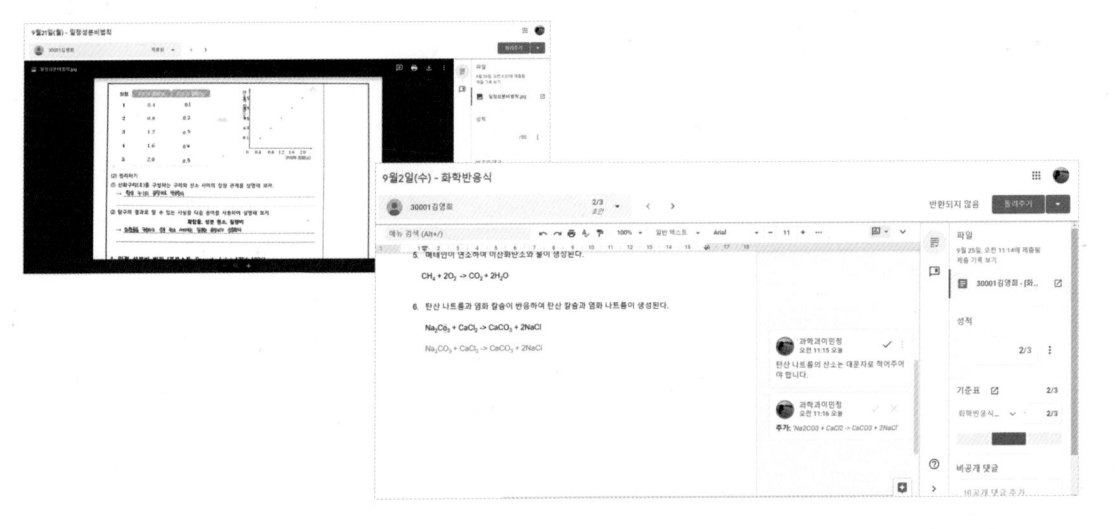

학생들에게 피드백을 제공할 때 자주 사용하게 되는 문구가 있는데 이런 경우 의견 모음을 활용하여 자주 쓰는 문구를 입력해 두면 편리합니다. 즉, 댓글을 작성할 때 간단하게 '#'을 입력하면 의견 모음 중 원하는 문구를 선택할 수 있어 빠른 피드백이 가능합니다. 하나의 원격교실에서 등록된 문구는 다른 원격교실에서도 사용이 가능합니다.

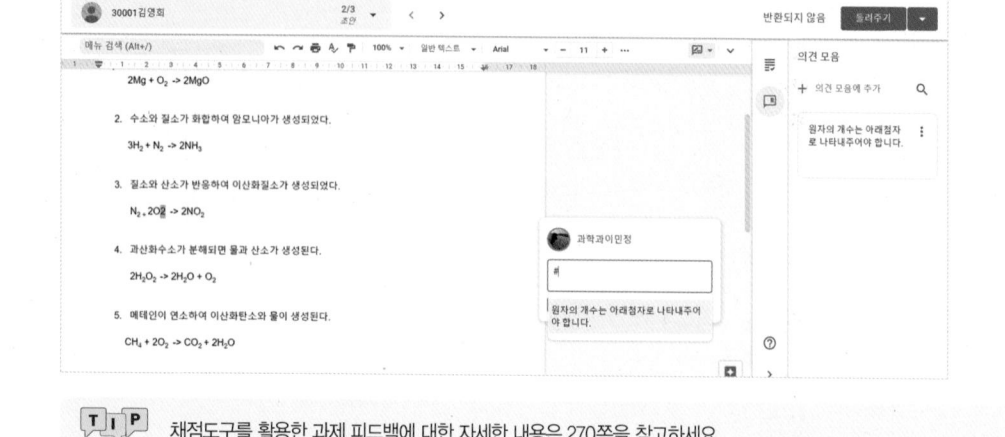

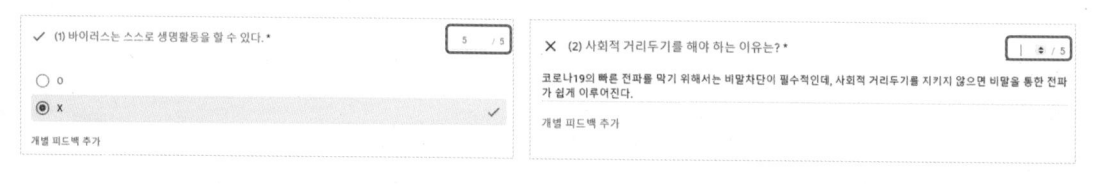

과제에 점수가 설정되어 있는 경우 점수를 직접 입력하고, **[돌려주기]**를 클릭하면 과제 피드백이 종료됩니다.

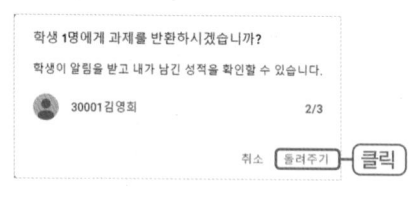

퀴즈 피드백

교사는 퀴즈의 점수와 의견을 통해 학생들에게 피드백을 제공할 수 있습니다. 학생들에게 퀴즈 설문지 문항에 대한 점수를 주기 위해서는 자동 채점을 이용할 수도 있고, 제출 이후 교사가 직접 채점하여 점수를 줄 수도 있습니다. 자동 채점을 이용하는 경우 퀴즈 설문지 편집 단계에서 각 문항별 정답과 점수를 입력해야 합니다. 장문형, 직선 단계, 날짜, 시간 문항은 정답을 입력할 수 없어 자동 채점이 불가능합니다. 이런 문항 유형의 경우 교사가 퀴즈 설문지의 **[응답]** 탭에서 답변을 확인하고 성적을 부여해야 합니다.

퀴즈 설문지에 대한 교사의 의견을 제공하기 위해서는 퀴즈 설문지 제작 단계에서 의견 추가를 이용하여 공통 의견을 작성합니다. 학생들은 퀴즈 설문지의 응답을 제출한 직후 의견을 확인할 수 있습니다. 또 다른 방법은 학생들이 응답을 제출한 이후 퀴즈 설문지의 **[응답]** 탭에서 교사가 문항별로 학생의 답변에 대해 개별 피드백을 부여하는 것입니다.

퀴즈로 만들기가 설정된 퀴즈 설문지는 채점 및 의견 추가 이후 **[응답]** 탭-**[점수 공개]**를 통해 학생들에게 이메일 알림을 제공할 수 있습니다.

> **TIP** 퀴즈 과제의 피드백을 제공하는 방법에 대한 자세한 내용은 284쪽을 참고하세요.

질문 피드백

객관식 질문과 단답형 질문에 대한 피드백은 대부분 비공개 댓글로 이루어집니다. **[학생의 답변]** 탭에서 개별 학생 과제 창에 들어가 비공개 댓글을 남기면 됩니다.

단답형 질문의 편집 화면에서 '학생들이 서로 답글을 달 수 있음'을 설정하는 경우는 **[학생의 답변]** 탭에서 **[답장]**이 나타납니다. **[답장]**을 클릭하여 댓글을 입력하면 학생의 답변에 대한 답글을 남길 수 있습니다. 교사가 남긴 답장은 전체 학생들에게 공개됩니다.

돌려주기(반환)

점수와 피드백을 학생들이 확인할 수 있도록 과제를 돌려주기(반환)합니다.

돌려주기를 완료하면 점수가 있는 과제는 학생들이 점수를 볼 수 있고, 점수가 없는 과제는 체크 표시로 나타납니다.

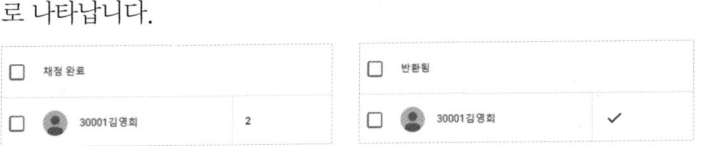

과제에 점수 설정이 되었을 때 학생에게 점수를 부여하지 않고 반환하는 경우는 '제출함'이 '할당됨'으로 변경되므로 주의해야 합니다. 해당 문제를 해결하기 위한 방법은 372쪽을 참고하세요.

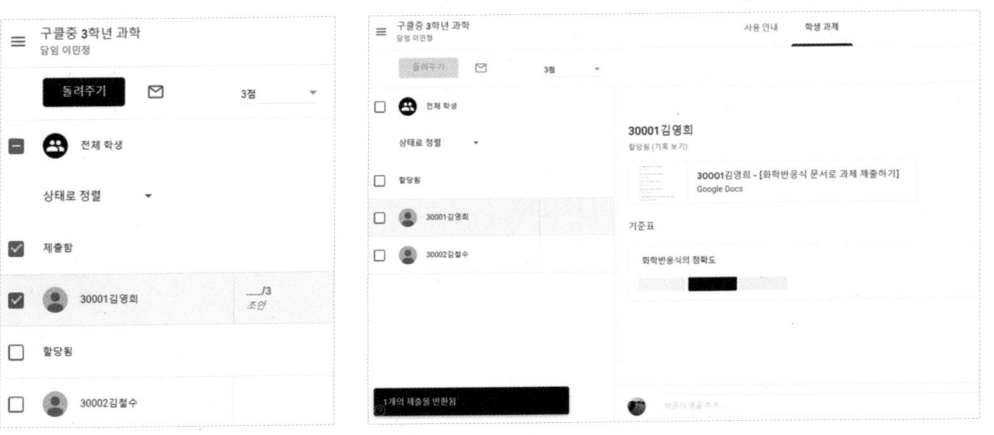

돌려주기가 가능한 곳은 [학생 과제] 탭, 채점도구, [성적] 페이지로 이는 클래스룸 내에서 모두 연동되기 때문에 세 곳 중 한 군데서 돌려주기를 하면 다른 곳에서는 돌려주기를 할 수가 없습니다.

돌려주기 이후 학생들은 과제를 다시 제출할 수 있으며, 교사는 다시 제출받은 과제를 확인하고, 채점을 한 후 돌려주기를 하면 됩니다. 이와 같은 과정을 반복하면 학생의 수정 과정을 계속 확인할 수 있습니다.

SECTION

02 제출 상태 알아보기

학생들의 과제 제출 상태는 제출 여부와 채점 여부에 따라 '할당됨', '제출함', '누락됨', '점수', '체크 표시'로 구분되며 과제 카드, [학생 과제] 탭, 채점도구, [성적] 페이지에서 반복적으로 등장합니다. 그럼 과제 제출 상태에 대해 알아보겠습니다.

과제 제출 상태

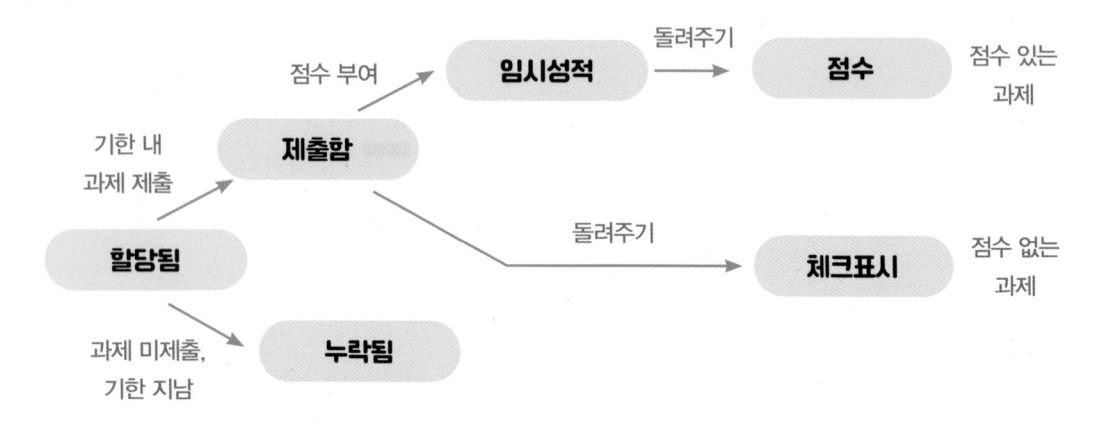

[수업] 페이지에서 수업 과제를 게시하면 학생에게 과제가 할당됩니다. '할당됨', '할당 완료'는 학생에게 각 과제가 부여되었다는 뜻이고, 아직 과제 제출 기한이 지나지 않은 것입니다. 즉, 학생이 아직 과제를 하지 않은 상태입니다. 학생이 과제를 제출하면 과제 상태가 '제출함'으로 나타나고, 점수가 있는 과제라면 [학생 과제] 탭과 [성적] 페이지에서 '__ / 만점 점수' 로 나타납니다. 만약, 학생이 과제 제출 기한을 넘긴 시점에서 과제를 제출했을 경우는 '완료(기한 지남)'이 함께 표시됩니다.

점수가 있는 과제에서 교사가 학생의 과제를 보고 점수를 부여하면 '임시 성적'이 부여됩니다. 이 경우 학생에게 돌려주지 않은 상태이므로 '초안'이 함께 표시됩니다. 교사가 임시 성적이 부여된 과제를 학생들에게 돌려주기 하면 과제 제출 상태는 '점수'로 최종 변경됩니다. 점수가 없는 과제(미채점)를 학생이 제출한 후 교사가 반환하면 '체크 표시'로 나타납니다. 만약, 학생이 과제 제출 기한을 넘긴 시점에서 과제를 제출했을 경우는 '완료(기한 지남)'이 함께 표시됩니다. '누락됨'은 과제 제출 기한이 지났고, 학생이 과제를 제출하지 않은 상태를 의미합니다.

> **T I P** 과제 상태는 색깔로도 구별할 수 있습니다. 빨간색은 누락된 과제, 초록색은 제출된 과제와 돌려주기 하지 않은 임시 성적, 검정색은 돌려주기를 완료한 과제를 나타냅니다.

SECTION 03 [학생 과제] 탭 살펴보기

학생들이 과제 또는 답변을 제출했다면 교사는 이를 확인해야 합니다. 각 과제 카드를 통해서 진입할 수 있는 [학생 과제], [학생의 답변] 탭에서는 학생들의 과제 제출 현황과 내용을 확인할 수 있습니다. 그럼 [학생 과제] 탭과 [학생의 답변] 탭에 대해 살펴보도록 하겠습니다.

[학생 과제] 탭

과제 카드를 선택한 후 과제 미리보기 창 하단에서 '과제 보기'를 클릭하면 자동으로 **[학생 과제]** 탭이 나타납니다. **[학생 과제]** 탭에서 학생들이 제출한 과제를 한 눈에 보고 관리할 수 있습니다.

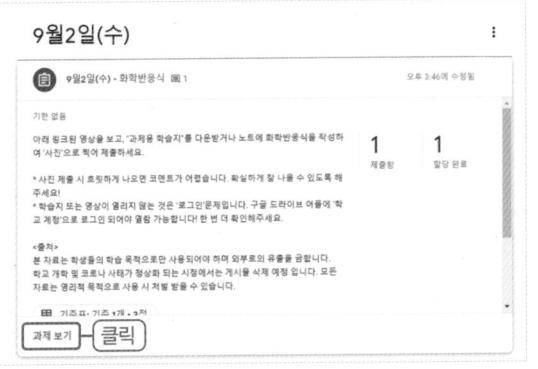

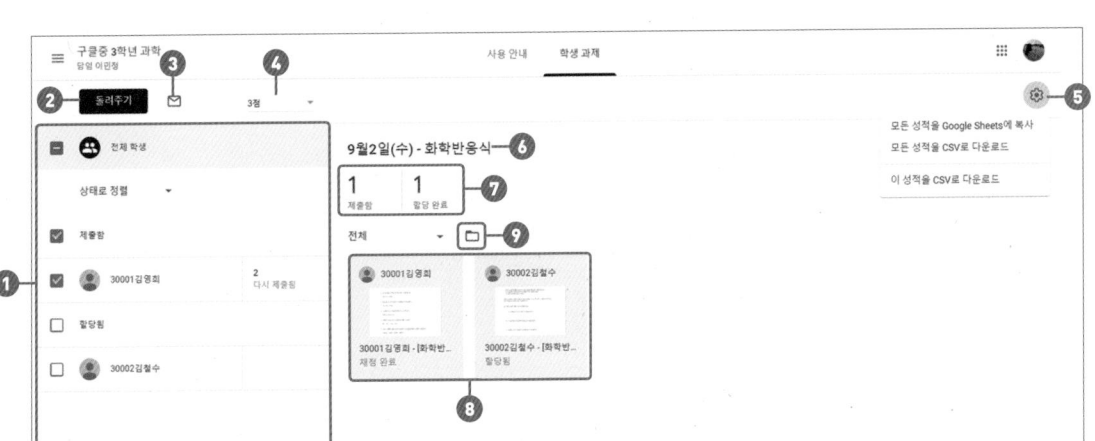

❶ 학생 목록 : 해당 과제가 할당된 학생들의 목록이 나타나며, 기본적으로 '상태로 정렬'이 설정되어 있어 '제출함', '할당됨', '채점 완료' 상태에 따라 학생들이 분류됩니다. 제출 상태에 대한 자세한 내용은 260쪽을 참고하세요. 학생 목록에서 개별 학생들을 클릭하면 학생별 과제 창이 나타나고, 학생이 제출한 과제와 비공개 댓글을 볼 수 있습니다.

- **상태로 정렬** : 학생들을 성, 이름, 제출 상태에 따라 정렬합니다.
- **학생 이름** : 과제가 할당된 학생들의 이름이 나타납니다.
- **과제 상태** : 학생들의 과제 제출 여부와 채점 여부에 따라 '빈칸', '제출함', '점수', '체크 표시'가 나타납니다.

❷ 돌려주기 : 학생들의 과제를 확인하고, 점수를 부여한 후 이를 학생들이 확인할 수 있도록 반환합니다.

❸ 선택한 학생에게 이메일 보내기 : 학생 목록에서 학생들을 체크한 후 해당 학생에게 이메일을 보냅니다.

❹ 과제 점수 : 해당 과제에 설정된 점수를 나타냅니다. 미채점으로 변경하거나 반대로 점수를 입력하여 해당 점수를 변경할 수 있습니다.

❺ 성적 변환 : 학생들의 성적 기록을 Google 스프레드시트 또는 CSV 파일로 변환합니다.

❻ 게시물 제목 : 현재 학생 과제를 보고 있는 게시물의 제목입니다.

❼ 제출 현황 : 학생들의 과제 제출 현황이 요약되어 나타납니다.

❽ 과제 요약 : 학생들이 제출한 과제를 한 눈에 볼 수 있습니다. 전체의 **[목록(▾)]** 단추를 클릭하면 전체 학생, 제출함, 할당됨, 채점 완료 과제를 볼 수 있으며, 학생들이 제출한 파일을 클릭하면 채점도구에서 내용을 자세히 확인할 수 있습니다.

❾ 과제 폴더 열기 : 학생들이 과제 제출 시 첨부 파일을 제출한 경우 드라이브 내에 과제 폴더가 생성되며, 해당 과제 폴더로 이동합니다.

학생별 과제 창

[학생 과제] 탭의 학생 목록에서 학생 이름이나 과제 상태를 클릭하면 학생별 과제 창이 나타납니다.

① **학생 이름** : 학생 목록에서 선택한 학생 이름이 나타납니다.

② **점수** : 교사가 부여한 학생의 점수가 나타납니다. 점수가 있는 과제에서 교사가 아직 점수를 부여하지 않았다면 '점수 없음'으로 나타나며, 점수가 없는 미채점 과제는 점수가 나타나지 않습니다.

③ **과제 상태 및 제출 기록** : 과제의 상태가 나타나며, '기록 보기'를 클릭하여 학생의 제출 시간, 반환 시간 등을 확인할 수 있습니다.

④ **답변 및 첨부파일** : 학생들의 답변 및 첨부한 파일들을 볼 수 있습니다. 기준표가 있는 경우 함께 나타납니다.

⑤ **비공개 댓글** : 해당 학생과 교사만 볼 수 있는 비공개 댓글로 다른 학생들에게는 노출되지 않습니다.

⑥ **돌아가기** : 해당 아이콘을 클릭하면 전체 학생들의 제출 내역으로 돌아갑니다.

[학생의 답변] 탭

질문에 대한 학생들의 답변은 **[학생의 답변]** 탭에서 확인할 수 있습니다. 과제 카드에서 '질문 보기'를 클릭하면 **[학생의 답변]** 탭이 나타납니다.

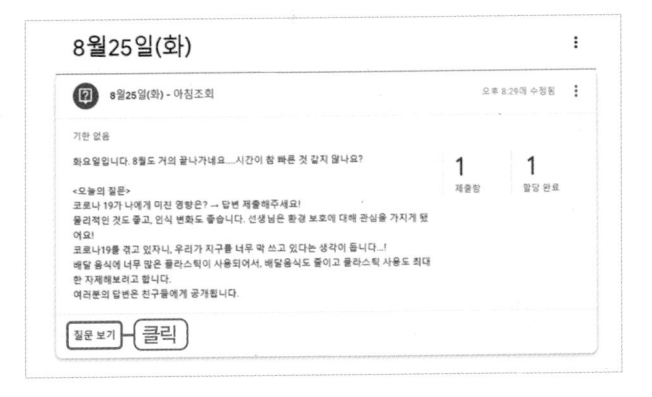

단답형 질문은 학생들이 입력한 답변이 나타나고, 객관식 질문은 선택지별 답변이 나타납니다.

객관식 질문의 경우 [상태로 정렬]에 '답변으로 정렬'이 있어 학생의 답변에 따라 정렬할 수 있습니다.

전문가의 조언   단답형 질문의 답글

단답형 질문의 게시물 설정 중 '학생들이 서로 답글을 달 수 있음'을 설정하면 [학생의 답변] 탭에서 [답장]이 나타납니다.
[답장]을 클릭하여 학생의 답변에 대한 답글을 작성할 수 있고, 답장을 통해 남긴 답글은 학생 모두에게 공개됩니다.

S E C T I O N

04 채점도구 살펴보기

[학생 과제] 탭에서 학생들이 제출한 파일을 클릭하면 채점도구 화면으로 이동합니다. 채점도구에서는 학생들이 제출한 첨부 파일을 자세히 볼 수 있으며, 댓글을 남기거나 비공개 댓글을 추가하고 점수를 부여하는 등 대부분의 피드백이 이루어집니다. 그럼 채점도구에 대해 알아보도록 하겠습니다.

채점도구

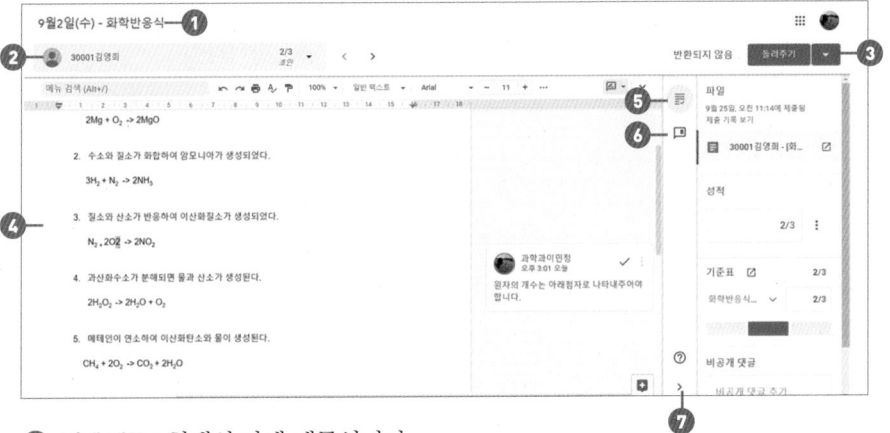

❶ 과제 제목 : 현재의 과제 제목입니다.

❷ 학생 목록 : 현재 채점하고 있는 학생의 이름과 과제 상태가 나타납니다. 학생 이름의 **[목록(▾)]** 단추를 클릭하면 과제가 할당된 학생 중 원하는 학생을 선택하여 과제를 확인할 수 있습니다. 우측의 **[이전 학생 선택(〈)]**, **[다음 학생 선택(〉)]** 아이콘을 이용하여 이전/다음 학생 과제로 이동할 수 있습니다.

❸ 돌려주기 : 채점 후 학생들에게 과제를 반환합니다. 돌려주기의 **[목록(▾)]** 단추를 클릭하면 여러 학생들의 과제를 한 번에 돌려줄 수 있습니다.

❹ 과제 내용 : 학생이 제출한 과제(영상, 음성, 문서, 이미지 등)가 나타납니다. 과제 파일에 직접 댓글을 남겨 피드백을 전달할 수 있습니다.

❺ 점수 매기기 : 과제 파일, 성적, 비공개 댓글 등으로 구성된 탭으로 피드백을 제공합니다.

- **파일** : 과제 파일을 제출한 날짜, 제출 기록, 제출한 모든 파일의 목록이 나타납니다.

- **성적** : 과제에 점수가 있는 경우 학생들의 성적을 입력합니다.

- **기준표** : 과제에 추가한 기준표의 기준별 등급을 클릭하여 과제를 평가합니다. 과제에 기준표를 추가하지 않은 경우 채점도구에 나타나지 않습니다.

- **비공개 댓글** : 학생에게 비공개 댓글을 남깁니다.

❻ 의견 모음 : 피드백 문구가 반복될 때 자동 완성을 활용할 수 있도록 피드백 문구를 저장합니다.

❼ 측면 패널 숨기기 : [점수 매기기(☰)] 탭과 [의견 모음(▣)] 탭을 숨깁니다.

· 교사편 : 클래스룸 활용하기 ·

05 수업 댓글 및 비공개 댓글 남기기

구글 클래스룸에서 학생들과 소통하기 위해 가장 많이 쓰는 방법은 댓글을 활용하는 것입니다. 댓글은 모두가 볼 수 있는 수업 댓글과 개별 학생과 교사만 볼 수 있는 비공개 댓글로 구분됩니다. 수업 댓글을 남기는 방법과 [학생 과제] 탭에서 비공개 댓글을 남기는 방법에 대해 알아보도록 하겠습니다.

수업 댓글 남기기

1 수업 댓글을 남길 과제의 과제 카드를 선택하고, 하단의 '과제 보기'를 클릭합니다.

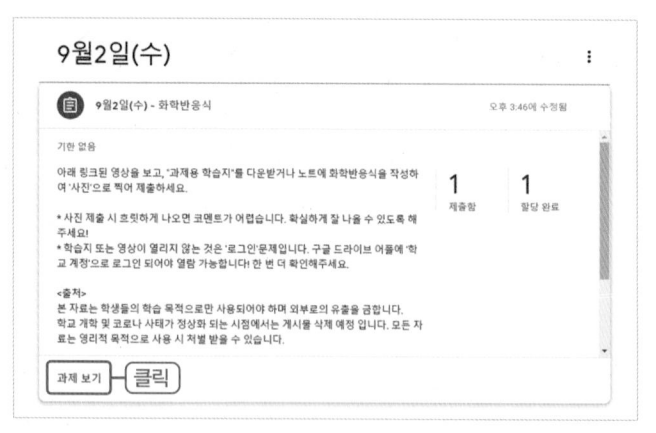

2 현재 화면에서 **[사용 안내]** 탭을 클릭합니다.

3 **[사용 안내]** 탭의 하단에서 수업 댓글의 입력란을 클릭하여 댓글을 입력하고, **[게시물(▷)]** 아이콘을 클릭합니다.

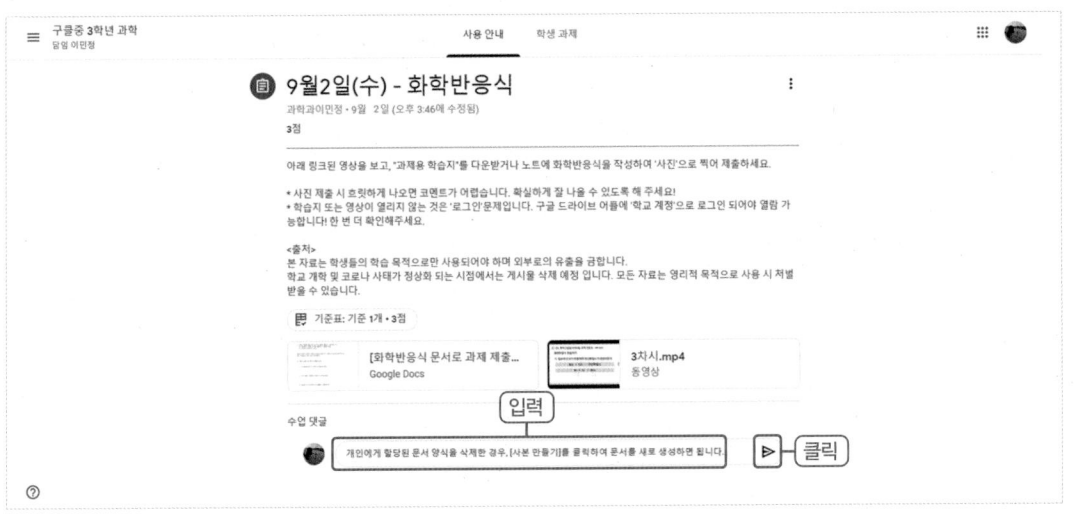

4 수업 댓글을 수정 또는 삭제하려면 해당 댓글에 마우스 포인터를 올려놓고 새롭게 나타나는 **[더보기(⋮)]** 아이콘을 클릭합니다.

TIP 학생의 댓글에 마우스 포인터를 올려놓고 [더보기(⋮)]-[의견에 답장하기]를 선택하면 학생 댓글에 답글을 남길 수 있습니다. 만약, 홈페이지에서 [기본 메뉴(☰)]-[설정]-[알림]을 선택한 후 '이메일 알림 수신' 기능을 켜두면 답글을 받은 경우 이메일로 내용을 전송받을 수 있습니다.

[학생 과제] 탭에서 비공개 댓글 남기기

1 원하는 과제 카드를 선택하고, 하단에서 '과제 보기'를 클릭합니다.

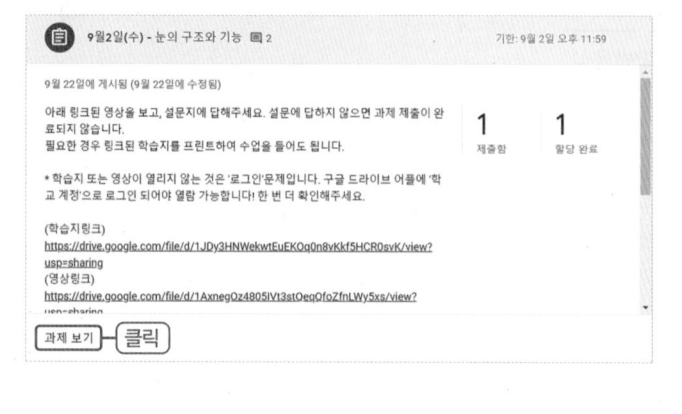

2 학생 목록에서 비공개 댓글을 남길 학생의 이름을 클릭합니다.

3 하단의 비공개 댓글 입력란을 클릭하여 댓글을 입력하고, **[게시물(▷)]** 아이콘을 클릭합니다.

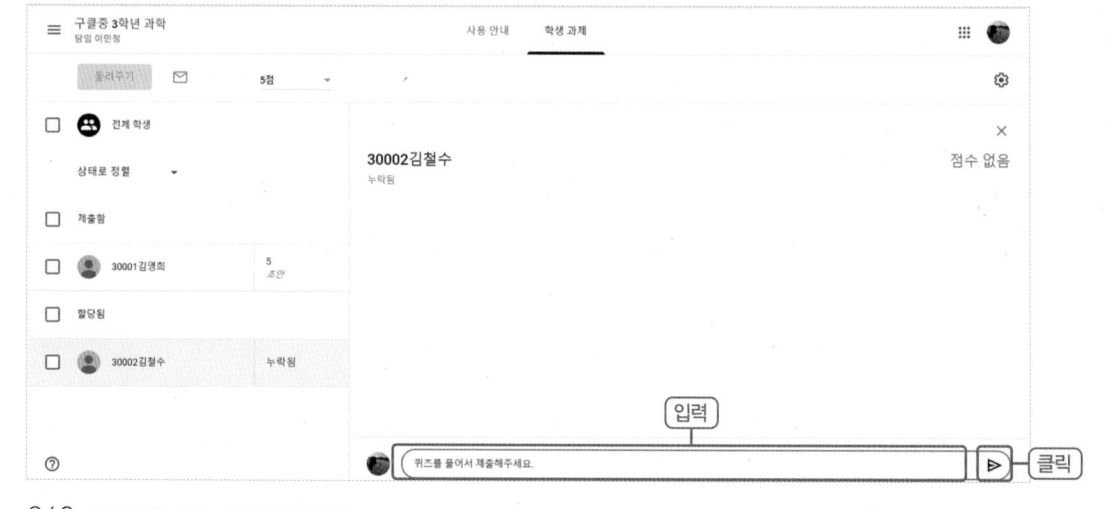

4 비공개 댓글을 수정 또는 삭제하려면 해당 비공개 댓글에 마우스 포인터를 올려놓고 **[더보기(⋮)]** 아이콘을 클릭합니다.

☐	🧑 30001 김영희	5 초안	
☐	할당됨		
☐	🧑 30002 김철수 "퀴즈를 풀어서 제출해주세요."	누락됨	비공개 댓글 1개 🧑 과학과 이민정 오전 2:06 퀴즈를 풀어서 제출해주세요.　　　　　　　　⋮ ┤클릭

> **T I P** 비공개 댓글은 채점도구에서도 남길 수 있습니다. 자세한 내용은 270쪽을 참고하세요.

5 비공개 댓글이 등록되면 가장 최근에 등록된 비공개 댓글이 학생 목록의 이름 밑에 나타납니다.

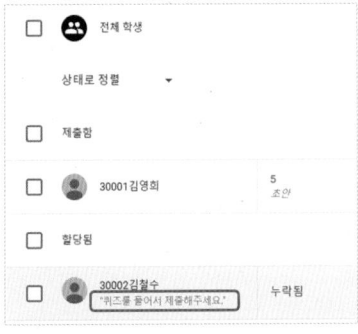

> **T I P** 목록에서 특정 학생에게 비공개 댓글을 남기다가 다른 학생을 클릭하면 입력했던 내용은 임시 저장되어 사라지지 않습니다. 창을 닫지 않는 이상 다시 특정 학생을 클릭하면 작성하던 비공개 댓글이 나타납니다.

SECTION 06 채점도구에서 과제 피드백 전달하기

채점도구에서 파일의 유형별 피드백을 전달하는 방법과 의견 모음을 활용하여 피드백을 제공하는 방법에 대해 알아보겠습니다.

이미지 또는 PDF 파일에 피드백 전달하기

1 [수업] 페이지에서 업로드한 과제의 과제 카드를 선택하고, '과제 보기'를 클릭합니다.

2 [학생 과제] 탭에서 피드백을 제공할 학생의 과제를 선택합니다.

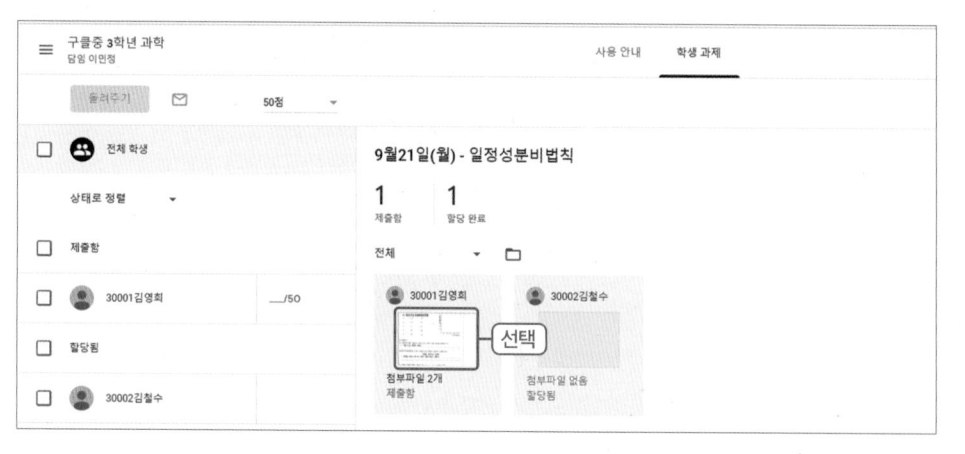

3 채점도구 화면에 학생이 제출한 이미지가 나타납니다. 만일, 학생이 여러 장의 이미지를 제출했다면 파일에서 피드백을 제공할 이미지 파일을 선택합니다.

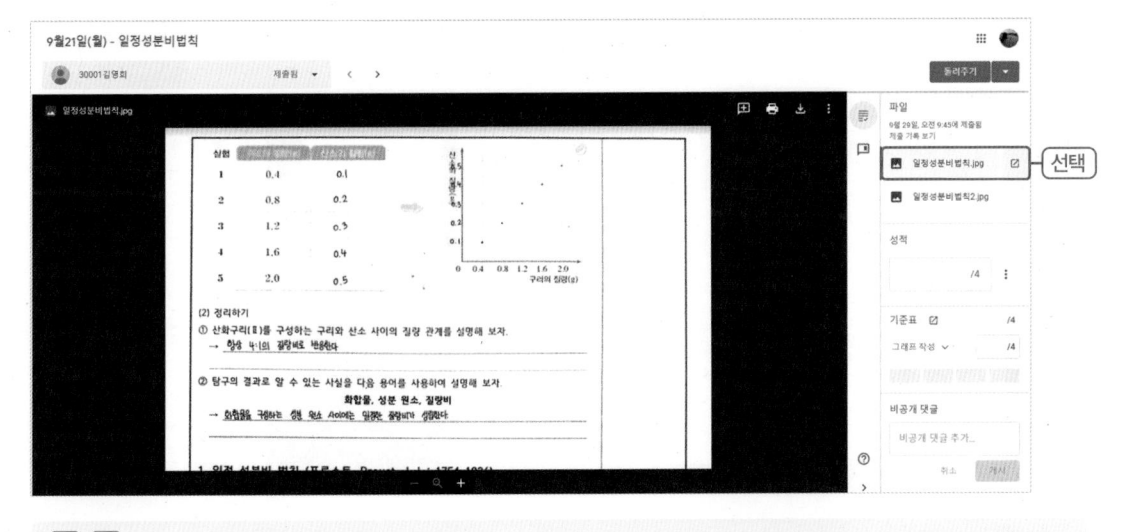

> **TIP** 이미지가 제대로 보이지 않을 경우 [확대(➕)], [축소(➖)] 아이콘을 클릭하거나 스크롤을 이용하여 확대/축소할 수 있습니다. 단, 이미지가 확대된 상태에서는 댓글을 남길 수 없으므로 [확대, 축소 재설정(◉)] 아이콘을 클릭해야 합니다.

4 학생이 제출한 이미지에서 피드백이 필요한 부분을 드래그하여 댓글을 입력하고, [댓글]을 클릭합니다.

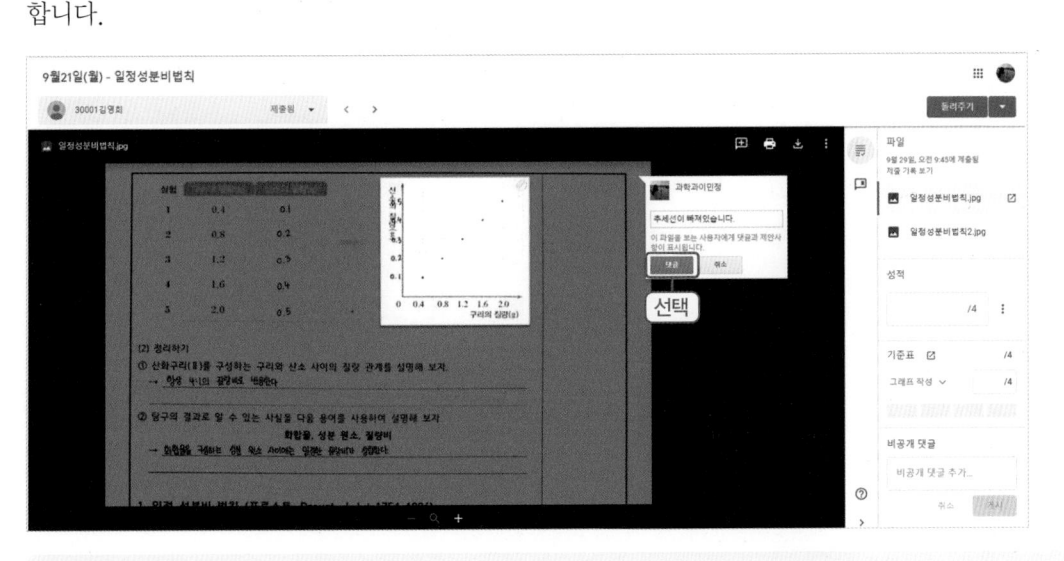

> **TIP** 댓글을 작성한 후 [댓글]을 클릭하면 어느 부분에 대한 코멘트인지가 강조되어 나타납니다. 댓글을 이용하여 학생과 의견을 교환할 경우 [해결]을 클릭하면 해당 부분에 대한 논의가 마무리 되면서 댓글이 사라지므로 유의해야 합니다.

5 성적에 점수를 입력하고, 비공개 댓글 추가의 입력란을 클릭하여 비공개 댓글을 작성한 후 **[게시]**를 클릭합니다. 또한, **[돌려주기]**를 클릭하여 과제를 반환합니다.

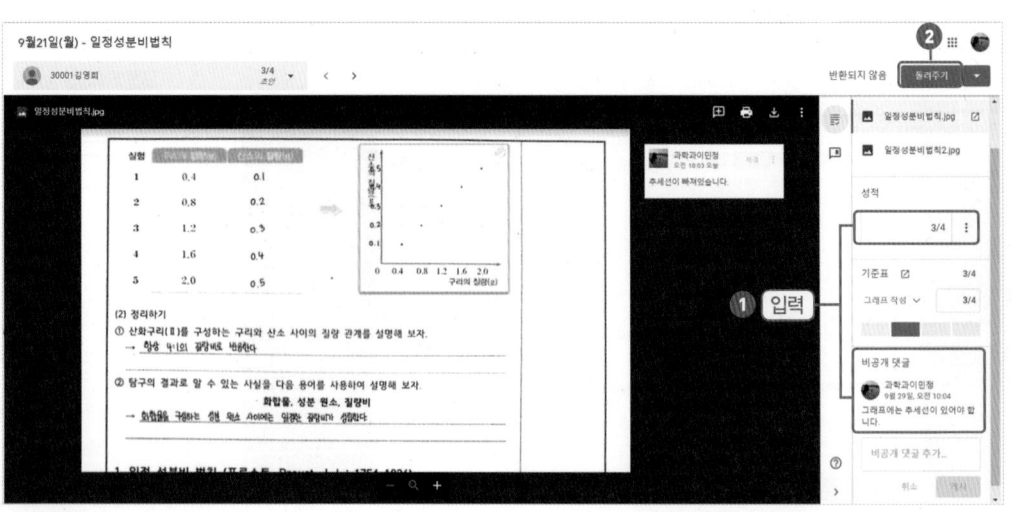

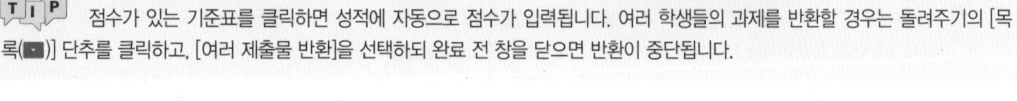

점수가 있는 기준표를 클릭하면 성적에 자동으로 점수가 입력됩니다. 여러 학생들의 과제를 반환할 경우는 돌려주기의 [목록(■)] 단추를 클릭하고, [여러 제출물 반환]을 선택하되 완료 전 창을 닫으면 반환이 중단됩니다.

문서 파일에 피드백 전달하기

1 **[수업]** 페이지에서 업로드한 과제의 과제 카드를 선택하고, **[과제 보기]**를 클릭합니다.

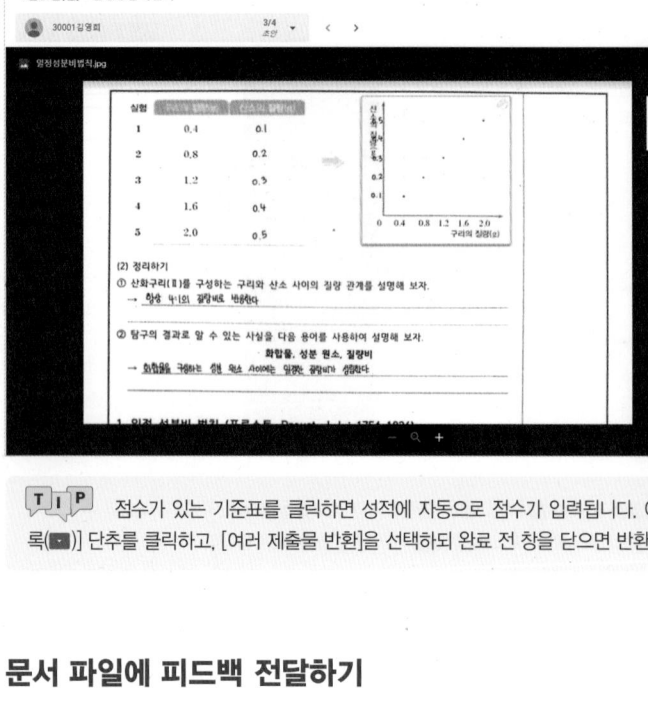

2 **[학생 과제]** 탭에서 피드백을 제공할 학생의 과제를 선택합니다.

3 채점도구 화면에 학생이 제출한 문서 내용이 나타납니다.

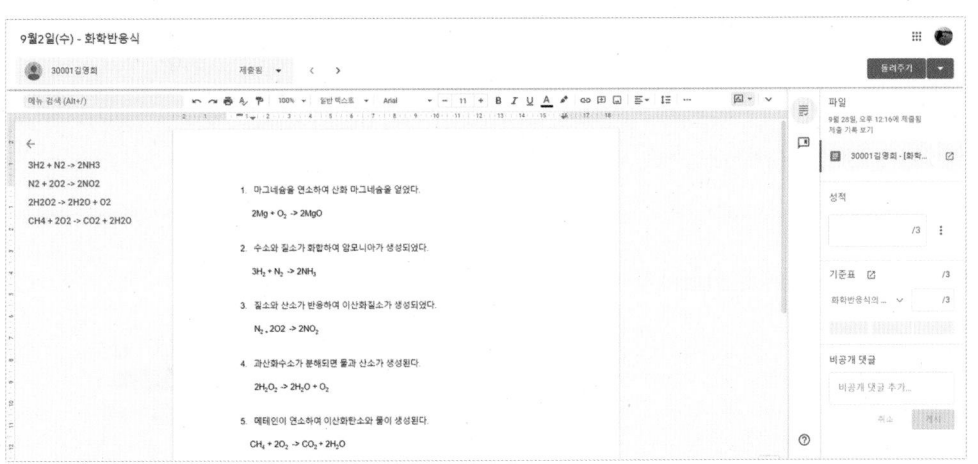

4 문서 내용 중 피드백이 필요한 부분을 드래그한 후 마우스 오른쪽 버튼을 클릭하고, **[댓글]**을 선택합니다. 댓글 내용을 입력하고, **[댓글]**을 클릭합니다.

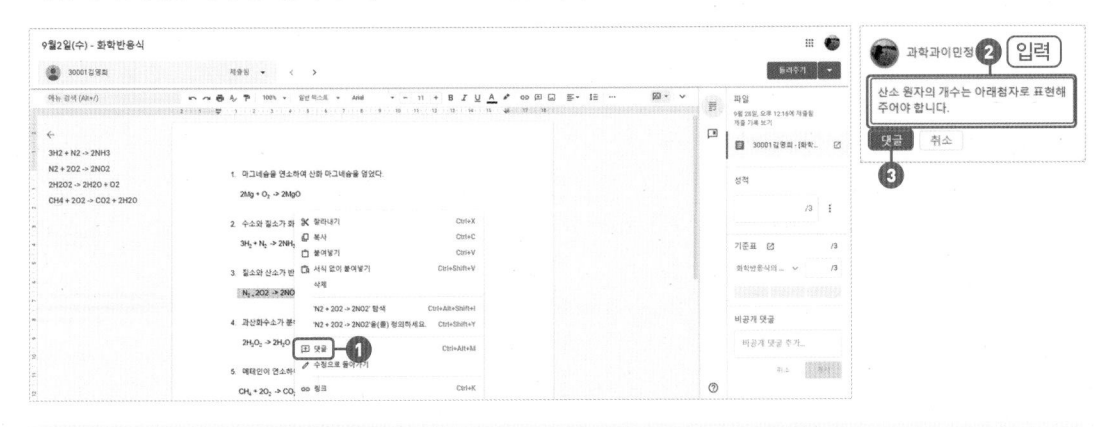

TIP 댓글을 추가하면 어느 부분에 대한 댓글인지 노란색으로 강조되어 나타납니다. [완료된 토론으로 표시하고 숨깁니다(✓)] 아이콘을 클릭할 경우 해당 부분에 대한 논의가 마무리된 것으로 댓글이 사라집니다.

5 필요한 경우 학생이 제출한 문서에 피드백 내용을 직접 입력합니다. 교사가 변경한 부분은 학생에게 강조되어 나타나며, 자동으로 '추가:###' 또는 '삭제:###'라는 댓글이 생성됩니다.

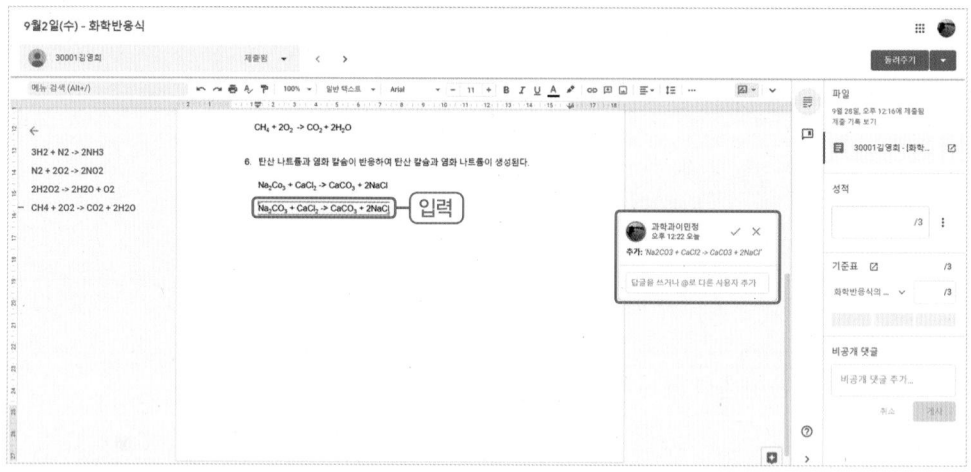

TIP 채점도구로 문서를 채점하는 경우 자동으로 제안 모드로 설정됩니다. [제안 모드(☑▾)] 아이콘에서 [수정] 상태로 변경하여 피드백을 입력하는 경우 학생이 작성한 내용과 구분이 되지 않으므로 [제안]을 사용합니다.

6 비공개 댓글과 점수를 각각 입력하고, **[돌려주기]**를 클릭하여 과제를 반환합니다.

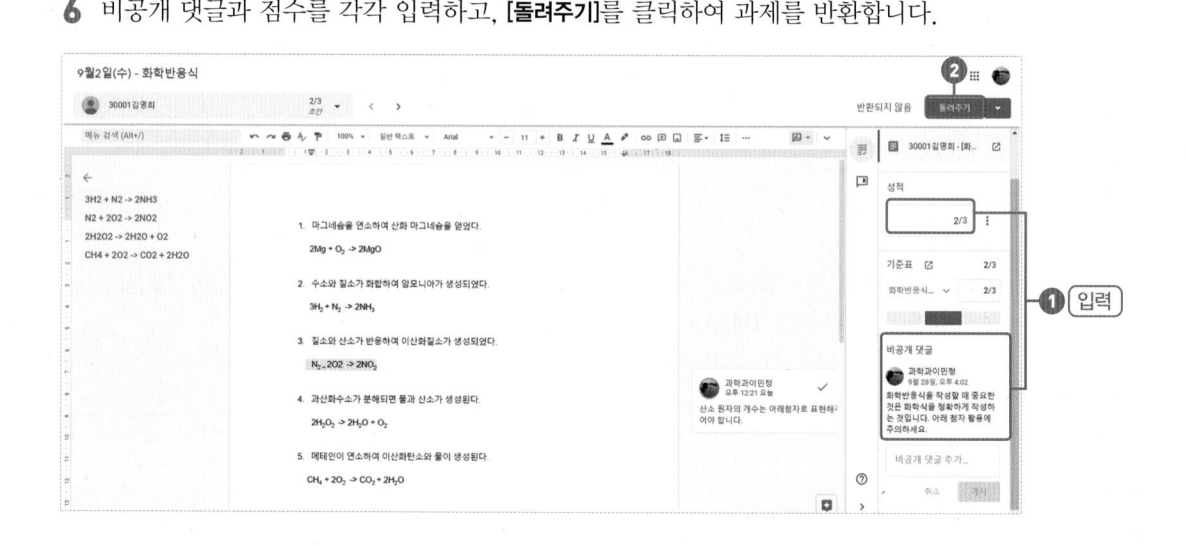

의견 모음 활용하여 피드백 전달하기

1 채점도구 화면에서 [**의견 모음(⬛)**] 아이콘을 클릭하고, [**+ 의견 모음에 추가**]를 선택합니다.

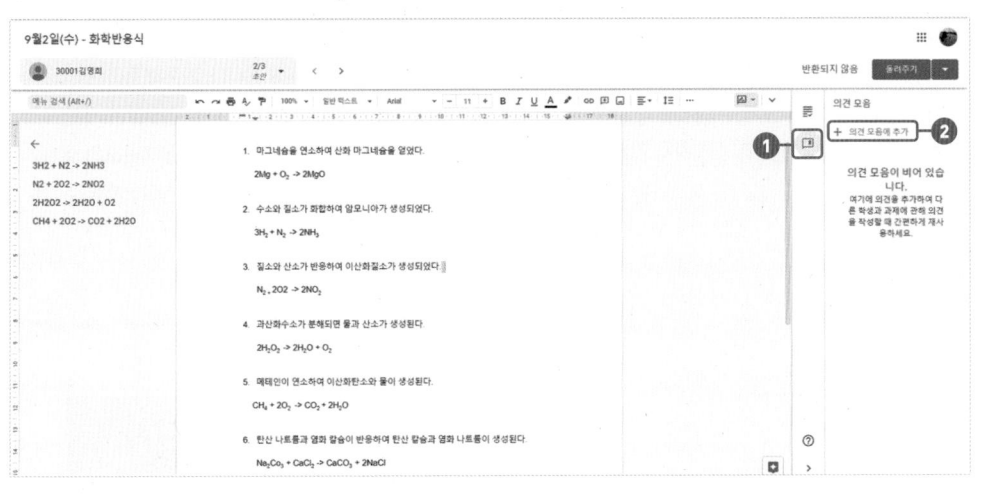

2 의견 추가 창이 나타나면 자주 사용하는 문구 내용을 입력하고, [**추가**]를 클릭합니다.

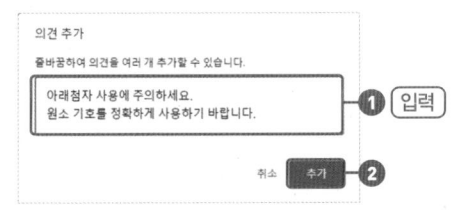

> **TIP** 문구를 추가할 때 여러 개의 문구를 입력하고, (Enter) 키로 각각 줄 바꿈하면 한 번에 여러 개의 문구를 추가할 수 있습니다.
> 원하지 않는 문구가 등록된 경우는 [의견 옵션(⋮)]-[삭제]를 선택합니다.

3 의견 모음에 문구를 추가한 후 댓글을 남길 때 '#'을 입력하면 자동으로 문구 내용이 나타나므로
원하는 문구를 선택합니다.

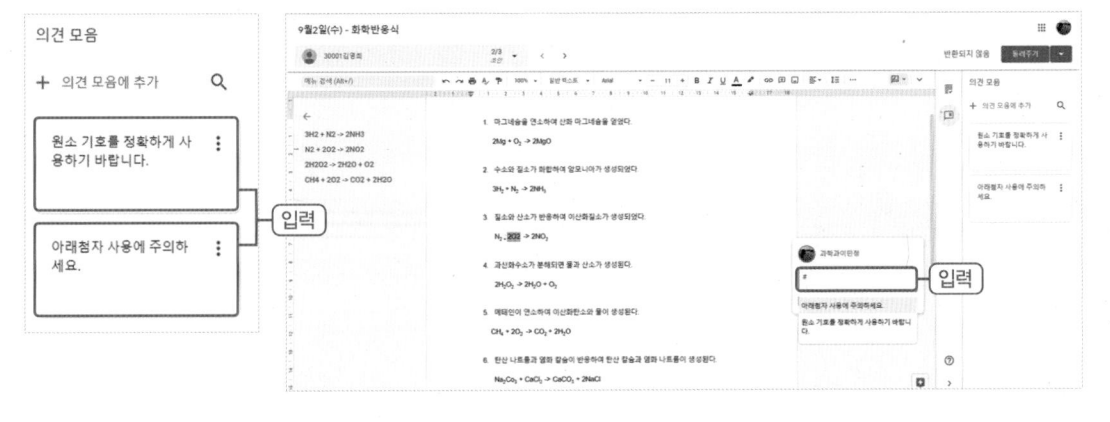

 **기준표 활용하여 피드백 전달하기**

기준표를 활용하면 좀 더 효율적으로 점수를 부여할 수 있고, 학생들도 채점 기준을 명확하게 알 수 있습니다. 기준표를 활용하여 피드백을 전달하기 위해서는 먼저 과제 편집 화면에서 기준표를 꼼꼼하게 작성해야 합니다. 기준과 등급, 설명을 수업 계획에 따라 짜임새 있게 구성하고, 각 등급마다 알맞은 점수를 부여하면 효율적으로 피드백을 전달할 수 있습니다. 만약, 기준표 작성 시 점수를 설정하지 않았다면 기준표에 따라 점수가 부여되지는 않지만 학생들은 기준표의 설명을 통해 본인 과제에 대한 구체적인 피드백을 받을 수 있습니다. 기준표에 대한 자세한 내용은 212쪽을 참고하세요.

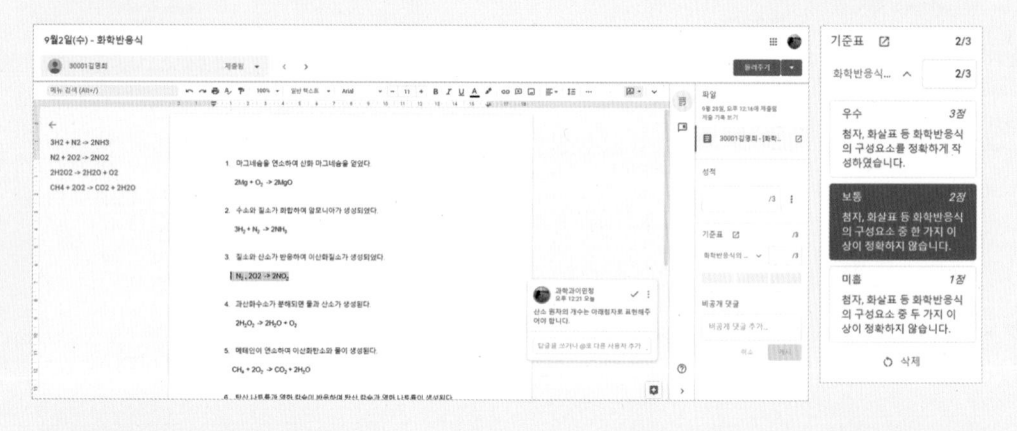

기준표를 활용하여 피드백을 전달하기 위해서는 기준표가 있는 과제의 채점도구 화면에서 학생이 제출한 과제 내용을 살펴 본 후 미리 설정한 기준표를 참고하여 등급을 선택합니다. 그 결과 기준표에 설정된 점수가 자동으로 부여되고 저장됩니다. 기준표에 점수가 있지만 과제를 '미채점'으로 설정한 경우는 기준표의 등급을 선택해도 점수가 반영되지 않습니다. 또한, 기준표와 과제의 만점 기준이 다른 경우 기준표의 등급을 클릭하면 기준표 점수가 비율에 따라 성적에 반영됩니다. 각 기준 우측에서 [더보기(∨)] 아이콘을 클릭하면 세부적인 등급과 설명을 보면서 채점을 할 수 있습니다. 또한, [새 창에서 기준표 열기(☑)] 아이콘을 클릭하면 기준표를 한눈에 볼 수 있는 새 창이 나타납니다.

SECTION 07 퀴즈 설문지 [응답] 탭 살펴보기

퀴즈 설문지에 대한 학생들의 응답은 설문지 편집 화면의 [응답] 탭에서 확인할 수 있습니다. 퀴즈의 피드백을 제공하는 방법을 알아보기 전에 [응답] 탭의 구성에 대해 살펴보도록 하겠습니다.

퀴즈 설문지 [응답] 탭

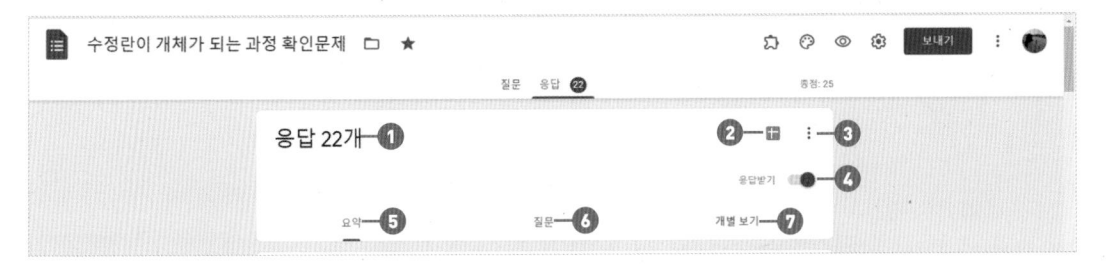

❶ 응답 개수 : 수집된 응답(퀴즈 설문지에 응한 학생들의 수) 개수를 나타냅니다.

❷ 스프레드시트에서 응답 보기 : 학생들의 응답이 정리된 스프레드시트로 이동합니다.

❸ 더보기 : 응답 수집에 대한 다양한 기능으로 새 응답이 생겼을 때 이메일 알림을 받거나, 응답 수집 위치를 변경하거나, 다운로드하거나, 모든 응답을 삭제하는 등 필요에 따라 선택할 수 있습니다.

❹ 응답받기 : 응답 수집을 활성화하거나 비활성화합니다. 응답 수집을 비활성화하면 학생들이 더 이상 퀴즈 설문지에 응답을 할 수 없습니다.

❺ [요약] 탭 : 학생 응답의 통계를 볼 수 있습니다.

❻ [질문] 탭 : 문항별로 답변 내용들을 모아서 볼 수 있으며, 문항별 채점이 가능합니다.

❼ [개별 보기] 탭 : 학생 개개인의 응답을 볼 수 있고 개별 피드백을 제공합니다.

[요약] 탭

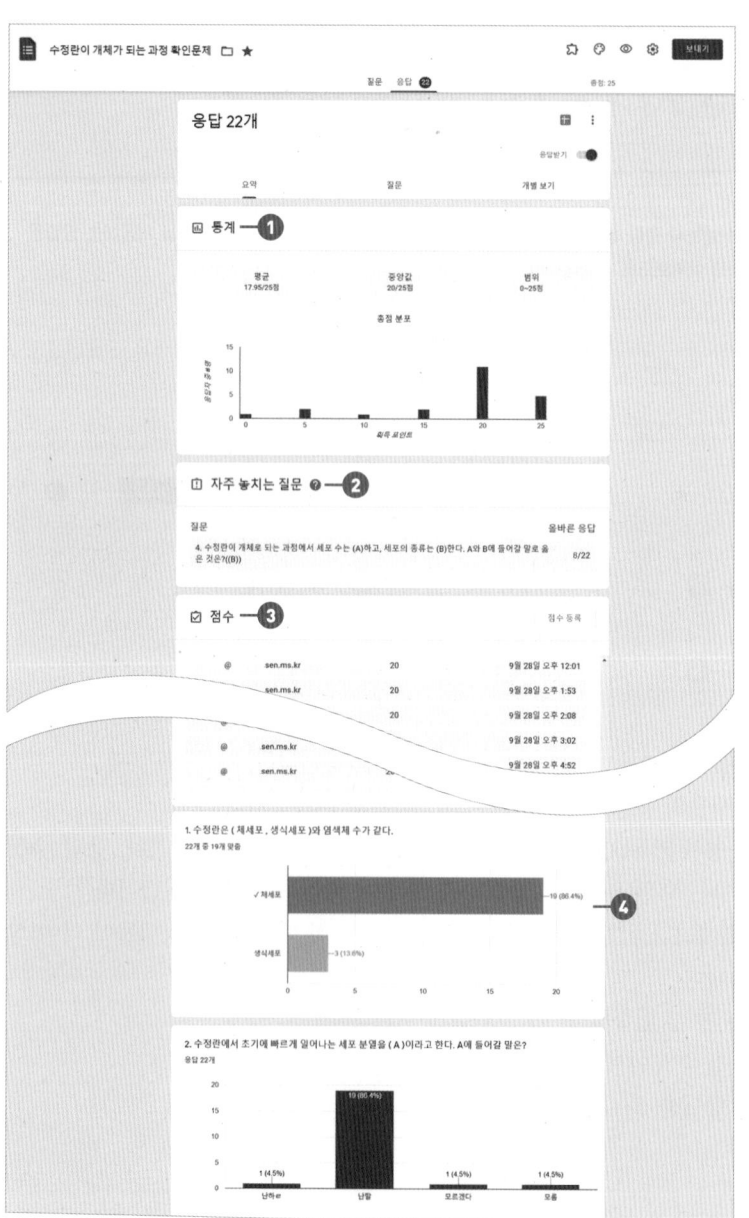

TIP   통계를 이용하여 오답률이 높은 문항을 확인하고, 이를 다음 차시 수업에 반영할 수 있습니다.

① **통계** : 학생들이 획득한 점수의 평균과 중앙값, 범위가 나타나며, 총점 분포가 그래프로 표시됩니다.

② **자주 놓치는 질문** : 정답률이 50% 미만인 문항은 자주 놓치는 질문으로 분류됩니다.

③ **점수** : 응답자별 점수가 나타납니다. **[점수 등록]**을 클릭하여 학생들의 점수를 개별 이메일로 보낼 수 있습니다. 개별 이메일로 점수를 보내기 전에 장문형 등 자동 채점이 불가능한 문항을 먼저 채점해야 합니다.

④ **정답 그래프** : 각 문항별, 응답별 통계가 그래프로 표시됩니다.

[질문] 탭

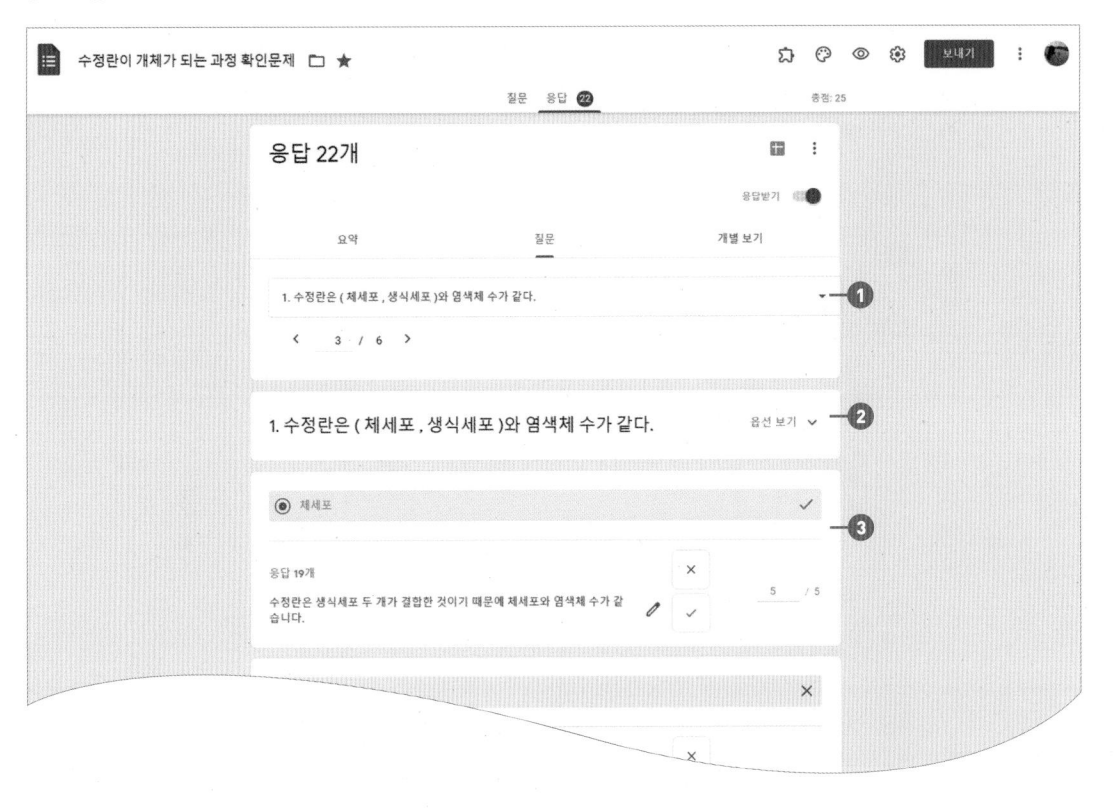

① **문항 목록** : 답변을 모아서 문항을 선택할 수 있습니다.

② **문항** : 문항의 질문이 나타납니다. 객관식 문항은 '옵션 보기'를 클릭하여 선택지를 볼 수 있습니다.

③ **문항별 응답** : 문항에 대해 학생들이 제출한 응답을 보여줍니다.

• **응답 #개** : 해당 응답의 개수를 나타내며, 클릭 시 응답을 한 학생의 이메일 주소를 확인할 수 있습니다. 채점되지 않은 문항은 '채점되지 않은 응답 #개'로 표시됩니다.

• **[의견 추가(✎)]** : 응답에 대한 의견을 추가합니다. 문항 작성 시 의견을 추가한 경우 **[수정(✎)]** 아이콘을 클릭하면 의견을 변경할 수 있습니다.

• **[정답으로 표시(✓)]**, **[오답으로 표시(×)]** : 해당 응답을 정답이나 오답으로 처리합니다. **[정답으로 표시(✓)]** 아이콘 또는 **[오답으로 표시(×)]** 아이콘을 클릭하면 점수에 곧바로 반영됩니다(이미 채점된 문항에 대해서도 반영).

• **점수** : 부분 점수가 필요하거나 복수 정답이 필요한 경우 응답별로 점수를 변경할 수 있습니다.

[개별 보기] 탭

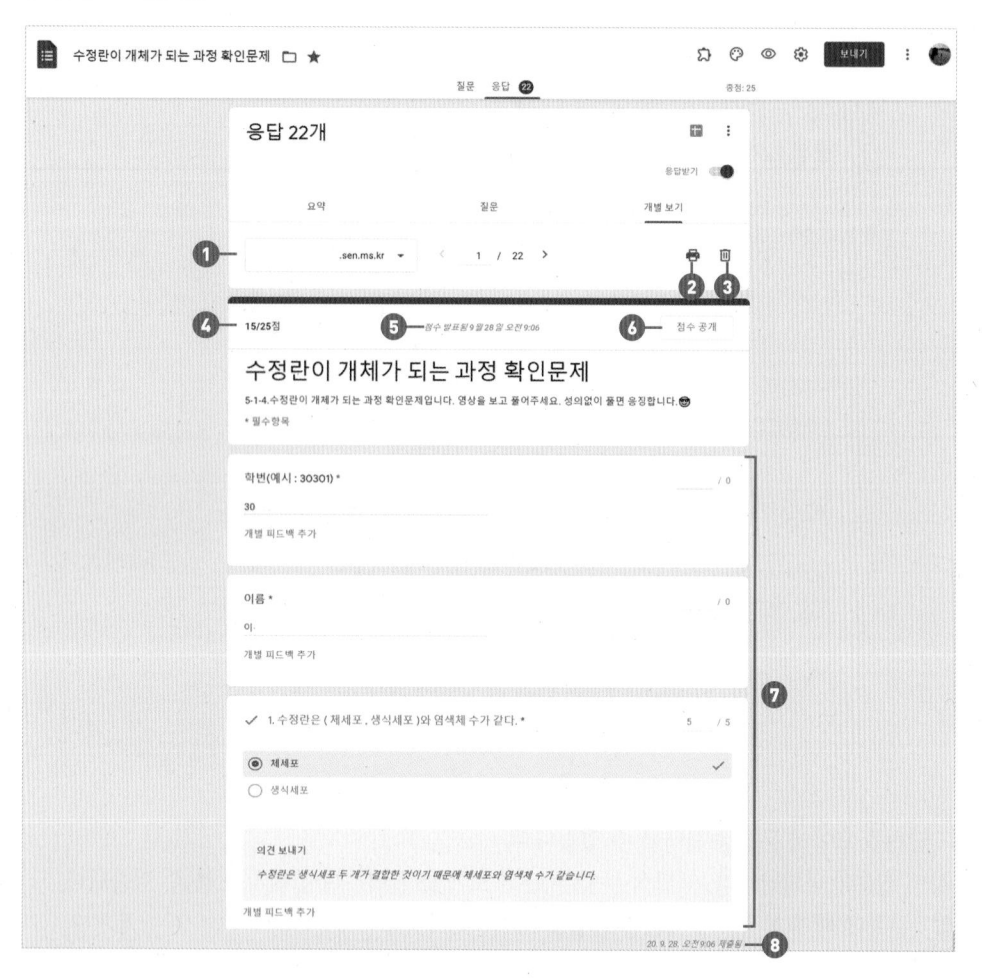

① **학생 이메일** : 응답을 확인할 학생의 이메일을 선택합니다. 응답을 제출한 순서대로 번호가 부여되며, **[이전 응답(<)]** 또는 **[다음 응답(>)]** 아이콘을 클릭하여 다른 학생의 응답을 볼 수 있습니다.

② **응답 인쇄** : 학생의 응답을 인쇄합니다.

③ **응답 삭제** : 학생의 응답을 삭제합니다. '응답 횟수 1회로 제한'을 설정했을 경우 응답을 삭제하면 학생은 다시 응답을 제출할 수 있습니다.

④ **점수** : 만점 기준과 학생이 받은 점수가 나타납니다. 채점이 되지 않았다면 점수가 0점으로 나타납니다.

⑤ **점수 공개 시간** : 학생에게 점수가 공개된 시간이 나타납니다. 점수가 공개되지 않았다면 '점수 발표되지 않음'으로 나타납니다.

⑥ **점수 공개** : 퀴즈 설문지의 **[설정(⚙)]**에서 **[일반] 탭-[이메일 주소 수집]**을 체크해야 활성화 됩니다. 이메일을 보낼 사용자의 체크 박스를 선택하여 점수를 전송할 수 있습니다.

⑦ **문항 및 응답** : 문항별로 학생의 응답, 점수, 의견이 나타납니다. 자동 채점이 되지 않았다면 우측 상단에서 직접 점수를 입력할 수 있습니다. '개별 피드백 추가'를 클릭하여 학생의 답변에 대한 개별 피드백을 문항별로 추가할 수 있습니다.

⑧ **응답 제출 시간** : 학생이 응답을 제출한 시간이 나타납니다.

08 퀴즈 자동 채점하고 성적 가져오기

학생들에게 퀴즈에 대한 피드백을 전달하는 방법 중 하나는 자동 채점을 이용하여 제출 직후 공통 피드백을 제공하는 것입니다. 자동 채점을 이용하면 학생들이 응답을 제출한 직후 점수를 바로 확인할 수 있습니다. 또한, 성적 가져오기 기능을 이용하면 클래스룸으로 학생들의 퀴즈 점수를 불러올 수 있어 편리합니다. 그럼 자동 채점 및 공통 의견 추가, 성적 가져오기에 대해 알아보겠습니다.

자동 채점 후 성적 바로 공개하기

학생들이 퀴즈 설문지를 제출했을 때 자동으로 채점한 후 학생들에게 바로 성적과 의견을 공개하도록 설정할 수 있습니다. 이를 위해서는 두 가지 조건을 만족해야 합니다.

1	퀴즈 설문지 편집 시 [설정(⚙)]–[퀴즈] 탭에서 설문지를 제출한 후 성적을 바로 공개할 수 있도록 '제출 후 바로 공개'를 체크하고, 학생들이 틀린 문제, 정답, 점수를 볼 수 있도록 '틀린 문제', '정답', '점수'를 모두 체크합니다.
2	문항 편집 단계에서 '답안'을 클릭하여 정답과 점수, 의견을 입력합니다.

두 가지 조건을 만족하고 퀴즈 설문지를 제작하면 학생이 퀴즈 과제를 제출한 후 **[점수 보기]**를 클릭하여 정답과 오답, 교사가 추가한 의견을 확인할 수 있습니다.

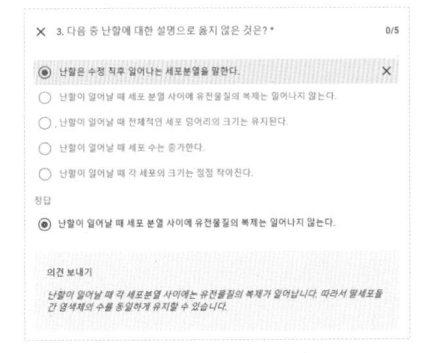

만약, 정답과 점수가 없는 문항은 자동으로 채점되지 않지만 의견을 미리 입력해 두면 해당 문항에 대한 교사의 피드백을 학생들이 확인할 수 있습니다.

TIP 문항 유형 중 객관식 질문에서는 잘못된 답변과 정답 의견을 각각 입력할 수 있지만 단답형, 장문형 문항에서는 잘못된 답변과 정답 의견을 구분하여 입력할 수는 없습니다.

성적 가져오기

[학생 과제] 탭에서 [성적 가져오기]를 클릭하면 학생들의 퀴즈 점수를 클래스룸으로 바로 가져올 수 있습니다. 이때 일부 학생의 점수만 가져오는 것은 불가능하며, 퀴즈에 응답을 제출한 모든 학생들의 점수를 클래스룸으로 가져옵니다.

[성적 가져오기]를 이용하기 위해서는 퀴즈 과제 편집 화면에서 '성적 가져오기'를 활성화 시켜야 합니다. '성적 가져오기' 활성화를 위한 설문지 설정 방법은 219쪽을 참고하세요. '성적 가져오기'는 2가지 조건을 만족해야 활성화할 수 있습니다.

- **첫 번째** : 수업 게시물에 퀴즈 설문지는 하나만 첨부되어 있어야 합니다.
- **두 번째** : 설문지 설정에서 '이메일 주소 수집', '## 및 신뢰할 수 있는 하위 조직의 사용자로 제한', '응답 횟수 1회로 제한'이 선택되어야 합니다.

만약, 위의 2가지 조건을 하나라도 만족하지 못하면 '성적 가져오기' 기능이 활성화되지 않아 **[학생 과제]** 탭에 있는 **[성적 가져오기]**가 나타나지 않습니다. 수업 게시물에 퀴즈 설문지 이외의 다른 수업 자료를 첨부할 경우 해결 방법은 369쪽을 참고하세요.

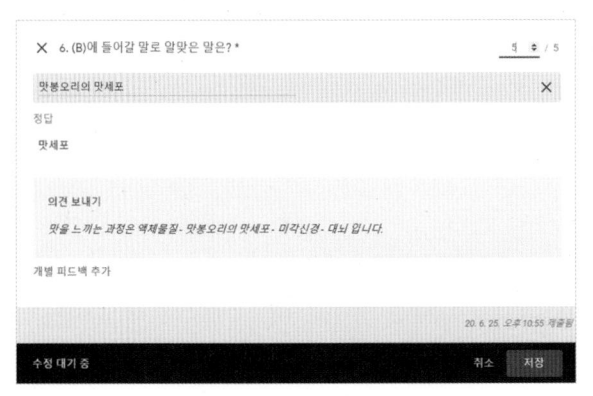

'성적 가져오기'를 설정하고 퀴즈 과제를 게시한 이후에도 첨부 파일을 추가하거나 퀴즈 설문지의 설정을 변경하면 **[학생 과제]** 탭의 **[성적 가져오기]** 사용이 불가능하므로 주의해야 합니다.

클래스룸의 점수와 퀴즈 설문지의 점수는 별개입니다. **[학생 과제]** 탭에서 개별 학생의 점수를 변경해도 퀴즈 설문지의 점수는 변하지 않기 때문에 **[성적 가져오기]**를 클릭하면 개별적으로 변경한 점수에 다시 덮어쓰게 됩니다. **[학생 과제]** 탭이 아닌 퀴즈 설문지의 **[응답]**–**[개별 보기]** 탭에서 성적을 먼저 변경한 후 성적 가져오기를 해야 합니다.

SECTION 09 퀴즈 채점하고 개별 피드백 제공하기

학생들이 퀴즈 설문지에 응답을 제출했을 경우 피드백을 전달하는 또 다른 방법은 교사가 학생들의 응답을 직접 확인한 후 점수를 입력하고, 문항별로 개별 피드백을 제공하는 것입니다. 특히, 장문형 문항의 경우 [개별 보기] 탭에서 개별 피드백을 제공하고 점수를 부여해야 합니다. 그럼 문항을 직접 채점하는 방법과 문항별 개별 피드백을 제공하는 방법에 대해 알아보도록 하겠습니다.

[개별 보기] 탭에서 채점하고 개별 피드백 제공하기

1 퀴즈 설문지 화면 아래에서 [**설문지 수정( )**] 아이콘을 클릭합니다.

2 퀴즈 설문지 화면에서 [**응답**] 탭에 있는 [**개별 보기**] 탭을 클릭합니다.

3 이메일 주소가 있는 [**목록(▾)**] 단추를 클릭하고, 피드백을 제공할 학생의 이메일 주소를 선택합니다.

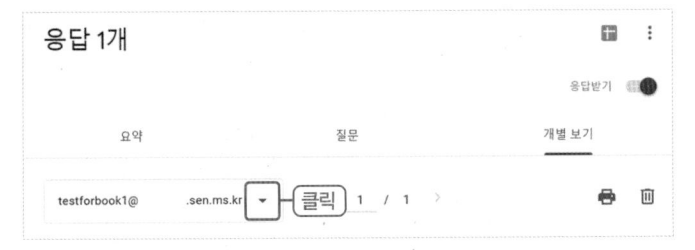

> **TIP** 이메일 주소만으로는 학생 식별이 어려우므로 퀴즈 설문지 작성 시 학생의 인적사항을 묻는 문항을 제작합니다.

4 학생의 답변을 살펴보고, 문항별로 점수를 입력합니다.

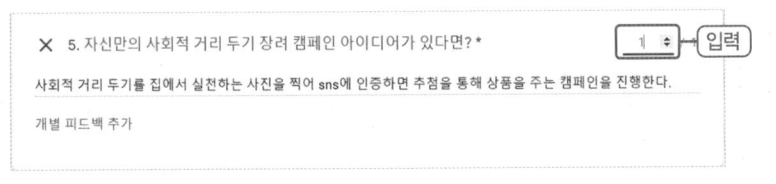

> **TIP** 점수의 수정이 필요한 경우나 장문형 문항과 같이 자동 채점이 불가능한 경우는 점수를 직접 입력해야 합니다. 점수가 부여되지 않은 경우는 일단 오답(×)으로 표시됩니다.

5 피드백을 제공할 문항에서 '개별 피드백 추가'를 클릭하여 의견을 추가하고, [**저장**]을 클릭합니다.

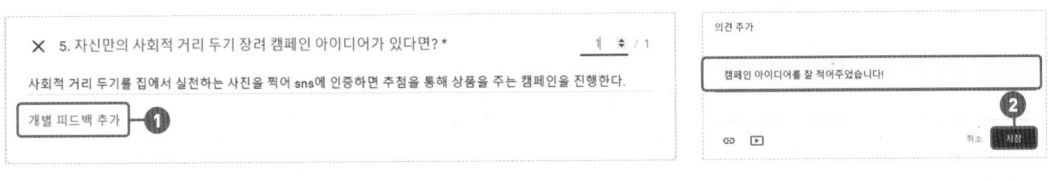

> **TIP** 개별 피드백을 제공할 때 기존에 입력한 공통 의견이 있다면 의견 추가 창에 나타납니다. 이를 삭제하는 경우 공통 의견은 보이지 않습니다.

6 화면 하단에 수정 대기 중 내용이 나타나면 한 번 더 [**저장**]을 클릭합니다.

7 [개별 보기] 탭에서 [점수 공개]를 클릭하고, 점수를 공개할 학생들의 이메일을 선택한 후 [이메일로 점수 전송]을 클릭합니다.

8 학생들은 이메일로 자신의 점수를 받아볼 수 있으며, 메일에서 [보기]를 클릭하면 점수와 개별 피드백이 나타납니다.

TIP 퀴즈로 만들기가 설정되지 않은 일반 설문지에서는 [점수 공개]가 나타나지 않으므로 일반 설문지를 사용하는 경우 클래스룸에 개별 피드백을 확인하라는 비공개 댓글을 남기는 것이 좋습니다.

10 스프레드시트로 퀴즈 응답 모아보기

퀴즈 설문지의 응답을 확인할 경우 스프레드시트를 이용하면 학생들의 답안을 한 눈에 볼 수 있습니다. [요약] 또는 [질문] 탭에서는 어떤 학생이 제출한 답안인지 파악하기 어렵고, [개별 보기] 탭에서는 학생 개인별 응답만 보여주기 때문에 한 눈에 들어오지 않습니다. 또한, [개별 보기] 탭에는 학생들이 응답한 순서대로 배열되기 때문에 반, 번호로 정렬하여 응답을 보려면 스프레드시트를 이용해야 합니다. 그럼 스프레드시트를 이용하여 응답을 확인하는 방법에 대해 알아보도록 하겠습니다.

스프레드시트에서 응답 보기

[응답] 탭의 우측 상단에서 [스프레드시트에서 응답 보기(⊞)] 아이콘을 클릭하면 스프레드시트에서 학생 답안을 한 눈에 모아볼 수 있습니다. 스프레드시트는 정렬이 자유롭다는 것이 최대 장점이며, 학생들이 퀴즈 설문지에 대한 답안을 제출하면 스프레드시트에 기록됩니다.

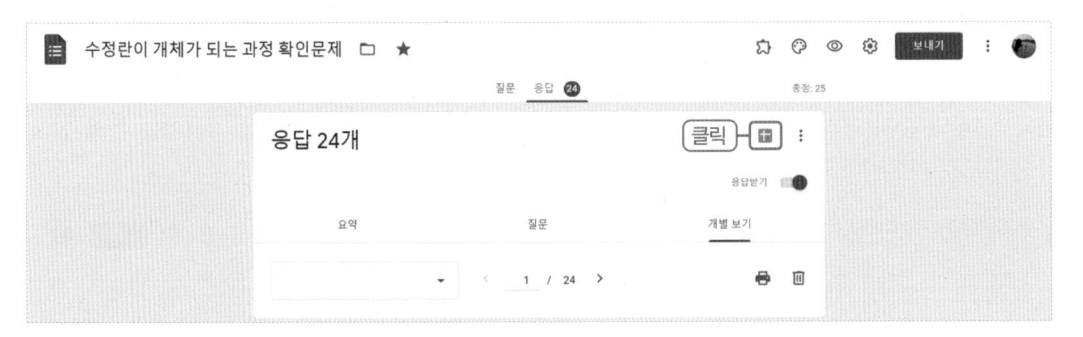

[스프레드시트에서 응답 보기(⊞)] 아이콘을 클릭하면 응답 수집 장소 선택 창이 나타납니다. 여기에서 '새 스프레드시트 만들기'를 선택하면 응답을 수집할 스프레드시트를 새롭게 만들 수 있고, '기존 스프레드시트 선택'을 선택하면 원하는 스프레드시트에 응답을 받을 수 있습니다.

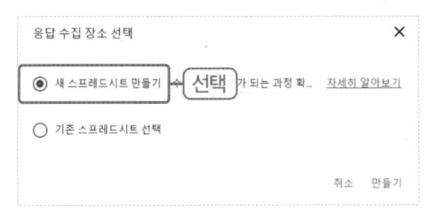

응답 스프레드시트가 만들어진 후 [응답] 탭에서 [스프레드시트에서 응답 보기(⊞)] 아이콘을 클릭하면 자동으로 응답 스프레드시트로 이동합니다.

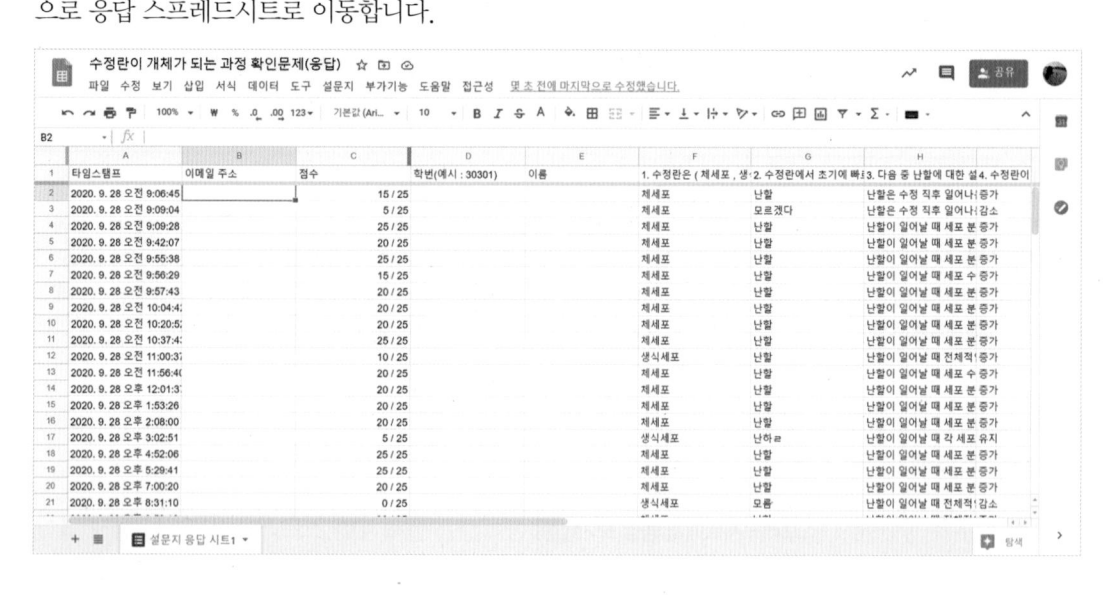

스프레드시트의 응답 정렬

스프레드시트의 행에서는 개별 학생들의 응답, 열에서는 제출 시간 및 이메일 주소, 점수, 문항이 나타납니다. 문항의 순서(열의 순서)를 드래그하여 바꾸어도 퀴즈 설문지 내용과 응답 기록에는 문제가 생기지 않으므로 자유자재로 순서를 변경할 수 있습니다.

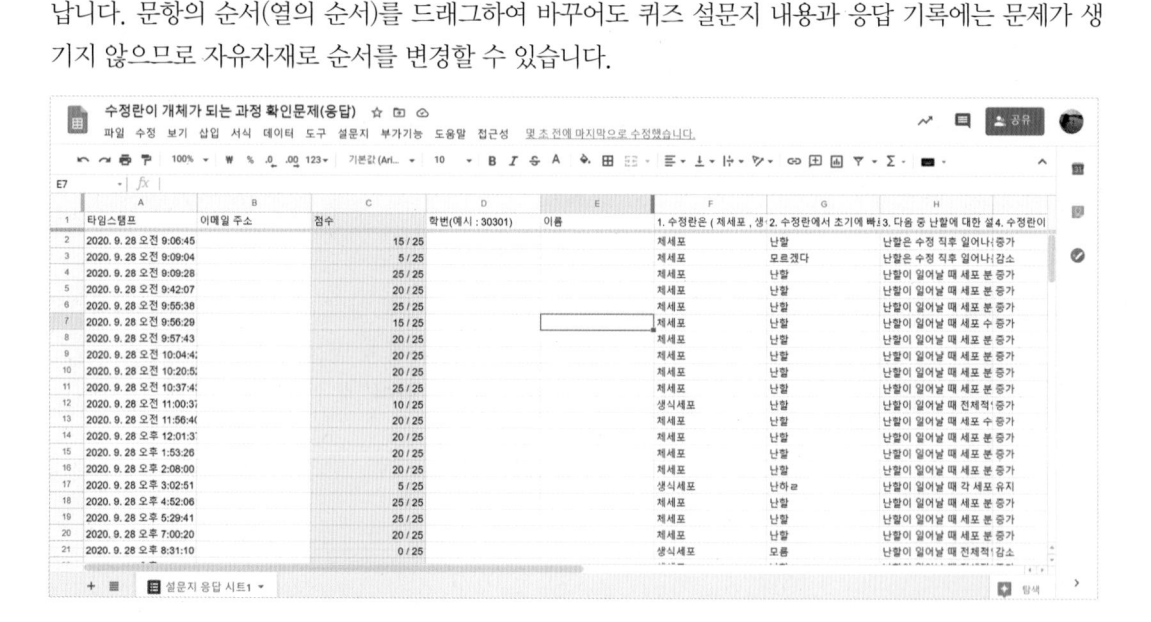

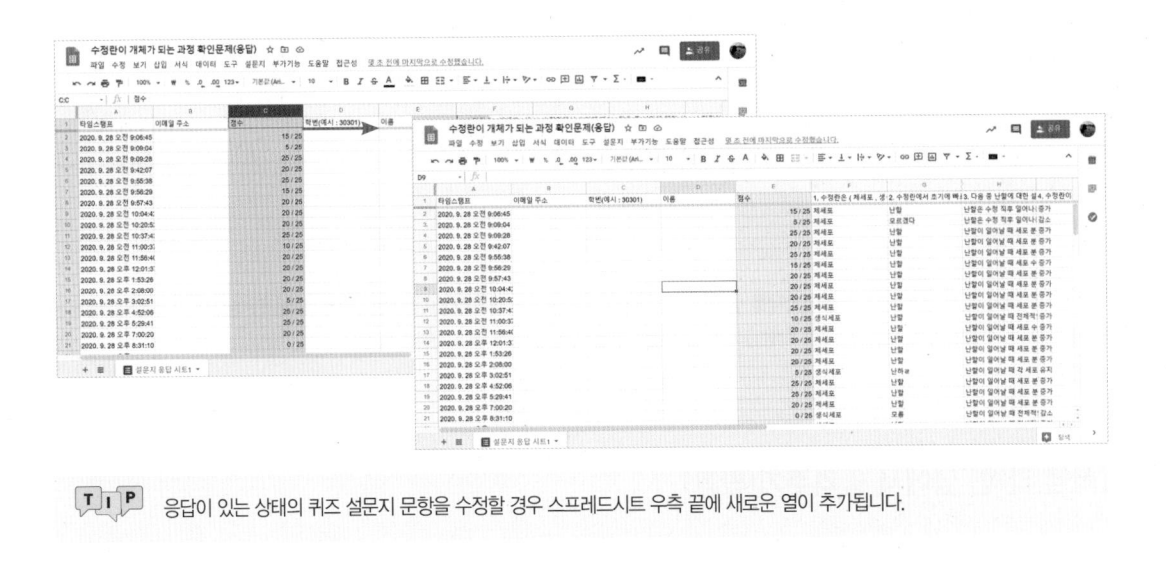

응답이 있는 상태의 퀴즈 설문지 문항을 수정할 경우 스프레드시트 우측 끝에 새로운 열이 추가됩니다.

학생들을 정렬할 때 정렬할 문항이 한 가지인 경우(예 : 학번)에는 데이터를 정렬할 '학번' 열의 [목록(▼)] 단추를 클릭하여 [시트 정렬]을 선택합니다. 시트 정렬에서 'A→Z'는 오름차순, 'Z→A'는 내림차순을 의미합니다.

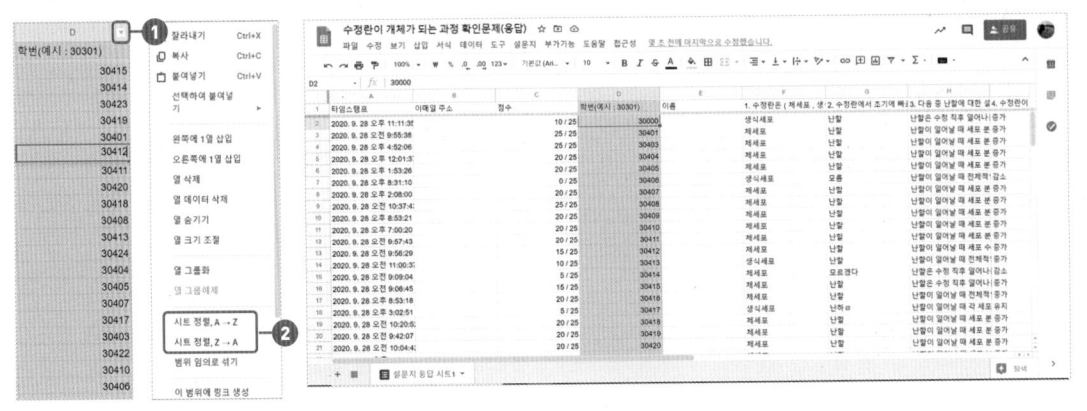

정렬할 문항이 한 가지 이상인 경우(예 : 학년, 반, 번호 등)에는 데이터를 모두 선택한 후 메뉴에서 [데이터]–[범위 정렬]을 선택하고, [다른 정렬 기준 열 추가]를 이용합니다.

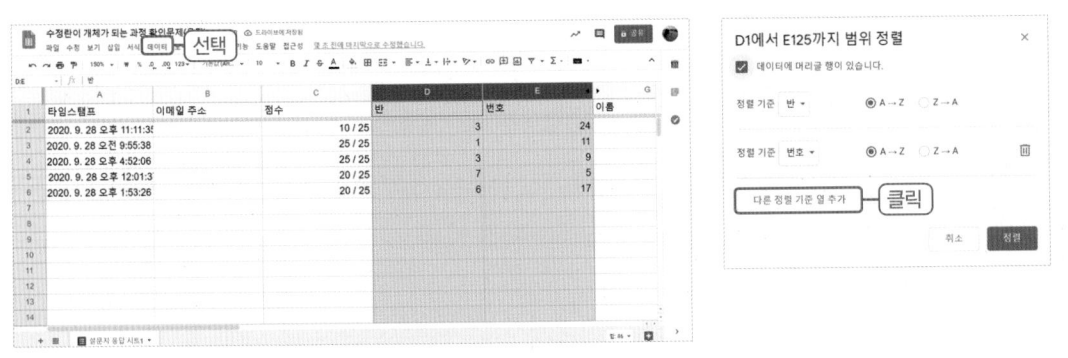

돌려주기(반환)

피드백의 최종 단계는 학생들의 과제를 돌려주기(반환)하는 것입니다. 돌려주기(반환)는 [학생 과제] 탭, 채점도구, [성적] 페이지에서 작업할 수 있습니다. 그럼 학생들의 과제를 돌려주는 방법에 대해 알아보도록 하겠습니다.

[학생 과제] 탭에서 돌려주기(반환)

1 [학생 과제] 탭의 학생 목록에서 과제를 돌려주기 할 학생을 선택하고, **[돌려주기]**를 클릭합니다. 이때 여러 학생을 선택할 수 있으며, '제출함'의 체크 박스를 클릭하면 제출한 학생 모두의 과제를 돌려줄 수 있습니다.

> **TIP** 과제 게시물 설정에서 점수를 설정했다면 반드시 점수를 먼저 부여하고 [돌려주기]를 클릭해야 합니다. 점수를 부여하지 않은 상태에서 반환하면 '할당됨' 상태로 바뀌기 때문에 과제를 제출했는데도 불구하고 제출하지 않은 상태가 됩니다.

2 과제를 돌려줄 학생을 확인하고, 필요한 경우 비공개 댓글을 입력한 후 **[돌려주기]**를 클릭합니다.

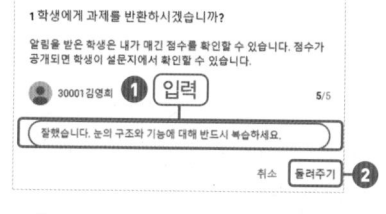

> **TIP** 과제를 반환할 때 작성한 비공개 댓글은 과제를 돌려받는 학생에게 주어집니다. 이는 2명 이상에게 공통 피드백을 제공할 때 활용하면 유용합니다.

3 돌려주기가 완료된 학생은 '채점 완료'로 분류됩니다.

채점도구에서 학생 과제 돌려주기

1 채점도구에서 학생의 과제를 확인하고, 점수가 있는 과제라면 성적에 점수를 입력합니다.

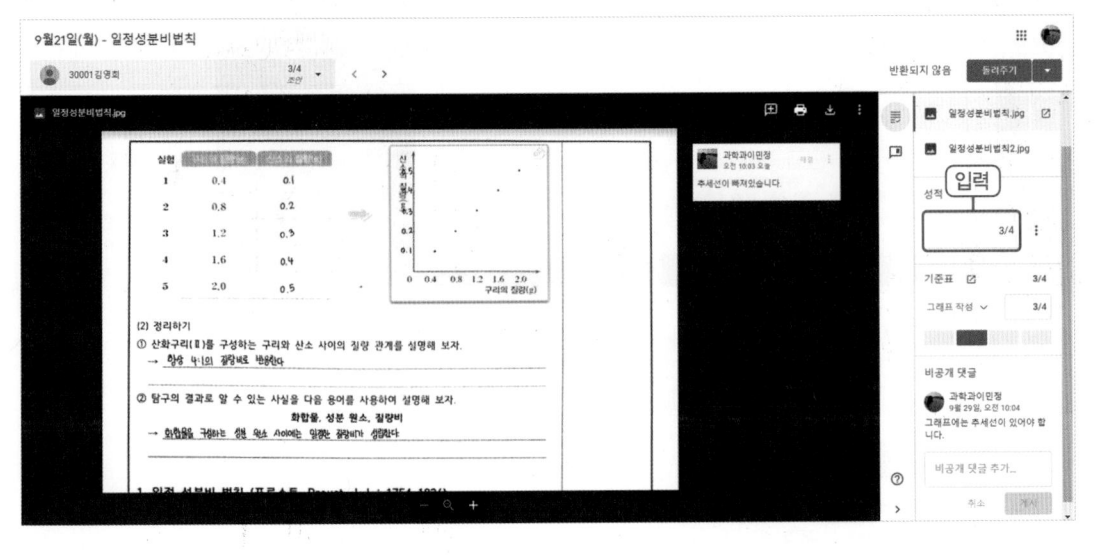

2 우측 상단에서 [돌려주기]를 클릭하고, 학생 1명에게 과제를 반환하시겠습니까? 창이 나타나면 다시 한 번 [돌려주기]를 클릭합니다.

채점도구에서 여러 학생 과제 돌려주기

1 채점도구의 학생 목록에서 과제를 제출한 학생들을 선택하여 과제를 확인하고, 점수가 있는 과제라면 점수를 입력합니다.

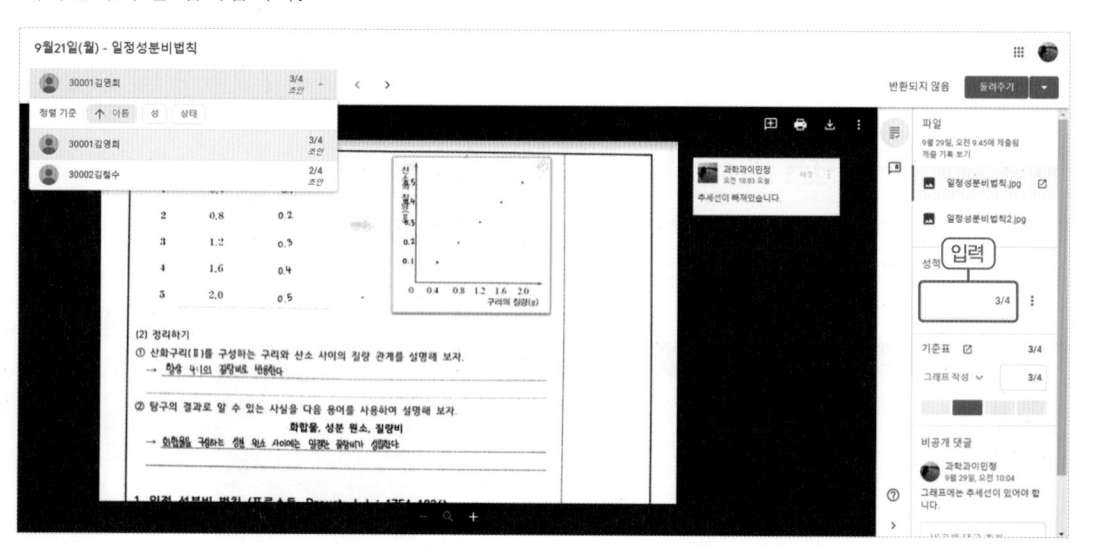

2 우측 상단에서 돌려주기의 **[목록(▾)]** 단추를 클릭하고, **[여러 제출물 반환]**을 선택합니다.

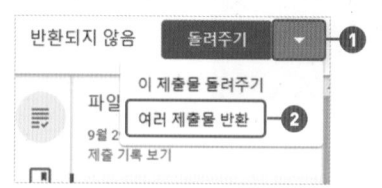

3 여러 학생들 중 과제를 반환할 학생들을 선택하고, **[돌려주기]**를 클릭합니다. 과제를 제출하지 않은 학생들은 목록에 나타나지 않습니다.

> **TIP** 점수가 있는 과제의 경우 교사가 점수를 부여한 학생들은 자동으로 체크됩니다.

4 [학생 과제] 탭에서 채점 완료(반환됨)로 분류된 것을 확인할 수 있습니다.

> **TIP** 채점도구에서 돌려주기를 하는 경우 반환되는 속도가 매우 느립니다. 여러 학생의 과제를 반환하는 경우 반환이 끝나지 않았을 때 채점도구 창을 닫으면 반환이 중단되므로 주의해야 합니다.

[성적] 페이지에서 돌려주기

1 [성적] 페이지에서 과제를 돌려줄 학생의 과제 제출 상태에 마우스 포인터를 올려놓으면 [더보기(⋮)] 아이콘이 나타납니다.

2 해당 학생의 과제에서 [더보기(⋮)] 아이콘을 클릭하고, [돌려주기]를 선택합니다.

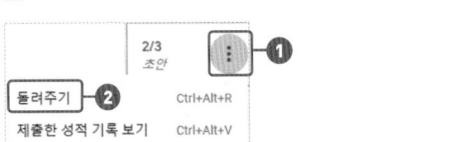

> **TIP** 점수가 있는 과제는 돌려주기 전에 점수를 입력해야 하며, 이미 반환이 완료된 과제 또는 누락된 과제는 돌려주기가 불가능합니다.

 **전문가의 조언** **[성적] 탭에서 모든 과제 일괄 반환하기**

[성적] 탭의 게시물 목록에서 게시물 제목에 마우스 포인터를 올려놓으면 [더보기(⋮)] 아이콘이 나타나는데, 해당 아이콘을 클릭하면 게시물을 수정하거나 삭제할 수 있고, 학생들이 제출한 과제를 일괄(모두) 반환할 수 있습니다.

기한 없음	기한 없음	
9월29일	**9월2일(수)**	⋮
(월) - 코...	**- 화학반...**	
100점 만점 기준	3점 만점 기준	
	2	
	조안	
	1	
	조안	

기한 없음	기한 없음	
9월29일	**9월2일(수)**	⋮
(월) - 코...	··········	
100점 만점 기준	수정	
	삭제	
	모두 반환	
	2	
	조안	
	1	
	조안	

이해하기

12 개별 학생 제출 현황 확인하기

[사용자] 페이지에서는 교사와 학생들의 목록을 볼 수 있는 것 외에도 개별 학생의 과제 제출 현황을 확인할 수 있습니다.

[사용자] 페이지에서 개별 학생의 과제 제출 현황 조회하기

[사용자] 페이지의 학생 목록에서 학생 이름을 클릭하면 개별 과제 제출 현황이 나타나며 해당 학생에게 할당된 모든 과제, 퀴즈 과제, 질문의 제출 여부와 점수를 확인할 수 있습니다.

각 과제를 보면 과제의 제목, 기한, 과제 상태가 나타나며, 과제 제목 우측에는 학생이 제출한 첨부 파일의 여부와 비공개 댓글이 아이콘으로 나타납니다.

> **9월 18일 (금) 4교시 - 가정** 📋 1 🔗 2   9월 18일 오후 11:...   ✓
>   완료(기한 지남)

• 교사면 · 클래스룸 활용하기 •

각 과제를 클릭하면 학생이 첨부하여 제출한 과제를 확인할 수 있습니다. 만약, 학생이 파일을 첨부하지 않았다면 '첨부된 과제가 없습니다'라고 나타납니다. '세부정보 보기'를 클릭하면 **[학생 과제]** 탭으로 이동하면서 과제의 세부적인 내용을 확인할 수 있습니다.

[필터]를 이용하면 제출한 과제, 반환된 과제, 누락된 과제를 모아서 확인할 수 있습니다.

- **제출함** : 학생이 제출을 완료했으나 반환되지 않은 과제들이 나타납니다.
- **반환됨** : 점수, 체크 표시 상태의 과제로 학생이 제출을 완료하였고, 채점 후 반환된 과제가 나타납니다.
- **누락됨** : 제출 기한을 넘겼는데도 학생이 제출하지 않은 과제가 나타납니다.

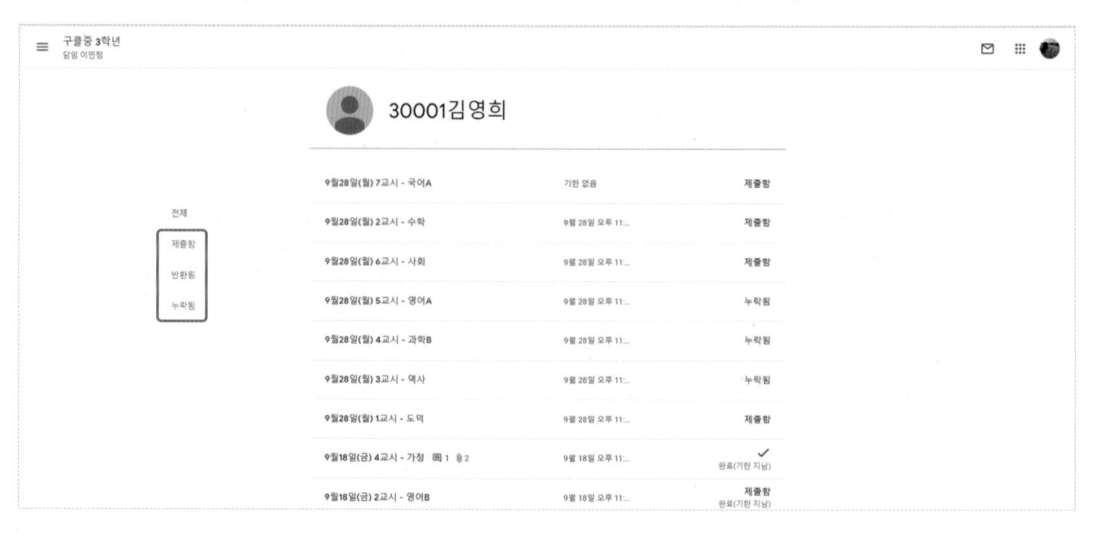

SECTION

13 학생에게 이메일 보내기

클래스룸으로 원격수업을 진행하다 보면 수업과 관련하여 학생과 1 : 1 소통이 필요한 상황이 발생합니다. 그런 경우 클래스룸의 [사용자] 페이지에서 학생에게 이메일을 전송할 수 있습니다.

[사용자] 페이지에서 개별 학생에게 이메일 보내기

1 [사용자] 페이지에서 학생 이름에 있는 [더보기(⋮)] 아이콘을 클릭하고, [학생에게 이메일 보내기]를 선택합니다.

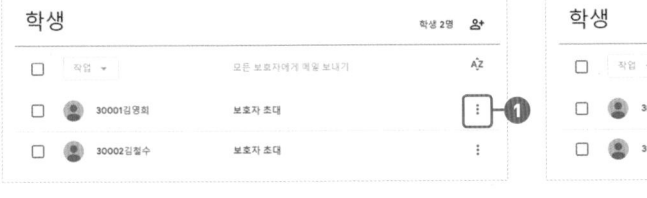

2 Gmail 창이 열리면 이메일 내용을 작성하고, [보내기]를 클릭합니다.

> **TIP** 학생뿐만 아니라 교사에게도 이메일을 보낼 수 있습니다. 이메일을 보내고자 하는 교사 이름에 마우스 포인터를 올려놓고 나타나는 [더보기(⋮)] 아이콘에서 [이메일]을 선택합니다.

[사용자] 페이지에서 여러 학생에게 단체 이메일 보내기

1 학생 목록 좌측에서 이메일을 보낼 학생들을 선택(체크)합니다.

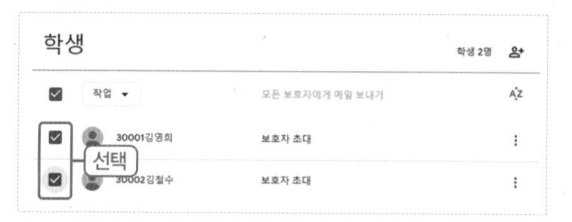

2 작업의 [목록(▼)] 단추를 클릭하고, [이메일]을 선택합니다.

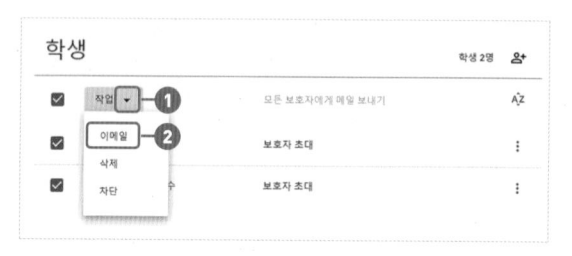

3 Gmail 창이 열리면 단체 이메일 내용을 작성하고, [보내기]를 클릭합니다.

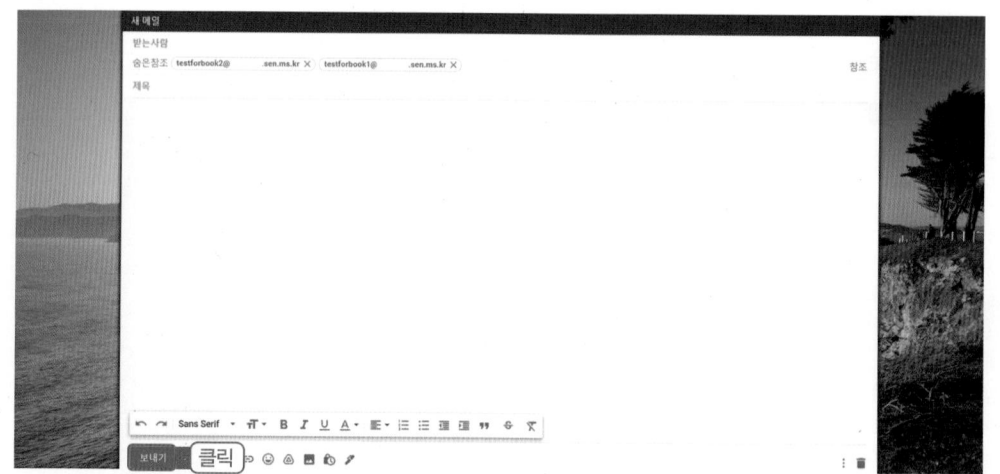

TIP 교사에게는 단체 이메일을 보낼 수 없습니다.

14 학업 요약 이메일 보내기

[사용자] 페이지에서 개별 학생을 클릭하면 나타나는 개별 과제 조회 화면에서 학생들의 과제 제출 현황이 포함된 학업 요약을 이메일로 보낼 수 있습니다.

개별 과제 조회 화면에서 학업 요약 이메일 보내기

1 [사용자] 페이지의 학생 목록에서 학업 요약 이메일을 보낼 학생의 이름을 클릭합니다.

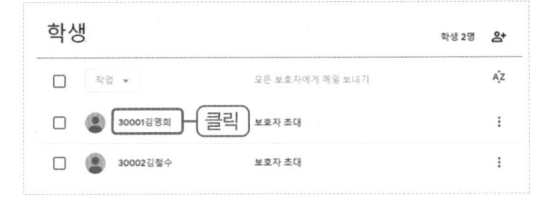

2 개별 과제 조회 화면이 나타나면 [학생 또는 보호자에게 이메일 보내기(✉)] 아이콘을 클릭합니다.

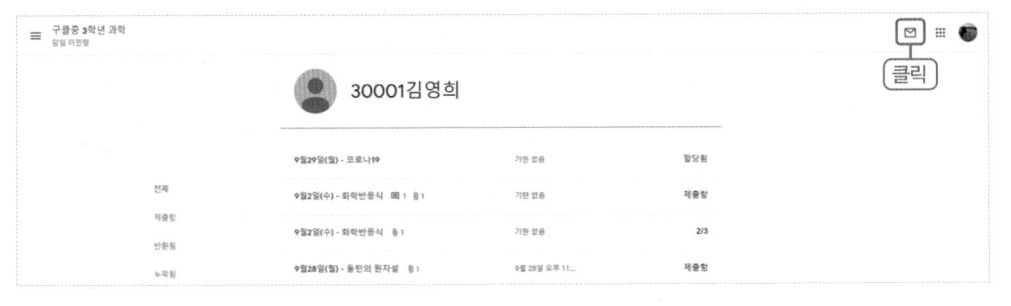

3 이메일 보내기 창에서 메시지를 입력하고, '학생 학업 요약 포함'을 체크한 후 [보내기]를 클릭합니다.

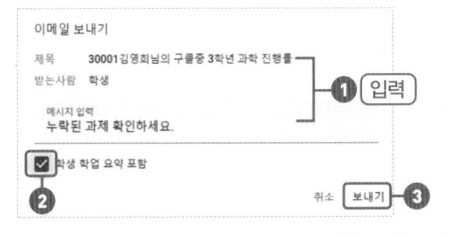

> **TIP** 개별 과제 제출 현황을 조회한 후 알림이 필요한 학생들에게 학업 요약을 포함한 이메일을 보내면 과제 참여 독려를 손쉽게 할 수 있습니다.

4 학생은 학업 요약이 포함된 이메일을 받게 되는데 학업 요약에는 해당 원격교실에 게시된 모든 수업 과제의 기한과 제출 현황이 나타납니다.

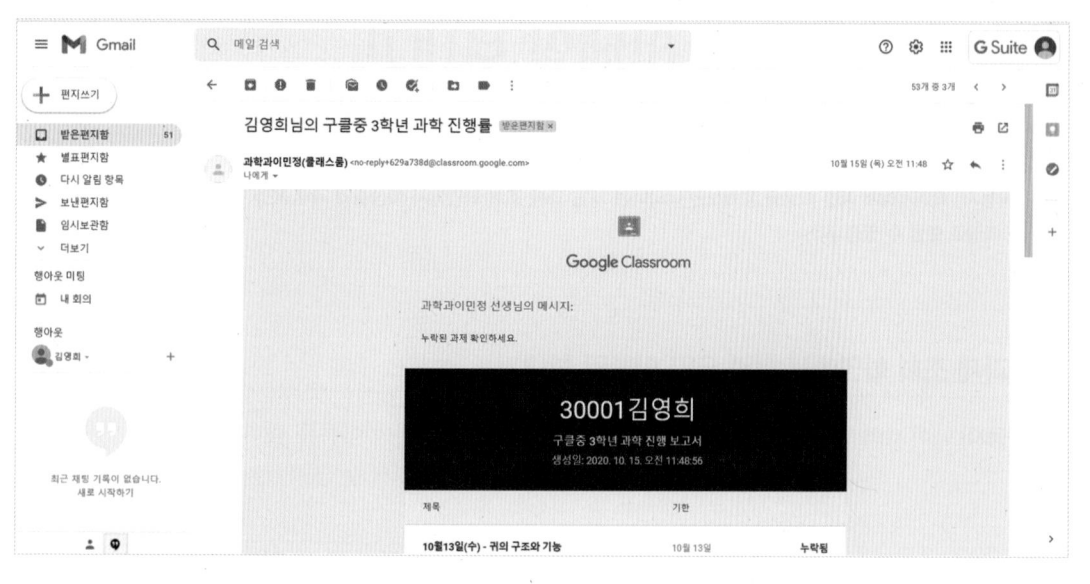

전문가의 조언 보호자에게 학생 학업 요약 메일 보내기

[사용자] 페이지에서 개별 학생의 보호자를 초대한 후 보호자가 초대를 수락했다면 보호자에게도 학생의 학업 요약 메일을 보낼 수 있습니다. 개별 과제 조회 화면에서 [학생 또는 보호자에게 이메일 보내기(✉)] 아이콘을 클릭하면 이메일 보내기 창이 나타납니다. 받는 사람을 보호자로 변경하고 '학생 학업 요약 포함'을 체크한 후 [보내기]를 클릭하면 보호자에게 학업 요약을 포함한 이메일이 발송됩니다.

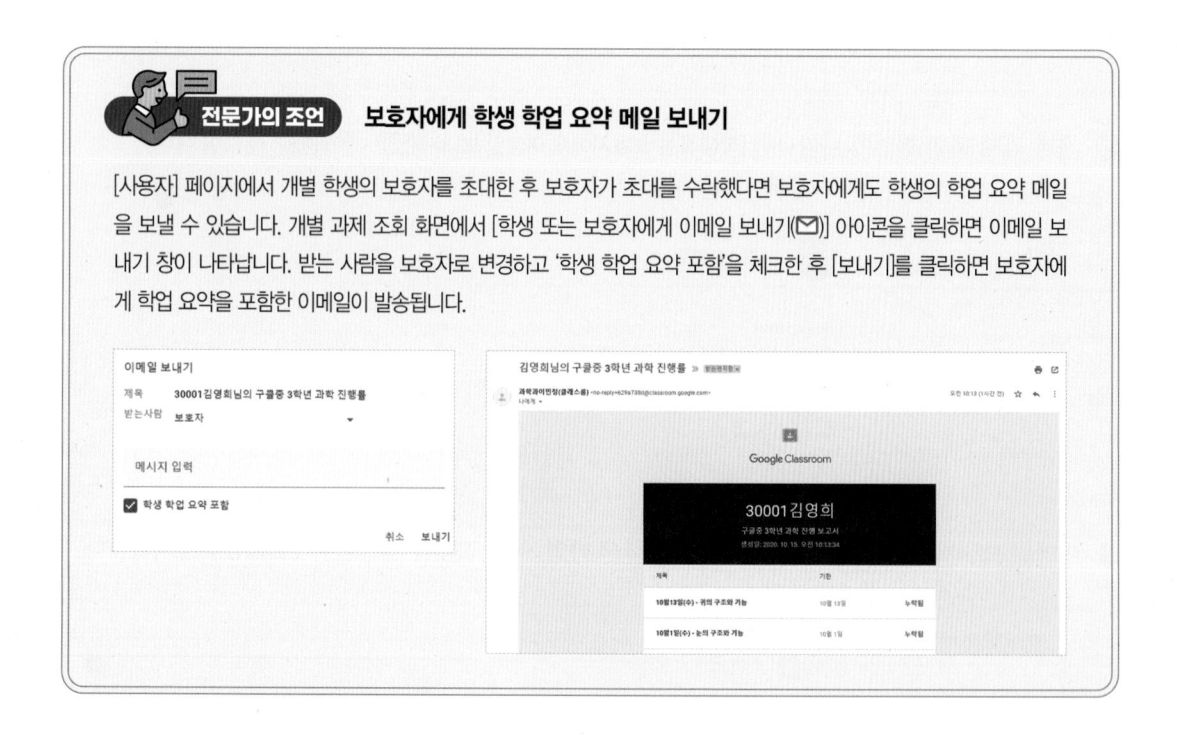

15 [성적] 페이지 활용하기

[성적] 페이지에서는 클래스 내 모든 학생들의 과제별 성적을 볼 수 있으며, 빠르게 출결을 확인할 수 있습니다. 또한, 채점 설정 후 카테고리별 가중치 설정을 활용하면 [성적] 페이지를 수행 평가 일람표로 활용할 수도 있습니다.

[성적] 페이지에서 과제 제출 현황 모아보기

[성적] 페이지에는 모든 과제에 대한 전체 학생들의 과제 제출 현황이 표로 정리되어 있습니다. 빈칸은 '할당됨'의 상태이고, 제출된 과제는 초록색으로 표시됩니다. '누락됨' 상태의 과제는 빨간색으로 나타나고, 돌려주기를 마친 '채점 완료' 상태의 과제는 회색으로 나타납니다. 만약, 어떤 학생에게 수업이 할당되지 않았다면 '할당되지 않음'으로 나타납니다. '초안'은 점수를 입력했으나 아직 학생들에게 과제를 돌려주지 않은 것으로 돌려주기를 하면 초안이라는 문구는 사라집니다. 돌려주기에 대한 자세한 내용은 258쪽, 290쪽을 참고하세요.

20구클중 303 담임 이민정	기한 없음 9월 28일 (월) 7교시 10점 만점 기준	9월 28일 9월 28일 (월) 2교시	9월 28일 9월 28일 (월) 6교시 2점 만점 기준	9월 28일 9월 28일 (월) 5교시	9월 28일 9월 28일 (월) 3교시 100점 만점 기준	9월 28일 9월 28일 (월) 1교시 50점 만점 기준	9월 28일 9월 28일 (월) 1교시	9월 18일 9월 18일 (금) 4교시	9월 18일 9월 18일 (금) 1교시 5점 만점 기준	9월 18일 9월 18일 (금) 1교시	9월 18일 9월 18일 (금) 6교시 3점 만점 기준
성으로 정렬 ▼											
👥 학급 평균		해당 사항 없음		해당 사항 없음		50	해당 사항 없음	해당 사항 없음		해당 사항 없음	
30301 김영희	__/10	제출함	__/2	누락됨	누락됨	누락됨	제출함	✓ 완료(기한 지남)	4 초안	제출함	__/3
30302 김철수		제출함	__/2	제출함	__/100	50	제출함	✓	1 초안	제출함	__/3
30303 박은희		제출함	__/2 완료(기한 지남)	제출함 완료(기한 지남)	__/100 완료(기한 지남)	__/50	제출함	✓ 완료(기한 지남)	5 초안	제출함 완료(기한 지남)	__/3
30304 배수지	__/10	제출함	__/2	제출함	__/100	__/50	제출함	✓	4 초안	제출함	__/3
30305 서지영	__/10	제출함	__/2	제출함	__/100	__/50	제출함	✓	5 초안	제출함	__/3
30306 이동은	__/10	제출함	__/2	제출함	__/100	__/50	제출함	✓	5 초안	제출함	__/3
30307 이민우	__/10	제출함	__/2	제출함	__/100	50	제출함	✓	4 초안	제출함	__/3
30308 이서우	__/10	제출함	__/2	제출함	__/100	__/50	제출함	✓	4 초안	제출함	__/3

TIP [성적] 페이지에서는 학급 평균을 볼 수 있는데, 학급 평균은 과제에 점수를 설정하고, 학생들의 과제를 채점한 후 돌려주어야 나타납니다.

・교사편 : 클래스룸 활용하기・

채점 설정 후 [성적] 페이지를 수행 평가 일람표로 사용하기

[수업 설정(⚙)]에서 점수 매기기의 전체 성적 계산 설정을 변경했다면 [성적] 페이지에 각 학생별로 종합 성적이 퍼센트(%)로 나타납니다. 전체 성적 계산 설정 시 '총점'으로 설정한 경우는 점수가 있는 모든 과제의 점수가 합산되어 나타나고, '카테고리별 가중치 적용'을 설정한 경우는 성적 카테고리와 가중치 에 따라 계산되어 나타납니다. 전체 성적 계산 설정에 대한 자세한 내용은 115쪽을 참고하세요.

또한, 성적 카테고리를 설정하고, 게시물 설정에서 성적 카테고리를 선택했다면 [성적] 페이지에서도 각 게시물이 어떤 카테고리에 포함되어 있는지가 나타납니다.

수행 평가에 여러 항목이 존재하고, 각 항목별로 반영 비율이 다르다면 [성적] 페이지를 수행 평가 일람 표로 사용할 수 있습니다. 이를 위해서는 먼저 클래스룸의 [수업 설정(⚙)]에서 '카테고리별 가중치 적용' 을 설정하고, 성적 카테고리와 반영 비율을 추가합니다. 이후 수업 과제 편집 화면의 게시물 설정에서 '성적 카테고리'를 선택하면 자동으로 [성적] 페이지에서 비율에 따라 총점이 계산됩니다.

전문가의 조언   **전체 학생의 성적 기록 다운로드 및 인쇄하기**

[성적] 페이지에서는 전체 학생들의 과제별 점수를 한 눈에 볼 수 있지만 다운로드하거나 인쇄할 수는 없습니다. 성적 기록을 다운로드 또는 인쇄하기 위해서는 임의의 과제에서 [학생 과제] 탭→[성적 변환(⚙)] 아이콘을 클릭하고 [모든 성적을 Google Sheets에 복사]를 선택해야 합니다. 성적 기록을 CSV 파일로 다운로드하는 경우 한글에 대해 오류가 발생하므로 Google 스프레드시트로 변환하는 것을 권장합니다.

성적 스프레드시트에는 돌려주기를 완료한 점수가 있는 과제의 성적이 나타나고, 점수가 없는 미채점 과제와 초안 상태는 빈칸으로 나타납니다. 따라서 성적 스프레드시트를 만들기 전 반드시 채점 후 돌려주기를 완료해야 합니다. 여기에서 주의해야 할 점은 성적 스프레드시트를 만든 이후의 변경 사항은 반영되지 않으므로 성적에 변경이 있거나 새롭게 과제를 업로드하고 제출받았다면 다시 성적 스프레드시트를 만들어야 합니다.

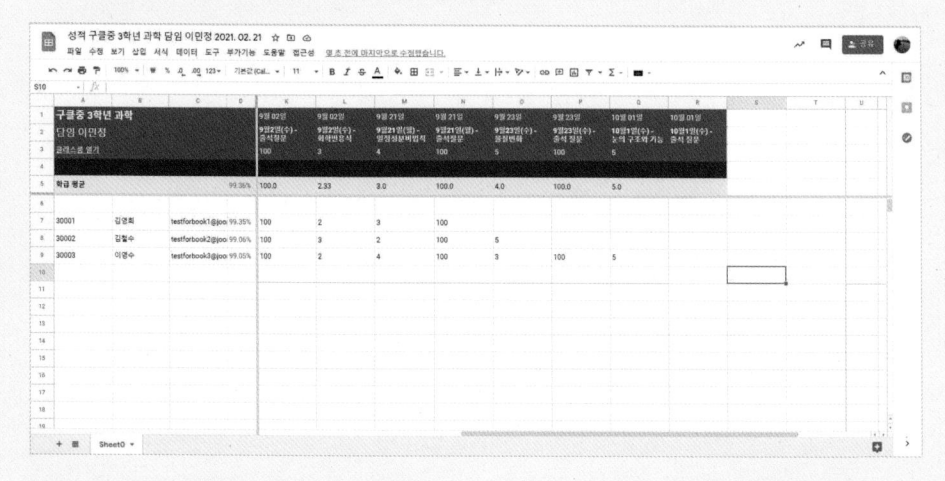

[파일]→[다운로드]를 선택하면 성적 스프레드시트를 원하는 파일 형식으로 다운로드 받을 수 있으며, [인쇄(🖨)] 아이콘을 클릭하여 인쇄할 수 있습니다.

· 교사편 : 클래스룸 활용하기 ·

학생 오리엔테이션

이번 Chapter에서는 학생들이 클래스룸으로 원격수업에 참여하는 방법을 살펴보겠습니다. 학생들은 수업 게시물을 확인하여 기한 내 과제를 제출하고, 교사의 피드백을 받아볼 수 있어야 합니다. 또한, 학생들은 Chrome 브라우저뿐만 아니라 모바일 앱을 주로 사용하기 때문에 컴퓨터와 모바일 기기로 클래스룸을 사용하는 방법에 대해서 알아보도록 하겠습니다.

01 컴퓨터 사용 환경 구축하기

교사와 마찬가지로 학생들도 구글 클래스룸을 원활하게 사용할 수 있도록 원격수업 환경을 구축해야 합니다. 학생들은 Chrome 브라우저를 통해 구글 클래스룸에 로그인한 후 수업 초대를 수락해야 합니다.

계정 동기화 및 구글 클래스룸 로그인하기

1 Chrome 브라우저에서 [계정(⊖)] 아이콘을 클릭하고, [동기화 사용]을 선택합니다.

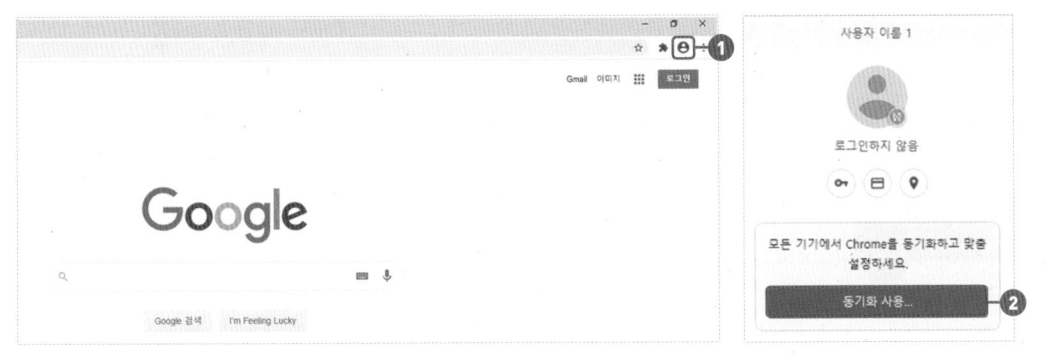

2 동기화가 완료되면 클래스룸 홈페이지(classroom.google.com)에 접속한 후 자신의 학교 구글 계정을 확인하고, [계속]을 클릭합니다. 역할 선택에서 '학생'을 선택하면 로그인이 완료됩니다.

3 클래스룸 홈페이지에 자동으로 초대된 수업 교실 카드가 나타나며, 각 교실 카드의 [**참여하기**]를 클릭하면 원격교실에 입장할 수 있습니다.

수업 코드로 원격교실 참여하기

1 수업 코드를 이용하여 원격교실에 참여하려면 홈페이지 우측 상단에서 [**수업 참여하기(+)**] 아이콘을 클릭합니다.

2 교사에게 전달받은 수업 코드를 입력하고, [**참여하기**]를 클릭하면 원격교실에 입장할 수 있습니다.

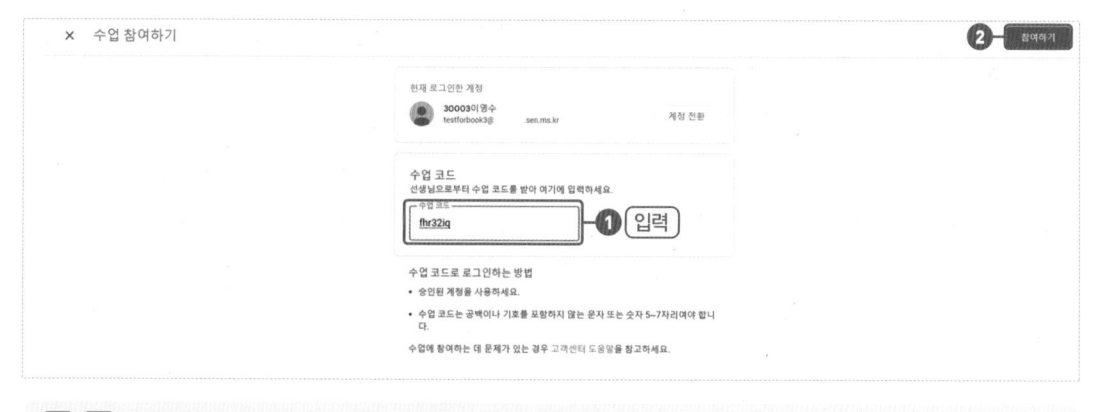

 교사에게 전달받은 링크가 있다면 주소 창에 해당 링크 주소를 입력하여 수업에 참여할 수도 있습니다.

02 모바일 기기 사용 환경 구축하기

모바일 기기를 이용하여 구글 클래스룸으로 원격수업에 참여하려면 먼저 필요한 앱을 다운로드하고, 동기화된 기기로 구글 클래스룸에 로그인해야 합니다. 모바일 기기에서의 앱 다운로드부터 구글 클래스룸 로그인, 수업 초대 수락을 알아보도록 하겠습니다.

모바일 앱 설치하기

1 앱 스토어에 접속한 후 Google Classroom, Chrome, Google 드라이브, Google 문서, Google 프레젠테이션, Google Meet 앱을 각각 설치합니다.

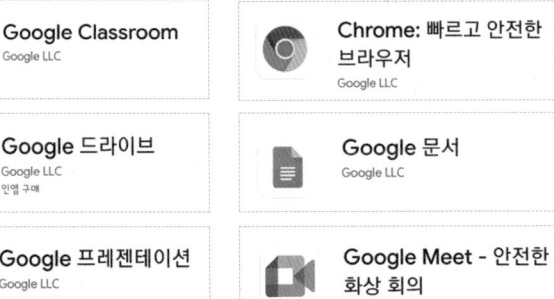

클래스룸 로그인 및 수업 참여하기

1 Google Classroom 앱에서 [**시작하기**]를 클릭하고, 클래스룸용 계정 선택에서 '계정 추가'를 선택하여 학교 계정을 등록합니다.

TIP 만약 개인 구글 계정을 선택했다면 추후 계정 추가 과정을 거쳐서 다시 학교 구글 계정으로 로그인해야 합니다.

2 본인 인증(패턴, 지문 인식 등) 과정 후 로그인 화면에서 부여받은 학교 계정 아이디와 비밀번호를 입력하고, [다음]을 클릭합니다.

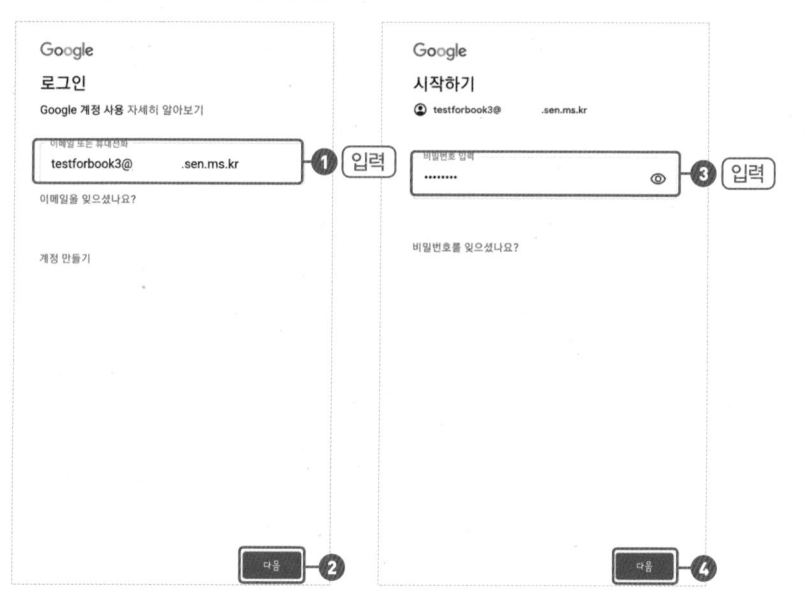

> **TIP** 모바일 기기에 본인 인증(패턴, 지문 인식 등)이 설정되지 않은 경우는 클래스룸 앱을 사용할 수 없습니다. 기기의 '설정'에서 먼저 본인 인증을 설정해야 합니다.

3 새 계정 시작과 함께 개인 정보 활용 동의 화면이 나타나면 [동의]를 클릭하고, 비밀번호 변경 창에서 비밀번호를 변경한 후 [다음]을 클릭합니다. Google 서비스 약관 화면에서 [동의]를 클릭합니다.

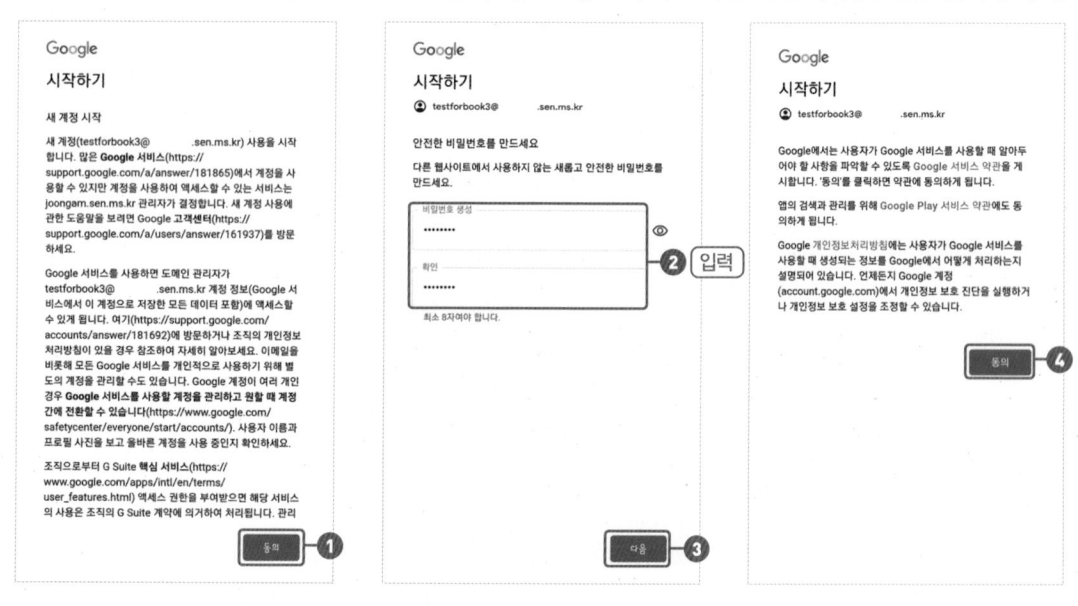

> **TIP** 컴퓨터로 이미 로그인하였다면 새 계정 시작과 비밀번호 변경 창은 나타나지 않습니다.

4 역할 선택이 나타나면 '학생'을 선택합니다.

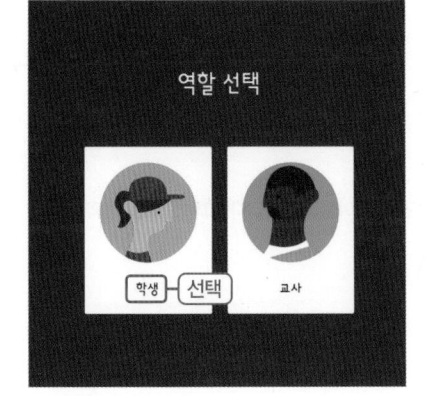

> **TIP** 컴퓨터로 로그인하여 역할 선택을 완료하였다면 역할 선택은 나타나지 않습니다.

5 홈페이지에 자동으로 초대받은 원격교실의 교실 카드가 나타나면 **[참여하기]**를 클릭하여 초대를 수
락합니다. 또는 우측 하단에서 **[수업 참여하기(+)]** 아이콘을 클릭하고, 수업 코드를 입력한 후 **[참여하기]**를
클릭하여 원격교실에 참여할 수도 있습니다.

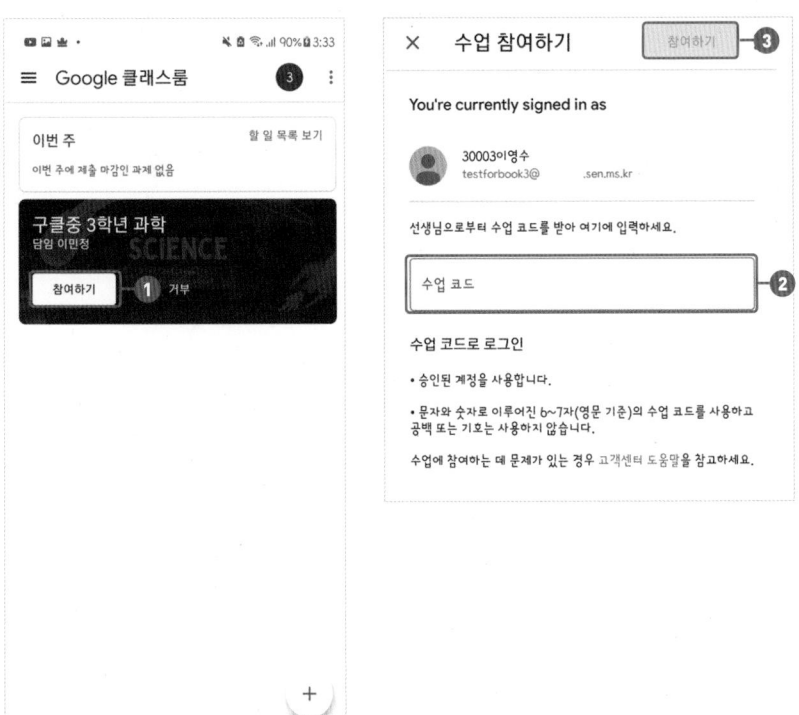

> **TIP** 클래스룸 앱 뿐만 아니라 Chrome, Google 드라이브, Google 문서, Google 프레젠테이션, Google Meet 앱 모두 학교 계정
> 으로 로그인 해 두어야 사용할 수 있습니다.

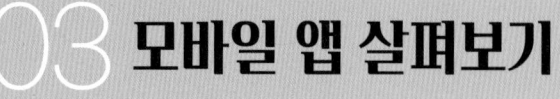

03 모바일 앱 살펴보기

모바일 구글 클래스룸 앱은 컴퓨터의 구글 클래스룸 화면과 거의 유사하지만 약간의 차이점이 있습니다. 그럼 모바일 앱의 구성과 알림 설정에 대해 알아보도록 하겠습니다.

클래스룸 홈페이지 살펴보기

Google 클래스룸 앱에서 가장 먼저 나타나는 화면은 홈페이지로 기존에 있는 모든 원격교실의 교실 카드가 나타납니다.

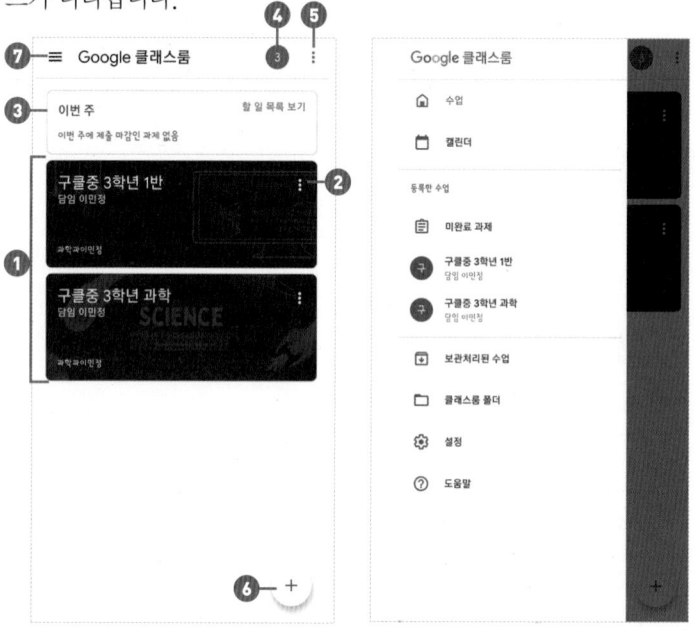

❶ **원격교실 목록** : 기존에 있거나 초대받은 모든 원격교실의 교실 카드가 나타납니다.

❷ **교실 카드 더보기** : 각 교실 카드 우측 상단에 있는 [교실 카드 더보기(⋮)] 아이콘을 클릭한 후 [등록 취소]를 선택하면 더 이상 해당 원격교실에 참여할 수 없습니다.

❸ **이번 주 제출 마감 과제** : 제출 기한이 이번 주로 설정된 과제를 모아서 보여줍니다. '할 일 목록 보기'를 클릭하여 미완료 과제로 이동할 수 있습니다.

❹ **계정** : 현재 로그인되어 있는 계정의 프로필 사진이 나타나는데, 이를 클릭하면 다른 계정을 추가하거나 다른 계정으로 전환할 수 있습니다.

❺ **더보기** : 새로 고침을 할 수 있고, Google에 의견을 보낼 수 있습니다.

❻ **수업 참여하기** : 초대 코드를 이용하여 원격교실에 참여합니다.

❼ 기본 메뉴 : 원격교실 목록을 볼 수 있고, 캘린더 및 드라이브로 이동할 수 있으며 앱 설정을 변경할 수 있습니다.

- **수업** : 클래스룸 홈페이지 화면으로 이동합니다.
- **캘린더** : Google 캘린더로 이동합니다. 별도의 앱을 설치하거나 인터넷으로 연결합니다.
- **원격교실 목록** : 등록한 수업에 미완료 과제(ios는 할 일)와 학생으로 참여하고 있는 원격교실 목록이 나타납니다.
- **보관처리된 수업** : 교사가 보관 처리한 수업이 나타납니다.
- **클래스룸 폴더** : 해당 메뉴를 선택하면 드라이브 클래스룸 폴더로 이동합니다.
- **설정** : 클래스룸 앱 설정을 변경합니다.
- **도움말** : 클래스룸 지원 화면으로 이동합니다. 도움말을 통해 클래스룸 사용에 도움을 받을 수 있고, 의견을 보낼 수 있습니다.

> **TIP** [미완료 과제]를 선택하면 여러 원격교실에서 할당된 과제 목록이 나타납니다. [할당됨] 탭에서는 할당된 과제, [누락됨] 탭에서는 누락된 과제가 기한별로 나타나고, [완료] 탭에는 이미 제출을 완료한 과제가 나타납니다.

클래스룸 앱 설정 살펴보기

클래스룸 홈페이지의 [기본 메뉴(☰)]-[설정]에서 클래스룸 앱 설정을 변경할 수 있습니다. 기기별로 설정에 있는 메뉴가 다르고, 존재하지 않는 메뉴도 있으나 사진 업데이트, 이메일 알림 전송, 수업 알림, 기기 알림은 공통적으로 포함되어 있습니다. 기기에 따라 이메일 알림 전송, 수업 알림과 기기 알림이 '알림' 메뉴로 묶여있거나 사진 업데이트가 '계정 설정'에 포함되어 있기도 합니다.

> **TIP** 학생의 경우 이메일 알림 전송, 수업 알림의 모든 수업, 기기 알림의 모든 상황에 대한 알림을 켜 두는 것을 권장합니다.

❶ **사진 업데이트** : Google 계정의 프로필 사진을 변경할 수 있습니다.
❷ **이름 변경** : 계정 이름을 변경할 수 있습니다. 관리자가 사진 업데이트, 이름 변경을 허용하지 않은 경우는 사용할 수 없습니다.
❸ **모바일 데이터로 동기화** : 모바일 기기가 동기화 되면 Google 앱이 데이터를 새로 고침하며, 업데이트 알림이 수신됩니다. 모바일 데이터로 동기화 해제 시 WIFI 환경에서만 동기화 됩니다.
❹ **이메일 알림 전송** : 클래스룸에서 이메일 알림을 보내는 것을 허가합니다.
❺ **수업 알림** : 원격교실별로 이메일 및 모바일 알림을 켜고 끌 수 있습니다.
❻ **기기 알림** : 상황별, 계정별 클래스룸의 앱 푸시를 켜고 끌 수 있습니다.

클래스룸 원격교실 살펴보기

홈페이지에서 교실 카드를 클릭하면 원격교실에 들어갈 수 있습니다. 원격교실은 **[스트림]**, **[수업]**, **[사용자]** 페이지(ios의 경우 **[인물]**)로 구성되어 있습니다.

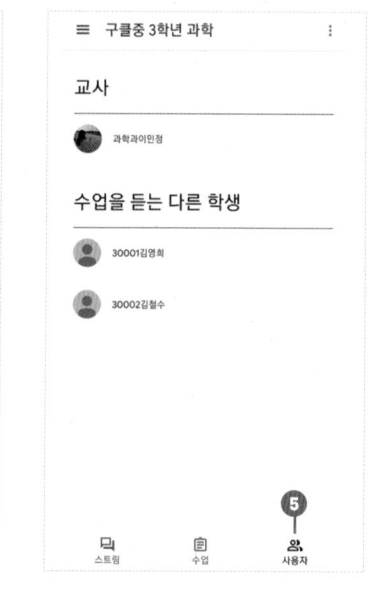

❶ **기본 메뉴** : 홈페이지의 기본 메뉴와 동일하며, 홈페이지나 다른 원격교실로 이동할 수 있습니다.

❷ **행아웃 미팅** : 원격교실 전용 Meet 회의실로 이동합니다. 교사가 수업 설정에서 '행아웃 미팅 학생에게 공개'를 설정해야 나타납니다.

❸ **스트림 페이지** : 헤더와 공지사항으로 구성되고, 교사로부터 공지사항을 전달받을 수 있습니다.

• **정보** : 원격교실에 대한 정보를 볼 수 있습니다(안드로이드 기기에서만 가능).

• **헤더** : 원격교실의 제목, 부제목 등이 나타납니다.

• **공지사항** : 설정에 따라 교사가 업로드한 공지사항, 새로 업로드된 게시물이 나타납니다. 수업 설정에 따라 공지사항에 글이나 댓글을 남길 수도 있습니다. 수업 설정에 대한 자세한 내용은 114쪽을 참고하세요.

❹ **수업 페이지** : 수업 게시물이 올라오는 공간입니다.

• **내 과제** : 할당된 모든 과제를 모아볼 수 있습니다. 내 과제에서 우측 상단의 필터를 사용하면 '누락됨', '할당됨' 등 과제를 상태별로 분류하여 볼 수 있습니다.

• **주제** : 여러 과제 카드를 분류해 놓은 것으로 주제별로 과제 카드가 묶여있습니다.

• **과제 카드** : 게시물의 내용을 볼 수 있고, 과제를 제출할 수 있습니다.

❺ **사용자 페이지** : 원격교실에 초대된 모든 교사와 학생 목록을 볼 수 있습니다.

> **TIP** 과제 카드의 아이콘은 과제 제출 여부에 따라 색이 다릅니다. 제출이 필요한 경우 원격교실 테마 색을 띠지만 제출을 완료한 자료는 회색으로 나타납니다.

클래스룸 과제 카드 살펴보기

[수업] 페이지에서 나타나는 과제 카드를 선택하면 과제, 질문, 자료의 내용을 살펴볼 수 있습니다.

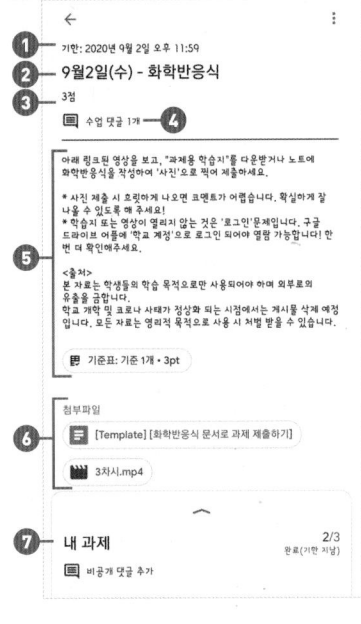

① **기한** : 과제, 질문의 제출 기한이 나타나며, 자료에는 나타나지 않습니다.

② **제목** : 과제, 질문, 자료의 제목이 나타납니다.

③ **점수** : 과제 또는 질문에 점수가 있는 경우만 나타나며, 점수가 없는 과제나 자료에서는 나타나지 않습니다.

④ **수업 댓글** : 모두가 볼 수 있는 전체 공개 댓글을 남길 수 있으며, 자료의 경우 수업 댓글이 하단에 존재합니다.

⑤ **설명** : 과제, 질문, 자료의 안내사항이 나타나는데 기준표가 있는 경우는 함께 나타납니다.

⑥ **첨부 파일** : 과제, 질문, 자료에 추가된 첨부 파일이 나타납니다.

⑦ **내 과제, 내 답변** : 과제를 제출하거나 질문에 답변을 남길 수 있습니다. '내 과제'의 경우 첨부 파일을 추가하거나 비공개 댓글을 남길 수 있습니다.

• **과제 상태** : 할당됨, 제출함, 누락됨 등의 과제 상태를 나타냅니다.

• **첨부 파일** : 학생에게 제공된 사본이나 **[첨부파일 추가]**를 클릭하여 업로드한 파일이 나타납니다.

• **비공개 댓글 추가** : 교사와 해당 학생만 볼 수 있는 비공개 댓글을 남깁니다.

> **TIP** 기준표가 있는 경우 내 과제에 기준표의 기준별 점수가 나타납니다.

SECTION 04 수업 과제 모아보기

학생들은 제출 기한 내에 과제를 제출해야 하므로 기한별, 상태별 과제를 한눈에 모아볼 수 있는 공간이 필요합니다. 구글 클래스룸 내에서 과제 관리를 할 수 있는 곳은 여러 곳이 있습니다. 컴퓨터와 모바일 앱에서 수업 과제를 모아보는 방법에 대해 알아보겠습니다.

홈 화면에서 미완료 과제 보기

컴퓨터의 클래스룸 홈페이지에 나타나는 **[미완료 과제]** 또는 **[기본 메뉴(≡)]-[미완료 과제]**를 선택하면 상태별, 기한별 과제가 나타납니다. 모바일 앱에서는 **[기본 메뉴(≡)]-[미완료 과제]**(ios는 할 일)를 클릭하면 볼 수 있습니다.

컴퓨터의 미완료 과제에서 과제는 **[할당됨]**, **[누락됨]**, **[완료]** 탭으로 구분되며, 과제 기한별로 분류됩니다. 또한, 각 과제에 원격교실이 명시되어 있어 어떤 원격교실에서 할당된 것인지를 알 수 있습니다. 각 과제를 클릭하면 바로 과제 수행을 할 수 있도록 이동합니다. 모든 수업의 **[목록(▼)]** 단추를 클릭하여 과제를 원격교실별로 분류하여 확인할 수 있습니다. **[할당됨]** 탭과 **[누락됨]** 탭을 통해 제출해야 할 과제를 쉽게 파악할 수 있습니다.

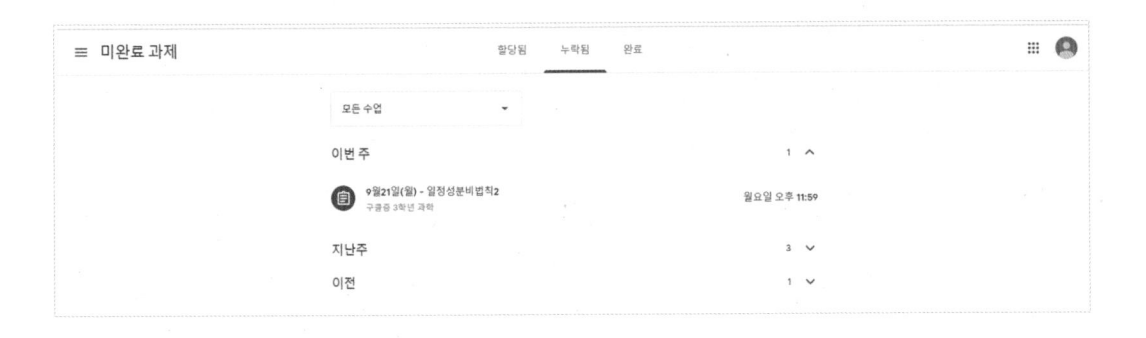

모바일 앱의 미완료 과제도 [할당됨], [누락됨], [완료] 탭으로 구분되는데, [할당됨]과 [누락됨] 탭에서 제출해야 하는 과제를 파악할 수 있습니다. 각 탭의 과제는 컴퓨터에서처럼 기한별로 분류되어 있습니다.

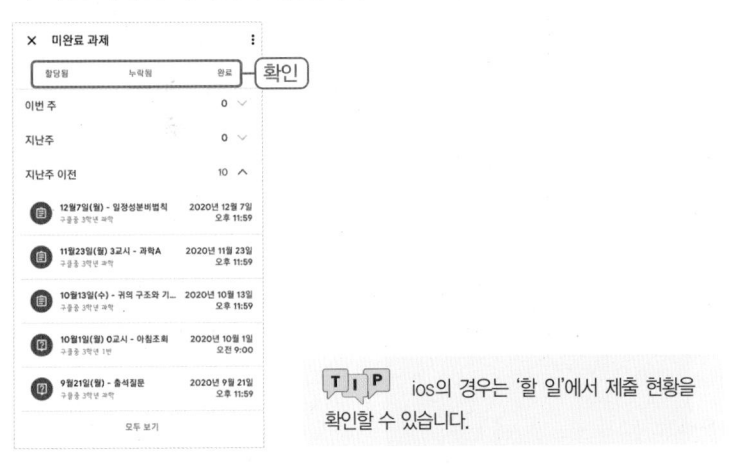

> **TIP** ios의 경우는 '할 일'에서 제출 현황을 확인할 수 있습니다.

[수업] 페이지에서 내 과제 보기로 과제 모아보기

컴퓨터의 경우는 [수업] 페이지의 '내 과제 보기', 모바일 앱의 경우는 [수업] 페이지의 [내 과제(❑)] 아이콘을 클릭하면 해당 원격교실에서 나에게 부여된 모든 과제들을 확인할 수 있습니다.

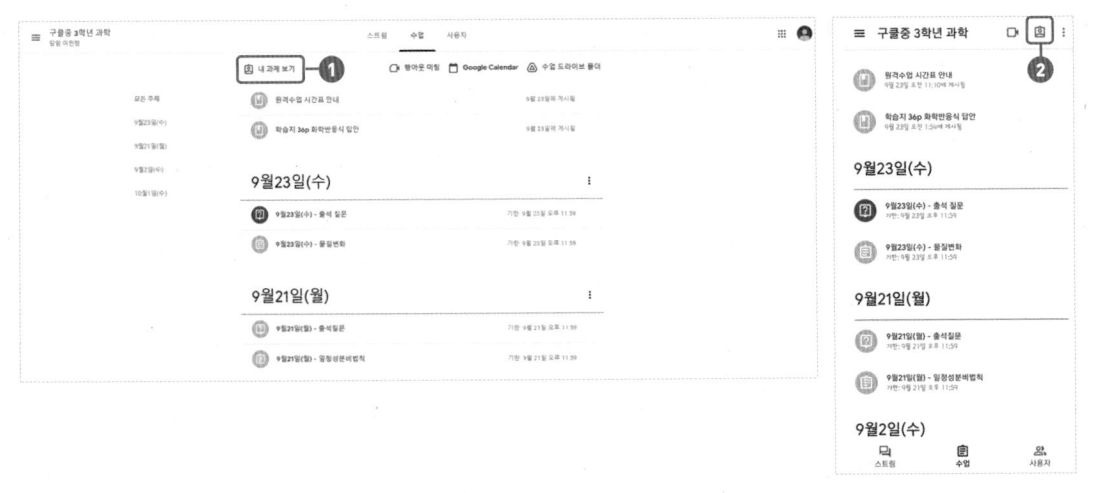

컴퓨터의 경우 **[할당됨]**, **[반환됨]**, **[누락됨]** 탭으로 구분되는데, 원하는 과제를 선택하고 '세부정보 보기'를 클릭하면 바로 해당 과제로 이동하여 과제 제출이 가능합니다.

모바일 앱에서는 **[필터(☰)]** 아이콘을 클릭하면 과제를 상태별로 필터링할 수 있으며, 과제 제출을 원하는 경우 해당 과제를 선택하면 이동할 수 있습니다.

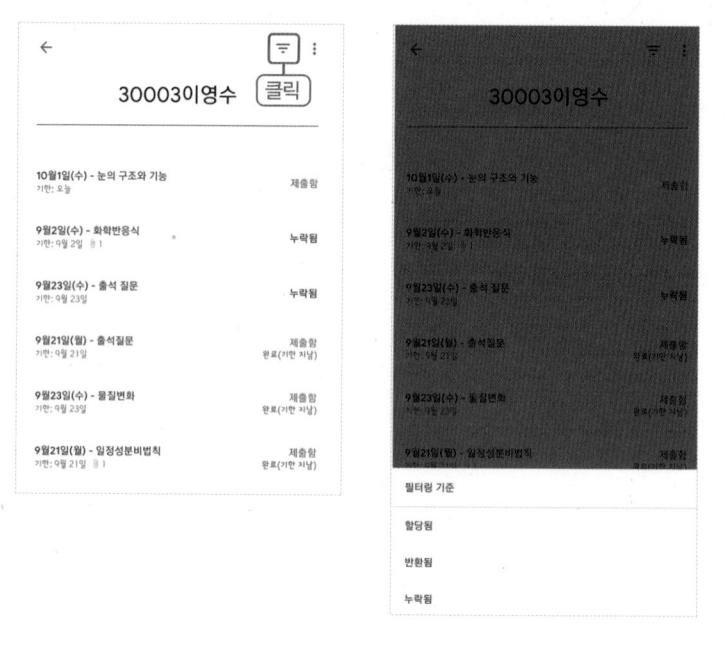

캘린더를 이용하여 제출 기한별 과제 보기

구글 클래스룸에서 이용할 수 있는 캘린더는 Google 캘린더와 클래스룸 캘린더가 있는데, 여기에서는 모두 제출 기한별로 할당된 과제들이 나타납니다.

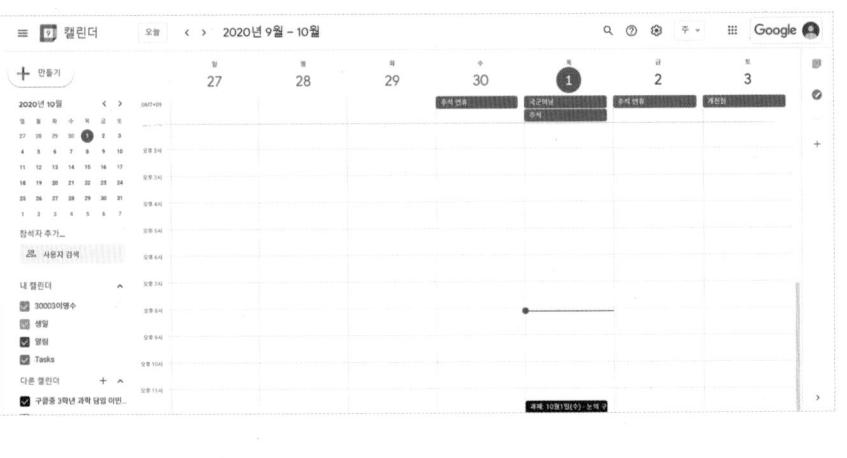

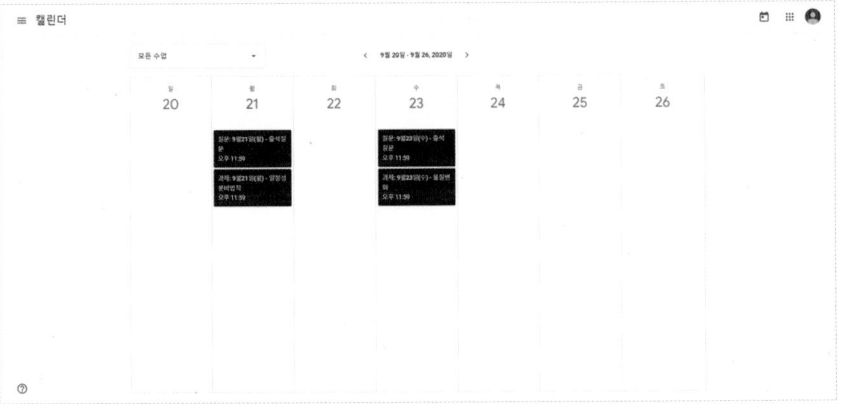

Google 캘린더와 클래스룸 캘린더의 차이점은 다음과 같습니다.

Google 캘린더	• 컴퓨터, 모바일 기기에서 모두 사용 가능 • 원격교실–[수업] 페이지–Google Calender • 수업 과제를 모아볼 수 있음 • 개인 일정 등록 가능
클래스룸 캘린더	• 컴퓨터에서만 사용 가능 • 클래스룸 홈페이지–[기본 메뉴(≡)]–[캘린더] • 수업 과제를 모아볼 수 있음 • 과제를 클릭하여 클래스룸으로 이동할 수 있음

 모바일 기기에서 [기본 메뉴(≡)]–[캘린더]를 선택하면 Google 캘린더로 이동합니다.

• 교사편 : 클래스룸 활용하기 •

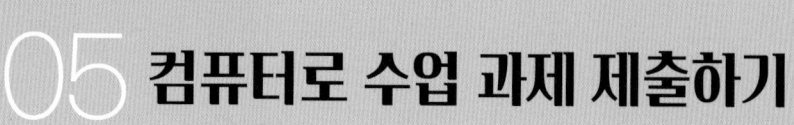

05 컴퓨터로 수업 과제 제출하기

교사가 과제 또는 질문을 업로드하면 학생들은 이를 보고 과제와 답변을 제출해야 합니다. 컴퓨터를 통해 과제를 제출하는 방법, 퀴즈 과제에 응답하는 방법, 질문에 답변하는 방법에 대해 알아보도록 하겠습니다.

과제 제출하기

1 [수업] 페이지에서 과제를 제출할 과제 카드를 선택하고, '과제 보기'를 클릭합니다.

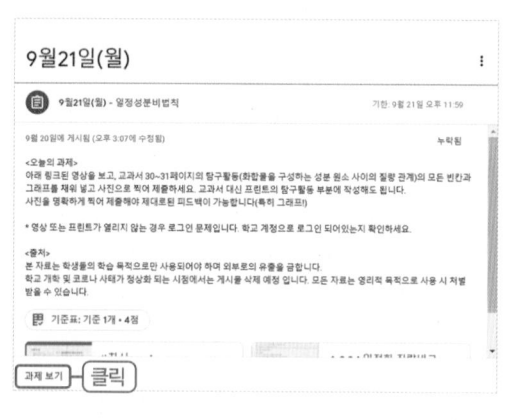

2 과제 내용과 첨부 파일을 확인한 후 '내 과제'에서 [+ 추가 또는 생성]을 클릭합니다.

3 [Google Drive], [링크], [파일]을 이용하여 과제로 제출할 파일을 업로드 합니다. 여러 개의 파일을 업로드 할 수 있으며, [삭제(×)] 아이콘을 클릭하여 업로드한 파일을 삭제할 수도 있습니다.

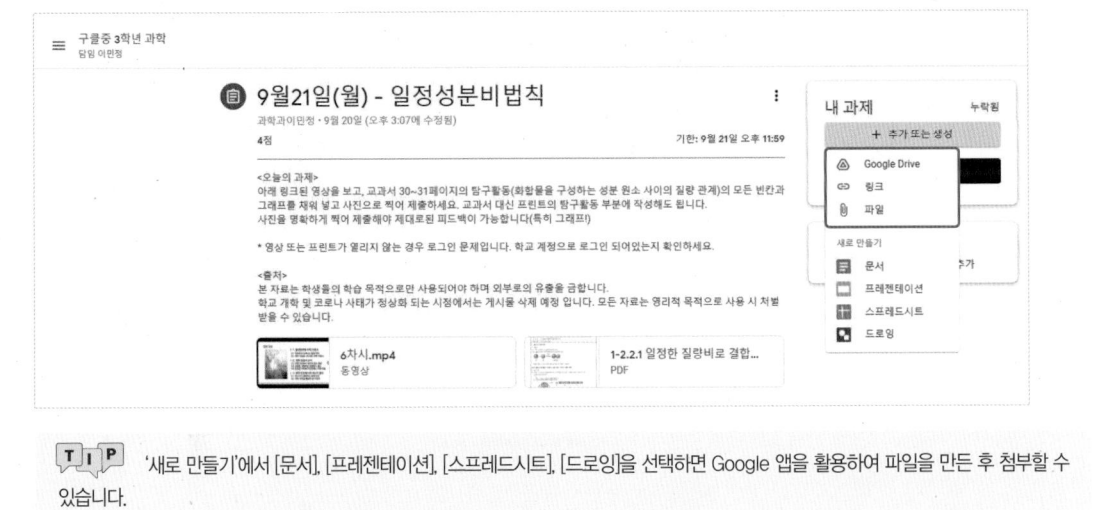

TIP '새로 만들기'에서 [문서], [프레젠테이션], [스프레드시트], [드로잉]을 선택하면 Google 앱을 활용하여 파일을 만든 후 첨부할 수 있습니다.

4 파일이 업로드 되면 [제출]을 클릭하여 과제 제출을 마칩니다.

TIP '완료로 표시'는 첨부 파일 없이 제출하는 것을 의미합니다.

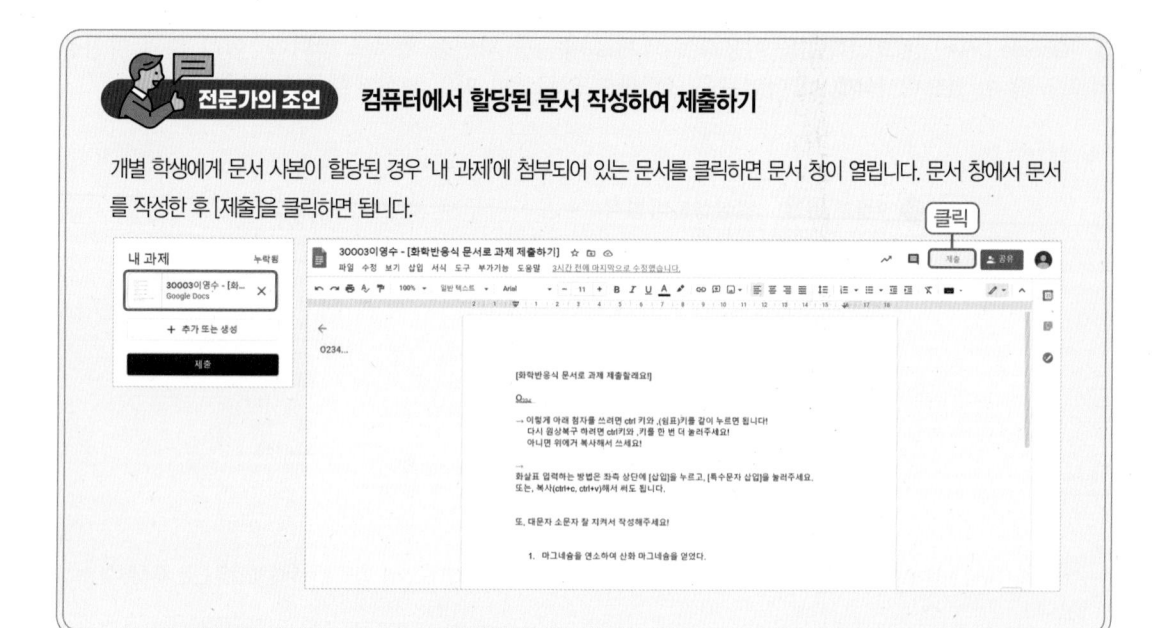

전문가의 조언 | 컴퓨터에서 할당된 문서 작성하여 제출하기

개별 학생에게 문서 사본이 할당된 경우 '내 과제'에 첨부되어 있는 문서를 클릭하면 문서 창이 열립니다. 문서 창에서 문서를 작성한 후 [제출]을 클릭하면 됩니다.

퀴즈 과제 제출하기

1 [수업] 페이지에서 퀴즈 과제의 과제 카드를 선택하고, '과제 보기'를 클릭합니다.

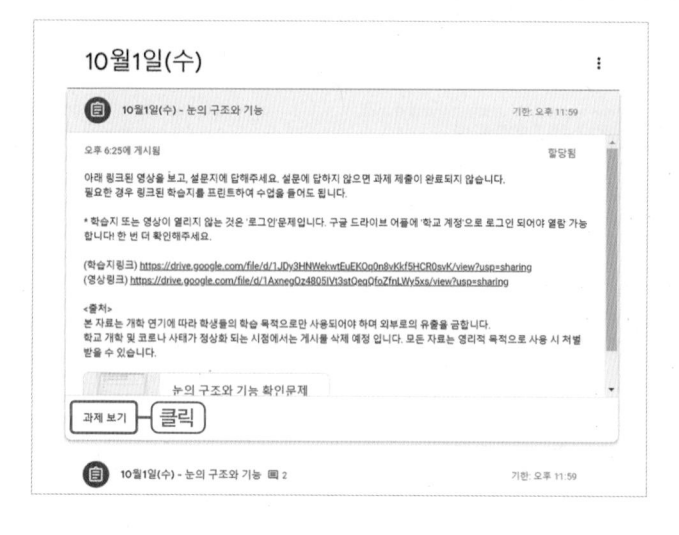

2 퀴즈 과제의 내용을 확인하고, 첨부 파일에서 퀴즈 설문지를 클릭합니다.

3 퀴즈 설문지에 응답을 합니다.

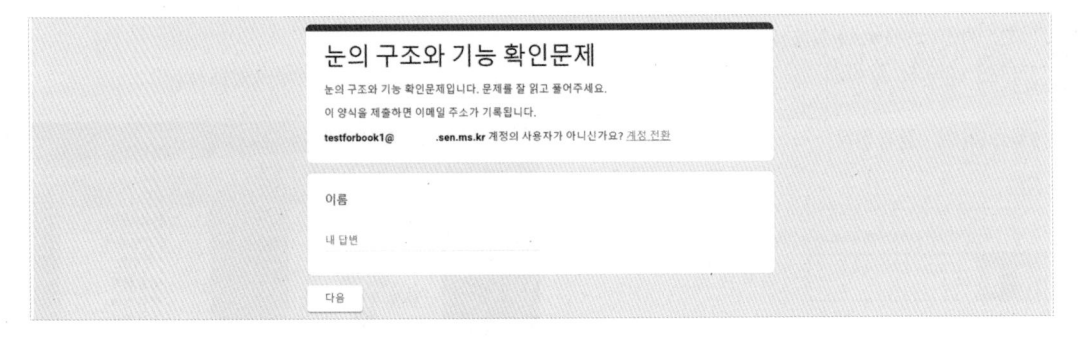

4 퀴즈 설문지에 응답을 마치고 클래스룸으로 돌아오면 '내 과제'에 자동으로 '제출함'이 나타납니다.

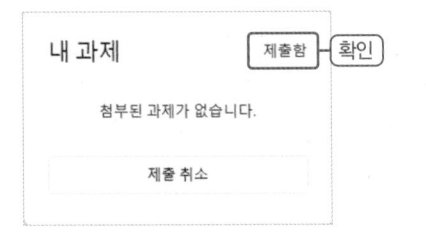

 '제출함'으로 나타나지 않는 경우는 '완료로 표시'를 클릭해야 합니다.

질문 답변 제출하기

1 **[수업]** 페이지에서 답변을 제출할 질문의 과제 카드를 선택하고, '질문 보기'를 클릭합니다.

2 질문의 내용을 확인하고, 첨부 파일이 있다면 해당 첨부 파일을 클릭하여 확인합니다.

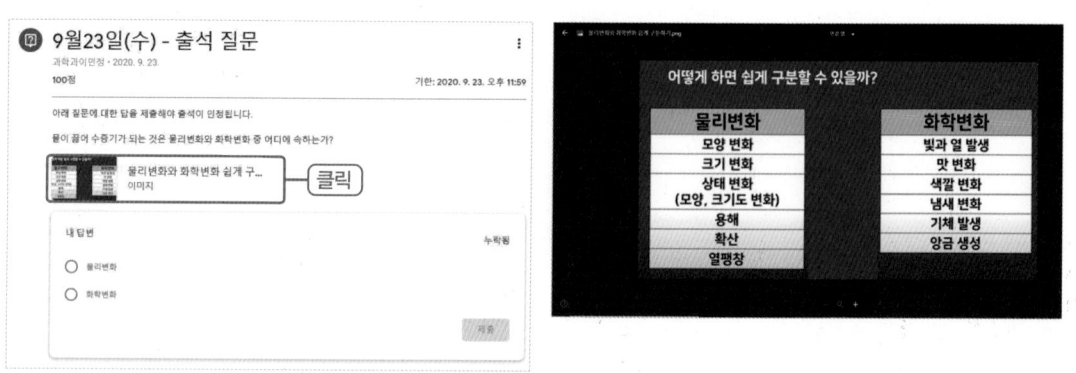

3 '내 답변'에서 객관식 질문이라면 선택지를 클릭하고, 단답형 질문이라면 입력란에 답변을 입력한 후 **[제출]**을 클릭합니다.

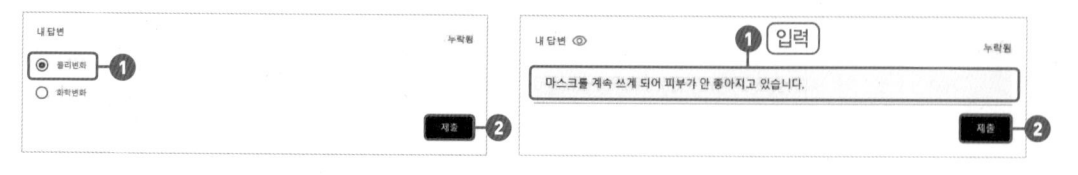

> **TiP** 교사가 '학생들이 서로 답글을 달 수 있음'을 설정한 경우는 [다른 학생에게 표시됨(◉)] 아이콘이 나타나며, 제출 이후 '친구 답변 보기'를 통해 다른 학생들의 답변을 확인할 수 있습니다.

06 모바일 앱에서 수업 과제 제출하기

모바일 앱를 통해 과제를 제출하는 방법, 퀴즈 과제에 응답하는 방법, 질문에 대해 답변하는 방법을 알아보도록 하겠습니다.

과제 제출하기

1 [수업] 페이지에서 과제를 제출할 과제 카드를 선택한 후 과제 내용과 첨부 파일을 확인하고, '내 과제'에서 [첨부파일 추가]를 클릭합니다.

2 [파일]을 선택하고, 좌측 상단에서 [다음에서 열기(≡)] 아이콘을 클릭합니다. [갤러리] 또는 [내 파일]을
선택하여 업로드할 파일을 찾아 업로드한 후 [제출]을 클릭하여 과제 제출을 마칩니다.

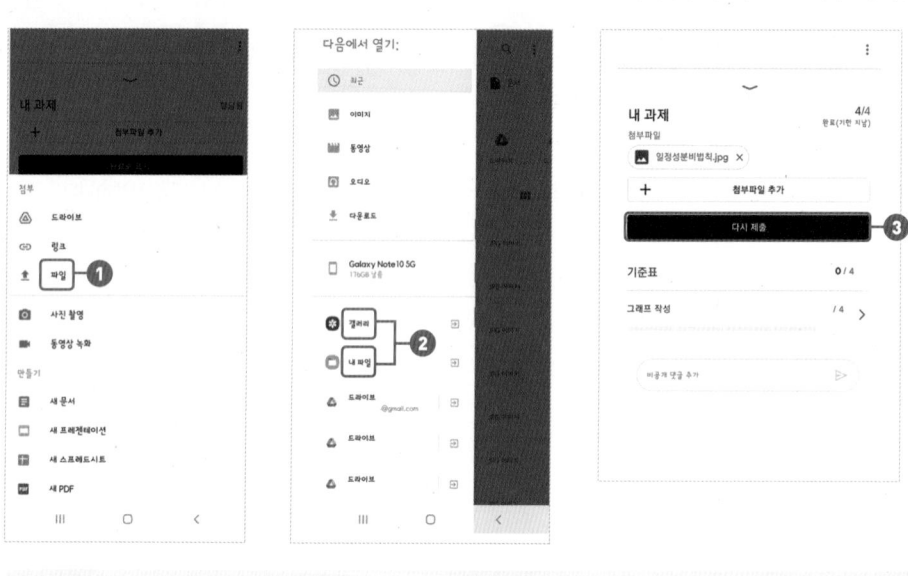

> **TIP** [드라이브]에서는 드라이브에 저장된 파일을 첨부할 수 있고, [링크]에서는 URL 주소를 첨부할 수 있습니다. [사진 촬영], [동영
> 상 녹화]를 이용하면 필요한 사진과 동영상을 찍어 제출할 수도 있습니다.

전문가의 조언 모바일 앱에서 할당된 문서 작성하여 제출하기

개별 학생에게 문서 사본이 할당된 경우 '내 과제'에서 첨부되어 있는 문서를 클릭합니다. [수정(✏)] 아이콘을 클릭한
후 펜 기능을 이용하여 문서를 작성하거나 [드라이브에서 열기(⤢)] 아이콘을 클릭하여 문서를 작성한 후 [제출]을 클릭
하면 됩니다.

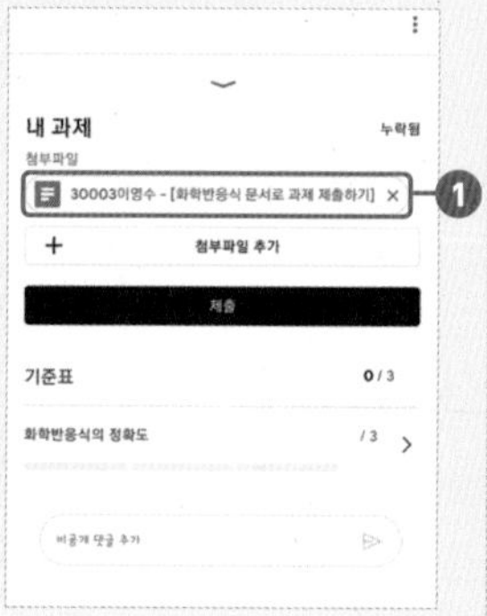

퀴즈 과제 제출하기

1 [**수업**] 페이지에서 퀴즈 과제의 과제 카드를 선택한 후 내용을 확인하고, 첨부 파일에서 퀴즈 설문지를 클릭합니다.

> **TIP** 모바일 기기에서 연결 앱을 Chrome 이외의 앱으로 설정한 경우는 퀴즈 설문지가 나타나지 않을 수 있습니다. Chrome 앱에 학교 계정으로 로그인 되어 있어야 합니다.

2 퀴즈 설문지에 답변을 마치고 클래스룸으로 돌아오면 '내 과제'에 자동으로 '제출함'이 나타납니다.

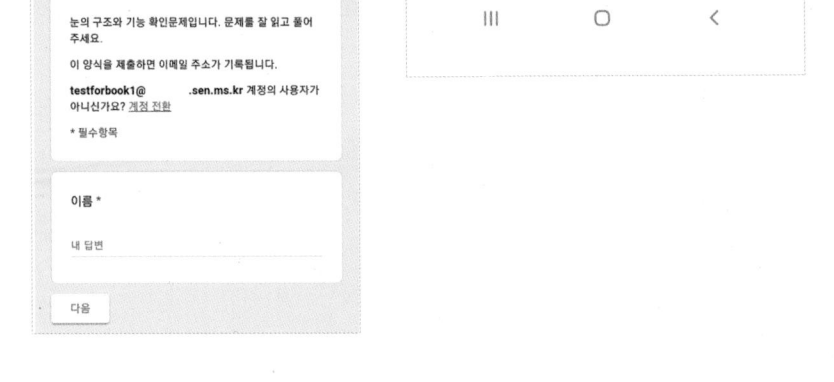

질문 답변 제출하기

1 **[수업]** 페이지에서 답변을 제출할 질문의 과제 카드를 선택한 후 질문 내용과 첨부 파일을 확인합니다.

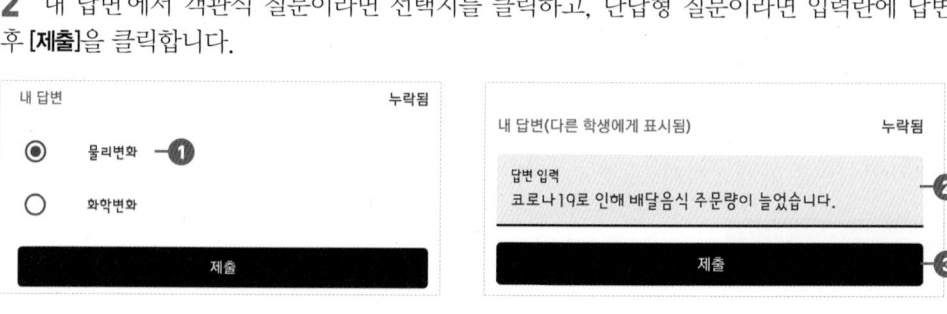

2 '내 답변'에서 객관식 질문이라면 선택지를 클릭하고, 단답형 질문이라면 입력란에 답변을 입력한 후 **[제출]**을 클릭합니다.

> **TIP** 교사가 '학생들이 서로 답글을 달 수 있음'을 설정한 경우는 '(다른 학생에게 표시됨)'으로 나타나며, 제출 이후 [친구 답변 보기]를 통해 다른 학생들의 답변을 확인할 수 있습니다.

이해하기

07 피드백 확인하기

학생들은 비공개 댓글, 수업 댓글, 과제 댓글, 퀴즈 설문지의 의견 추가를 통해 피드백을 제공 받을 수 있으며 원격교실별 성적을 조회할 수 있습니다.

비공개 댓글

비공개 댓글을 통해 수업과 관련하여 교사와 1:1 소통을 할 수 있습니다. 컴퓨터에서 각 과제 또는 질문의 우측 하단에 비공개 댓글이 있습니다.

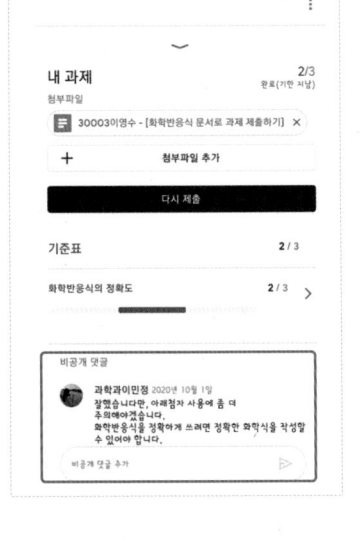

모바일 앱에서 과제의 비공개 댓글은 '내 과제'의 하단에 있고, 질문의 비공개 댓글은 질문 하단에 있습니다.

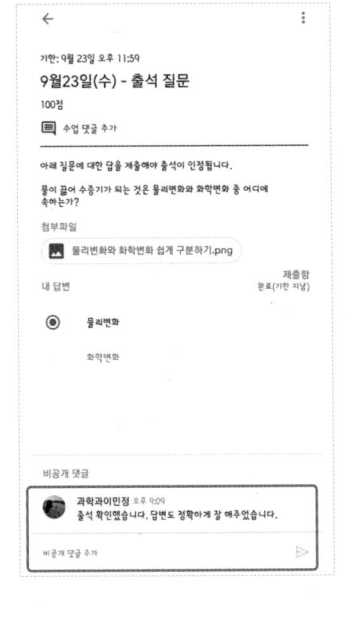

수업 댓글

수업 댓글은 교사와 모든 학생들이 공유하는 댓글입니다. 컴퓨터에서는 각 과제 카드의 '과제 보기', '질문 보기', '자료 보기'를 클릭하면 하단에서 수업 댓글을 볼 수 있습니다.

모바일 앱에서는 각 과제 또는 질문의 '수업 댓글 추가(수업 댓글 #개)'를 클릭하여 수업 댓글을 보고 의견을 남길 수 있습니다. 자료의 경우 수업 댓글이 하단에 나타납니다.

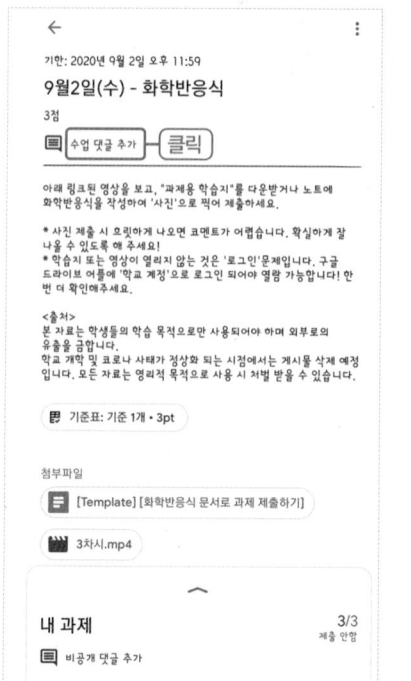

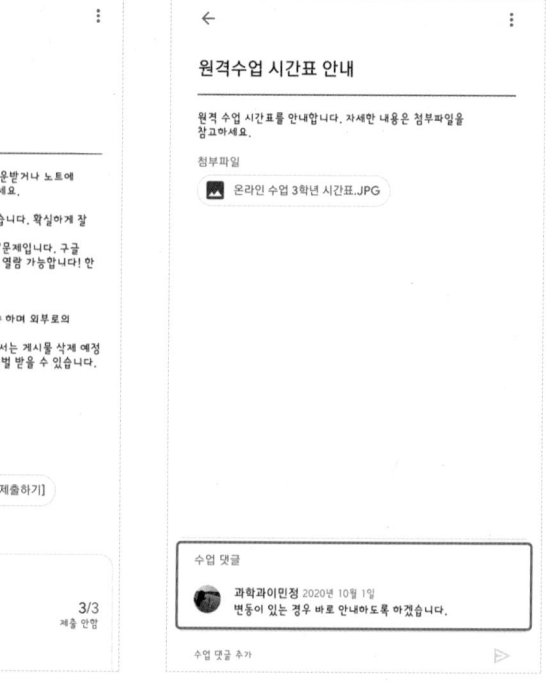

> **TIP**   질문의 답글은 수업 댓글과는 구분되는 것으로 답글은 질문에서 '학생들이 서로 답글을 달 수 있음'이 설정된 경우 [친구 답변 보기]를 클릭하여 남길 수 있습니다.

과제 첨부 파일 댓글

컴퓨터에서는 제출한 첨부 파일을 클릭하면 교사가 첨부 파일에 남긴 댓글을 볼 수 있습니다.

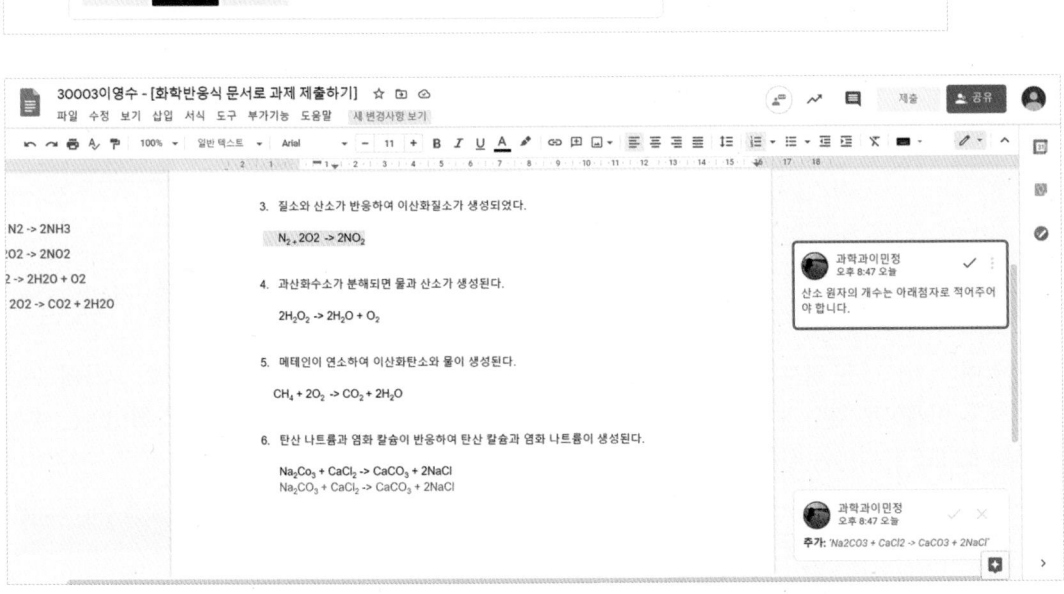

모바일 앱에서는 첨부 파일을 선택하고 **[드라이브에서 열기(⬚)]** 아이콘을 클릭하면 댓글을 볼 수 있습니다. 댓글을 클릭하면 어떤 부분에 대한 댓글인지 노란색으로 강조되어 나타나는데, 교사의 제안 사항은 다른 색으로 나타납니다.

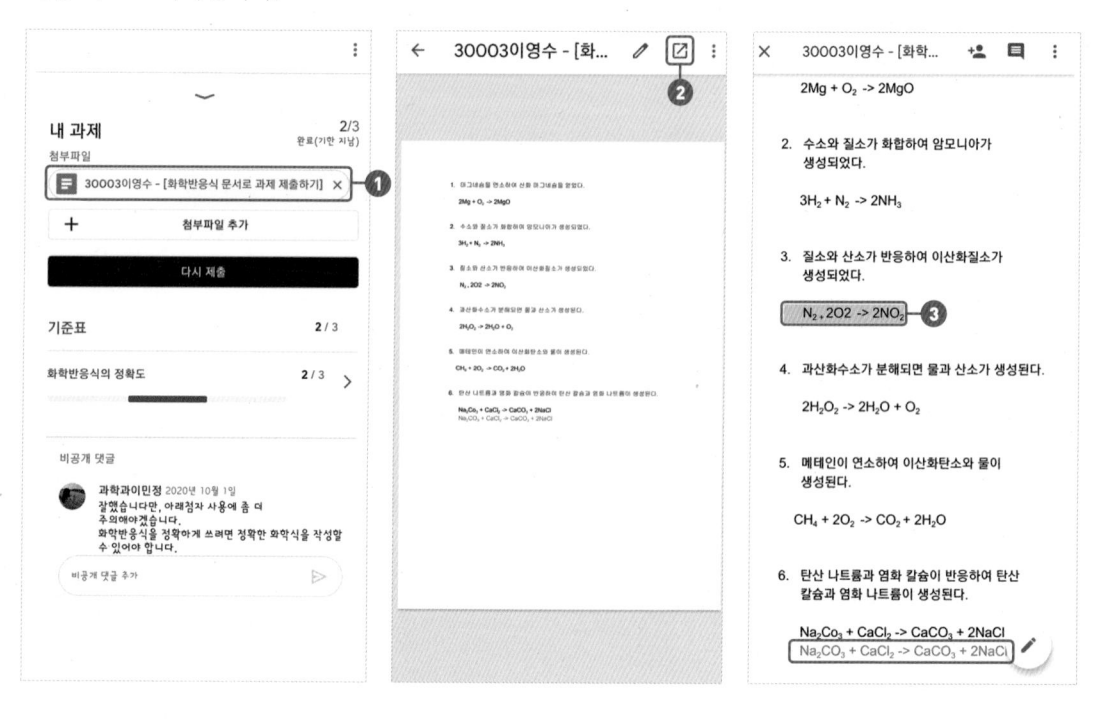

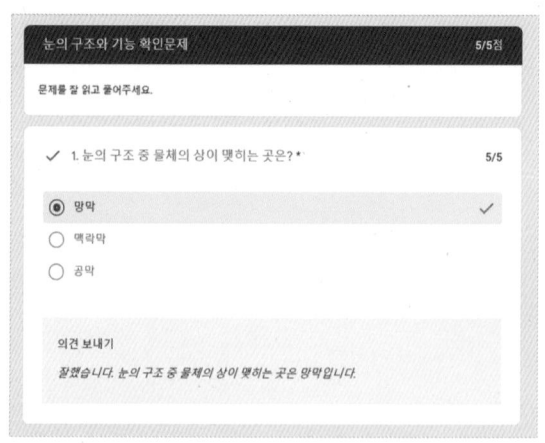

퀴즈 결과 확인하기

퀴즈에 대한 피드백은 교사의 설정에 따라 제출 즉시 해당 점수와 의견을 확인할 수 있고, 교사의 수동 채점 이후 이메일로 점수 및 의견을 받을 수도 있습니다. 제출 즉시 해당 점수와 의견을 확인하는 경우는 **[점수 보기]**를 클릭하여 점수와 의견을 확인하면 됩니다.

TIP 모바일에서도 [점수 보기]를 클릭하면 바로 점수와 피드백을 확인할 수 있습니다.

수동 채점 이후 해당 점수와 의견을 확인하려면 교사의 알림 이후 해당 퀴즈 설문지에 다시 들어가서 **[점수 보기]**를 클릭하거나 교사가 발송한 이메일에서 **[보기]**를 클릭하여 점수 및 개별 의견을 확인할 수 있습니다.

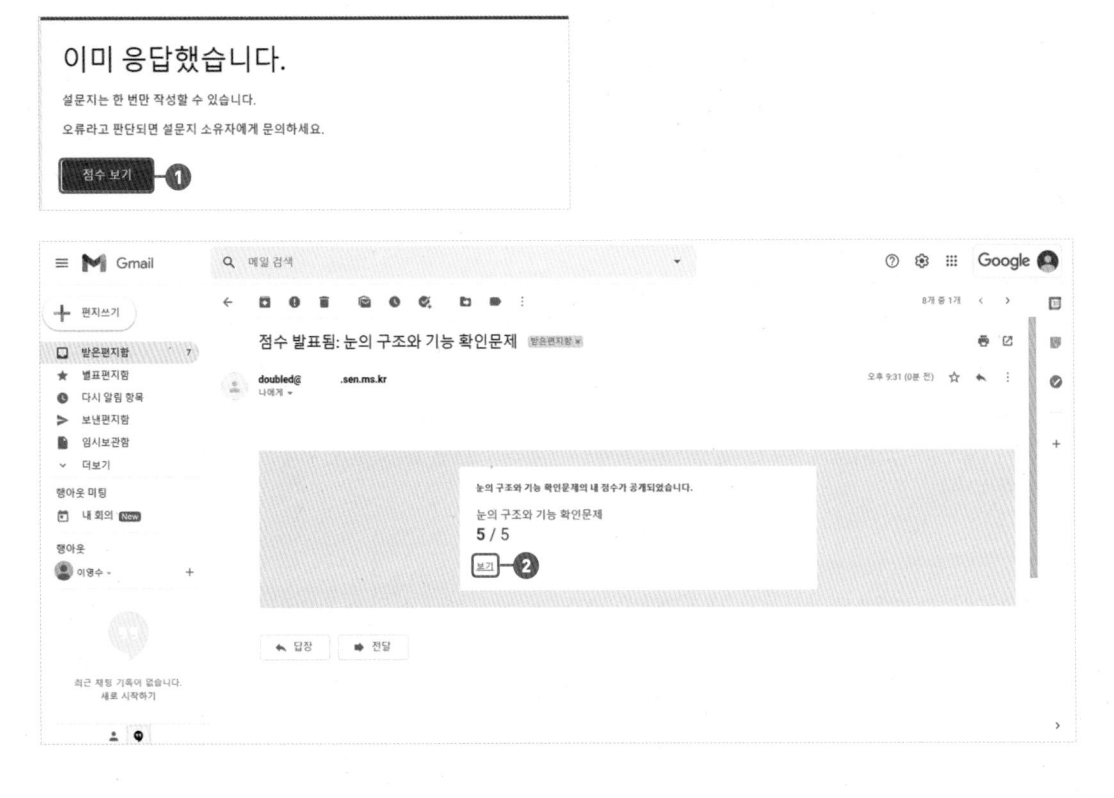

성적 확인하기

컴퓨터에서 교사가 부여한 성적은 각 과제 카드에서 '과제 보기', '질문 보기'를 클릭하면 확인할 수 있습니다.

클래스룸 홈페이지에서 교실 카드의 **[과제 열기(🗐)]** 아이콘을 클릭하거나, **[스트림]** 페이지에서 곧 마감되는 과제의 '모두 보기'를 클릭하거나, **[수업]** 페이지에서 **[내 과제 보기]**를 클릭하면 과제별 성적이 나타납니다.

> **TIP** 교사가 수업 설정에서 전체 성적을 설정하고, 학생에게 전체 성적 표시를 활성화했다면 전체 성적이 퍼센트(%)로 계산되어 함께 나타납니다.

모바일 앱에서는 **[수업]** 페이지에서 **[내 과제(🗐)]** 아이콘을 클릭하면 성적을 확인할 수 있습니다.

> **TIP** 모바일에서도 교사가 수업 설정에서 전체 성적을 설정하고, 학생에게 전체 성적 표시를 활성화했다면 전체 성적이 상단에 나타납니다.

S E C T I O N

08 Meet 앱 사용하기

학생들은 주로 모바일 기기를 이용하여 Meet 회의실에 참여합니다. 모바일 기기의 Meet 앱 사용 방법을 학생 사용자 입장에서 알아보도록 하겠습니다.

클래스룸에서 Meet 회의실 입장하기

1 클래스룸 게시글에 첨부된 링크를 클릭하거나 Meet 앱에서 **[회의 참여]**를 클릭한 후 교사로부터 전달받은 회의 코드를 입력하고, **[참여]**를 클릭합니다.

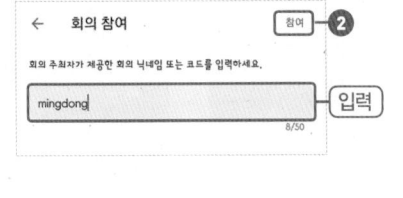

2 입장 화면이 나타나면 **[오디오 설정(🔊)]** 아이콘을 클릭하여 오디오 사용을 설정한 후 **[참여]**를 클릭하여 행아웃 미팅을 시작합니다.

Meet 앱 사용하기

1 [마이크 ON/OFF], [카메라 ON/OFF] 아이콘을 클릭하여 마이크와 카메라를 켜고 끌 수 있습니다. 교사의 발표가 시작되면 발표 화면이 나타납니다. 질문이 있으면 [손들기(✋)] 아이콘을 클릭하여 교사에게 알립니다.

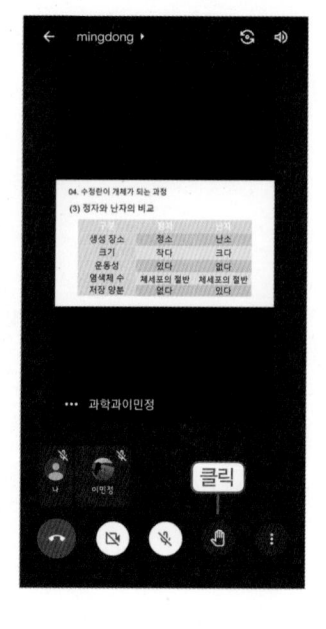

2 [더보기(⋮)]-[통화 중 메시지]를 선택하면 교사 또는 다른 학생들과 메시지로 소통할 수 있습니다.

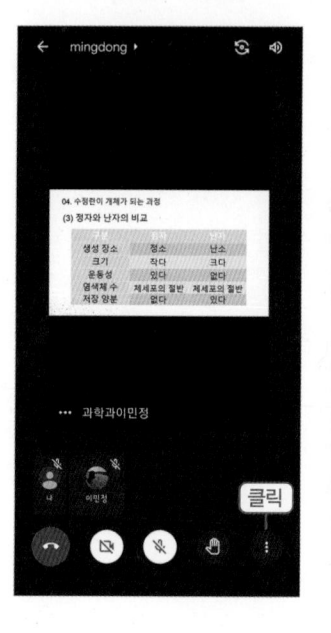
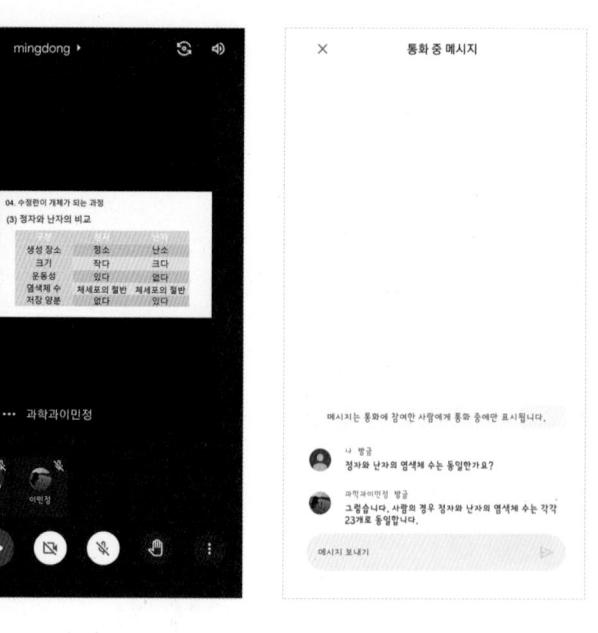

3 수업이 종료되면 **[통화에서 나가기(📞)]** 아이콘을 클릭하여 퇴장합니다.

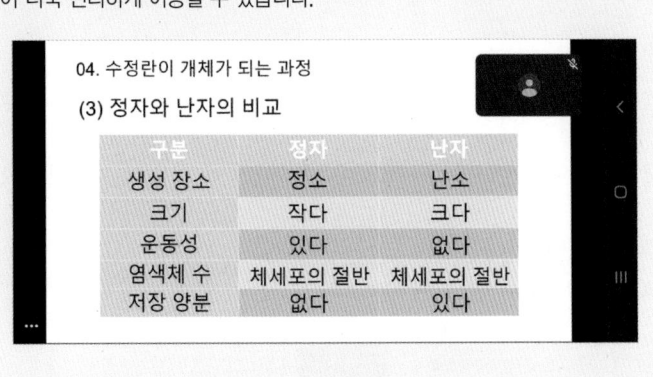

전문가의 조언 **모바일 기기에서 발표 화면 크게 보기**

모바일 기기의 Google Meet 앱을 이용하여 실시간 쌍방향 수업을 참여할 때 교사의 발표 화면을 크게 보고 싶다면 '화면 회전'을 이용하면 됩니다. 모바일 기기의 설정에서 화면을 '자동 회전'으로 변경하고 모바일 기기를 가로로 기울이면 Meet 화면도 자동으로 변경되어 더욱 편리하게 이용할 수 있습니다.

04. 수정란이 개체가 되는 과정

(3) 정자와 난자의 비교

구분	정자	난자
생성 장소	정소	난소
크기	작다	크다
운동성	있다	없다
염색체 수	체세포의 절반	체세포의 절반
저장 양분	없다	있다

09 보호자 초대 수락하기

교사가 각 학생의 보호자를 초대하면 보호자는 학생의 클래스룸 이메일 요약을 받아볼 수 있습니다. 그럼 보호자 초대 메일을 수락하는 과정에 대해 알아보도록 하겠습니다.

보호자 초대 메일 수락하기

1 수신한 보호자 초대 메일을 열고, 학생의 이름을 확인한 후 **[수락]**을 클릭합니다.

2 클래스룸 이메일 요약 받기 창이 나타나면 계정 정보를 확인하고, **[수락]**을 클릭합니다.

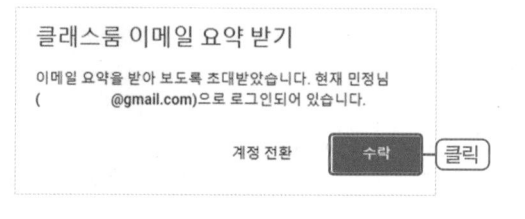

3 이메일 설정 창이 나타나면 이메일을 수신할 빈도와 시간대를 설정합니다.

> **TIP** 빈도는 '매주', '매일', '요약 없음'으로 설정할 수 있으며, '요약 없음'을 설정하는 경우는 이메일 요약을 받지 않습니다.

4 빈도와 시간대에 따라 자동으로 이메일 요약이 발송됩니다.

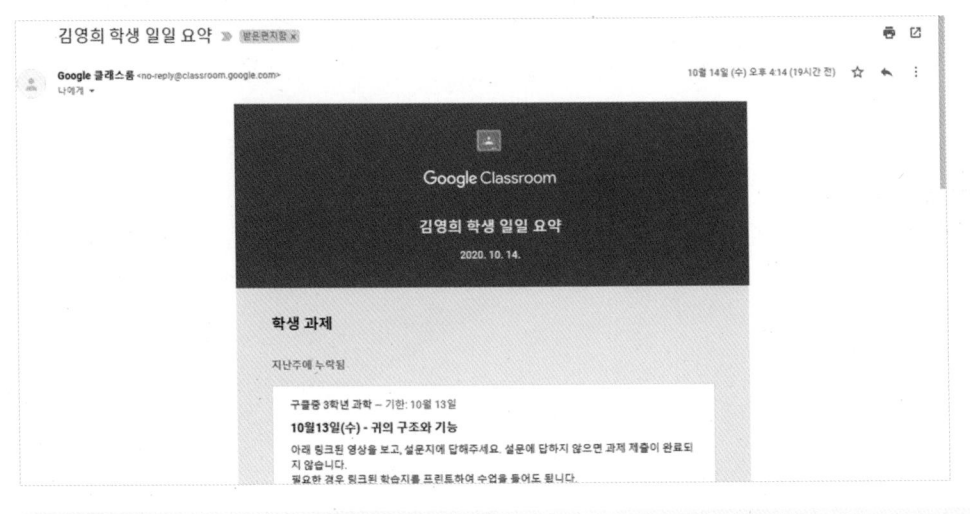

> **TIP** 일일 요약은 월요일부터 금요일까지 매일 오후에 받고, 주간 요약은 금요일 오후에 받아볼 수 있습니다.

PART 05

특별부록

특별부록에서는 Google Classroom을 이용한 다양한 수업사례와 클래스룸 사용 시 자주 발생하는 여러 가지 문제해결 방법을 소개합니다. 그리고 클래스룸을 활용할 때 추가로 알아두면 좋은 실전꿀팁의 내용들을 담았습니다.

Chapter 01 ----------------------

수업사례

이번 Chapter에서는 Google Classroom의 기능을 이용한
다양한 수업사례를 소개합니다. 그리고 과제, 퀴즈 과제, 질문,
Meet로 다채롭게 수업을 구성하고, 진행하는 과정에 대해 알아
보겠습니다.

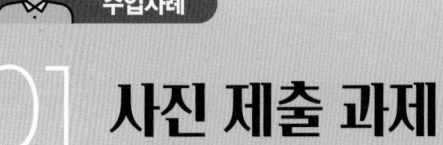

01 사진 제출 과제

수업 영상을 보고 과제물을 작성한 후 이를 사진으로 찍어서 제출하는 과제의 게시물 활용 사례를 소개하겠습니다.

수업 설계

❶ 과제의 제목은 날짜와 교시, 과목명으로 입력했습니다.

❷ 안내(선택사항)에서는 수업 과제를 설명하고, 자료의 출처를 밝혔습니다. 해당 수업을 통해 학생들은 지난 차시에 학습한 법칙을 이용하여 실험 데이터를 분석하고, 그래프를 작성한 후 이를 바탕으로 새로운 법칙을 이끌어내야 합니다. 학생들이 그래프를 제대로 작성했는지, 올바른 결론을 도출했는지를 평가하기 위해 교과서에 그래프를 직접 그리고 결론을 도출한 내용을 촬영하여 제출하도록 했습니다.

❸ 직접 녹화한 강의 영상과 등교 시 배부한 학습지를 PDF 파일로 제작하여 **[추가]-[파일]**을 통해 첨부하였습니다. PDF 파일의 경우 학생들이 파일을 볼 수만 있도록 '학생에게 파일 보기 권한 제공'으로 권한을 설정하였습니다.

❹ 게시물 설정의 대상은 해당 원격교실의 '전체 학생'으로 설정하였고, 점수는 3개의 문항, 표, 그래프를 각각 10점으로 설정하여 총 50점 만점으로 설정하였습니다. 기한은 해당 일 자정으로 설정하였고 주제는 해당 날짜로 설정하였습니다.

채점도구 활용

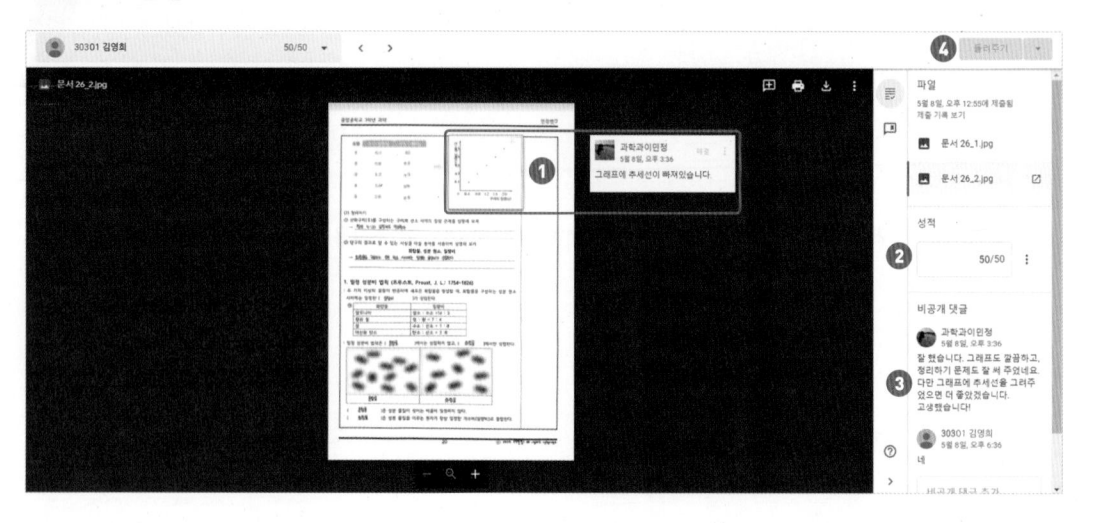

❶ 학생이 제출한 사진의 내용을 확인하고, 피드백을 제공할 부분을 드래그하여 댓글로 입력하였습니다.

❷ 3개의 문항, 표, 그래프를 평가하여 각 10점, 총 50점으로 점수를 입력하였습니다.

❸ 학생의 제출 내용에 대한 전반적인 피드백 내용을 비공개 댓글로 작성하였습니다.

❹ 학생이 교사의 피드백과 채점 결과를 확인할 수 있도록 돌려주기를 하였습니다.

전문가의 조언 녹음 또는 영상 파일 제출 과제

사진 파일뿐만 아니라 녹음 또는 영상 파일을 제출하는 과제를 학생들에게 할당할 수 있습니다. 제출한 녹음 및 영상 파일에도 사진이나 문서와 같이 파일 안에 피드백을 위한 댓글을 달 수 있습니다. 다만, 학생이 돌려주기에서 받은 녹음 및 영상 파일을 따로 열어야 교사의 피드백을 확인할 수 있기 때문에 게시물의 비공개 댓글이나 과제 설정의 기준표를 활용하여 피드백을 제공하는 것이 좋습니다.

02 Google 문서 사본 과제

Google 문서를 사본으로 첨부하는 과제의 게시물 활용 사례를 소개하겠습니다. 교사가 Google 문서로 작성한 학습지를 모든 학생들에게 사본으로 제공하고, 학생들이 각자 학습지를 완성하여 제출하는 방식입니다.

수업 설계

① 과제의 제목은 수업 차시와 과제의 핵심 내용으로 입력했습니다.

② 안내(선택사항)에서는 학생들이 수행해야 할 과제를 설명했습니다. 학생들이 수행할 과제가 여러 가지인 경우는 실수로 누락하지 않도록 번호를 매겨줍니다. 이번 사례에서의 수행 과제는 첫째, 교과서 한 페이지를 사진 찍어 제출하는 것과 둘째, 논술 활동지 Google 문서 파일을 완성하는 것입니다.

③ 강의 영상은 YouTube 링크를 두 개 첨부하였습니다. 강의 영상 파일을 게시물에 직접 업로드할 수도 있지만 학생들이 기기에 상관없이 강의 영상을 원활하게 시청할 수 있도록 YouTube에 미리 업로드하여 링크 주소만 추가하였습니다. YouTube 영상 업로드에 대한 자세한 내용은 378쪽을 참고하세요.

④ '논술연습 활동지'의 Google 문서 파일을 첨부하였습니다. 이때, 파일의 공유 권한을 '학생별로 사본 제공'으로 설정한 점이 가장 중요합니다. 그래야 학생 화면에서 내 과제란에 문서 사본이 별도로 제공되어 개별 학생이 문서를 편집하여 제출할 수 있게 됩니다.

⑤ 대상은 해당 원격교실(20영어200)의 '전체 학생'으로, 성적 카테고리는 '읽고 쓰기', 점수는 '10점'으로 설정하였습니다. 점수를 10점으로 설정한 이유는 논술 답안의 채점 결과를 학생들에게 알려주기 위함입니다.

Google 문서 사본 첨부 파일

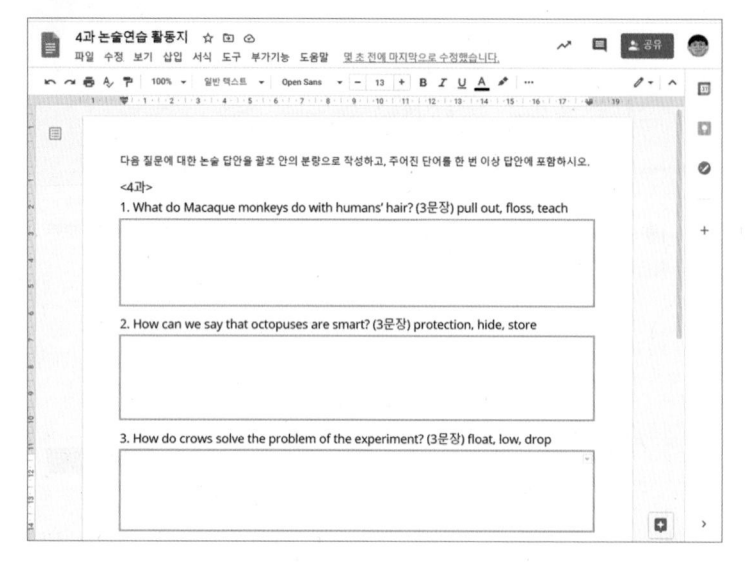

사본으로 첨부한 Google 문서 파일은 몇 가지 질문과 학생들의 답안 작성 공간을 표 한 칸씩 마련하였습니다.

기준표 추가

생각 구성 Idea				/4 ∧
I can organize my ideas to achieve the communicative goal effectively.				
Advanced 4점	**Proficient** 3점	**Nearing Proficient** 2점	**Novice** 1점	
내용 흐름이 논리정연하고, 목적을 효과적으로 달성함	내용 흐름이 비교적 자연스러우나, 목적을 달성하는 데 조금 미흡함	내용 흐름이 조금 어색하고, 목적을 달성하는 데 미흡함	내용 흐름이 혼란스럽고, 목적을 달성하지 못함	

표현 사용 Phrases			/3 ∧
I can use a wide variety of natural phrases to make my idea clearly understood.			
Proficient 3점	**Nearing Proficient** 2점	**Novice** 1점	
다양한 기본 어구를 쓰임에 맞게 사용하여 생각을 명확히 표현함	제한된 종류의 기본 어휘와 어구를 단순 반복적으로 사용함	몇 가지 어휘를 나열하듯 분절적으로 사용함	

철자 어법 Spelling, Grammar			/3 ∧
I can use accurate spelling and grammar to help my audience read as smoothly as possible.			
Proficient 3점	**Nearing Proficient** 2점	**Novice** 1점	
철자와 어법이 전반적으로 정확하여 의미가 명확히 전달됨	철자와 어법에 일부 오류가 있으나 의미 전달에 크게 방해되지 않음	철자와 어법에 오류가 많아 의미가 일부만 전달됨	

쓰기 과제에 대한 효율적인 피드백을 위해 기준표를 추가하였습니다. 다른 쓰기 과제에도 해당 기준표를 반복해서 재사용할 수 있습니다.

채점도구 활용

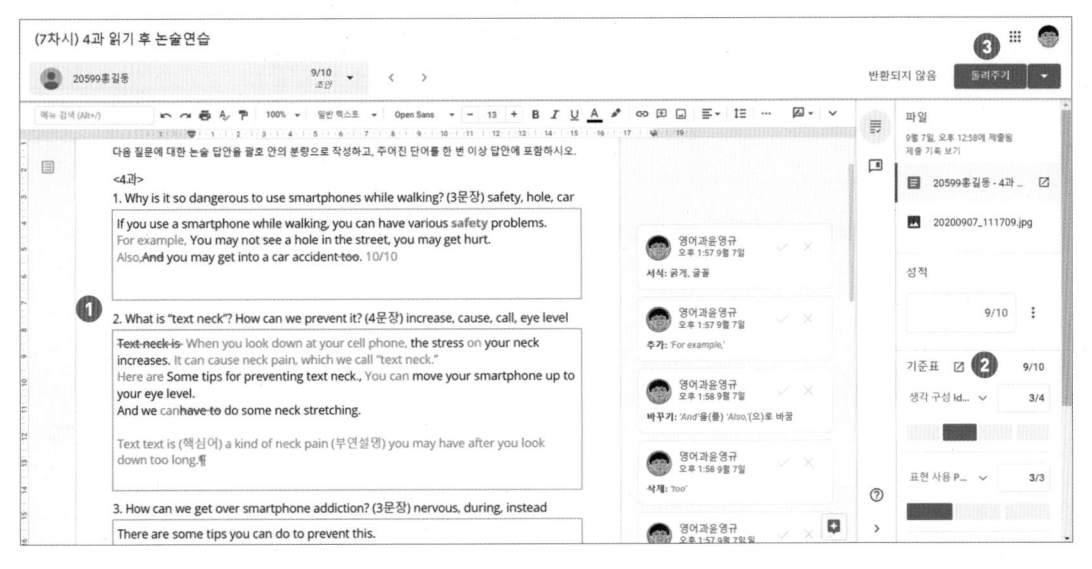

❶ 학생이 제출한 Google 문서 파일에 개선할 내용을 바로 입력했습니다. 제안 모드로 과제에 피드백을 달아주는 것이기 때문에 교정 부호와 오른쪽 댓글이 자동으로 나타납니다. 교사가 수정 제안 모드로 달아주는 피드백은 돌려주기를 해야 학생들이 확인할 수 있습니다.

❷ 첨부한 기준표에서 각 평가 기준마다 등급을 클릭하여 과제에 대한 성적을 입력했습니다. 성적 섹션에 점수가 자동으로 입력됩니다.

❸ 학생이 교사의 피드백과 채점 결과를 확인할 수 있도록 [**돌려주기**]를 클릭합니다.

> **TIP** 기준표에서 자동으로 입력된 점수를 성적에서 삭제한 후 '점수 없음' 상태로 [돌려주기]를 클릭할 수 있습니다. 이때, 해당 학생은 '할당됨' 또는 '누락됨' 상태로 바뀌게 되며, 학생이 과제를 다시 제출해야 '제출함' 상태로 바뀝니다.

03 표와 그림이 있는 퀴즈 설문지

표와 그림이 추가된 형성 평가 문항이 있는 퀴즈 설문지를 제작하여 활용한 사례를 소개합니다.

수업 설계

① 과제의 제목은 날짜와 교시, 과목명으로 입력했습니다.

② 안내(선택사항)에는 수업 과제를 설명하고 자료의 출처를 명시했습니다. 학생들은 강의 영상을 통해 과학 법칙을 이해하고, 퀴즈 형성 평가에서 실험의 변인을 통해 결과를 예측해 봅니다. '성적 가져오기' 기능을 활용하기 위해 학습에 필요한 강의 영상과 학습지 자료는 첨부 파일로 추가하지 않고, 안내(선택사항)에 공유 링크를 입력했습니다. 자세한 내용은 369쪽을 참고하세요.

③ 첨부된 파일은 '일정한 질량비로 결합하는 원소 확인문제-1'의 퀴즈 설문지이고, '성적 가져오기' 기능을 활성화하였습니다.

④ 게시물 설정의 대상은 해당 원격교실의 전체 학생들로 설정하였고, 점수는 퀴즈 설문지의 5문항을 각 1점으로 하여 총 5점으로 설정하였습니다. 기한은 해당 일 자정으로 설정하였고, 주제는 해당 날짜로 설정하였습니다.

퀴즈 설문지 설정

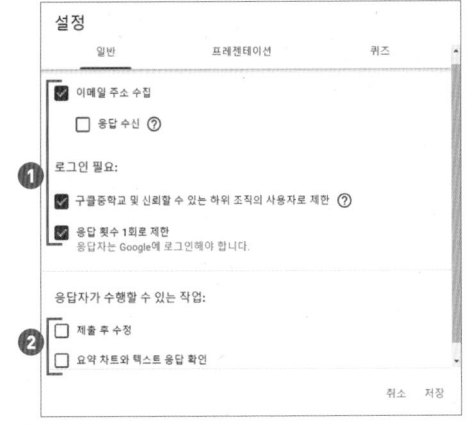

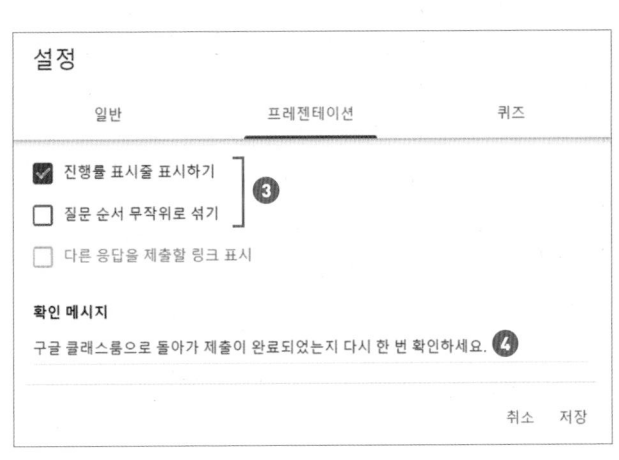

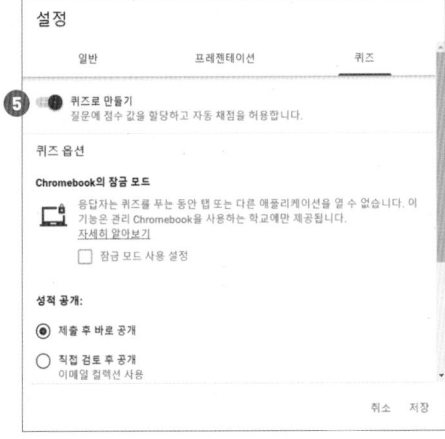

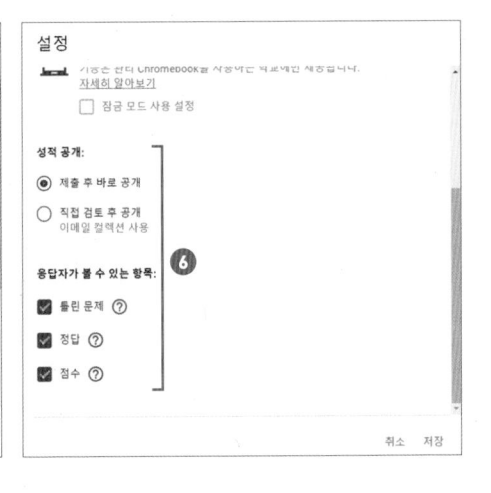

❶ **[일반]** 탭에서는 성적 가져오기를 활성화시킬 수 있도록 '이메일 주소 수집', '구글중학교 및 신뢰할 수 있는 하위 조직의 사용자로 제한', '응답횟수 1회로 제한'을 선택(체크)하였습니다.

❷ 학생들이 과제 제출 후 미리 작성한 의견을 보고 답을 수정하지 못하도록 '제출 후 수정'은 체크를 해제했으며, 다른 학생들의 응답 통계를 보지 못하도록 '요약 차트와 텍스트 응답 확인'도 체크를 해제했습니다.

❸ **[프레젠테이션]** 탭에서는 학생들이 문제를 풀면서 자신의 진행률을 확인할 수 있도록 '진행률 표시줄 표시하기'를 선택(체크)하였고, 개념 문제부터 응용 문제까지 순차적으로 풀 수 있도록 '질문 순서 무작위로 섞기'는 체크를 해제했습니다.

❹ 제출 후 클래스룸에서 제출 여부를 다시 한 번 확인하도록 확인 메시지를 입력했습니다.

❺ **[퀴즈]** 탭에서는 각 문항별로 점수를 부여하고, 미리 답안을 입력하여 자동 채점을 할 것이므로 '퀴즈로 만들기'를 설정하였습니다.

❻ 학생들이 응답 제출 직후 자신의 틀린 문제, 정답, 점수를 확인하여 본인 답에 대한 피드백을 받을 수 있도록 '제출 후 바로 공개'를 선택하고, 응답자가 볼 수 있는 항목의 하위 항목을 모두 선택(체크)하였습니다.

단답형 문항 만들기

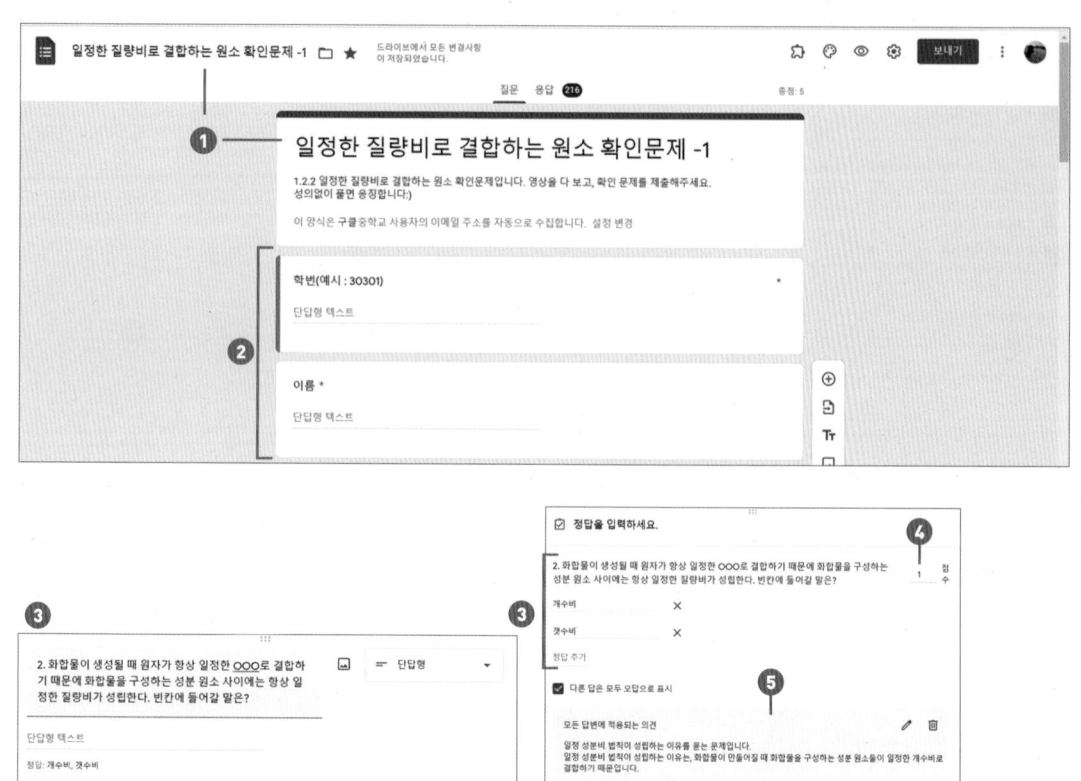

❶ 퀴즈 설문지의 제목과 파일명은 해당 소단원의 제목으로 설정하였고, 설문지 설명을 입력하였습니다.

❷ 어떤 학생의 응답인지 바로 알 수 있도록 학번과 이름을 입력하는 문항을 각각 단답형 문항으로 제작하였습니다. 학번과 이름 문항에는 점수를 0점으로 설정하고, 별도의 정답과 의견은 추가하지 않았습니다.

❸ 형성 평가의 5개의 문항 중 1~3번은 단답형 문항으로 구성하였습니다. 문제를 입력하고, '답안'을 클릭하여 해당 문제에 대한 정답을 입력하였습니다. 이때, 띄어쓰기만 달라도 정답이 오답으로 처리되기 때문에 정답 추가 시 예상되는 답변을 모두 고려하여 입력하였습니다. 입력한 정답 외의 다른 답안은 모두 오답으로 처리하여 점수를 낼 수 있도록 '다른 답은 모두 오답으로 표시'를 선택(체크)하였습니다.

❹ 문항별 점수를 1점으로 입력하였습니다.

❺ '의견 추가'를 클릭하여 정답자와 오답자가 모두 볼 수 있는 공통 의견을 추가하였습니다.

그래프 자료가 추가된 객관식 문항 만들기

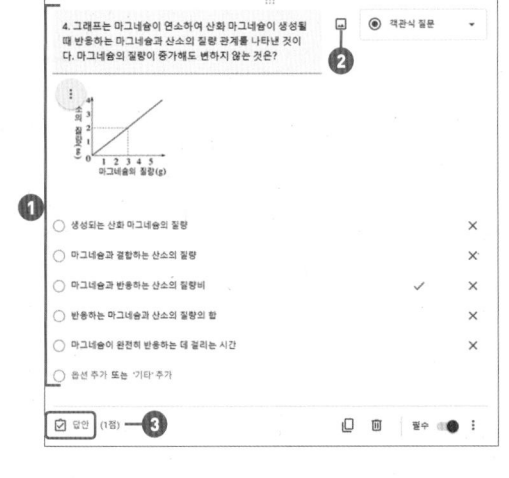

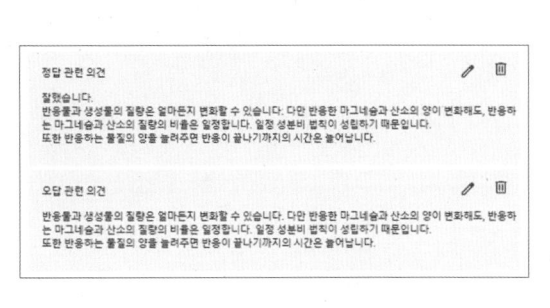

① 형성 평가의 4번 문항은 학생들이 그래프를 보고 해당 그래프를 분석할 수 있도록 하는 객관식 질문입니다. 문제를 입력하고, 5개의 선택지를 추가하였습니다.

② 문항에 마우스 포인터를 올려놓으면 나타나는 [이미지 삽입(🖼)]을 클릭하여 그래프 이미지 파일을 문항에 추가하였습니다.

③ '답안'을 클릭하여 정답을 선택하였습니다. 점수를 1점으로 입력하였으며, 객관식 질문이기 때문에 의견 추가에서 정답 관련 의견과 오답 관련 의견을 구분하여 입력하였습니다.

표 자료가 있는 객관식 문항 만들기

형성 평가의 5번 문항은 학생들이 표를 보고 해당 표를 분석하여 필요한 산소의 질량을 계산하는 문제입니다. Google 설문지에서는 표를 추가할 수 없기 때문에 한글(HWP) 파일에서 표를 작성하고, 이를 캡처하여 이미지로 저장한 후 [이미지 삽입(🖼)] 아이콘을 통해 문항에 추가하였습니다. 4번 문항과 마찬가지로 정답과 점수, 의견을 입력하였습니다.

표 이미지로 만들기

설문지에 사용하기 위해 표를 이미지로 만들려면 한글(hwp) 파일에서 먼저 표를 작성합니다. 이후 ⊞+Shift+S 키를 이용하여 캡처 도구를 열고, '사각형' 모드를 클릭하여 표 부분을 드래그하면 이미지로 저장할 수 있습니다.

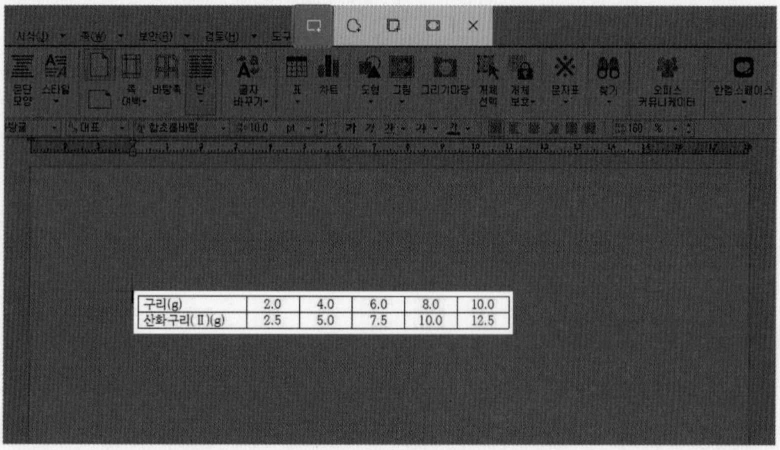

구리(g)	2.0	4.0	6.0	8.0	10.0
산화구리(Ⅱ)(g)	2.5	5.0	7.5	10.0	12.5

제출 직후 점수 및 피드백 확인하기

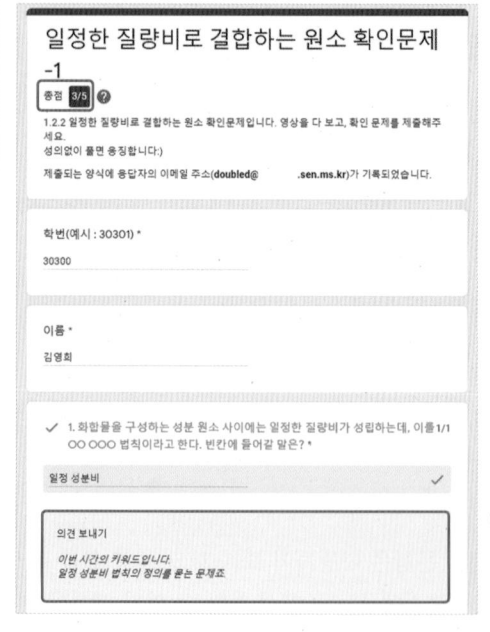

응답은 자동 채점되어 학생들은 응답 제출 직후 **[점수 보기]**를 클릭하면 자신의 점수를 바로 확인할 수 있으며, 문항별로 미리 추가했던 의견도 확인할 수 있습니다.

성적 가져오기 및 돌려주기

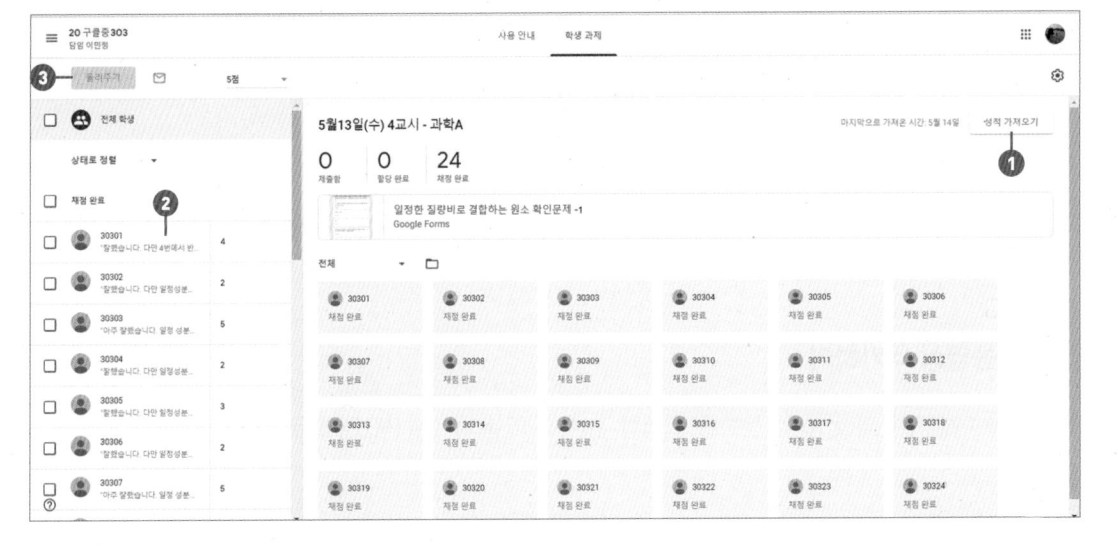

① 클래스룸에서는 **[성적 가져오기]**를 이용하여 퀴즈 설문지의 점수를 클래스룸으로 불러오기 했습니다.

② 학생들의 응답 제출 이후 응답 내용의 스프레드시트를 만들어 학생별 정답과 오답 내역을 살펴보고, 이를 바탕으로 개선할 점을 비공개 댓글로 남겨주었습니다.

③ 최종적으로 **[돌려주기]**를 클릭하여 학생들이 자신의 성적을 다시 한 번 확인할 수 있도록 했습니다.

> **TIP** 단답형 문항에 대한 응답 중 유사 정답으로 처리할 응답이 있다면 퀴즈 설문지의 [응답] 탭–[질문] 탭에서 유사 정답 처리를 하고, 다시 [성적 가져오기]를 클릭합니다. 자세한 내용은 387쪽을 참고하세요.

전문가의 조언 객관식 문항 선택지에 이미지 삽입하기

퀴즈 설문지에서는 객관식 문항의 선택지에도 이미지를 삽입할 수 있습니다. 객관식 문항의 선택지를 필요한 만큼 추가하고, 선택지에 마우스 포인터를 올리면 나타나는 [이미지 추가(🖼)] 아이콘을 클릭합니다. 이미지 업로드 창에서 [탐색]을 클릭하여 원하는 이미지를 삽입합니다. 선택지에 자동으로 입력되어 있는 '옵션 1'은 원하는 내용으로 변경합니다. 삽입된 이미지를 삭제하려면 마우스 포인터를 올리면 나타나는 [삭제(×)] 아이콘을 클릭합니다.

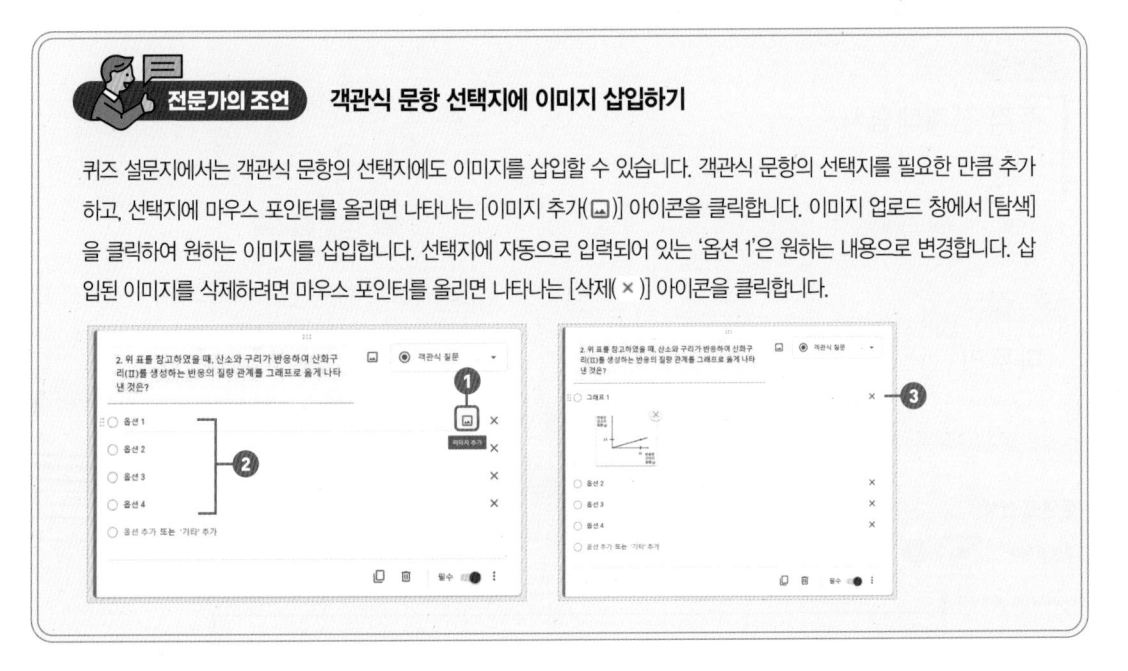

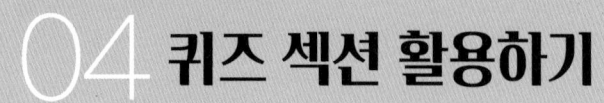

04 퀴즈 섹션 활용하기

YouTube 강의 영상과 형성 평가 문항을 여러 섹션으로 나누어 구성한 퀴즈 설문지 제작 사례를 소개합니다.

섹션에 동영상 추가하기

1 섹션을 나눌 부분의 바로 앞 문항을 선택한 후 우측 메뉴 바에서 **[섹션 추가(目)]** 아이콘을 클릭합니다.

2 추가된 '제목 없는 섹션'을 수업 주제인 '주격 관계대명사'로 변경하고, 강의 영상을 추가하기 위해 우측 메뉴 바에서 **[동영상 추가(▶)]** 아이콘을 클릭한 후 동영상 선택 창에서 **[URL]** 탭을 클릭합니다.

3 새로운 Chrome 화면을 열어 YouTube 스튜디오(studio.YouTube.com)에 접속한 후 **[콘텐츠]** 메뉴에서 퀴즈 설문지에 추가할 강의 영상을 클릭하고, **[옵션(⋮)]─[공유할 링크 복사하기]**를 선택합니다.

TIP YouTube 영상 업로드에 대한 자세한 내용은 378쪽을 참고하세요.

4 복사한 링크를 동영상 선택 창의 **[URL]** 탭─**[YouTube URL 붙여넣기]** 입력란에 붙여넣고, 영상이 인식되면 **[선택]**을 클릭합니다.

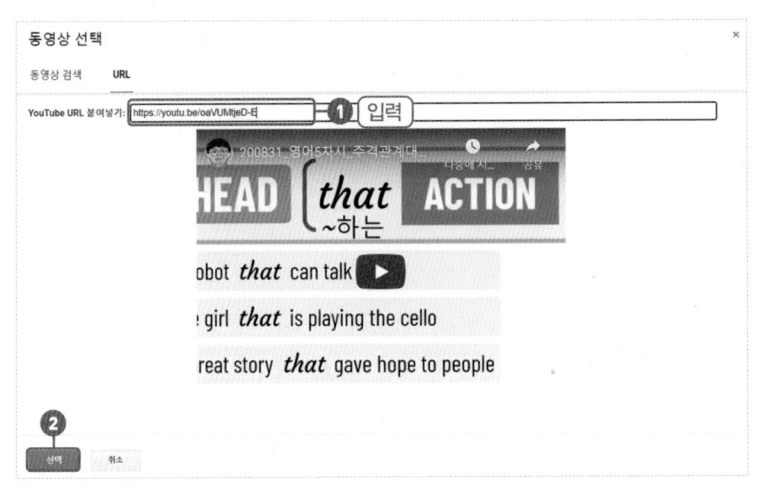

5 '제목 없는 동영상' 이름을 '강의 영상 1'로 변경하고, 크기 조절 핸들을 드래그하여 삽입된 YouTube 영상의 크기를 적당히 조절합니다.

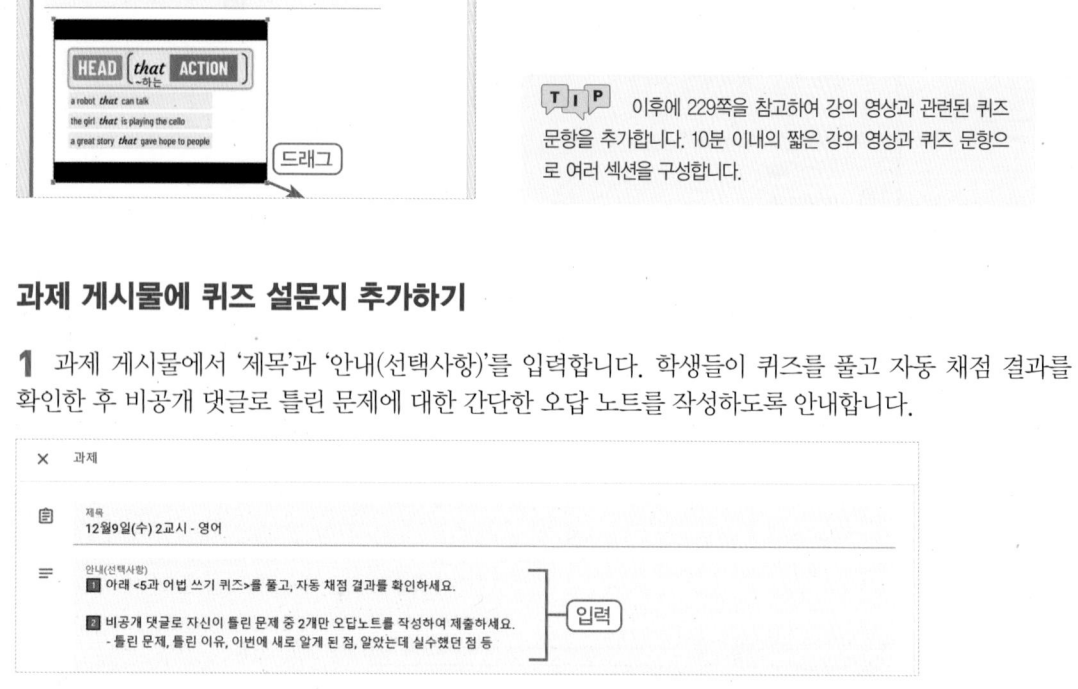

TIP 이후에 229쪽을 참고하여 강의 영상과 관련된 퀴즈 문항을 추가합니다. 10분 이내의 짧은 강의 영상과 퀴즈 문항으로 여러 섹션을 구성합니다.

과제 게시물에 퀴즈 설문지 추가하기

1 과제 게시물에서 '제목'과 '안내(선택사항)'를 입력합니다. 학생들이 퀴즈를 풀고 자동 채점 결과를 확인한 후 비공개 댓글로 틀린 문제에 대한 간단한 오답 노트를 작성하도록 안내합니다.

TIP 미리 작성한 퀴즈 설문지를 첨부하기 때문에 [수업] 페이지에서 [만들기]를 클릭한 후 퀴즈 과제가 아닌 과제 게시물 유형을 선택합니다.

2 과제 게시물에서 **[추가]**를 클릭한 후 'Google 드라이브'를 선택하고, 완성한 퀴즈 설문지(예 : 5과 어법 쓰기 퀴즈) 파일을 추가합니다. 자동 채점 결과를 클래스룸 성적에서 불러오기 위해 '성적 가져오기'를 활성화합니다.

05 질문으로 아침 조회하기

부득이한 사정으로 실시간 아침 조회를 진행할 수 없을 때 질문을 이용하면 간편하게 전달 사항을 알리고, 확인 여부를 파악할 수 있습니다. 그럼 질문을 통한 아침 조회 방법에 대해 살펴보겠습니다.

단답형 질문 구성하기

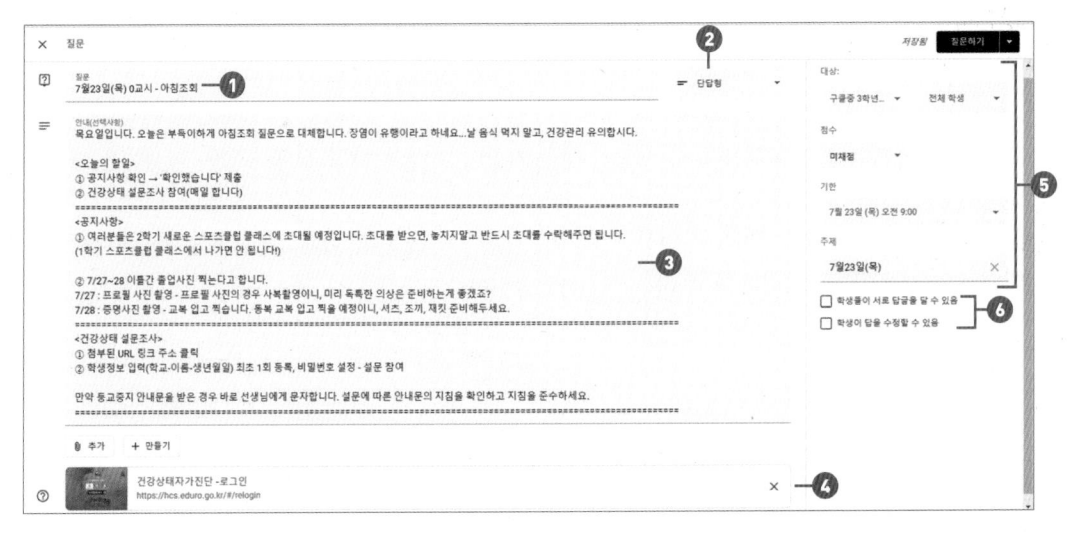

❶ 질문의 제목은 '7월23일(목) 0교시 – 아침조회'로 입력했습니다.

❷ 학생들이 질문 내용을 보고 '확인했습니다'라는 답변을 제출할 수 있도록 [단답형]으로 설정하였습니다.

❸ 질문의 안내(선택사항)는 학생들에게 전달할 공지사항과 건강상태자가진단에 대한 안내를 포함하였습니다.

❹ 학생들이 쉽게 건강상태자가진단을 수행할 수 있도록 [추가]–[링크]를 선택하여 건강상태자가진단 링크(hcs.eduro.go.kr)를 첨부하였습니다.

❺ 게시물 설정의 대상은 해당 원격교실의 전체 학생들로 설정하였고, 점수는 부여할 필요가 없기 때문에 미채점으로 설정하였습니다. 기한은 해당 일 오전 9:00으로 설정하였고, 주제는 해당 날짜(7월23일)로 설정하였습니다.

❻ 학생들이 서로에게 답글을 달아줄 필요가 없는 질문이기 때문에 '학생들이 서로 답글을 달 수 있음'을 체크하지 않았고, 피드백을 받고 답변을 수정해야 하는 질문이 아니기 때문에 '학생이 답을 수정할 수 있음'도 체크하지 않았습니다.

학생 답변 제출 확인하기

❶ 학생 목록에서 상태별로 학생들을 확인하고, 제출 기한이 지나 '누락됨' 상태에 있는 학생들은 개별적으로 연락하였습니다.

❷ '제출함' 상태의 학생들은 답변을 확인하고, 돌려주기를 하였습니다. 이때, '제출 확인했습니다~'라는 비공개 댓글을 일괄적으로 입력한 후 돌려주기를 하였습니다.

전문가의 조언 | 객관식 질문 게시물로 과제 수행 확인하기

학생들이 클래스카드(classcard.net) 등 다른 온라인 학습 플랫폼에서 원격수업 과제를 수행한 후 Google 클래스룸으로 돌아와 교사에게 알릴 수 있도록 질문 게시물을 구성할 수 있습니다. 객관식 질문에 '미션완료'라는 선택지 하나만 추가합니다. 다른 온라인 학습 플랫폼에서 과제를 마친 학생들이 클래스룸 원격교실로 돌아와 선택지를 클릭한 후 제출하도록 안내합니다. 질문 게시물 설정에서 '학생이 클래스 개요를 볼 수 있음'을 선택하여 원격교실의 다른 학생들이 얼마나 과제를 완료했는지 서로 확인할 수 있도록 허용할 수 있습니다.

06 Meet로 공동 문서 작업하기

Meet로 실시간 수업을 진행하면서 학생들이 공동 문서 작업을 진행하는 수업을 소개합니다. 학생들이 작성할 문서를 미리 만들어 두고, 실시간 수업에서 문서의 링크를 공유합니다. 학생들의 문서 작업을 지켜보면서 실시간으로 피드백을 제공합니다.

문서 제작 및 편집자 권한 부여하기

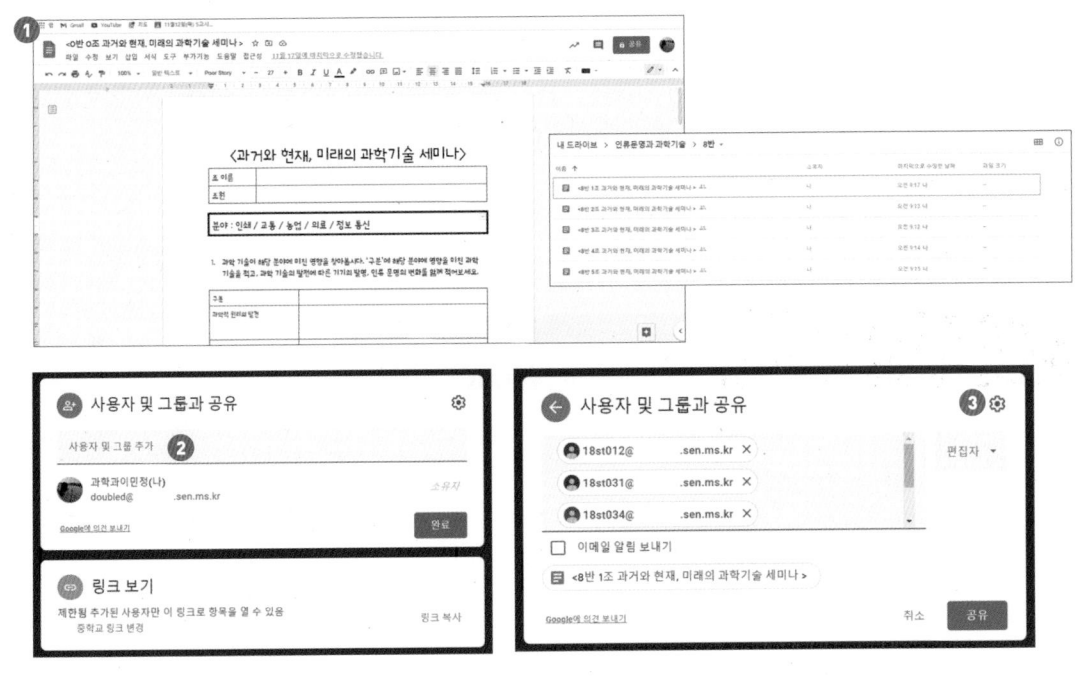

❶ 실시간 수업을 위해 학생들이 공동으로 편집할 문서를 먼저 제작하였습니다. 이후 반별, 조별로 드라이브에 사본을 만들었습니다.

❷ 문서의 **[공유]**를 클릭한 후 사용자 및 그룹과 공유 창에서 '사용자 및 그룹 추가'에 각 조별 학생들의 계정 주소를 입력하였습니다.

❸ **[편집자]** 권한을 선택하고, **[공유]**를 클릭하여 학생들이 문서를 편집할 수 있도록 권한을 부여하였습니다.

> **TIP** 반별로 5개 조의 문서를 만들고, 드라이브의 각 문서에서 마우스 오른쪽 버튼을 클릭한 후 [링크 생성]-[링크 복사]를 선택합니다. 복사한 각 파일의 링크는 하나의 문서에 정리해 두면 실시간 수업 진행 시 채팅 창에 문서 링크 공유하기가 쉬워집니다.

원격교실에 Meet 실시간 수업 안내하기

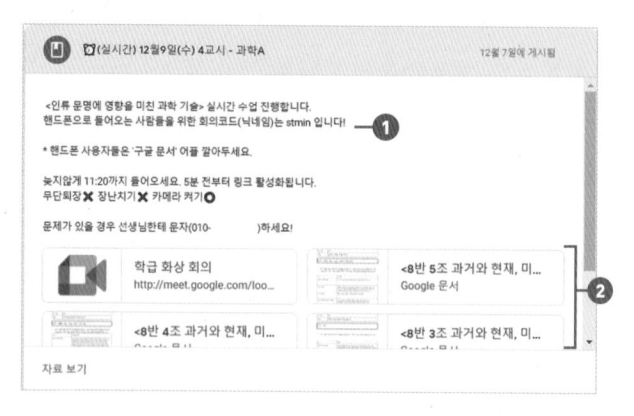

① 원격교실의 자료를 이용하여 실시간 수업의 내용과 일정, Meet 회의실의 닉네임 회의 코드를 안내하였습니다.

② 자료 편집 화면에서 '추가'를 이용하여 학생들이 바로 Meet 회의실로 들어올 수 있도록 학급 화상 회의 링크를 첨부하였고, 미리 만들어 둔 조별 문서 파일을 첨부했습니다.

Meet 실시간 수업 진행하기

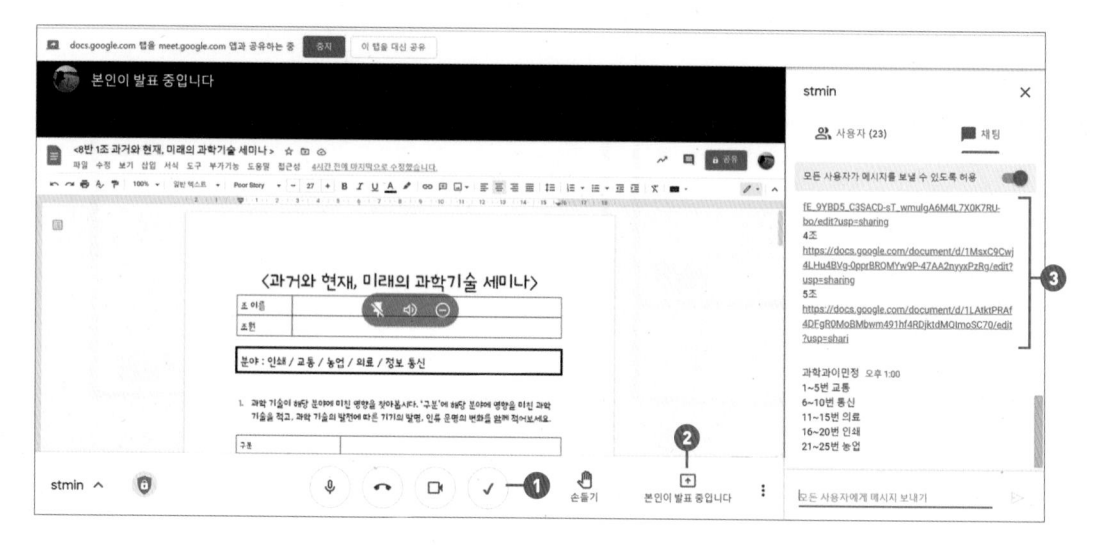

① Chrome 확장 프로그램인 'Google Meet Attendance'를 이용하여 학생들의 출결을 체크하였습니다.

② **[발표 시작]**을 클릭하여 미리 열어둔 문서의 화면을 공유하면서 수업 시간의 목표와 과제를 설명하였습니다.

③ **[모든 사용자와 채팅(☰)]** 아이콘을 클릭하여 채팅 창에서 각 조별 문서의 링크를 공유하였습니다. 학생들은 링크를 클릭하여 조별 문서 파일을 열어볼 수 있습니다.

> 학생들이 모바일 기기로 문서 파일을 열려면 '문서' 앱을 미리 설치해 두어야 합니다.

문서 공동 작업 검토 및 피드백 제공하기

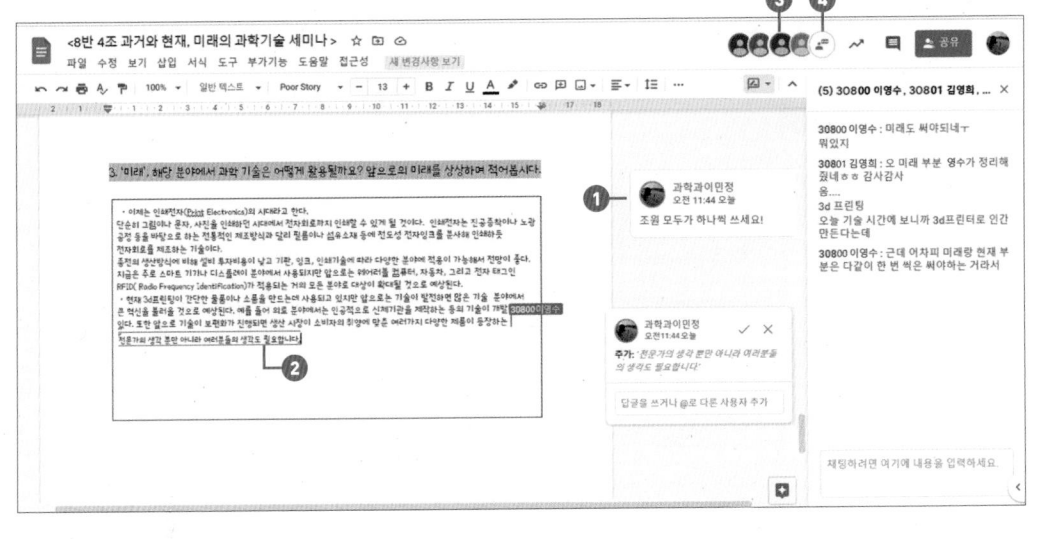

❶ 학생들이 실시간으로 작성하고 있는 내용을 검토하면서 피드백 부분을 드래그한 후 마우스 오른쪽 버튼을 클릭하고, [댓글]을 선택하여 댓글로 피드백을 제공하였습니다. 학생들은 댓글을 확인하고 내용을 수정한 후 [완료된 토론으로 표시하고 숨깁니다(✓)] 아이콘을 클릭합니다.

❷ 필요 시 제안 모드로 변경하고, 직접 피드백을 남기거나 내용을 수정하였습니다. 학생들은 자동으로 추가된 댓글을 확인하고, [제안 수용(✓)] 아이콘 또는 [제안 거부(✕)] 아이콘을 클릭합니다. '제안 수용'을 클릭하면 교사가 교정한 내용이 반영됩니다.

❸ 학생들의 '계정'을 클릭하여 개별 학생들의 내용 추가, 삭제, 서식 변경 등 문서 수정 기록을 모니터링 하였습니다.

❹ '채팅 표시'를 클릭하여 학생들과 실시간 채팅으로 의견을 공유하였습니다. 모바일 기기로 문서를 편집하는 학생들은 채팅이 불가능합니다.

버전 기록으로 문서 작성 기여도 파악하기

문서의 [파일]-[버전 기록]-[버전 기록 열기]를 통해 학생들의 문서 작성 기여도를 파악합니다. 시간별로 문서 버전이 저장되며, 각 편집자들이 어떤 부분을 편집했는지 볼 수 있기 때문에 버전 기록을 통해 각 차시별 과제 진행 상황과 학생들의 수행을 쉽게 파악할 수 있습니다. 편집자별 수정 사항은 다른 색깔로 표시되며, 마우스 포인터를 올려놓으면 어떤 편집자가 수정한 것인지 이름이 나타납니다. 필요 시 [추가 작업(⋮)]-[사본 생성]을 선택하면 차시별 학생들의 수정 사항을 사본으로 만들어 저장할 수도 있습니다.

07 Meet 실시간 수업

Meet를 활용하여 실시간 수업을 진행할 때 활용할 수 있는 몇 가지 노하우를 소개합니다. Meet의 '화면 발표' 기능을 활용하여 학생들이 제출한 과제에 실시간으로 피드백을 제공할 수 있습니다. Jamboard, Padlet, Kahoot 등 실시간 소통 도구들은 화면 발표 기능으로 학생들과 공유하면서 다양한 교수 학습 활동을 전개할 수 있습니다.

실시간 피드백 : 클래스룸 과제 채점도구

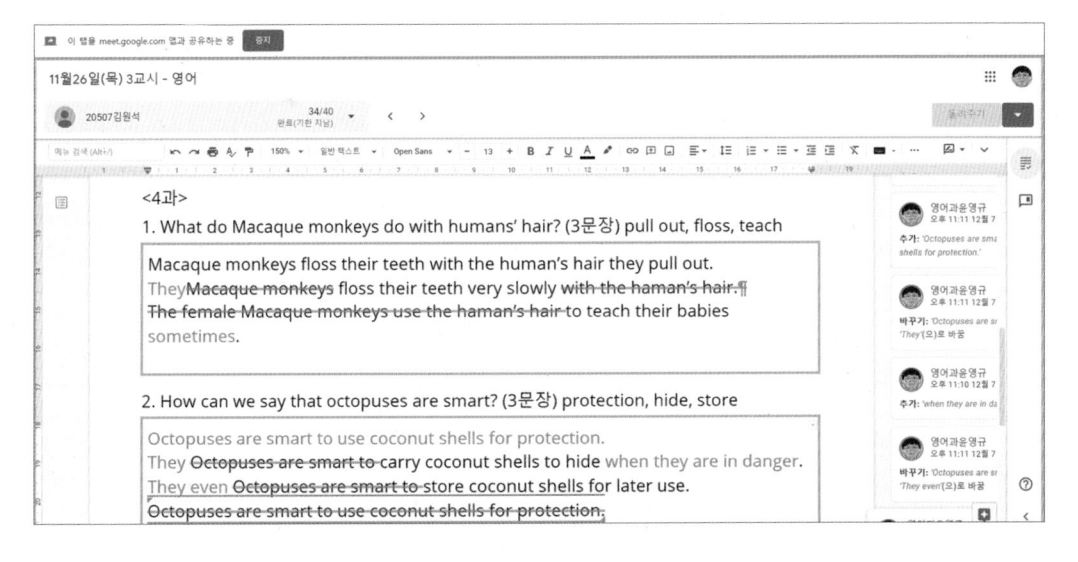

학생들이 클래스룸으로 제출한 과제에 대한 교사의 피드백을 Meet 화면 발표를 통해 실시간으로 학생들과 공유합니다. 교사의 피드백 과정을 통해 학생들은 자신들의 과제 수행을 어떻게 개선할 수 있는지를 효과적으로 학습할 수 있습니다. Meet 회의실 화면에서 **[발표 시작]**을 클릭한 후 '탭'을 선택합니다. Chrome 탭 공유 창에서 학생 중 한 명의 과제를 채점도구로 열어놓고, Chrome 탭을 선택한 후 **[공유]**를 클릭합니다. 채점도구에 파란색 테두리가 생기면서 학생들에게 실시간으로 공유됩니다.

실시간 온라인 판서 : Jamboard

실시간 수업 중 판서가 필요할 때 Jamboard를 사용할 수 있습니다. Meet 회의실 화면에서 **[옵션 더보기(⋮)]** 아이콘을 클릭한 후 **[화이트보드 Jam열기]**를 선택합니다. '새 화이트보드 시작'을 클릭하면 새로운 빈 온라인 칠판이 Chrome 새 창으로 열립니다. 학생들과 온라인 칠판을 공유하기 위해 Meet 회의실 화면에서 **[발표 시작]**을 클릭한 후 '탭'을 선택합니다. Chrome 탭 공유 창에서 Jamboard를 열어놓은 Chrome 탭을 선택하고, **[공유]**를 클릭합니다. 파란색 테두리의 탭이 나타나면서 교사의 판서를 학생들이 실시간으로 Meet 화면에서 확인할 수 있습니다.

학생들도 화이트보드 작업에 참여시킬 수 있습니다. Jamboard 편집 화면 오른쪽 위에서 **[공유]**를 클릭한 후 링크 복사 창에서 권한을 '편집자'로 선택한 후 **[링크 복사]**를 클릭합니다. Meet 회의실 채팅 창에 해당 링크를 붙여넣기하여 학생들에게 안내합니다. 학생들이 Jamboard에 들어오면 공동 작업이 시작됩니다.

실시간 생각 공유 : Padlet

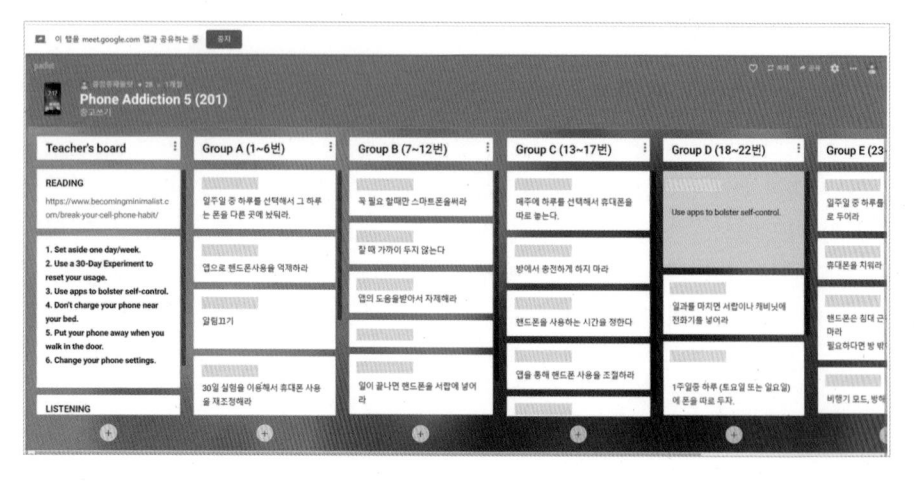

실시간 수업 중 학생들의 다양한 생각을 전체적으로 공유해야 할 때는 Padlet을 추천합니다. Padlet은 여러 사용자가 생각을 적은 메모지를 모두에게 공유할 수 있는 일종의 온라인 게시판입니다. 교사가 Padlet 홈페이지(padlet.com)에서 학생들이 사용할 Padlet을 미리 제작합니다. 제작한 Padlet에서 **[공유]-[클립보드로 링크 복사]**를 선택한 후 Meet 채팅 창에 해당 링크를 붙여넣기하여 학생들에게 안내합니다. Meet 회의실의 '화면 공유' 기능을 통해 학생들이 실시간으로 채워가는 생각 공유 게시판을 보여주면서 수업을 진행합니다.

실시간 퀴즈 게임 : Kahoot

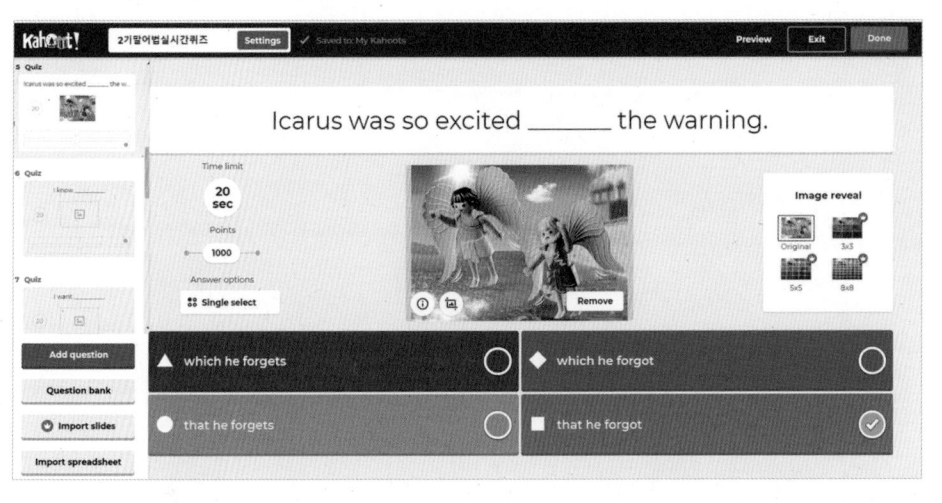

실시간 수업 중 학생들의 이해 수준을 흥미로운 퀴즈 게임을 통해 확인하고자 할 때는 Kahoot을 추천합니다. Kahoot은 여러 사용자가 같은 퀴즈를 실시간으로 풀면서 누가 더 빠르게 많이 맞히는지 경쟁하는 퀴즈 게임입니다. 교사가 Kahoot 홈페이지(create.kahoot.it)에서 학생들이 풀 퀴즈 게임을 미리 제작합니다. 학생들이 Chrome 브라우저로 'www.kahoot.it'에 접속한 후 PIN 번호를 입력하여 퀴즈 게임에 참여할 수 있도록 Meet 채팅 창에 안내합니다. 게임 진행 중 퀴즈 문제를 Meet 회의실의 '화면 공유' 기능으로 학생들에게 보여줍니다. 학생들은 Meet 화면에서 퀴즈 문제를 확인하고, 자신의 Chrome 브라우저나 모바일 기기에서 정답을 선택합니다.

문제해결

이번 Chapter에서는 클래스룸을 사용하면서 학교 현장에서 자주 맞닥뜨리는 문제들을 손쉽게 해결할 수 있는 방법을 소개합니다. 계정 권한 문제부터 수업 게시물 오류 문제까지 하나씩 짚어보도록 하겠습니다.

01 모바일 기기 권한 문제 해결하기

모바일 기기를 사용할 때 권한이 없다는 경고 문구가 종종 나타나는데 이러한 권한 문제를 사전에 예방하기 위한 4가지 점검 사항에 대해 알아보겠습니다.

모바일 기기를 사용하기 전에

❶ 잠금 설정하기

패턴, 지문 인식, PIN 번호 등 모바일 기기의 잠금 화면을 설정합니다. 잠금 화면이 설정되지 않은 모바일 기기는 학교 구글 계정으로 로그인할 수 없습니다. 모바일 기기의 설정에서 화면 잠금 방식을 패턴, 지문 인식, PIN 번호 등으로 설정해야 합니다.

❷ 기기 동기화하기

모바일 기기의 동기화 계정 목록에 학교 구글 계정을 추가해야 Google 클래스룸을 비롯한 학교 Google Workspace 앱에 로그인할 수 있습니다. 클래스룸 앱을 설치한 후 처음으로 학교 구글 계정으로 로그인할 때 동기화 절차가 진행됩니다. 그 전에 학교 구글 계정으로 기기를 동기화하려면 모바일 기기의 **[설정] – [계정 및 백업] – [계정] – [+ 계정 추가] – [Google]**을 선택한 후 패턴, 지문 인식, PIN 번호 등 본인 인증 절차를 거쳐 학교 구글 계정으로 로그인합니다.

❸ 앱 로그인 상태 확인하기

모바일 기기에 여러 구글 계정이 추가되어 있을 경우 지금 사용하고 있는 앱이 학교 구글 계정으로 로그인되어 있는지 확인합니다. 개인 구글 계정 등 다른 계정으로 로그인되어 있으면 클래스룸에 원격교실이 불러와지지 않는 등 여러 권한 문제가 발생합니다.

❹ Chrome을 기본 브라우저 앱으로 설정하기

퀴즈 설문지나 링크를 열었을 때 권한이 없다는 경고 문구가 나타날 때가 있습니다. 네이버 등 다른 앱이 아닌 Chrome이 모바일 기기의 기본 브라우저 앱으로 설정되어 있는지 확인합니다. 모바일 기기의 **[설정] – [애플리케이션] – [더보기] – [기본 앱] – [브라우저 앱]**에서 'Chrome'을 선택합니다.

권한 요청 메일

클래스룸의 첨부 파일이나 설문지, 드라이브 링크를 학교 계정으로만 열 수 있도록 설정해 놓았을 경우 학생들이 개인 계정으로 접근을 시도하거나 드라이브의 공유 설정을 '제한됨'으로 지정하면 학생들이 드라이브 링크를 클릭했을 때 액세스 권한 필요 창이 나타납니다. 이때, 학생들이 [액세스 요청]을 클릭하면 자료를 소유하고 있는 교사는 권한 요청 메일을 받게 됩니다.

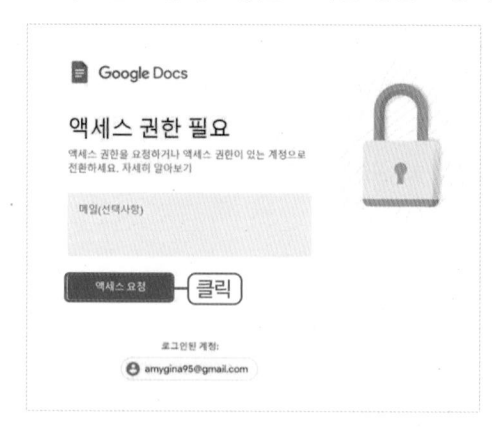

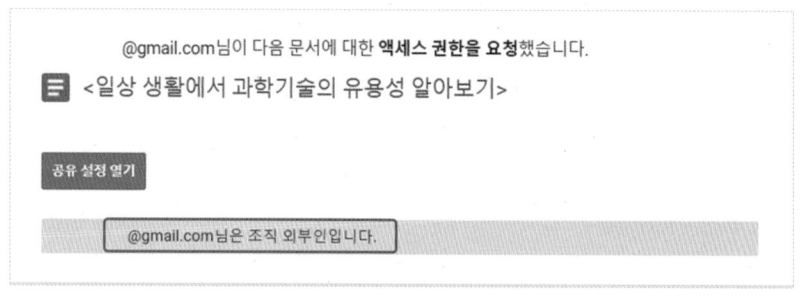

교사는 메일 주소를 확인하되 조직 외부인의 권한 요청일 경우는 특별한 상황을 제외하고 권한을 승인해서는 안 됩니다. 학생들이 개인 계정이 아닌 학교 계정으로 로그인하도록 지도합니다. 만약, 드라이브 링크 공유 권한이 '제한됨'으로 설정되어 있을 경우 드라이브에서 해당 파일의 공유 권한을 변경합니다. 드라이브 파일의 공유 권한 변경은 124쪽, 131쪽을 참고하세요.

02 게시물 설정 변경하기

과제 업로드 이후 과제 점수와 첨부 파일 권한을 변경할 수 있습니다. 이러한 방법에 대해 알아보도록 하겠습니다.

점수 설정 변경

수업 과제의 점수를 변경하는 첫 번째 방법은 게시물 편집 화면에서 게시물 설정을 수정하는 것입니다. 과제 카드에 마우스 포인터를 올려놓고 **[더보기(⋮)] – [수정]**을 선택하면 게시물 편집 화면이 나타납니다. 우측의 게시물 설정 중 점수를 원하는 대로 변경하고 **[저장]**을 클릭합니다.

두 번째 방법은 **[학생 과제]** 또는 **[학생의 답변]** 탭에서 변경하는 것입니다. 각 탭의 상단에서 '미채점'을 클릭하여 지우고 점수를 직접 입력합니다. 반대로 점수를 부여했는데 이를 미채점으로 변경하려면 점수의 **[목록(▼)]** 단추를 클릭하고, **[미채점]**을 선택합니다.

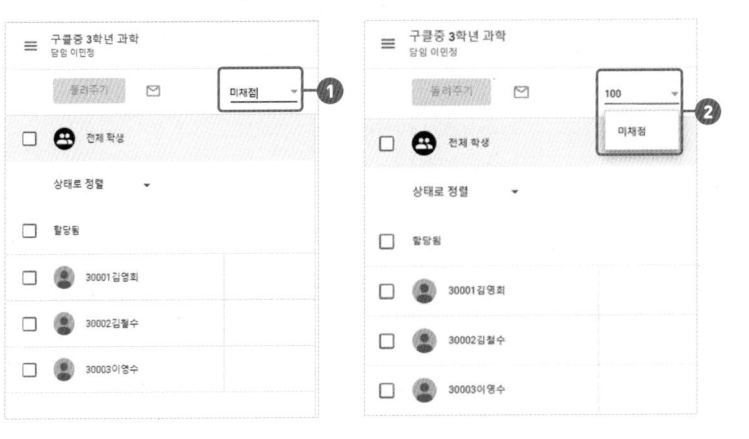

점수 업데이트 창이 나타나면 **[업데이트]**를 클릭합니다. 자동으로 게시물의 점수가 변경됩니다.

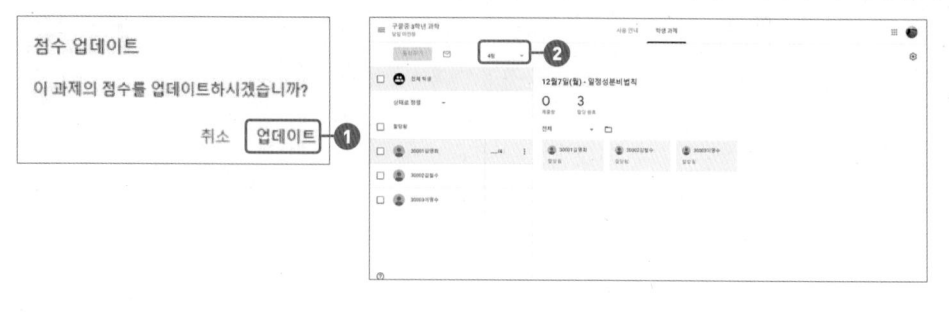

첨부 파일 권한 변경

과제에 첨부된 수업 자료의 권한을 변경하려면 과제 카드에서
[더보기(:)]-**[수정]**을 선택하여 과제 편집 화면에서 변경할 수
있습니다.

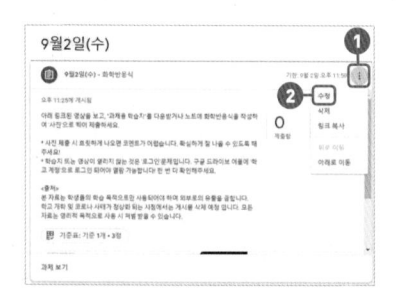

첨부 파일의 권한을 **[학생에게 파일 보기 권한 제공]**, **[학생에게 파일 수정 권한 제공]**으로 선택하고, 과제를 게시
했을 경우 과제 편집 화면에서 권한을 변경할 수 있습니다. 단, **[학생에게 파일 보기 권한 제공]**, **[학생에게 파
일 수정 권한 제공]**에서 **[학생별로 사본 제공]**으로 변경할 수는 없습니다.

반대로 첨부 파일의 권한을 **[학생별로 사본 제공]**으로 선택하여 과제를 게시했을 경우 과제 편집 화면에서
권한을 변경할 수 없습니다. **[학생에게 파일 보기 권한 제공]**에서 **[학생별로 사본 제공]**으로, **[학생별로 사본 제공]**
에서 **[학생에게 파일 보기 권한 제공]** 등으로 권한을 변경해야 한다면 해당 과제를 삭제하고 새롭게 다시 작
성하여야 합니다.

> **TIP** 게시물 재사용을 통해 권한을 수정한 과제를 생성하고, 기존의 게시물을 삭제하면 편리합니다.

03 링크로 성적 가져오기 비활성화 해결하기

퀴즈 과제 게시물에 퀴즈 설문지 파일 하나만 첨부되어야 성적 가져오기 기능을 사용할 수 있습니다. 퀴즈 설문지 이외의 다른 수업 자료는 드라이브에 업로드하고, 업로드한 파일의 링크를 안내에 붙여 넣으면 됩니다.

안내에 링크 첨부하기

1 드라이브 내에 첨부할 학습 자료를 업로드합니다.

2 업로드 된 학습 자료 파일에서 마우스 오른쪽 버튼을 클릭하고, 바로 가기 메뉴에서 **[링크 생성]**을 선택합니다. 링크 보기 창이 나타나면 제한됨의 **[목록(▼)]** 단추를 클릭하여 '제한됨'에서 'OO중학교'로 변경합니다.

3 **[링크 복사]**를 클릭하고, **[완료]**를 클릭합니다.

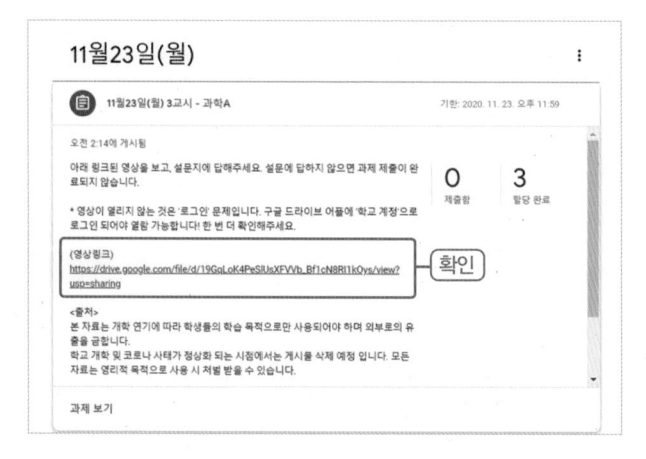

4 퀴즈 과제 편집 화면에서 '안내(선택사항)'에 링크를 붙여넣기 하고, '성적 가져오기'가 활성화되어 있는지 확인합니다.

5 학생들은 해당 과제의 안내에 입력된 링크를 클릭하여 수업 자료를 확인할 수 있습니다.

04 파일 업로드 문항 설문지 재사용하기

파일 업로드 문항이 있는 퀴즈 설문지를 재사용할 경우 퀴즈 설문지에서 응답할 때는 '### 양식에서 더 이상 응답을 받지 않습니다. 오류라고 판단되면 양식 소유자에게 문의하세요.'라는 문구가 나타나면서 퀴즈 설문지에 응답을 할 수 없습니다. 이를 해결하기 위한 방법에 대해 알아보겠습니다.

파일 업로드 폴더 복원

파일 업로드 문항이 있는 설문지를 재사용할 경우 재사용된 퀴즈 설문지를 열어 드라이브 폴더를 복원해야 합니다. 설문지를 재사용하면 설문지 파일은 새롭게 생기지만 'File responses' 폴더는 생성되지 않아 교사가 [복원]을 클릭하기 전까지 학생들은 응답할 수 없습니다.

게시물에 첨부된 퀴즈 파일을 클릭하면 '### 양식에서 더 이상 응답을 받지 않습니다. 오류라고 판단되면 양식 소유자에게 문의하세요.'라는 문구가 나타납니다. '파일 업로드 설정을 수정합니다(설문지 소유자만 이 링크를 볼 수 있음).'를 클릭하고, 이후 파일 업로드 폴더 누락 창에서 [복원]을 클릭합니다.

드라이브 내에 '1단원 – 일정성분비 법칙 (File responses)' 폴더가 새롭게 생성됩니다. 기존 '1단원 – 일정성분비 법칙 (File responses)' 폴더에 접근 권한이 없어 파일을 저장할 수 없었던 학생들도 설문지에 응답할 수 있습니다.

SECTION 05 잘못된 반환 복구하기

과제 또는 질문 게시물에 점수가 설정되어 있고, 학생들이 과제와 답변을 제출했을 때 점수를 부여하지 않고 돌려주기를 하는 경우 '할당됨' 상태로 변경됩니다. 이를 해결하기 위해서는 학생들에게 다시 제출을 요구하거나 점수를 입력한 후 돌려주어 '채점 완료' 상태로 변경해야 합니다.

할당됨 상태의 학생 채점 완료로 변경하기

1 학생 목록의 '할당됨' 상태에서 채점 완료로 변경할 학생을 찾아 점수를 입력(점수가 변경된 학생은 자동 선택)하고, [돌려주기]를 클릭하여 반환합니다.

2 미제출 과제를 반환하시겠습니까? 라는 창이 나타나면 [돌려주기]를 클릭한 후 1학생에게 과제를 반환하시겠습니까? 라는 창이 나타나면 한 번 더 [돌려주기]를 클릭합니다.

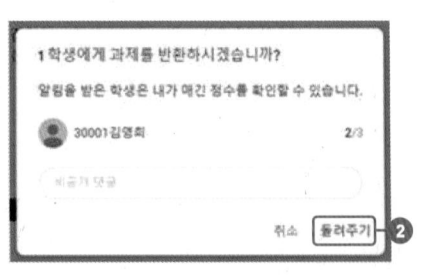

3 해당 학생에게는 점수가 부여되고, '채점 완료'로 분류되어 '제출 안함'이 함께 나타납니다.

TIP 반대로 '채점 완료' 상태 학생의 점수를 지우고, 점수 없음 상태로 반환하면 다시 '할당됨'으로 변경됩니다.

전문가의 조언 **제출함 상태의 학생을 할당됨 상태로 변경하기**

점수가 있는 과제에 대해 학생이 첨부파일 없이 과제를 제출했거나 과제 수행을 제대로 하지 않고 제출했을 경우 점수를 부여하지 않고 돌려주면 '할당됨' 상태로 변경할 수 있습니다. 할당됨 상태로 변경된 학생은 과제 미제출 상태이므로 다시 과제를 수행하여 제출해야 합니다.

Chapter 03

실전꿀팁

이번 Chapter에서는 교육용 Google 앱에서 활용할 수 있는 꿀팁을 정리하였습니다. Google 드라이브, YouTube, Google 설문지, Meet 자동 출석부, 데이터 이전까지 소중한 나의 1분 1초를 아껴주는 꿀팁들을 소개합니다.

01 데스크톱용 드라이브 활용하기

데스크톱용 Google 드라이브 프로그램을 설치하여 Google 드라이브를 내 컴퓨터의 하드 디스크 저장 공간처럼 사용하는 방법을 소개합니다.

프로그램 설치하기

1 드라이브 홈페이지(drive.google.com)에서 **[설정(⚙)]** 아이콘을 클릭하고, **[데스크톱용 드라이브 다운로드]**를 선택합니다.

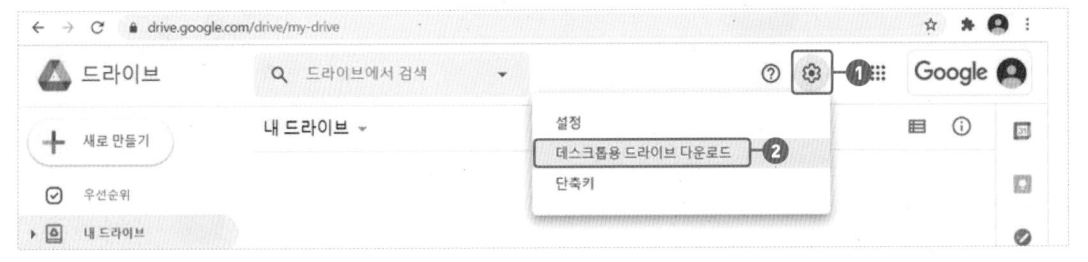

2 Google 드라이브 고객센터 페이지의 '데스크톱용 Google 드라이브 다운로드 및 설치하기'를 선택한 후 아래 펼쳐지는 내용에서 **[Windows용 다운로드]** 또는 **[Mac용 다운로드]**를 클릭하여 설치 프로그램을 다운로드합니다.

3 다운로드한 설치 파일(GoogleDrive.exe)을 실행합니다.

4 설치 화면이 나타나면 **[설치]**를 클릭합니다.

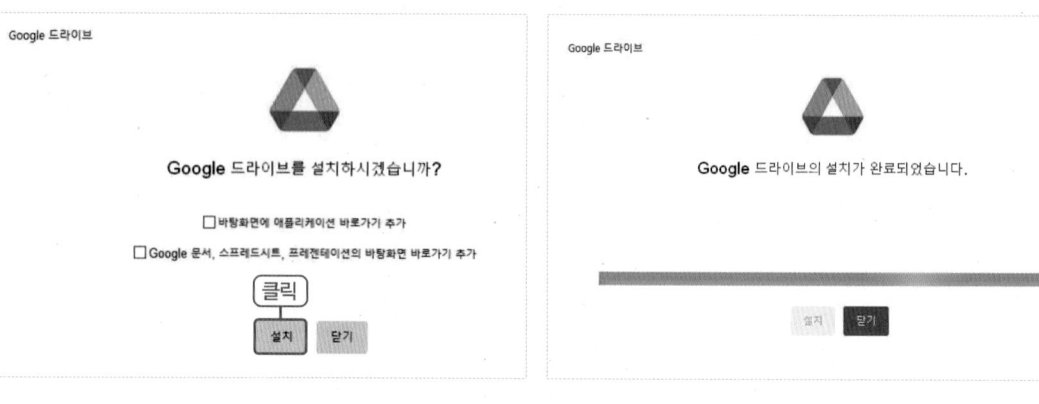

5 데스크톱용 Google 드라이브 프로그램에 학교 구글 계정으로 로그인합니다.

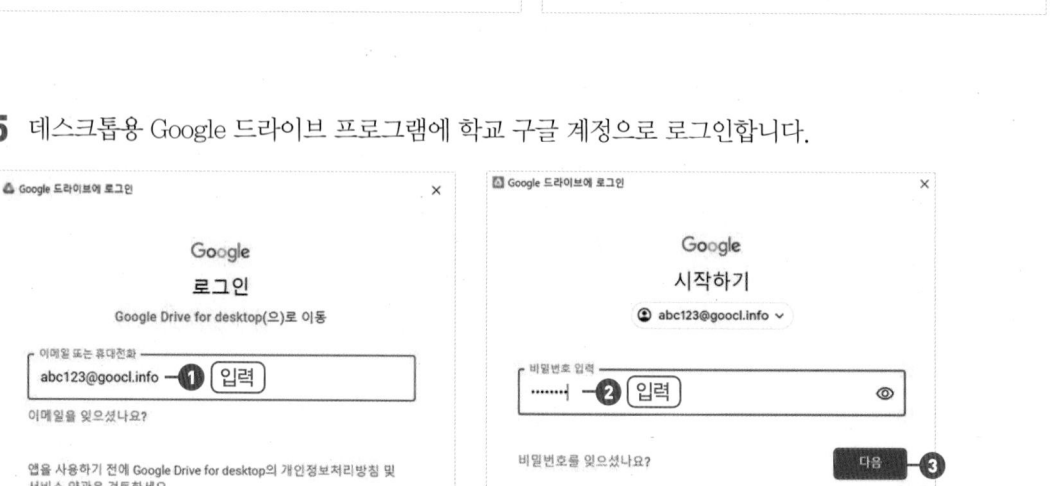

6 데스크톱용 Google 드라이브의 시작 화면에서 **[Google 드라이브 폴더 열기]**를 클릭합니다.

 **파일 탐색기에서 Google 드라이브 사용하기**

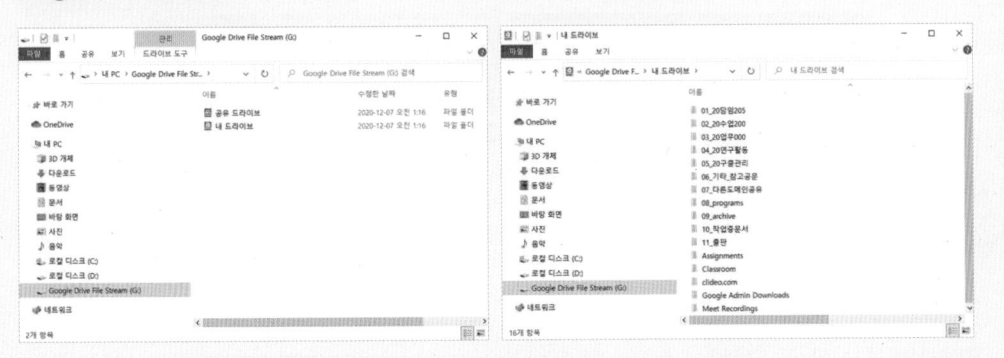

드라이브 파일 스트림을 설치하고 학교 구글 계정으로 동기화하면 내 컴퓨터의 하드 디스크처럼 Google 드라이브를 사용할 수 있습니다. Windows의 파일 탐색기에서 Google 문서 파일을 열면 Chrome 브라우저로 작업을 이어갈 수 있습니다. 특히, Chrome에서 작동하지 않는 한글 파일도 파일 탐색기에서 열어 작업할 수 있으며, 작업 내용을 저장하면 드라이브에 곧바로 반영됩니다. 내 컴퓨터에 저장된 파일이나 폴더도 Google 드라이브에 자유롭게 옮길 수 있으며, 내 드라이브와 공유 드라이브 모두 접근이 가능합니다.

 실전꿀팁

02 YouTube 강의 영상 업로드하기

퀴즈 설문지에 영상을 삽입하기 위해서는 먼저 YouTube에 영상을 업로드 해야 합니다. 수업 영상을 모두 YouTube에 업로드 한 후 게시물에 첨부 파일을 추가할 때는 [추가]–[YouTube]를 선택하여 간편하게 첨부할 수도 있습니다. 이를 위해 강의 영상을 업로드 하는 방법에 대해 알아보도록 하겠습니다.

YouTube에 영상 업로드하기

1 YouTube 홈페이지(YouTube.com)에서 **[만들기( )]** 아이콘을 클릭하고, **[동영상 업로드]**를 선택합니다.

> **TIP** 학교 구글 계정으로 YouTube에 로그인하기 위해서는 관리자의 앱 설정이 필요합니다. 자세한 내용은 84쪽을 참고하세요.

2 동영상 업로드 창이 나타나면 업로드할 동영상을 드래그하거나 **[파일 선택]**을 클릭하여 컴퓨터에 저장된 영상을 업로드합니다.

3· 세부정보에서 '제목(필수 항목)'과 '설명'에 원하는 내용을 각각 입력합니다.

4 동영상 처리가 완료되면 미리보기 이미지를 선택합니다.

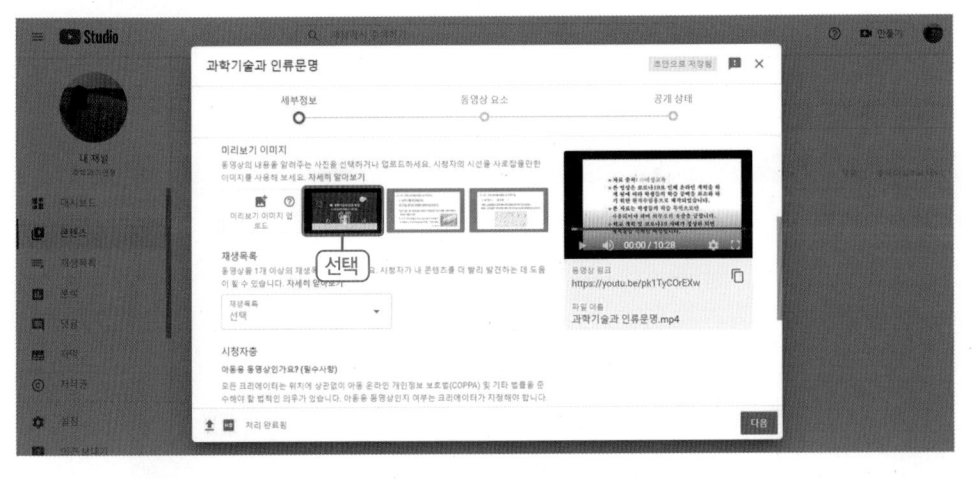

T I P 미리보기 이미지는 '미리보기 이미지 업로드'를 클릭하여 직접 업로드할 수 있지만 동영상의 특정 부분을 미리보기 이미지로 사용할 수도 있습니다. 영상 업로드 처리가 완료되면 영상의 세 부분이 자동으로 선택되어 나타나는데 이 중 하나를 선택하면 됩니다.

5 필요에 따라 재생 목록 선택의 **[목록(▼)]** 단추를 클릭한 후 영상을 넣을 재생 목록을 선택하고, **[완료]**
를 클릭합니다.

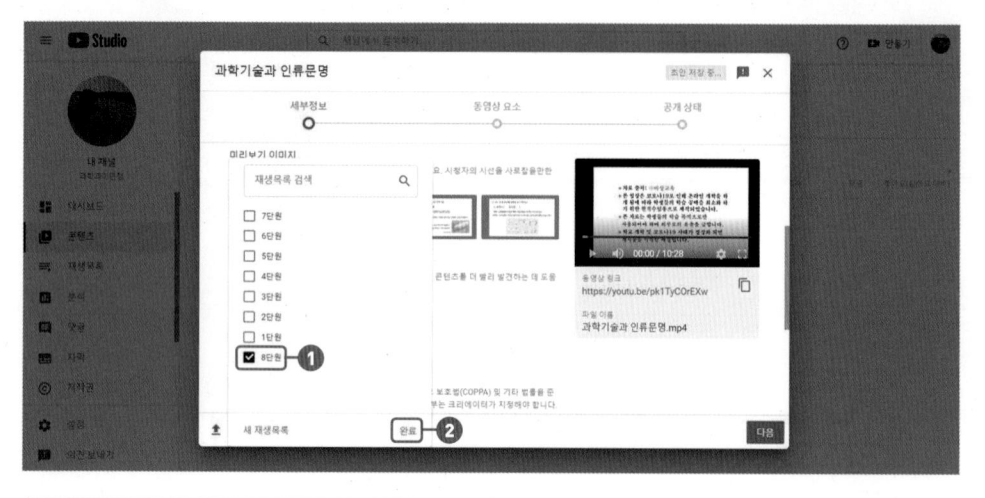

TIP '새 재생목록'을 클릭하여 제목에 재생 목록의 제목을 입력하고, 공개 상태를 선택하여 재생 목록을 만들 수 있습니다.

6 시청자층에서 아동용 동영상 여부를 '아니요, 아동용이 아닙니다'로 선택하고, **[다음]**을 클릭합니다.

TIP '옵션 더보기'를 클릭하여 최하단에서 댓글 공개 여부와 동영상에 '좋아요' 및 '싫어요'를 표시하는 시청자 수 표시를 선택할
수 있습니다.

7 동영상 요소에서 '최종 화면 추가' 또는 '카드 추가'를 통해 연계 동영상을 표시할 수 있습니다. 동영상 요소 추가가 끝났다면 **[다음]**을 클릭합니다.

> **TIP** 동영상 요소를 적당히 활용하면 영상간 연계성을 높일 수 있습니다. 동영상 내용과 관련된 다른 동영상 링크를 추가하거나 최종 화면에서 다음 동영상을 표시할 수 있습니다.

8 공개 상태에서 '일부 공개'를 선택하여 링크를 가진 제한된 사용자만 영상을 시청할 수 있도록 하고, **[저장]**을 클릭합니다.

> **TIP** '예약'을 선택하면 동영상을 비공개에서 공개로 변경할 날짜를 선택할 수 있습니다.

9 동영상 업로드가 종료되면 클래스룸에서 해당 영상을 활용할 수 있습니다.

TIP 동영상 업로드가 중단되면 '초안'으로 저장됩니다. 이때, '초안 수정'을 클릭하여 언제든지 다시 작업을 재개할 수 있습니다.

 **전문가의 조언** **15분이 넘는 동영상 YouTube에 업로드하기**

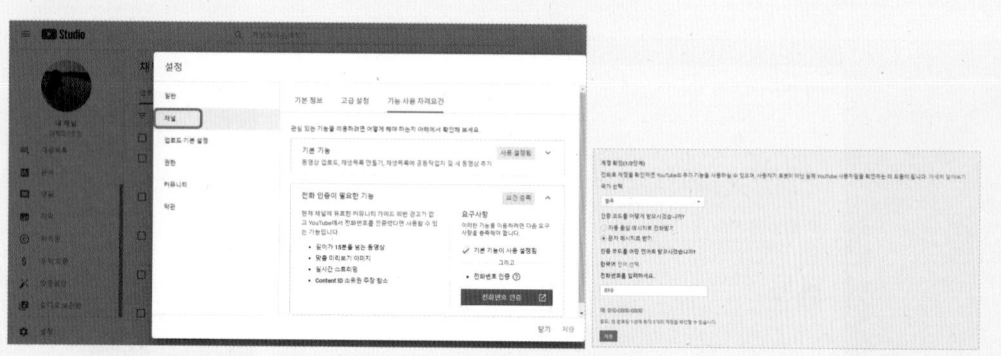

15분이 넘는 길이가 긴 동영상을 YouTube에 업로드하기 위해서는 전화번호를 이용하여 별도의 계정 인증 과정을 거쳐 야 합니다. YouTube 홈페이지에서 [만들기]를 클릭하고, Studio에서 '설정'을 클릭합니다. 설정 창의 [채널]–[기능 사용 자격요건] 탭을 클릭합니다. 전화 인증이 필요한 기능에서 [더보기(∨)] 아이콘을 클릭하고, [전화번호 인증]을 선택합니 다. 계정 확인에서 본인 소유의 전화번호를 이용하여 인증을 마치면 15분이 넘는 동영상을 YouTube에 업로드할 수 있습 니다.

03 이모지, 기호, 첨자 입력하기

MS 이모지를 활용하여 이모지, 기호, 첨자를 입력하는 방법과 링고잼 웹사이트를 이용하여 위첨자, 아래첨자를 입력하는 방법에 대해 알아보도록 하겠습니다.

MS 이모지 활용하기

키보드의 ⊞와 ⦁키를 함께 누르면 MS에서 제공하는 이모지 창이 나타납니다. 이모지 창에서 [기호(Ω)] 탭을 클릭하면 [일반 문장 기호(<)], [통화 기호($)], [라틴 기호(Ç)], [기하학적 기호(⊑)], [수학 기호(∞)], [추가 기호(⊙)], [언어 기호(Ω)] 탭을 볼 수 있습니다. 각 탭에서 원하는 기호를 찾아 선택하면 됩니다.

TIP 위첨자, 아래첨자, 분수, 로마숫자는 [수학 기호(∞)] 탭에 있습니다. [기호(Ω)] 탭 이외에도 [이모지(☺)] 탭과 [Kaomoji(;-))] 탭을 이용하여 학생들과의 즐거운 소통이 가능합니다.

링고잼 – 위첨자 사이트 활용하기

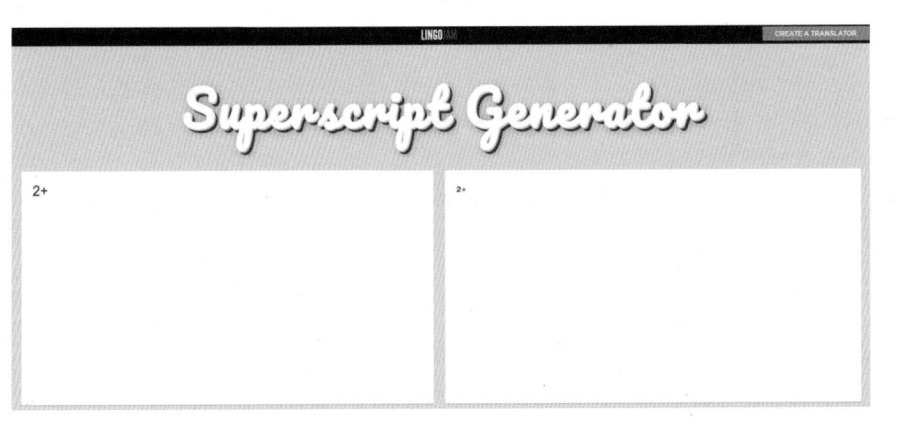

링고잼–위첨자의 웹사이트(https://lingojam.com/SuperscriptGenerator) 또는 링고잼–아래첨자의 웹사이트(https://lingojam.com/SubscriptGenerator)에서 원하는 첨자를 입력하고, 복사해 삽입할 수 있습니다. 특히, 위첨자 중 +는 이모지 창에 존재하지 않기 때문에 링고잼–위첨자의 웹사이트를 활용해야 합니다.

TIP 한글(HWP) 파일에서 문자표를 이용하여 위첨자를 입력하고, 복사하여 필요한 곳에 붙여넣을 수도 있습니다.

04 나만의 퀴즈 양식 만들기

퀴즈 과제 게시물에 자동으로 첨부되는 빈 Blank Quiz를 편집하여 퀴즈 설문지를 제작할 때 반복적으로 수행하는 편집 작업이 있습니다. 이런 작업 소요를 줄이고자 나만의 퀴즈 양식을 만들어 활용할 수 있습니다.

퀴즈 양식 만들기

1 '제목 없는 설문지' 파일 이름을 '퀴즈 양식'으로 변경하고, **[별표(☆)]** 아이콘을 클릭하여 **[중요 문서함]**에 파일을 추가합니다. Google 드라이브의 중요 문서함에서 '퀴즈 양식' 파일을 확인합니다.

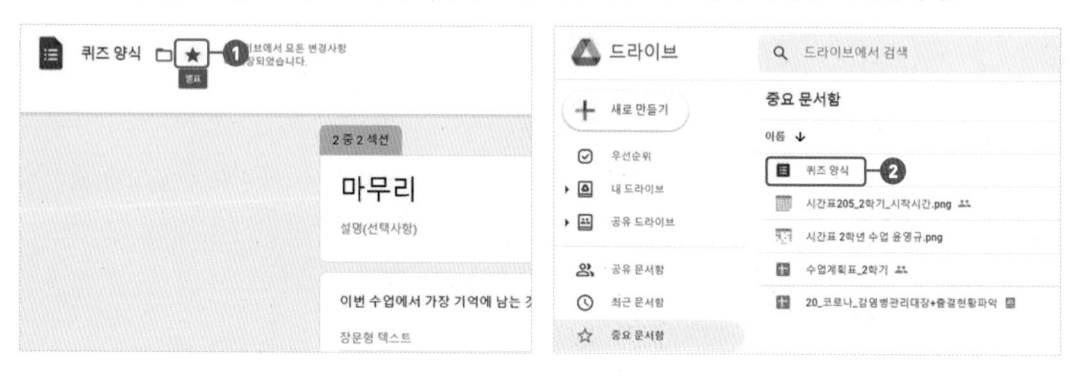

2 설문지 설정은 **[퀴즈]** 탭의 '퀴즈로 만들기'를 가장 먼저 활성화합니다. 학생들에게 즉각적인 피드백을 제공할 수 있는 퀴즈 설문지의 장점을 살리기 위해 성적 공개 방식을 '제출 후 바로 공개'로 선택하고, 자동 채점이 가능한 객관식 질문이나 단답형 문항을 위주로 퀴즈를 제작합니다.

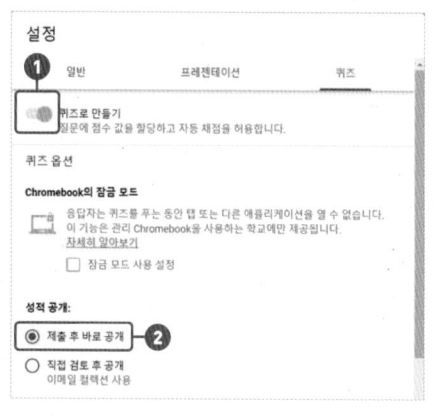

3 **[일반]** 탭에서 '응답 수신'을 '항상'으로 설정하여 학생들이 자신의 퀴즈 결과를 자동 이메일로 받아볼 수 있도록 합니다. '제출 후 수정'을 활성화하여 학생들이 제출 이후에도 자동 피드백을 참고하여 자신의 답을 고칠 수 있도록 설정합니다.

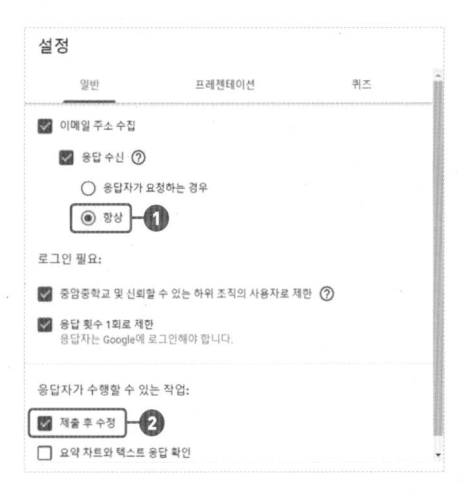

4 설문지 편집 화면의 **[테마 맞춤설정(◉)]** 아이콘을 클릭합니다. 별도로 제작한 원격교실 헤더 이미지를 '테마 옵션'의 머리글에 삽입합니다.

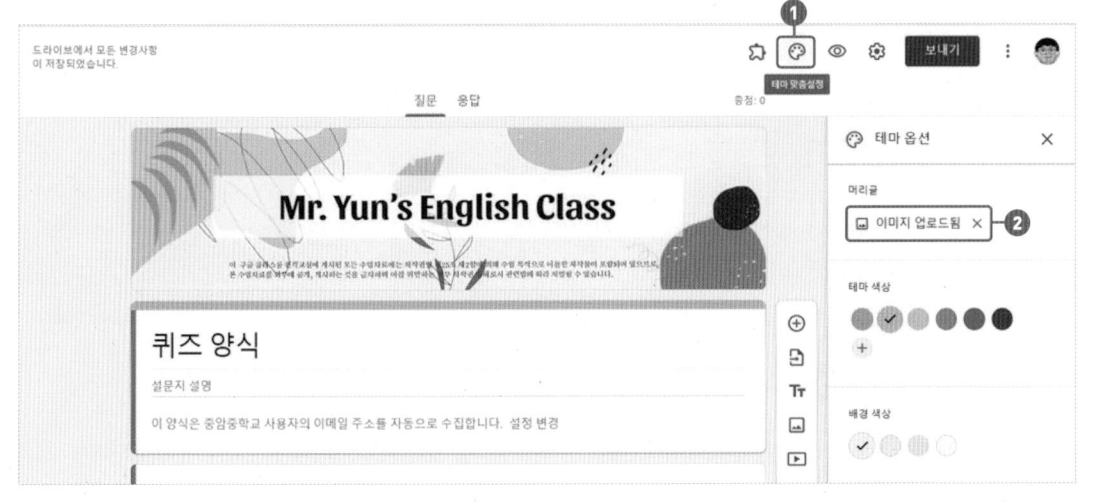

5 첫 질문은 응답자의 '학번 5자리 숫자'와 '이름'을 묻는 단답형 필수 문항을 추가합니다. 학번 입력의 정확성을 높이기 위해 **[게재(⋮)]─[응답 확인]**을 선택하여 숫자의 사이값으로 응답 조건을 설정합니다.

6 끝에는 **[섹션 추가(吕)]** 아이콘을 클릭하여 마무리 섹션을 추가합니다. 이번 수업에서 가장 기억에 남는 것 등 간단한 자기 평가를 위한 장문형 문항도 추가합니다.

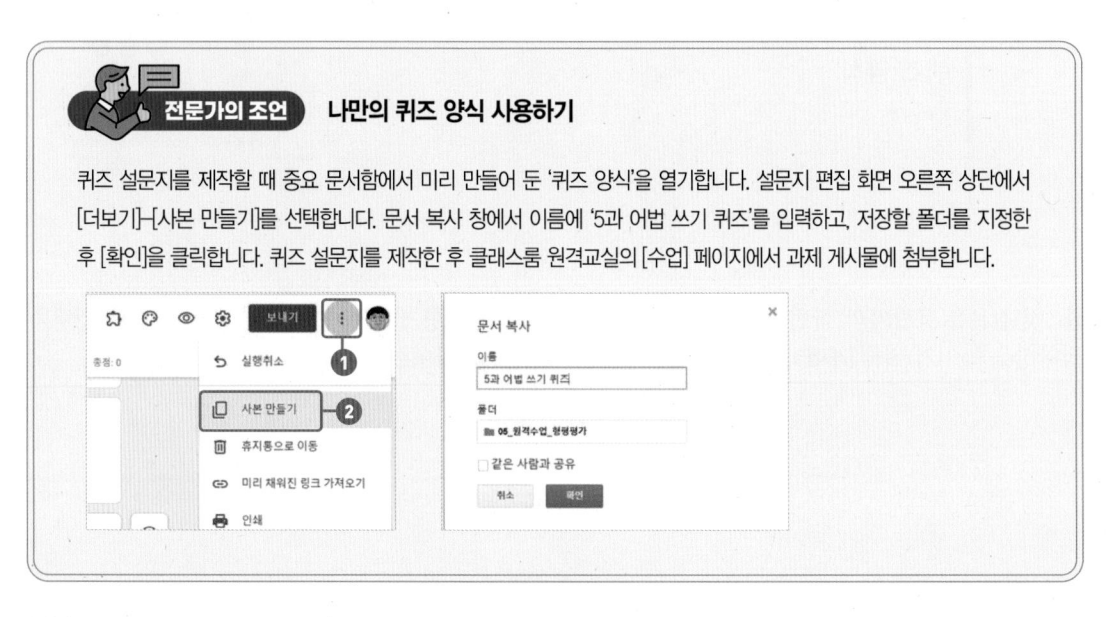

전문가의 조언　**나만의 퀴즈 양식 사용하기**

퀴즈 설문지를 제작할 때 중요 문서함에서 미리 만들어 둔 '퀴즈 양식'을 열기합니다. 설문지 편집 화면 오른쪽 상단에서 [더보기]-[사본 만들기]를 선택합니다. 문서 복사 창에서 이름에 '5과 어법 쓰기 퀴즈'를 입력하고, 저장할 폴더를 지정한 후 [확인]을 클릭합니다. 퀴즈 설문지를 제작한 후 클래스룸 원격교실의 [수업] 페이지에서 과제 게시물에 첨부합니다.

05 퀴즈 [질문] 탭에서 채점하기

퀴즈 설문지에서 [응답] 탭에 있는 [질문] 탭의 활용 방법을 소개합니다. 단답형 문항에 교사가 입력한 정답과 다른 여러 답안을 간편하게 채점합니다. 자동 채점할 수 없는 장문형 문항의 답안도 [질문] 탭에서 채점할 수 있습니다.

[질문] 탭에서 채점하기

1 퀴즈 설문지의 [응답] 탭에서 [질문] 탭을 클릭합니다.

응답 160개

응답받기

요약   질문 — 클릭   개별 보기

수소에너지의 활용 분야는?

<   5 / 12   >

T I P [질문] 탭에서는 각 문항별 학생들의 응답을 볼 수 있습니다. 여러 학생들의 동일한 답안을 '채점되지 않은 응답 ##개'로 모아서 보여줍니다. 직접 채점한 이후 동일한 응답을 제출한 학생들이 있다면 이미 채점한 응답과 채점되지 않은 응답은 구분되어 나타납니다. 객관식 질문 문항도 답안을 입력하지 않았거나 선택지에서 '기타'를 추가했다면 [질문] 탭에서 채점할 수 있으며, 정답과 오답을 변경할 수 있습니다.

2 답안을 보고 [정답(✓)] 아이콘 또는 [오답(×)] 아이콘을 클릭합니다. '수정 대기 중'의 문구가 나타나면 [저장]을 클릭합니다.

자동차, 발전소, 휴대용 연료전지, 보일러

응답 1개

자동차, 발전소, 연료전지, 보일러, 우주선의 연료 등.... ✏   ①   × ✓   5 / 5

채점되지 않은 응답 1개

자동차, 발전소, 연료전지, 보일러, 우주선의 연료 등.... ✏   × ✓   5 / 5

수정 대기 중   취소   저장 ②

T I P [의견 수정(✏)] 아이콘을 클릭하여 해당 답안에 대한 개별 의견을 추가할 수 있습니다.

3 단답형 문항에서 이미 입력했던 정답을 벗어나는 응답에 대해 부분 점수를 추가하고 싶다면 점수를 직접 입력하고, **[저장]**을 클릭합니다.

4 채점 이후 **[개별 보기]** 탭에서 **[점수 공개]**를 클릭하여 학생들에게 설문지의 점수가 포함된 이메일을 보냅니다.

성적 가져오기를 하면 업데이트된 성적을 클래스룸으로 가져올 수 있습니다.

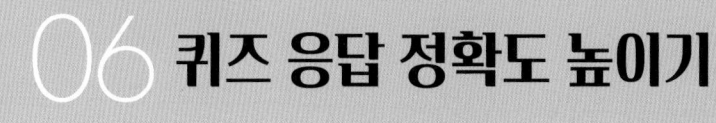

SECTION 06 퀴즈 응답 정확도 높이기

퀴즈 설문지에서 단답형 문항을 사용하는 경우 다양한 답변을 받을 수 있습니다. 학번, 이름, 숫자 등 응답의 형태를 일정하게 받고 싶다면 설명을 통해 해당 문항에 대한 부연 설명을 추가하고, 응답 확인을 통해 답변의 형식을 제한할 수 있습니다.

단답형 문항의 설명과 응답 확인 추가하기

문항에 설명을 추가하기 위해서는 각 문항 우측 하단에서 **[게재(⋮)]─[설명]**을 선택하고, 문항에 대한 설명을 직접 입력합니다. 만일, 설명을 삭제하려면 **[게재(⋮)]─[설명]**의 선택을 해제합니다.

[게재(⋮)]─[응답 확인]을 선택하면 답변의 형식을 제한할 수 있습니다. 답변의 형식은 숫자, 텍스트, 답변 길이, 정규 표현식 중 선택이 가능한데, 이때 답변의 형식은 답변이 갖추어야 할 조건을 나타냅니다.

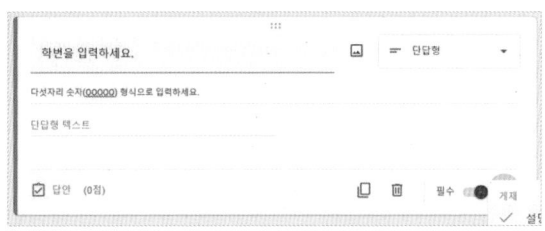

숫자로 답변의 내용을 제한할 경우 '사이값', '30000 및 39999'를 설정하고 맞춤 오류 텍스트에 '30000~39999 사이의 값을 입력하세요.'를 입력하면 해당 조건을 만족하지 못하는 응답에 대해 경고 문구가 나타납니다.

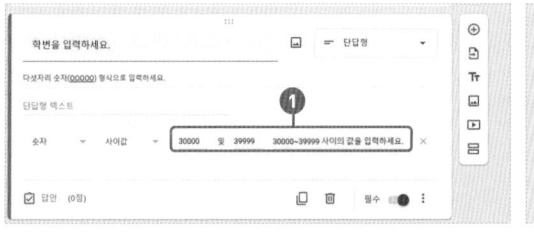
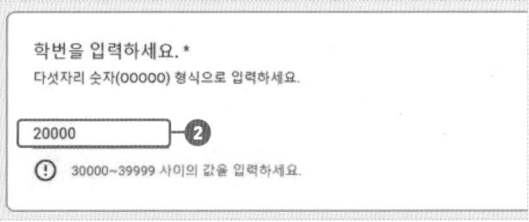

텍스트로 답변의 내용을 제한할 경우 '포함'을 설정하고 '반'을 입력한 후 맞춤 오류 텍스트에 '반'을 입력하세요.'를 입력합니다. 응답자가 '반'이라는 문자를 포함하지 않는 답변을 입력할 경우 '반'을 입력하세요.'라는 경고 문구가 나타납니다.

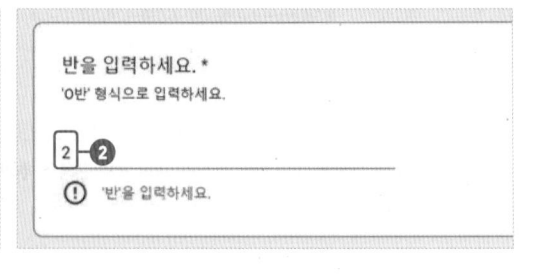

답변의 길이를 제한할 경우 '최소 문자 수'에 '2'를 입력한 후 맞춤 오류 텍스트에 '2글자 이상 입력하세요.'를 입력합니다. 응답자가 2글자 미만의 답변을 입력하는 경우 해당 경고 문구가 나타납니다.

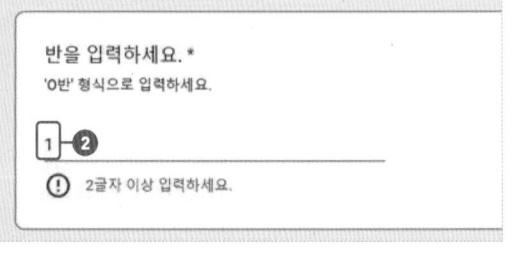

만약, 답변을 정규 표현식으로 제한한다면 Google에서 제공하는 정규 표현식을 이용하여 패턴에 특정 기준을 직접 입력해야 합니다. 이를 활용하면 답변의 유형을 핸드폰 번호, 이메일 주소 등의 형식으로 제한할 수 있습니다.

> **TIP** 패턴에 ₩d{3}-₩d{4}-₩d{4}를 입력하면 답변의 유형을 000-0000-0000의 10자리 핸드폰 번호로 제한할 수 있습니다.

07 퀴즈 다시 할당하기

클래스룸에서 퀴즈 과제를 통해 학생들의 학습을 점검하다보면 불성실한 응답을 받을 때가 있습니다. 객관식 문항의 답을 대충 하나로 찍거나 단답식 문항에 아무 말이나 써서 제출하는 경우입니다. 이런 상황에서는 불성실한 퀴즈 응답을 삭제한 후 '점수 없음' 상태로 학생에게 퀴즈 과제를 돌려줄 수 있습니다. 점수 없이 돌려받은 과제는 다시 '누락됨' 상태로 표시되며, 학생이 다시 퀴즈 응답을 제출해야 '제출 완료' 상태로 표시됩니다.

응답 삭제 후 점수 없음 상태로 퀴즈 과제 돌려주기

1 퀴즈 설문지 편집 화면에서 **[응답]** 탭으로 이동한 후 **[개별 보기]** 탭에서 해당 학생의 퀴즈 응답을 찾으면 **[응답 삭제(🗑)]** 아이콘을 클릭합니다.

질문 응답 **132**━❶   총점: 11

응답 132개   ⊞ ⋮

응답받기 ⬤

요약   질문   개별 보기 ━❷

19st123@joongam.sen.ms.kr ▾ ‹ 119 / 132 ›   🖨 🗑 ━❸
응답 삭제

> **TIP** 성적 가져오기 기능을 활성화하기 위해 퀴즈 설문지가 '응답 횟수 1회로 제한'으로 설정되었기 때문에 응답을 삭제해야 학생이 다시 응답을 제출할 수 있습니다.

2 퀴즈 과제 게시물을 열기한 후 **[학생 과제]** 탭에서 해당 학생의 자동 입력된 성적을 지운 후 '성적 없음' 상태에서 **[더보기(⋮)]-[돌려주기]**를 선택합니다.

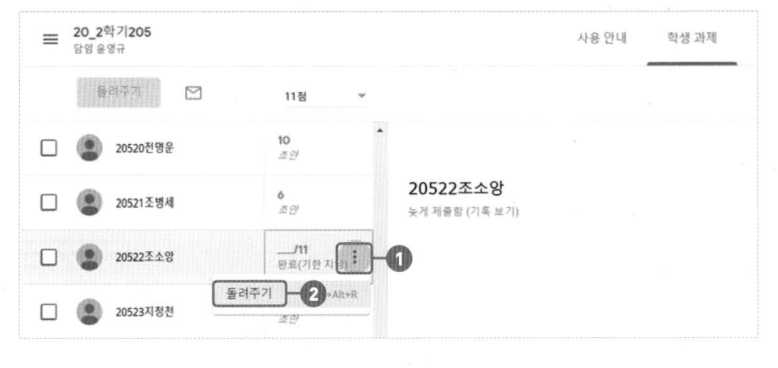

제출 후 수정 허용하기

설정

일반	프레젠테이션	퀴즈

☑ **이메일 주소 수집**
수동으로 성적을 게시하려면 이 설정이 필요합니다.

　　☑ 응답 수신 ⑦

　　　　○ 응답자가 요청하는 경우

　　　　◉ 항상

로그인 필요:

☑ 중앙중학교 및 신뢰할 수 있는 하위 조직의 사용자로 제한 ⑦

☑ 응답 횟수 1회로 제한
응답자는 Google에 로그인해야 합니다.

응답자가 수행할 수 있는 작업:

☑ 제출 후 수정

☐ 요약 차트와 텍스트 응답 확인

취소　저장

자신이 제출한 퀴즈 응답을 학생들이 추후 수정할 수 있도록 퀴즈 설문지를 설정할 수 있습니다. 퀴즈 설문지 편집 화면의 오른쪽 상단에서 [설정(⚙)] 아이콘을 클릭한 후 [일반] 탭에서 '제출 후 수정'을 선택합니다. 불성실한 응답을 보낸 학생이 자신의 퀴즈 응답을 수정하여 다시 제출할 수 있도록 안내합니다. 단, 클래스룸에서 성적 가져오기를 한 번 더 실행해야 새로운 점수가 성적에 반영됩니다.

08 선착순 설문지 만들기

새 학년 동아리 구성을 위한 선착순 설문지를 만들어 보겠습니다. Google 설문지의 부가 기능 중 하나인 'Choice Eliminator 2'를 사용하여 동아리 선택지별로 최대 신청 가능 인원을 설정합니다. 충원된 동아리 선택지가 다음 응답자에게 보이지 않도록 사라지는 원리입니다.

Choice Eliminator 2 설치하기

1 드라이브(drive.google.com)에서 [+ 새로 만들기]를 클릭하고, [Google 설문지]를 선택하면 제목 없는 설문지의 [질문] 탭으로 이동합니다.

2 설문지 편집 화면의 오른쪽 상단에서 [더보기(⋮)]-[부가기능]을 선택합니다.

3 설문지와 호환 창의 검색란에서 'Choice Eliminator 2'를 검색합니다.

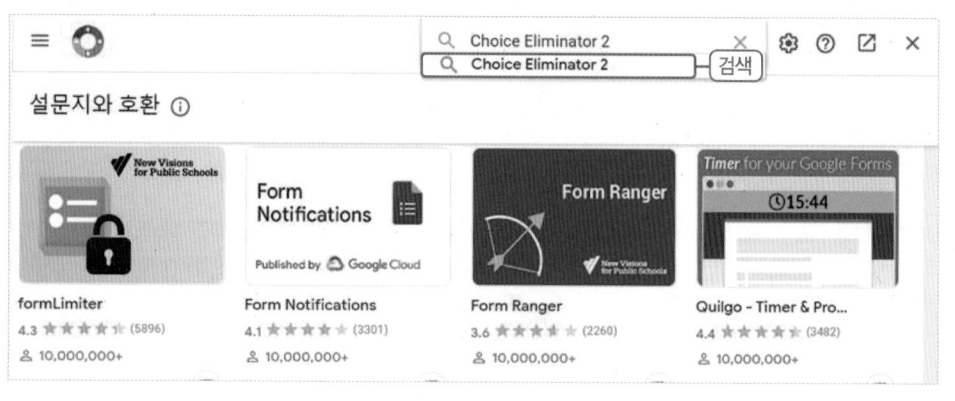

4 'Choice Eliminator 2'를 선택하고, **[설치]**를 클릭합니다.

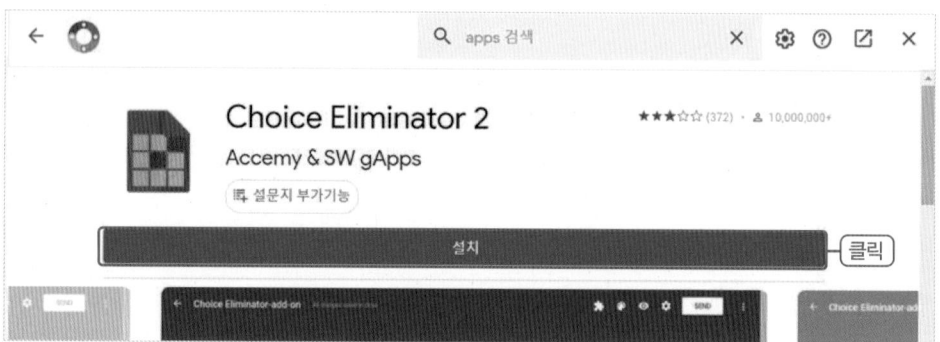

> **TIP** [설치]가 활성화되지 않을 경우 관리자가 해당 부가기능 설치를 허용해야 합니다. 관리자는 86쪽을 참고하세요.

5 설치 가능 창에서 **[계속]**을 클릭한 후 사용자 권한을 요청하는 단계에서 **[허용]**을 클릭합니다.

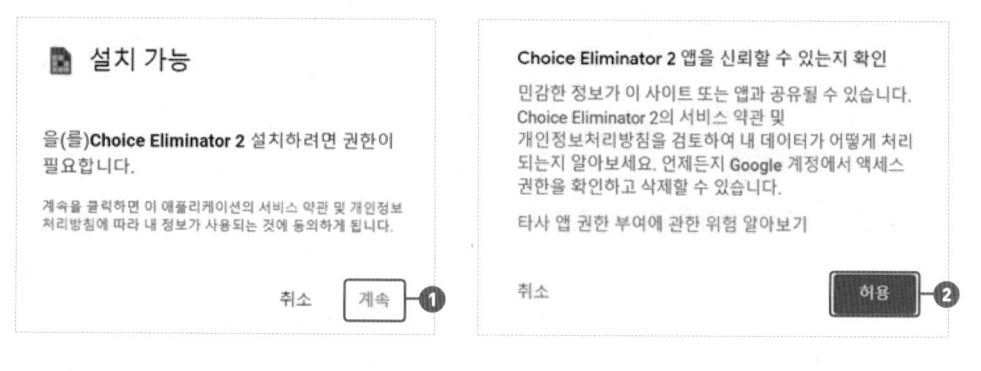

6 앱 설치가 완료되면 [**완료**]를 클릭하고, 창에서 [**닫기(×)**] 아이콘을 클릭합니다.

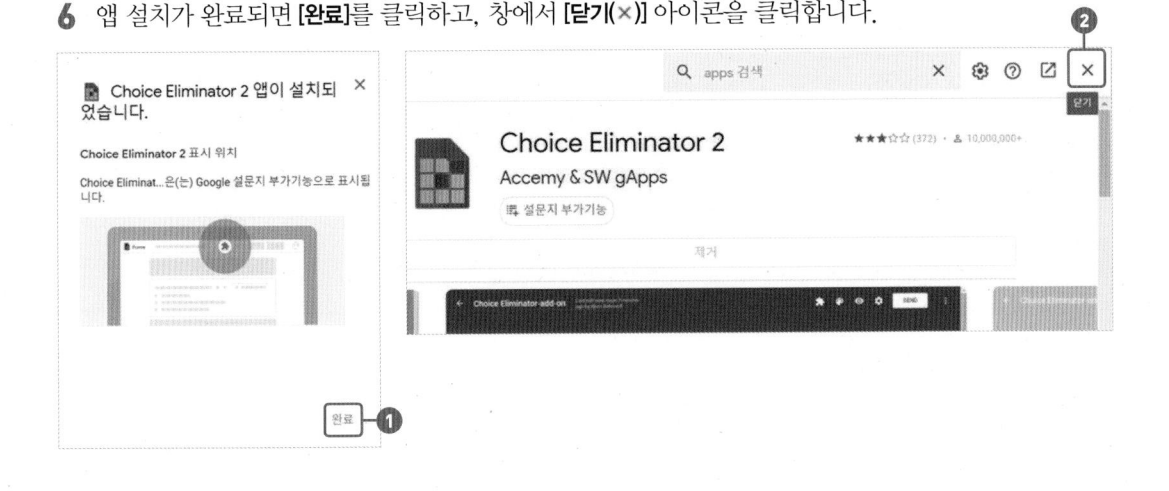

Choice Eliminator 2 사용하기

1 '제목 없는 설문지'의 파일 이름을 클릭하여 '동아리 선착순 신청서'로 변경한 후 [**폴더로 이동(◻)**] 아이콘을 클릭하고, 드라이브 내 저장 위치를 지정합니다.

 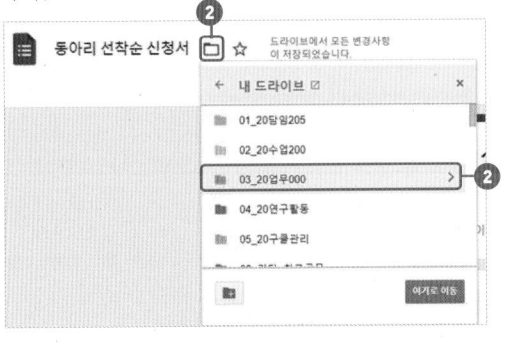

2 응답자 신원을 파악하기 위해 설문지 설정의 오른쪽 상단에서 [**설정(⚙)**] 아이콘을 클릭한 후 [**일반**] 탭에서 '이메일 주소 수집'과 '로그인 필요'의 모든 항목을 선택(체크)하고, [**저장**]을 클릭합니다.

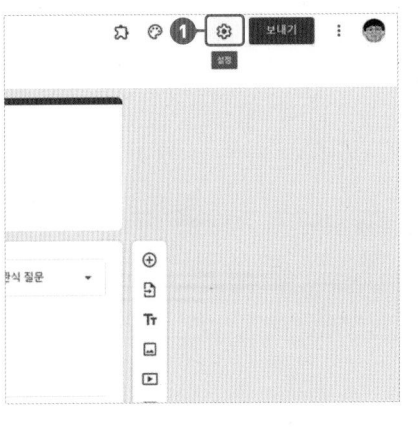 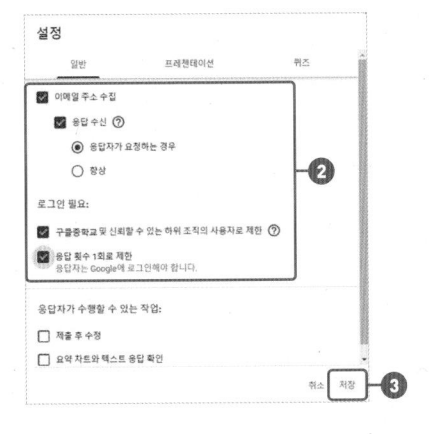

3 '제목 없는 질문'을 클릭하여 '원하는 동아리는?'을 입력한 후 객관식 질문의 **[목록(▼)]** 단추를 클릭하고, 문항 유형으로 **[드롭다운]**을 선택합니다.

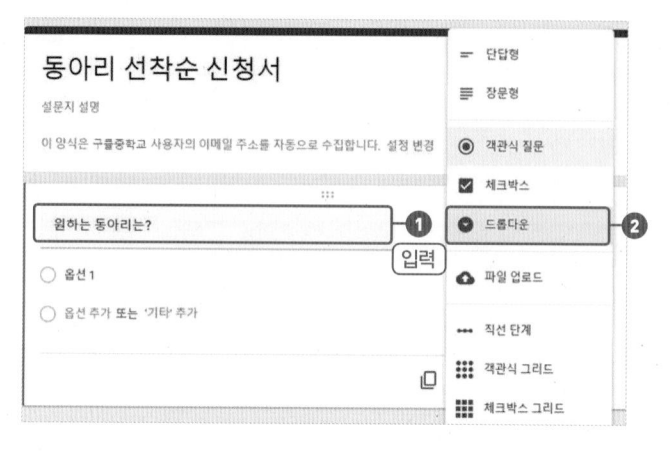

4 선택지에서 동아리 이름을 하나씩 입력합니다(예 : 축구, 등산, 독서토론, 제과제빵 등).

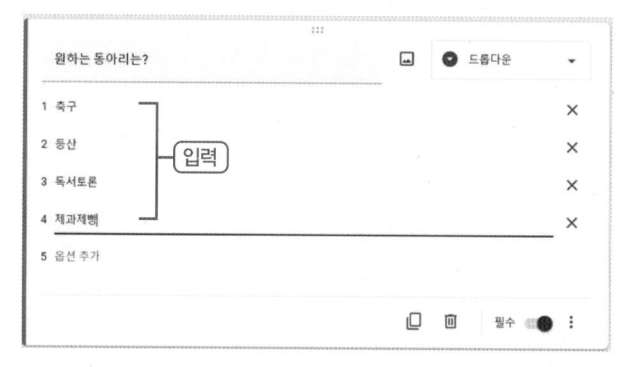

5 설문지 편집 화면의 오른쪽 상단에서 **[부가 기능(☆)]** 아이콘을 클릭하고, **[Choice Eliminator 2]**를 선택합니다.

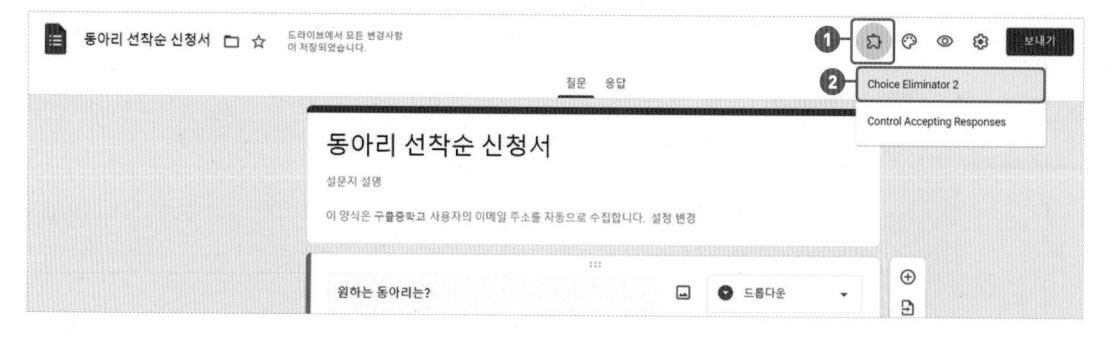

6 Choice Eliminator 2 창에서 **[Configure]**를 선택합니다.

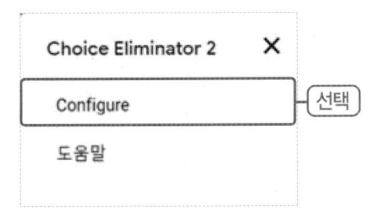

7 Take Note!!!! 창에서 **[Close]**를 클릭합니다.

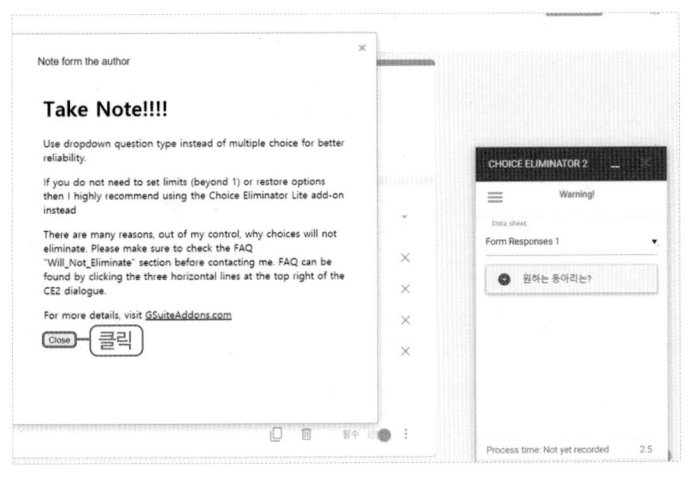

8 설문지 편집 화면에서 확장 프로그램 창에 자동으로 인식되어 나타나는 드롭다운 문항인 '원하는 동아리는?' 질문을 선택하고, **[Choice Options(⚙)]** 아이콘을 클릭합니다.

> **TIP** 작업 이후 선택지를 변경할 때는 'Eliminate Choices'의 체크 박스를 해제한 후 처음부터 다시 선착순 마감 인원을 입력합니다.

9 Choice Options 창에서 동아리별 정원 수를 'Limit' 칸에 각각 입력(예 : 축구 24명, 등산 20명 등)
하고, **[닫기(×)]** 아이콘을 클릭합니다. 동아리 선착순 설문지가 완성되었습니다.

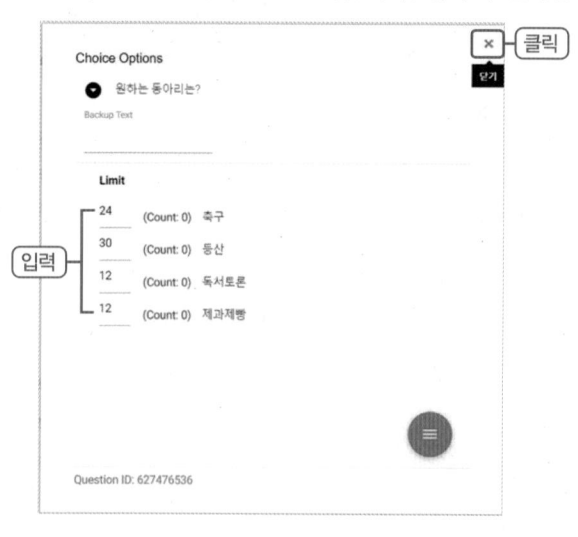

09 설문지 응답 가능 시간 설정하기

앞에서 작성한 동아리 선착순 설문지에 학생들이 응답을 보낼 수 있는 시간을 제한해 보겠습니다. Google 설문지 전용 부가기능인 'Control Accepting Responses'를 설치하여 응답 제출 가능 시간을 설정합니다. 그러면 설문지 링크를 미리 배포하여도 정해진 시간 안에만 응답이 제출됩니다.

Control Accepting Responses 사용하기

1 설문지 편집을 완성한 후 설문지 편집 화면의 오른쪽 상단에서 **[부가 기능(☆)]** 아이콘을 클릭하고, **[Control Accepting Responses]**를 선택합니다.

📋 동아리 선착순 신청서 □ ☆	**①** ☆ 🎨 👁 ⚙ **보내기**
질문 응답	Choice Eliminator 2
	② Control Accepting Responses
동아리 선착순 신청서	
설문지 설명	
이 양식은 중암중학교 사용자의 이메일 주소를 자동으로 수집합니다. 설정 변경	
원하는 동아리는? 🖼 ⬤ 드롭다운 ▾	⊕ 🗋

> **TIP** 설문지 편집 화면의 [응답] 탭에서 '응답받기' 스위치를 '응답을 받지 않음'으로 바꾸면 설문 응답 시간을 수동으로 통제할 수 있습니다. 부가 기능 설치에 대한 자세한 내용을 85쪽을 참고하세요.

2 Control Accepting Responses 창에서 **[설정 및 정보]**를 선택합니다.

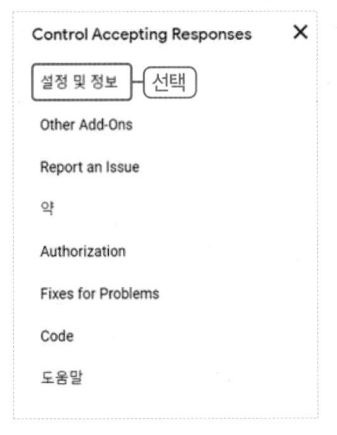

3 Settings 창에서 'SETTING SAVED!'라는 메시지가 나타나면 **[Back]**을 클릭합니다.

4 Settings 창의 **[Basic]** 탭에서 'Start Date'의 **[달력(🗓)]** 아이콘을 클릭하여 설문지 응답을 받기 시작할 날짜(예 : 2021-03-16)를 선택한 후 Hour의 **[목록(⬍)]** 단추를 클릭하여 설문지 응답을 받기 시작할 시간(예 : 4PM)을 각각 선택합니다.

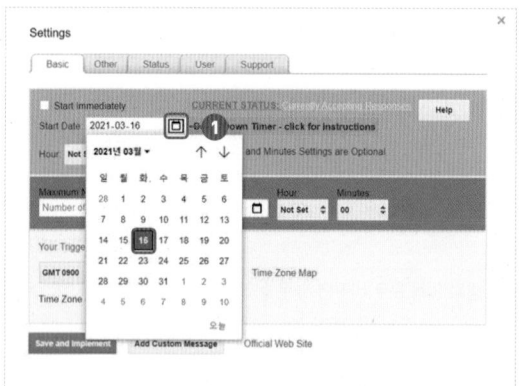 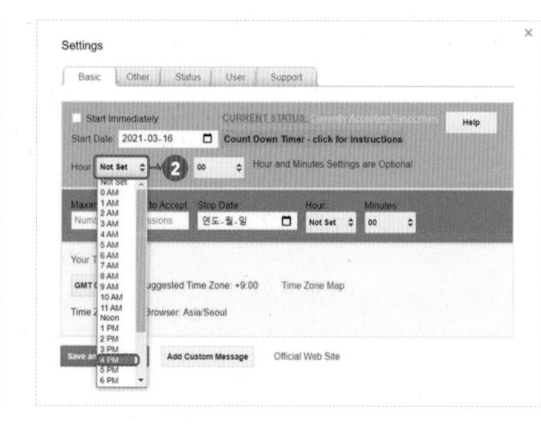

> **TiP** 클래스룸에 첨부해도 응답 시간 설정이 유지됩니다.

5 'Stop Date'의 **[달력(🗓)]** 아이콘을 클릭하여 설문지 응답 받기를 종료할 날짜(예 : 2021-03-22)를 선택한 후 Hour의 **[목록(↕)]** 단추를 클릭하여 설문지 응답 받기를 종료할 시간(예 : 4PM)을 각각 선택합니다.

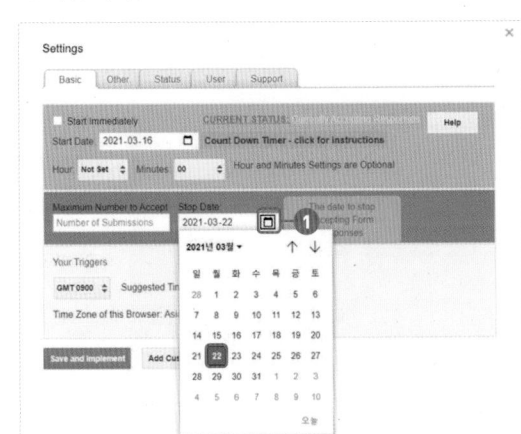 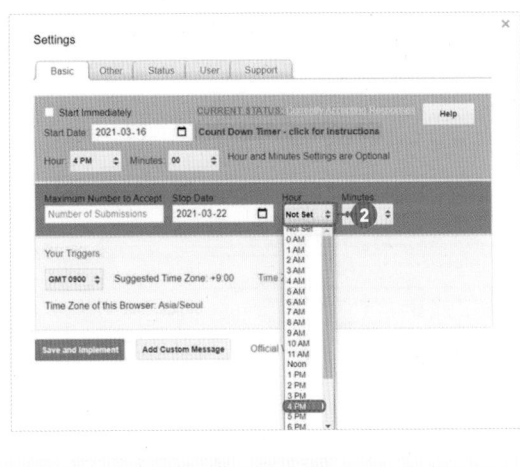

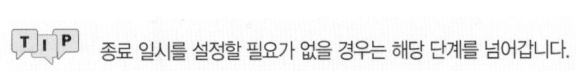 종료 일시를 설정할 필요가 없을 경우는 해당 단계를 넘어갑니다.

6 **[Basic]** 탭에서 설정한 설문지 응답 제출 가능 시간을 확인하고, **[Save and Implement]**를 클릭한 후 'SETTING SAVED!'라는 메시지가 나타나면 **[Back]**을 클릭합니다.

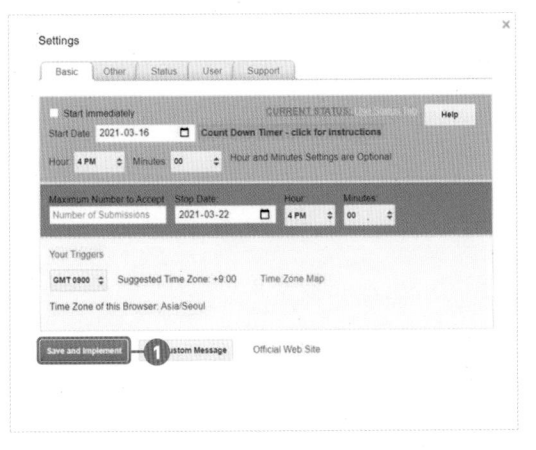 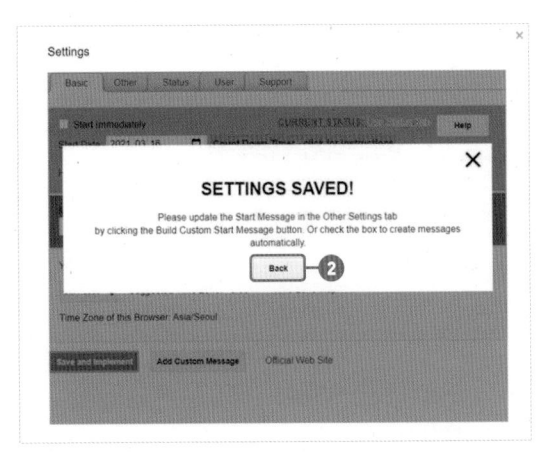

7 [Other] 탭에서 'BEFORE Form starts Accepting Submissions'의 입력란에 '신청은 3월16일(화) 오후 4시부터 가능합니다.'라는 안내 문구를 입력하고, [Save]를 클릭한 후 'SETTINGS SAVED!' 메시지가 나타나면 [Back]을 클릭합니다.

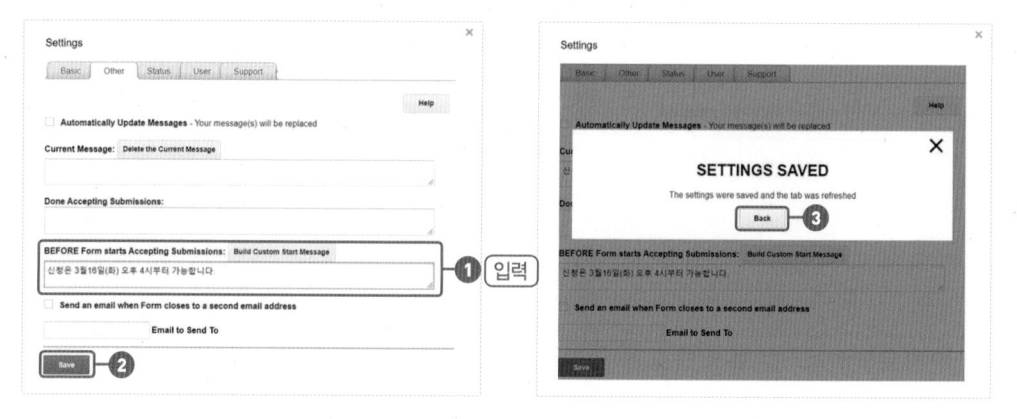

8 Setting 창에서 [닫기(×)] 아이콘을 클릭하여 프로그램을 종료합니다. 설문지 편집 화면의 [응답] 탭에서 편집 중인 설문지가 '응답을 받지 않음'으로 설정되고, '응답자를 위한 메시지'에 안내 문구가 자동으로 입력되었는지 확인한 후 [보내기]를 클릭합니다.

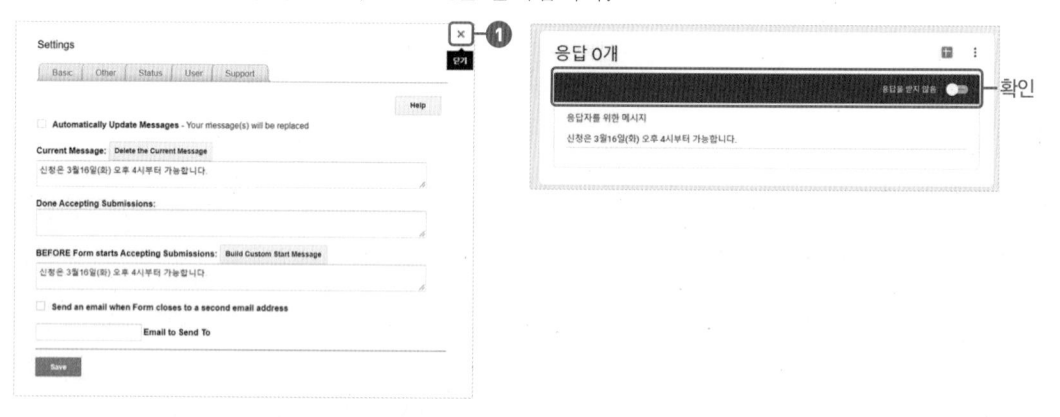

9 설문지 보내기 창에서 전송용 앱을 [링크(⊖)]로 클릭하고, 'URL 단축'을 선택한 후 [복사]를 클릭합니다. 복사된 링크 주소는 학생들에게 안내합니다.

T I P   전송용 앱을 '이메일'로 선택하면 학생 그룹 이메일 주소로 신청서 설문지를 일괄 발송할 수 있습니다.

SECTION

10 설문지 사본 공유하기

여러 교사에게 간편하게 설문지 사본을 제공하고 싶을 때 또는 도메인 외부의 교사와 설문지 사본을 공유하고 싶을 때 활용할 수 있는 방법에 대해 알아보도록 하겠습니다.

설문지 공유 설정 바꾸고 사본 제공하기

1 설문지 보내기 창에서 **[보내기]**를 클릭하고, '공동작업자 추가'를 클릭합니다.

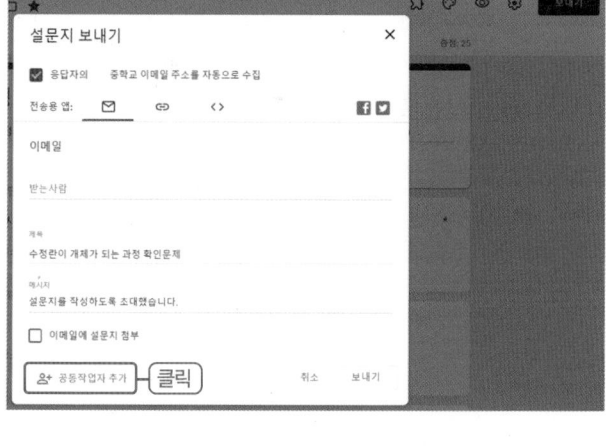

2 링크 보기 창에서 제한됨의 **[목록(▾)]** 단추를 클릭하고, 권한을 변경합니다.

> **TIP** 동일한 도메인을 사용하는 교사들에게 사본을 제공하고 싶다면 [##중학교]를 선택하고, 도메인 외부의 교사와 설문지 사본을 공유하고 싶다면 [링크가 있는 모든 사용자에게 공개]를 선택합니다.

3 권한이 업데이트 되면 **[완료]**를 클릭합니다.

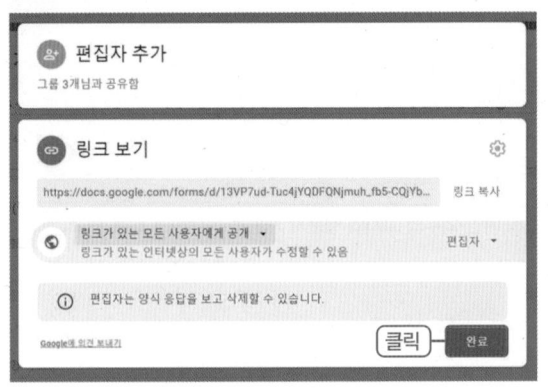

4 주소란에서 링크의 '/edit'을 '/copy'로 변경하고, 설문지 사본을 공유할 교사에게 메신저 등을 이용하여 링크를 제공합니다.

5 링크를 공유 받은 교사가 주소란에 링크 주소를 입력하면 문서 복사 화면이 나타납니다. **[사본 만들기]** 를 클릭하면 해당 설문지의 사본을 드라이브에 생성할 수 있습니다.

 해당 방법은 설문지뿐만 아니라 문서, 프레젠테이션, 슬라이드에도 적용할 수 있습니다.

Meet 출석 자동 확인하기

Chrome 확장 프로그램인 'Google Meet Attendance'를 사용하여 Meet 실시간 화상 수업의 학생 출석부를 자동으로 만들 수 있습니다. 교사 계정으로 동기화된 모든 Chrome에 관리자가 확장 프로그램을 강제 설치할 수 있지만 이번에는 개인 사용자가 확장 프로그램을 직접 설치하는 방법부터 알아보겠습니다.

Google Meet Attendance 직접 설치하기

1 Chrome 브라우저 오른쪽 상단에서 **[계정(🔘)]** 아이콘을 클릭하여 본인의 '학교 구글 계정'으로 Chrome이 동기화되어 있는지 확인합니다.

2 Chrome 브라우저의 주소 입력란에서 'webstore'를 검색한 후 'Chrome 웹 스토어'를 선택합니다.

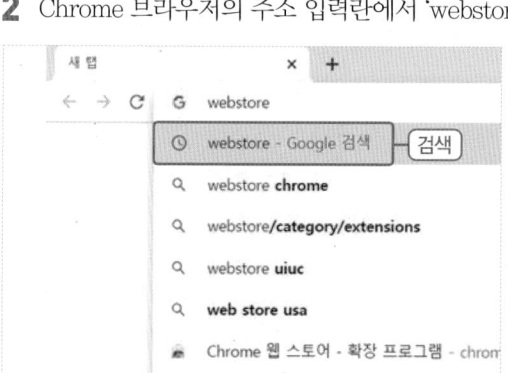

3 스토어 검색란에서 'google meet attendance'를 입력하여 검색합니다.

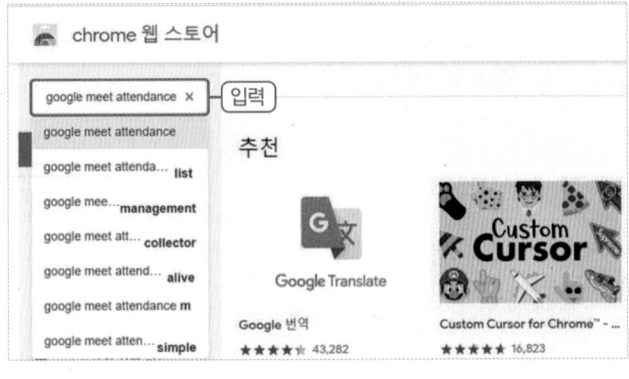

4 검색된 내용 중 'Google Meet Attendance'를 선택합니다.

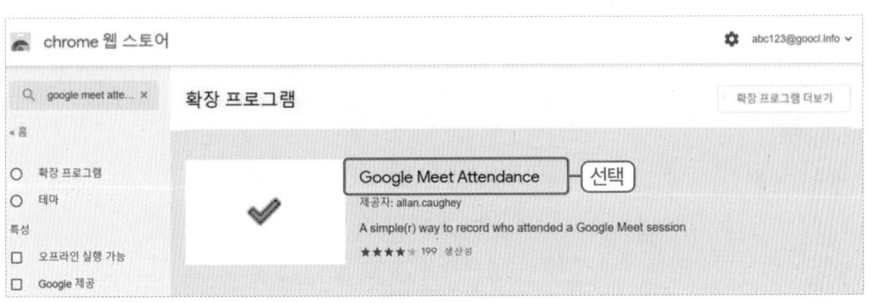

5 **[Chrome에 추가]**를 클릭한 후 추가 유무를 묻는 창이 나타나면 **[확장 프로그램 추가]**를 클릭합니다.

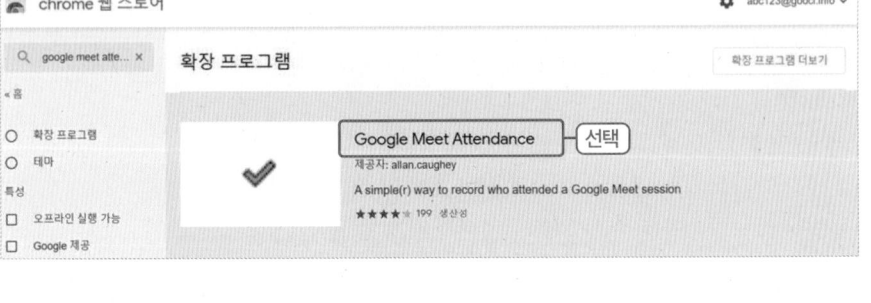

6 Chrome 브라우저의 오른쪽 상단에서 **[확장 프로그램(✓)]** 아이콘을 클릭하여 'Google Meet Attendance'가 추가되었는지 확인합니다.

TIP 설치 이후 Meet 회의실에 접속할 때마다 확장 프로그램의 출석 확인 기능이 자동으로 활성화됩니다.

자동 출석부 확인하기

1 Meet 회의실이 종료되면 출석부 파일은 컴퓨터에 자동으로 저장됩니다.

2 내 PC의 '다운로드' 폴더에서 저장된 자동 출석부를 확인할 수 있습니다.

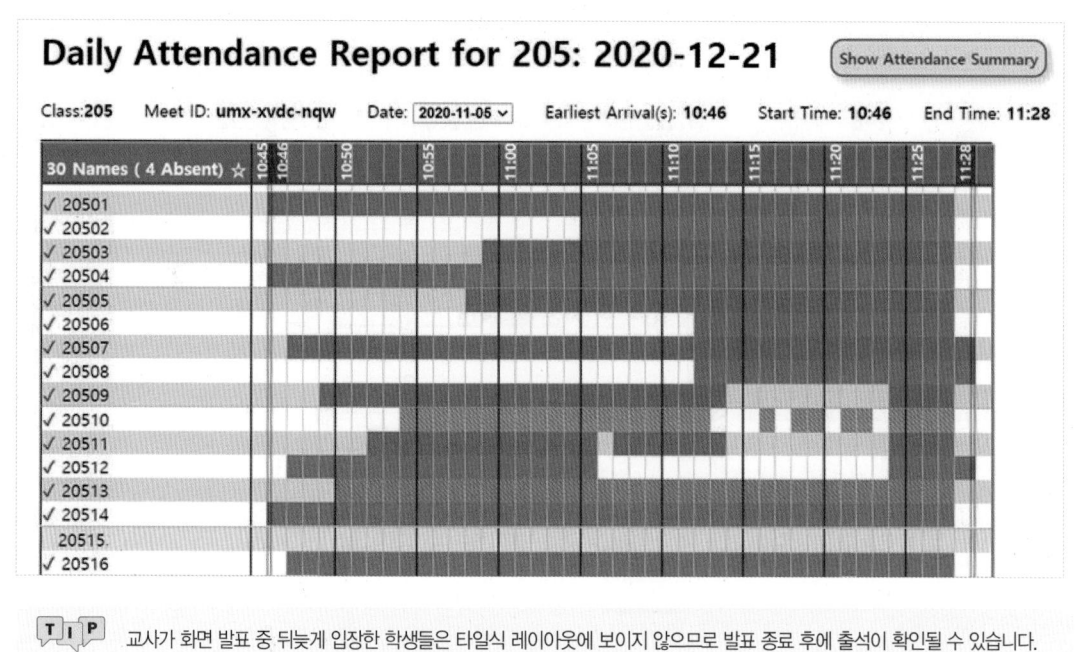

T I P 교사가 화면 발표 중 뒤늦게 입장한 학생들은 타일식 레이아웃에 보이지 않으므로 발표 종료 후에 출석이 확인될 수 있습니다.

SECTION 12 성적 통보 메일 보내기

학생들의 성적을 원격으로 전달할 때 Google 스프레드시트의 부가기능인 'Email Merger'를 활용할 수 있습니다. 먼저 Gmail 에 이메일 양식을 임시 저장한 후 스프레드시트로 학생들의 이메일 주소와 성적을 정리합니다. 임시 저장한 Gmail 양식과 학생 들의 성적을 정리한 스프레드시트를 합쳐(Merger) 성적 통보 메일을 일괄 발송합니다.

이메일 양식 임시 저장하기

1 Gmail 홈페이지(gmail.com)에서 **[+ 편지쓰기]**를 클릭하여 새 메일 창을 열기합니다.

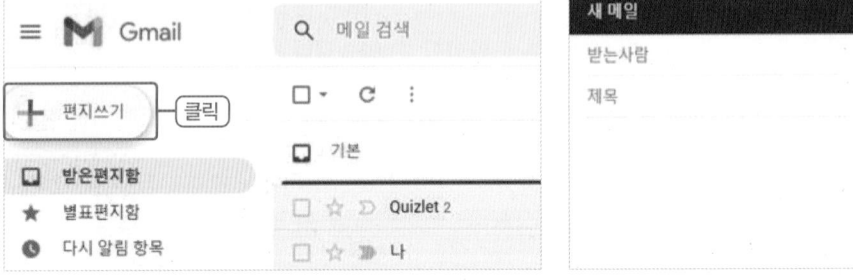

2 제목에 '2학기 영어 성적 안내'를 입력한 후 **[사진 삽입(■)]** 아이콘을 클릭하여 메일 본문에 교사 전용 원격교실 헤더 이미지를 추가합니다.

3 성적 통보 메일 양식을 작성(예시 메일에는 학번, 이름, 영역별 성적, 총점을 포함)한 후 '받는 사람'의 입력란을 비워둔 상태에서 **[저장 및 닫기(×)]** 아이콘을 클릭하여 메일 양식을 임시 보관함에 저장합니다.

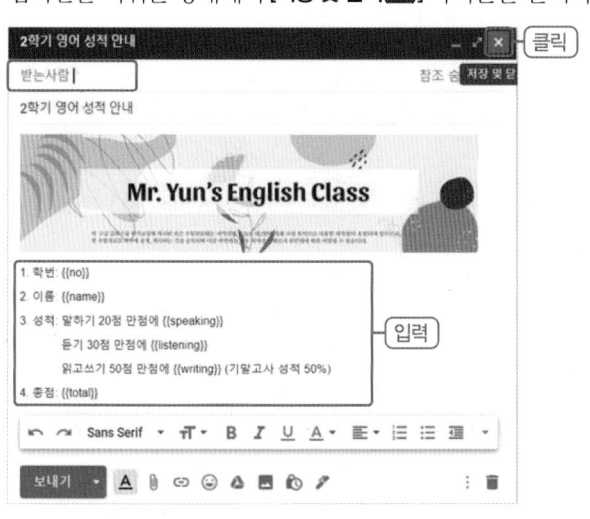

> **TIP** 메일 양식 작성 시 중괄호를 2개씩 겹친 후 각 내용에 해당하는 영문 소문자 단어를 입력합니다. 예를 들어, 학번에는 {{no}}, 이름에는 {{name}}, 말하기 점수에는 {{speaking}} 등으로 입력합니다.

성적 스프레드시트 만들기

1 Chrome 브라우저의 주소란에 'sheets.new'를 입력하여 새 Google 스프레드시트 파일을 엽니다.

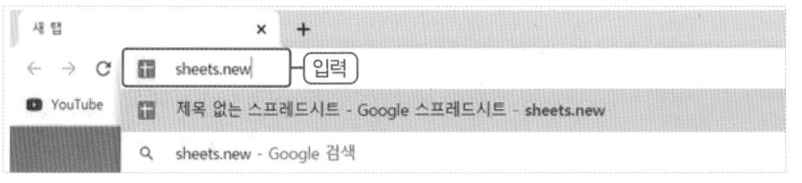

2 '제목 없는 스프레드시트'를 클릭하여 파일 이름을 '2학기 영어 성적 통보'로 변경한 후 **[이동(▣)]** 아이콘을 클릭하고 저장 위치를 지정합니다.

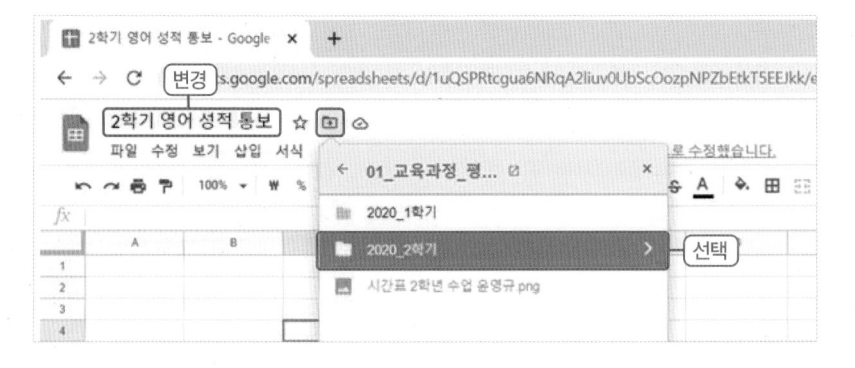

3 [A1] 셀에 'Email Address', [B1] 셀에 'name', [C1] 셀에 'no'를 각각 입력한 후 A열, B열, C열에 학생들의 이메일 주소, 이름, 학번을 일괄 입력합니다.

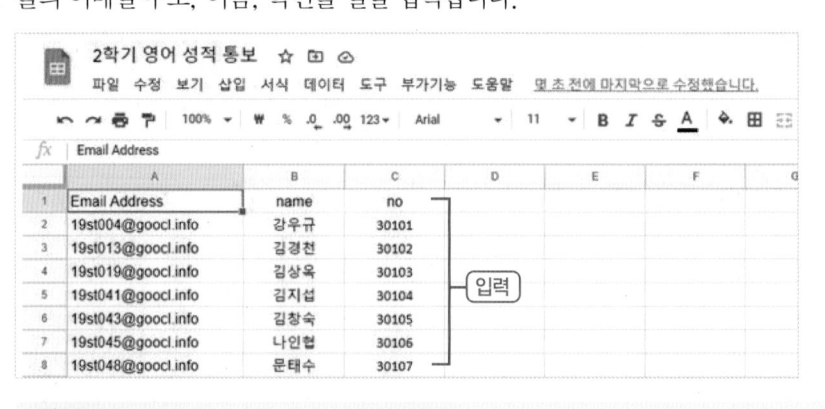

> **TIP** 관리자에게 학생들의 이메일 주소, 이름, 학번을 정리한 스프레드시트를 받을 수 있습니다.

4 같은 방식으로 말하기(speaking) 점수, 듣기(listening) 점수, 읽고 쓰기(writing) 점수, 총점(total)을 각 열마다 입력합니다.

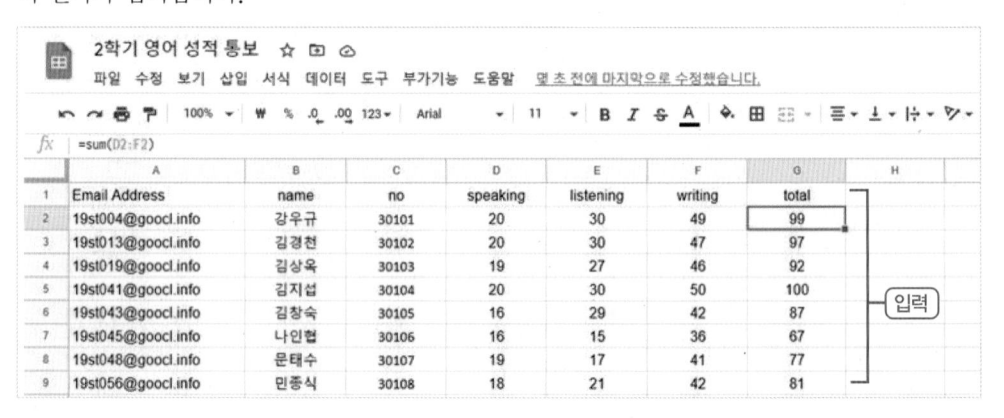

> **TIP** Gmail 메일 양식에 포함한 중괄호 속 영어 단어와 스프레드시트 첫 번째 행의 영어 단어가 일치해야 합니다.

일괄 메일 발송하기

1 스프레드시트의 편집 화면에서 **[부가기능]-[YAMM – Best mailing tool]-[Mail Merge 시작]**을 차례로 선택합니다.

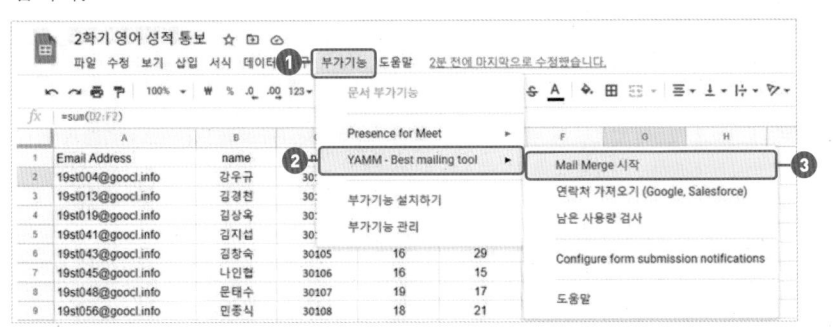

> **TIP** 부가기능이 없는 경우는 [부가기능 설치하기]를 선택하여 'YAMM' 부가기능을 찾아 설치합니다. 부가기능 설치에 관한 자세한 내용은 85쪽을 참고하세요. YAMM은 하루 이메일을 50통까지 무료로 일괄 발송을 할 수 있습니다.

2 Mail Merge 시작 창의 메일 템플릿에서 임시 보관함에 저장한 '2학기 영어 성적 안내'의 Gmail 양식을 선택하고, **[이메일 보내기]**를 클릭합니다.

3 스프레드시트에 'Merge status' 열이 자동으로 생성되며, 학생이 성적 안내 이메일을 열어본 경우는 'Email_SENT'에서 'Email_OPENED'로 실시간 변경되어 나타납니다.

	A	B	C	D	E	F	G	H
1	Email Address	name	no	speaking	listening	writing	total	Merge status
2	19st004@goocl.info	강우규	30101	20	30	49	99	EMAIL_OPENED
3	19st013@goocl.info	김경천	30102	20	30	47	97	EMAIL_OPENED
4	19st019@goocl.info	김상옥	30103	19	27	46	92	EMAIL_OPENED
5	19st041@goocl.info	김지섭	30104	20	30	50	100	EMAIL_SENT
6	19st043@goocl.info	김창숙	30105	16	29	42	87	EMAIL_OPENED
7	19st045@goocl.info	나인협	30106	16	15	36	67	EMAIL_OPENED
8	19st048@goocl.info	문태수	30107	19	17	41	77	EMAIL_SENT
9	19st056@goocl.info	민종식	30108	18	21	42	81	EMAIL_OPENED

확인

13 데이터 이전하기

다른 학교로 전보를 가는 경우 기존 학교 계정에 업로드 해 두었던 자료들을 옮겨야 합니다. Gmail과 드라이브 파일을 복사하여 다른 Google 계정으로 쉽고 빠르게 전송하는 방법에 대해 알아보도록 하겠습니다.

콘텐츠 전송으로 데이터 이전하기

1 Google 홈페이지에서 **[Google 앱(⋮⋮⋮)]** 아이콘을 클릭하고, **[Google 계정]**을 선택합니다.

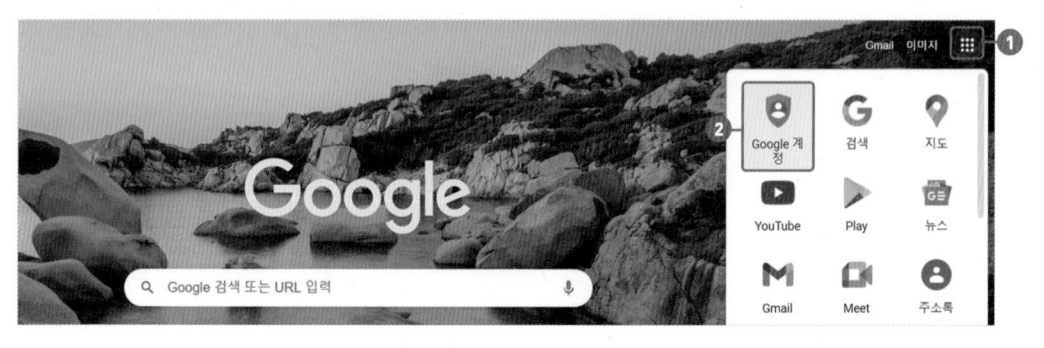

2 콘텐츠 전송에서 **[전송 시작]**을 클릭합니다.

3 콘텐츠 이동의 대상 계정 입력에서 전송된 콘텐츠를 받을 이메일 주소를 입력하고, **[코드 전송]**을 클릭합니다.

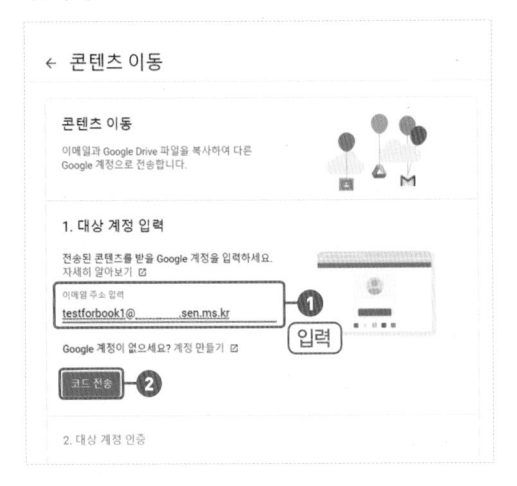

4 계정 인증하기에서 이메일을 열고, **[확인 코드 받기]**를 클릭한 후 확인 코드를 복사합니다.

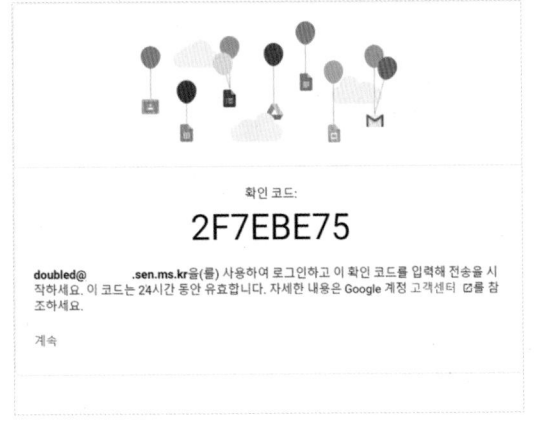

5 대상 계정 인증에서 '코드 입력'에 복사한 확인 코드를 붙여넣고, **[확인]**을 클릭합니다.

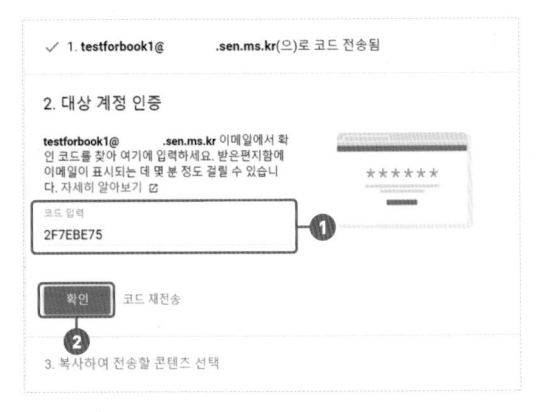

6 복사하여 전송할 콘텐츠 선택에서 다른 계정으로 옮길 콘텐츠를 선택하여 활성화한 후 **[전송 시작]**을 클릭합니다.

TIP [전송 시작]을 클릭하면 해당 계정의 비밀번호를 다시 한 번 입력해야 합니다.

7 콘텐츠 복사 및 전송이 시작되며, 전송이 완료되면 이메일을 받을 수 있습니다.

TIP 관리자가 관리 콘솔의 [앱]–[Google Workspace]–[드라이브 및 문서 설정]에서 공유 설정에 있는 공유 옵션을 '사용'으로 설정하지 않을 경우 외부 도메인 계정으로는 데이터 이전이 불가능합니다.

 **관리 콘솔에서 콘텐츠 전송 활성화하기**

콘텐츠 전송으로 자료를 옮기기 위해서는 관리 콘솔에서 'Google Takeout'을 사용할 수 있도록 설정해야 합니다. 관리 콘솔의 [앱]-[추가 Google 서비스]에서 'Google Takeout'을 찾아 클릭합니다. 서비스 상태의 [더보기(∨)]를 클릭하고, 왼쪽 조직 단위에서 '교원'을, 서비스 상태 항목에서 '사용'을 각각 선택한 후 [재정의]를 클릭합니다. 이후 Google Takeout 사용 설정 창에서 '본인은 위 내용을 읽었으며 이에 동의합니다.'를 체크한 후 [사용 설정]을 클릭하여 설정을 마칩니다. 이후 추가 전송 권한의 [더보기(∨)]를 클릭하고, '이 조직 단위의 사용자가 콘텐츠 전송 페이지에 액세스하도록 허용합니다.'가 체크되어있는지 확인합니다. 앱 사용 권한 설정에 대한 자세한 내용은 84쪽을 참고하세요.

SECTION 14 클래스룸 학습 자료 다운로드 제한하기

클래스룸에 첨부된 학습 자료 중 학생들이 다운로드 할 수 없도록 설정하고 싶은 자료가 있다면 공유 설정을 변경해 주어야 합니다.

공유 설정 변경하여 파일 다운로드 제한하기

1 수업 게시물에 첨부한 학습 자료를 클릭하고, [더보기(⋮)]-[공유]를 선택합니다. 사용자 및 그룹과 공유 창에서 [다른 사용자와 공유 설정(⚙)] 아이콘을 클릭합니다.

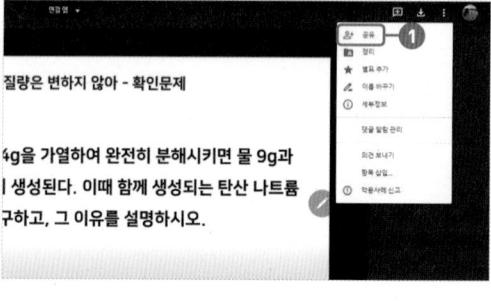
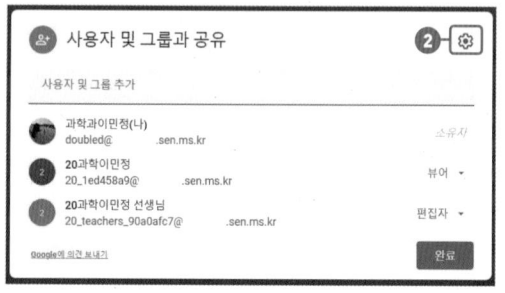

2 다른 사용자와 공유 설정 창에서 '뷰어 및 댓글 작성자에게 다운로드, 인쇄, 복사 옵션 표시'를 해제하면 설정이 자동으로 저장됩니다.

```
←  다른 사용자와 공유 설정

    ☑  편집자가 권한을 변경하고 공유할 수 있습니다.

    ☐  뷰어 및 댓글 작성자에게 다운로드, 인쇄, 복사 옵션 표시 ─[확인]
```

> **TIP** 학생들이 클래스룸에서 영상 자료를 열어보면 [다운로드(⬇)] 아이콘이 더 이상 보이지 않습니다. 문서나 PDF의 경우 '뷰어 및 댓글 작성자에게 다운로드, 인쇄, 복사 옵션 표시'를 활성화하면 학생들은 파일을 열고 [인쇄(🖨)] 아이콘을 클릭하여 인쇄와 다운로드를 할 수 있습니다.

찾아보기